戦国宗教社会＝思想史

戦国宗教社会＝思想史

――キリシタン事例からの考察――

川村信三

知泉書館

目　次

細目次

第二章　日本思想史のなかの「魂論」（「デ・アニマ」）の展開
――イエズス会『講義要綱』付加部分と「魂不滅論」

第三章　キリシタン思想と日本思想の対峙——魂不滅論と「本覚論」的救済論

第四章　西洋キリスト教義の土着――潜伏共同体の存続の文柱『こんちりさんのりやく』

第五章　戦国民衆宗教社会の主神崇拝的信仰――キリシタンと真宗の異宗派観

補論　「キリシタン」考察の諸問題と新たなアプローチ——「接続された歴史」との関連から

戦国宗教社会＝思想史

——キリシタン事例からの考察——

序章

本書は、「戦国日本にあって、キリシタンという集団が、わずか数十年のうちに、興隆をみたのはいかなる理由によるのか」という問いを中心に据えながら、戦国日本という舞台の上で、この集団が示した宗教社会史的、および思想的特徴の解明を試みようとしている。

一六世紀から一七世紀初頭にかけて、当時の日本列島における全人口が概算でも一〇〇〇万に達するかどうかという状況にあって、最盛期には三〇万ないし四〇万の信徒を抱えるにいたったキリシタン宗団について、それが興隆であったと認めるのは無理ではないだろう。さらにいえば、キリシタンが小規模な精神集団にとどまることなく、日本史上の大きな運動に発展したことは、織田信長の保護、諸大名の改宗、慈善事業の展開、国家への忠誠と信仰のはざまで殉教をとげた、少なく見積もっても二万人以上の民の存在などから明らかである。そこで思い起こしたいのは、キリシタンを興隆させた日本側の要請とはなんであったかという問いである。少なくともキリシタンとなった日本人は、以前はこの宗教と全くかかわりをもたずに生き、おそらく他の信仰をもって生きていた。この時期の日本人は何らかの信仰をもつことが当たり前の時代に生きていたのである。そうした中、先祖伝来、ないしは地域共同体のなかで培った宗教観念を放棄してまで、外来の新しい教えに邁進するには、はっきりとした個人的動機とともに、大きな集団的・社会的原動力の後押しがあったはずである。個人というよりは集団の結束力にこそ宗教の力が発揮されていたからである。結果として、日本の民衆は新来のキリスト教（キリシタン）に何を求めていたのか。キリシタンに、従来の宗派が提供しなかったような何らかの要素を見いだしていたとすればそれはどのようなものなのか。日本人は何をもってその新しさを感じ、かつ受け入れることができたのであろうか。その結果、浮かび上がる日本人の宗教心とはそもそもどのようなものだったのか。そうした複数の疑問が、「なぜキリシタンは興隆できたのか」との根本的な問いから派生する。

キリシタンの史的現象を日本の宗教社会史的視点から見ようとするとき、当時の日本における宗教土壌を把握することは不可欠である。その際、キリシタンのみを注視することでは見えてこない日本民衆の側の状況を浮き彫りにすることが必要となる。キリシタンの史的現象を、日本史の他の事件から乖離させないようにするための努力が必要である。しかし、従来のキリシタン史の考察が他の日本史の事項から乖離していたとする批判はすくなくない。特に、『風土』『古寺巡礼』などの名著をもつ哲学・倫理学者の和辻哲郎は、一九五〇年、我が国が戦災の傷跡をあちらこちらに残す中、大著『鎖国』を刊行した。和辻は、深く「日本」「日本人」というテーマを掘り下げようとした。「この不幸な戦争のそもそもの発端はなんであったか」と。『鎖国』には「日本の悲劇」と副題がつけられ、その悲劇は「科学的精神の欠如」であったと結論づけた和辻は、十七世紀以来、外国との直接交渉を絶って孤立した鎖国そのものに原因があると説いた。その考察は、対外交渉の歴史、すなわち日本とキリスト教国との交流の歴史を振り返る作業を大きな課題とした。ゆえに『鎖国』の大半が「キリシタン」の史実解明とかさなった。ただし、和辻は序文で次のように述べている。

> 江戸時代以来、日本の一六世紀の歴史として記されているところだけを読んでいると、キリシタンの運動はいかにも一時的な、挿話的なものに見える。その歴史のなかにキリシタンの運動が根をおろしていた土壌についての把握がほとんどないからである(1)。

すなわち、和辻は「キリシタン」という集団を他の日本史の事実から乖離した形で描くことを回避しようとしたのである。日本史の様々な出来事の中に「キリシタン」という、思想、信仰、倫理、生活習慣など、すべてにおいて外国との結びつきを意識する集団を見ようとしたのである。その点で他の「キリシタン」史書とは一線を画するものとなった。その結果、外憂内患としての「倭寇」という東アジア国際情勢と、「土一揆」という新たなエネルギーの蓄積している日本国内事情をしっかりと意識して、和辻は「キリシタン」を描いた。

本書は、そうした「キリシタン」を描きながら、同時期に日本の土壌で興隆した、本願寺派の動向を常に対比させようとしている。本願寺派の興隆は、まぎれもなく日本の土壌に根差し、日本的宗教運動の特徴をそなえていると考えるためである。両者がきわめてよく似た発展プロセスをもっていることは本書のあきらかにすべき課題であるが、これまでにも多くの学者・知識人がその類似を指摘してきたことでもある。(2) そのあたりを、従来とりあげられることがほとんどなかった、組織面の考察を中心に見ていくことで日本の民衆宗教の姿をより立体的に描きたいという意図がある。

同じ時期(といっても半世紀以上先んじてはいるものの)日本に興隆した浄土真宗本願寺派の各地への浸透状況を見ることとは、キリシタンを受け入れた民衆を理解するための多くの手がかりを提供する。すなわち、当時の民衆が心の問題として何を希求していたかを浮き彫りにするからである。その結果、どのような形態があらわれたのであろうか。両者は一六世紀の日本の宗教現象として特徴的な類似点・共通点をもっている。浄土真宗とキリシタンは、短期間の内に多くの民衆の心をとらえ、共同体を形成し、それが全国的な規模のネットワークとして機能した。その拡大は日本史上、驚くべき早さと規模となった。なぜ、この二つは民心掌握に成功したのであろうか。それは、蓮如の教えやキリシタンの教えそのものが、とりわけ人々の心を魅了するなにか特別なものをもっていたためであろうか。もしそうだとすれば、親鸞の教義を徹底して純化するとの意気に燃えた蓮如の時代以外の真宗も、同様の大規模な繁栄を遂げたはずである。しかし、親鸞没後の真宗は関東で残存したものの、けっして全国的な運動を展開する勢力になることはなかった。キリスト教においても、たとえば、開国および明治維新後の高札撤去により、宣教が自由に認められた日本で、キリシタン時代同様に繁栄を遂げたかといえば、そうともいいきれない。とすれば、この二つの宗教宗派の一六世紀における隆盛は、当時の日本の状況に深く根差した、きわめて一六世紀的、あるいは戦国的性質のゆえであったといえるのではないか。これらの宗派が固有にして普遍的に提供するものであり、かつ、時代背景と関連した何らかの特殊な要因によって、特別な仕方における興隆が可能であったという推測が成立する。すなわち、一六世紀という社会が、とりわけこの二つの宗派の教えと組織を望み、その興隆を可能にしたのではないか。

キリシタンと真宗本願寺派の興隆の理由を問うことは、一六世紀社会の特質を浮かび上がらせる作業でもある。同時に、一五世紀から一六世紀、二つの宗派が、とりわけ為政者によって危険視されるようになった背景には、共通の要因が存在していた。二つの宗派は全国的なネットワークをもち、真宗は領国経営を、キリシタンは教会領の受領まで実現し、一世紀たらずのうちに人口の一〇分の一にまで達するほど民間で広がった。これは為政者にとって大きな脅威である。なぜなら超領域的な人の繋がりを可能にし、領国内に限定されない人の連帯が生みだされるためである。それは天下統一を目論む者にとっての最大の抵抗勢力となりえるからである。

ここに扱うのはキリシタンを中心に据え、本願寺派の類似事柄にも言及するということであるが、町衆の宗教としての法華宗の存在も忘れることができない。ただし、紙幅の関係と、筆者本人の手にあまる分野に属する「法華宗」の存在は本書では論じないことをあらかじめお断りしておきたい(3)。ただし、キリシタンと真宗同様、法華宗も民衆（町衆）の社会的結合を固くし、民心掌握を達成した宗派であり、かつ、為政者に抑圧された勢力であったことに留意しておきたい。

キリシタンと浄土真宗本願寺派の類似説を持ちだすのは新しいことではない。キリシタン禁教の理由として本願寺派との類似説はキリシタンの碩学海老沢有道氏などが夙に強調してきたことでもある。両者に共通する思想や組織面での考察は本論で次第に明らかにしていくことであるが、ここでは、そのもっとも重要なポイントのみに触れておきたい。それは、両教ともに、崇拝ないし礼拝の対象を唯一のものに限定する信仰形態の類似である。それは宗教社会史の有元正雄氏が用いた「主神崇拝的宗教」ということである。唯一の神デウスへの信仰と、阿弥陀一仏のみに帰依する信は、形式的には、自身の主神以外の礼拝を退けるか、あるいは重きを置かない態度を生み出したということである。

従来、「八百万の神の国」とされた日本の宗教心にとって、この「主神崇拝的」礼拝形式は、理解されがたいものであった。あるいは日本精神史とは無関係のものとされ、日本の宗教史、社会史のテーマとされるのは稀であった。しかし、私はここで、「主神崇拝」の世界とは無関係に過ごしてきたと考えられてきた日本人の、しかもその歴史のなかに「主神崇拝」的思惟が確かに存在したこと、しかもそれがきわめて大きな社会運動として展開した歴史があったことをあらためてとりあげ、その社会的背景と運動の心を明らかにしたいと考えている。

そもそも日本人にとって「主神崇拝」の世界観は無意味なものであったのだろうか。日本人にとって「主神崇拝」的思惟は受容可能な対象ではなかったのか。それとも、常に拒絶に出くわす運命にあるものだったのか。古来、仏教の「空」や神道の「浄め」の観念に慣れ親しんだ日本人にとって、自己の人格に対する「存在者」として現れ出る「神格」を意識すること、しかも絶対的な他者としてのある単独の神格に対面することはきわめて異質な思考形態に属していたことは疑えない。ただし、日本人にとって主神崇拝的思惟がまったくなかったわけではなく、むしろ、歴史の要所で、民心を掌握した事実が歴然としてあったことを思い起こしたい。

有元氏によれば、「各教団は教義の整備と共に教団が主神とする単神の崇拝＝他神の排除を強制している。この点、他の社会集団の信仰する諸神の存在を認めながら（一神教との違い）、自己の社会集団については他神に対する不寛容性・排他性をもつ点において単神崇拝（Monolatry）の一種とすべきであろう。筆者〔有元正雄氏〕はわが国宗教土壌との関連でこれらを『主神崇拝』と呼びたい[4]」としている。さらに、「一般に我が国の宗教は神道・仏教・民間信仰・修験道・陰陽道等においてそれぞれが多神教である。しかも、これを信者のレベルでみるとき、さらにそれぞれの垣根はとり払われ、それぞれの神を自由に信仰しておりきわめて複合的である。この様な状態における宗教信仰を複合的多神崇拝としておこう」と定義し、先の「主神崇拝」とはっきりとした区別があったことを示している。

旧来の現世利益を求める複合的多神崇拝の下では、その神の権能は分業化・細分化されているが故に小さく強力な神威を伴わない。（中略）これに対して主神崇拝においては神の権能は強大であり、（中略）神を通しての全面的な救済要求であるため、主神の精神（神意）の遵守が必要となり倫理的宗教として発展する[5]。

この「主神崇拝」および「複合的多神崇拝」という用語は、日本の戦国宗教環境を考えるうえでもきわめて有効なものといえる。もちろん、本書で扱う「キリシタン」については「主神崇拝」というよりは、他の諸神をけっして容認しないことから、やはり徹底した「単神崇拝」であることに議論の余地はないが、日本人にとっては妥協の余地のない徹底した「主神崇拝」の極致と映ったとみてよいと思う。真宗については、有元氏の定義における、諸神の存在を肯定しながらも不寛容性を示した「主神崇拝」と呼ぶか、神祇信仰や他宗の信仰を完全に拒絶した「単神」的宗派であったかには最近では議論が提起されている。(6) いずれにせよ、「複合的多神崇拝」を主流とする日本の宗教風土にあって、「主神崇拝」の特異性、ないしは、それを要請した民心について考察することは重要であろう。しかも、宗教的にはあまりテーマ化されない戦国期における宗教運動の社会史的探求は、宗教史のみならず、日本史の理解に欠落した一部を補完する役割を担うのではないかと考えている。

考察の対象は一五世紀から一七世紀である。この時期は、一般に室町幕府統治の末期と戦国時代、そして、近世の幕藩体制社会の胎動期とされている。ここに、「宗教」の果たした役割は、従来、歴史研究者の間では、統一政権との対立・抗争の側面からはさかんに論じられたものの、それを信仰した民衆の側からのアプローチが真正面からとりあげられることは少なかったようである。おそらく為政者による排除・縮小、あるいは殲滅に遭遇した諸派として、歴史の表舞台で論じられることに大きな意味がみいだし難いと考えられていたのかもしれない。しかし、そうした崇拝形態が、それまでばらばらに分散していた民衆の心を掌握することに成功した例は少なくない戦国時代である。最も顕著な例は、一五世紀、八代法主蓮如の再興になる浄土真宗本願寺派と、一六世紀ヨーロッパ人宣教師によって導入されたキリシタン信仰とその教団である。それら二宗派を取り巻く日本の宗教社会史的現象を、特に、海外からもたらされた全く新しく、日本にその原型をもたなかった「キリスト教」を主軸に、同時に「主神崇拝」的特徴をもって全国に盤石なネットワークを広げた浄土真宗本願寺派との比較をおこないながら捉え、日本人の宗教心の一側面の解明にとりくみたい。

本書は、人々の「信仰」と社会をテーマ化するという難題に直面している。きわめて主観的、内面的な「信仰」は、アプローチの仕方がきわめて複雑であり、かつ主観的要素が多いことから非科学的になるおそれをもつ。

「信仰」をテーマ化することなど歴史学の課題ではないといわれるかもしれない。しかし、同じ「信仰」を共有した人間が複数存在し、その共通の表現をもとめて集い、社会集団を形成したとき、その成立した共同体という対象は明らかに考察と検証可能な歴史学のテーマとしての括りを示す。その共同体を成立させた社会的背景、社会的要因は紛れもなく歴史学の対象であり、ここ数十年に飛躍的な発展と先行研究をうみだした「社会史」の課題になりうる。新しい歴史の担い手達の方法によれば、人は、この世の空間に存在するかぎり、「からだ」(身体性)と「こころ」(心性)という最小単位を基礎として、それがやがて「しがらみ」「きずな」という社会的結合を示すことになる。[7]「揆を一にする」ことを重視した戦国民衆の「ヨコの連帯」を発展させた共同体の中心にある信仰、すなわち「心性」をテーマ化しながら考えることはきわめて重要である。宗教的絆としての「信仰」と、その集合的形態としての「共同体」の考察は、まさに社会史の重要テーマである。宗教社会史のアプローチを重要視している有元正雄氏も、「宗教や思想が一般民衆の行動様式にいかなる影響を与え彼らの精神的生活基盤になっているかを検討するという宗教社会史的方法」をとることの必要性を説いている。[8]「ここでいう、宗教社会史とは、厳密には歴史宗教社会学であり、歴史上の諸宗教・諸思想をその信奉者と信奉者の行動を含む広範な社会現象としてとらえ、社会科学の対象として考察するものである」[9]とするアプローチは、本書における取り組みの方向性を的確に示している。本書では、そうした新しい歴史学としての社会史の方法論をも考慮したいと考えている。その際には、気候変動と社会の関係を考える気候学、民間信仰の諸形態を明らかにする民俗学、教義論解説を施す宗教学の分野で蓄積された成果を大いに利用する必要があるだろう。

本書は、考察の順序として、戦国期日本において「キリシタン」という一集団の成立を可能にした歴史土壌と民心というテーマに軸足を置きつつ、当時の宗教環境の考察をすすめる。日本史上、中世の権門体制期から近世幕藩体制期のパラダイムの大変換に位置する過渡期、いわゆる戦国期に、対外思想を基盤とした、ひとつの新しい集団「キリシタン」が興隆したことから読みとれる歴史的意義を問いたいと思う。それは単に「キリシタン」内部の意義にとどまらず、「キリシタン」を成立させた周辺環境の史的意義を問うことにもつながる。ヨーロッパ・キリスト教思想と実践の伝統が一六世紀の大航海時代という世界史的潮流によって戦国日本へ伝播され結実した事実は、日本史上例外的あるいは特殊な史実と考えられる傾向にあった。しかし、その特殊性のゆえに、逆に、その特殊性をも乗り越えて受け入れを実現させた「日本」がもつ文化・思想風土の特質をよりきわだたせることが可能なのではないか。そうした特質は、戦国日本に同時期に急速な興隆を達成した他の宗教集団、特に、浄土真宗本願寺派の組織ネットワークの成立と比較検討することによって、さらに明確な全体像をあらわすように思う。「キリシタン」をはじめとする、戦国期に新たに登場した集団の具現した現象が、戦国期日本人の現場の要請に、結果的にみれば一時的ではあったにせよ、本質的に応えうるものだったという可能性、さらに教外者や為政者にとっても無視することのできない存在であったこと、近世日本の成立に不可欠な要素であったことを示したい。

本書の構成

本書では以下「宗教社会史」の考察を前半に、そして後半では、「思想史」としての問題を取り上げ、考察をすすめる。

第一章（キリシタン宗教社会の成立）では、戦国期のキリシタン成立（最大時には推定三〇万ないし四〇万の信徒）を現実のものとした、組織形成のあり方と共同体論をとりあげる。日本においてまったく異質な対外要素によって成立したキリシタン集団は、当初から共同体形成の方法を明確に意識し実行していた。それはヨーロッパのキリスト教界で、一三世紀から宗教改革期にいたるまで重要な役割をはたした共同体組織のあり方、「信徒信心組織」（コンフラテルニタス Confraternitas）の概念の受容と応用であった。これは過去数十年間の欧米の宗教・社会史研究者の最も重要なテーマとなっていた。「接続の歴史」（Connected History）および同時代史という側面が欧米の研究者の間で提唱されている昨今、接続因子としての「民間宗教共同体」は、一六世紀ヨーロッパと戦国日本を結びつける鍵概念と考えられる。それは単なる比較史、一国史の枠組みを超えて、一六世紀（戦国期）の日本をグローバルな観点から位置づけるためのひとつの題材である。ヨーロッパと日本における歴史の「連続」と「断絶」の二つの側面からも、日本と日本人のあり方をより具体的にとりあげることができるだろう。拙著『キリシタン信徒組織の誕生と変容』（教文館）の問題提起をさらに深め、イエズス会系の組織形態とともに、フランシスコ会などの托鉢修道会系の「組」（勢数多講、コルドンの組）などを受け入れた日本人の心を「信徒組織」の側面から考察する。

第二に、戦国期日本においてキリシタンという民衆の結束とは別に、民心を掌握し興隆をとげた浄土真宗本願寺派の組織（道場・講・毛坊主）を具体的に見てゆく。まったく起源を異にする二つの宗教宗派の組織形態が、戦国期日本において、きわめて類似し、結果的に、すくなからず民心を掌握した事実をどうとらえるべきであろうか。その興隆は、それぞれの宗教のもつ固有な特質のゆえなのであろうか。すなわち時代を越え、空間を越えても同様な結果がもたらされるものなのか。それとも、戦国期の日本という土壌と歴史的要請のゆえの特殊な背景によるものなのだろうか。後者であるとすれば、その状況の分析から、戦国期日本の共同体を育む特異な土壌を浮かび上がらせる可能性もでてくる。本書では、後者の立場をとり、戦国期日本の内包した状況が、とりわけ、両派の興隆を可能にしたという立場を論じる。両派の比較の際、組織形態のみでなく、実際の信徒や地域においても交差している事実を示す。

第二章（日本思想史のなかの「魂論」（デ・アニマ）の展開）では、キリシタンとして生きた日本人たちにとって、西洋キリスト教の教義がどのように理解でき、行動を伴うまで昇華されたのかを、日本人の内面をさぐる題材として「キリシタン書」の分析とその受け入れから解明する。ここでとりあげるのは、一五九三年にラテン語で作成され、一五九五年日本語翻訳本が加えられた、ペドロ・ゴメス著『イエズス会セミナリヨ講義要綱』（以下『講義要綱』と略記）である。特に注目したい点は、『講義要綱』には、日本語本にあって、ラテン語原文にはない十数葉におよぶ日本語のみの「付加箇所」が存在していることである。日本語でのみ書かれた「付加」ゆえ、日本人読者を想定していることは明らかであり、日本人に向けた（外国人宣教師用としても日本人を相手として意識した）特別のメッセージとして読むことが可能である。その中で説かれたのは「魂不滅」と「人間の魂の能力」の特異性である。ともにラテン語本文に、言葉を尽くして説かれているにもかかわらず、「付加」として繰り返す必要があったという事実は、日本人にとって、キリスト教受容の上で、付加部分の内容が、対日本人接触の際の特殊事情解明のために何らかの鍵を握るものであることが読みとれる。

第三章（キリシタン思想と日本思想の対峙）では、キリスト教が持ち込んだ「魂不滅論」と日本思想の対峙を扱う。筆者が特に重要と考えているのは、日本の伝統思想にある、「本覚思想」（天台教学を基本とし、草木悉皆成仏を説く思想原理）や、「三世因果論」「輪廻転生的生命観」などの日本人の特徴的思惟への挑戦という局面である。さらに、魂の不死の考察から演繹される「来世の賞罰」の考えから、現世における「倫理的な徳」にもとづく善き生きかたの追求という要素が強くうちだされていることも重要である。キリシタン教義は、多くの民にとっては「倫理観」として受け入れられたとされる理由はこうした教えと実践のゆえだからである。ただし、そのプロセスには日本人の思想には馴染みにくい「善悪二元論」および「自由意志論」の理解という難題が横たわっている。それを受け入れた日本人とはどのような人々であったか。家永三郎（中世仏教思想）が提起して以来の日本宗教思想上の残された問題解明の端緒をつかみたい。

第四章（西洋キリスト教義の土着）では、カトリック教会が、ヨーロッパにおいて育んだ「ゆるしの秘跡」の概念の移入と、その日本的例外措置を解説し、その日本的応用の実例として、人々の行動に具体的な指針を与えた『こんちりさんのりやく』と題された小冊子を分析する。この書物の持つ意義と、この書物が潜伏キリシタン信徒共同体にとって果たした役割を具体的に見る。

第五章（戦国民衆宗教社会の主神崇拝的信仰）は、これまでの考察の結論ともいえる、日本史上にあらわれた「主神崇拝的信仰」の内実を問うことに集中する。戦国期日本にあって、かつてない組織ネットワークを実現させたキリシタンと真宗本願寺派の類似に焦点をあて、なにが、日本人をして、そうした新宗教の信奉に邁進させたのかを、思想史と社会史の関連を意識しながら考察する。

両宗派に共通する、礼拝対象の客観的把握と、信仰対象を一点に集中化させる方法論にみられる「思惟」（複合的多神崇拝に対する主神崇拝）に注目し、そこから演繹される両派のさまざまな特徴的教理とその類似を扱う。また、両派が、日本固有の諸仏・諸神についていかなる態度をもって接したのかを同時にみることで、当時の民衆がいかなる宗教的要請を持っていたかを考えていく。

最後に、補論として、ヨーロッパと日本を結ぶ歴史のダイナミズムをより明確にとらえるための方法論として、筆者が注目する「接続の歴史」（Connected History）という概念を解説しながら、これまでのキリシタン研究につき生じた問題点を整理する。これによって、キリシタン研究ならびに、戦国から近世にかけての東西交渉史、宗教史への異なった視覚の必要性を論じてみたい。これは、一六世紀に興隆した宗教集団であるキリシタンの考察が、キリシタンという特殊現象として、例外的にのみあつかわれたのでは、日本史の重要な側面を見失うと考える本書の前提的考察を行うものである。なぜなら、日本の土壌のなかに、そして精神史のなかに、しっかりと入り込み、複合的な変化を生じさせた「キリシタン」運動の、従来もたれていた誤解を解く必要性を強く感じたためである。

第一章　キリシタン宗教社会の成立

――戦国宗教共同体の形――

はじめに

一六、一七世紀に日本に移入された「キリシタン」の史的現象をとらえようとするとき、まず、史料に現れてくるのはその「組織」という面である。「キリシタン」は、そのルーツを遠くヨーロッパにもち、さらに日本の土壌での変容要因を受け入れながら、独自の発展をとげた。そこで、「キリシタン」の興隆原因を追究する本書のはじめにあたって、その組織面についての考察を置くこととする。キリシタン信徒組織についてはすでに拙著にて概要を示したが、[1] ここでは、宗教社会史的考察をふまえながら、組織としての「キリシタン」のあり方をより多角的に示したいと思う。

キリスト教南欧民間宗教共同体の日本における移入と変容プロセスの解明から始めたい。その際、日本キリシタン史としてのみならず、日本社会・宗教史と関連づけながら、さらに、ヨーロッパ史との連続性を強く意識して検討をすすめる。ここでいう南欧とは、わが国の一六世紀史に深い関わりをもつイタリア、イスパニア、ポルトガルのカトリック諸国を意味し、民間宗教共同体とは、ヨーロッパ史の研究者が明らかにした「コンフラテルニタス」(confraternitas) のカテゴリーに属するものである。一九七〇年代以降、欧米における社会史学派の「新しい歴史叙述」の隆盛に伴い、コンフラテルニタスという、一般にはあまり耳慣れない概念について、欧米のヨーロッパ史研究者の理解が深められていた。しかし、それが日本の歴史研究者の間で注目されることはほとんどなかったように思える。キリシタン史の分野では、ヨゼフ・シュッテ、[2] フーベルト・チースリク、[3] 海老沢有道ら[4]が、日本のコンフラテルニタスとして注目される「ミゼリコルヂアの組」に関する史料を紹介され、多くの紙幅を費やされたとはいうものの、それがヨーロッパのコンフラテルニタス発展史に強く結びつくことはとりたてて意識されず、その起源からする信徒組織づくりの重要性についての認識はもたれていなかった。また、史料の発掘、紹介のみに重点がおかれ、それらが、誰に、何の目的で、しかもどのようにもちいられたかという肝心な点は、今後の課題という形でのこされたケースがほとんどであった。

　筆者自身がコンフラテルニタスの歴史的重要性をはじめて認識したのは、アナール学派など「ニューヒストリー」の「下からの歴史」という見方が流行していたアメリカ合衆国の一九九〇年代初めの大学でのセミナーであり、当初は、「コンフラリヤ」という古くて「新しい」概念が、ヨーロッパ中世社会・宗教史のみならず、日本キリシタン史の信徒動向解明に重要な役割を握っているなど想像もできないことであった。ここに、コンフラテルニタスのヨーロッパにおける起源と発展、および、日本における移入と変容のプロセスの概略を示す[5]。

　コンフラテルニタスとは、キリスト教信心会・兄弟会（confraternitas［羅］、confraternita［伊］、confraria［葡］、cofradia［西］、confraternity または brotherhood［英］）と呼ばれる共同体であり、司祭・聖職者が統治に直接介入しない信徒の自主独立の運営組織のことである[6]。一三世紀のイタリア都市コムーネに範をとり、一六世紀までに西ヨーロッパ全域で多様な発展をとげた。一九六一年に開催された「集団鞭打ち運動」に関する国際会議がコンフラテルニタスについて最初に注意を喚起した出来事の一つとされている[7]。

　特定の会則のもとに共同の宗教的生活を目指して運営された。いわゆる「第三会」と異なるのは、既存修道会規則をとり入れるような誓願による結びつきをもたないことであり、宗教活動を基盤としている点ではギルドとも区別される。原則として定員制（数十名）で、リーダーは会員の中から短期交替（長くて数か月）で互選した。

共通の信心業を行う団体、慈善事業（病人の看護や死者の埋葬）を専らとする団体、賛歌を共唱して練り歩く団体（laudesi）、鞭打ち苦行を集団で実行するもの（disciplinati）など多様である。フィレンツェのミゼリコルディア（Misericordia di Firenze）、ローマ、ソプラ・ミネルヴァの聖母教会付聖体会（Compagnia del Santissimo Corpo di Christo posta nella Chiesa di S. Maria sopra Minerva città di Roma）などはよく知られた名である。参加者は老若男女、階級を問わず幅広い。特にイタリア各地で盛んとなったが、こうした信徒組織の概念は、多少の変容をとげながらイベリア半島に浸透し、イスパニアとポルトガル両国の海外進出にともなって南米やインド、そして日本にもたらされた。日本におけるその実現は、日本の宣教を五〇年間、単独で主導したイエズス会宣教師によるものである。後に托鉢修道会の来日とともに、それらが主宰する信徒組織も導入された。

日本では、豊後や長崎のミゼリコルヂア、一五九〇年代以後、九州各地に存在した「組」が同じ類型に属する。民間宗教共同体（コンフラテルニタス）は世界的な広がりをみせた一事例であることは明らかである。事実、西欧史と日本史をつなぐグローバル・ヒストリーの考察に格好の題材を提供する。日本におけるキリスト教界の歴史的展開を考察するにあたって、コンフラテルニタスという概念を中心に据えたとき、未解決問題として残された諸問題への解答の糸口が見えてくるように思う。第一に、一五八〇年から八七年において、日本のキリスト教人口が急速に増大したのはいかなる原因にもとづくものかという問いである。各地の信仰共同体が活発化した原因を問うものである。第二に、一五九二年の統計（信徒約二二万五〇〇〇人、宣教師数四三名。司祭一人につき約五三〇〇人の信徒）から推測できるキリスト教界の状況を考えるとき、司祭数の絶対的不足にもかかわらず、共同体はいかに構成・運営されていたかという問いである。組織自体を成り立たせていた堅固なシステムがあったことを暗示させるゆえ、その解明が重要な鍵を握る。第三に、世に「隠れキリシタン」として知られる潜伏キリシタン共同体が二五〇年間存続可能だったことは知られているが、その盤石な基礎はどのように形成されていたのだろうか。これらの難問はすべて「信徒」による自主独立運営共同体の形成に注目することによって解決を期待できる。その考察は「人の輪」「人の集合体」という意味での「キリスト教界」(christianitas, christiandade) 全体の理解につながるものである。

第一節　ヨーロッパ信心会・兄弟会の起源と発展の概要（一三世紀～一六世紀）

ヨーロッパのコンフラテルニタスについて、多くの著書が存在しているため、ここでは日本との関わりで重要と思われる諸点だけを指摘する。

一　ヨーロッパの起源——終末論的世界観と信徒自治共同体

まず、コンフラテルニタスが大規模な民衆運動となった契機について考えてみたい。一二六〇年、ペルージアにおけるレイナルド・ファッサーニがおこなった街頭での鞭打ち苦行のデモンストレーションが象徴的な事件とされている。主キリストの十字架刑の受難を思い、自らに鞭打つ苦行の概念は、キリスト教世界に古代からあったが、それが一個人にとどまらず、集団化・組織化したところに一三世紀の特徴を指摘できる。その思想的背景に、一二六〇年を「キリストの時代」から「聖霊の時代」への転換点と位置づけていたフィオーレのヨアキムの予言があったことは疑いえない。一見、繁栄を誇った一三世紀のキリスト教界ではあるが、人々の心性のなかに漠然とした「不安」と終末論的強迫観念の入り込む余地があった。教皇ボニファティウス八世を反キリストとみなし、アッシジのフランチェスコを近い将来の聖霊の時代に先立って現れるはずの平和の預言者として、教会権威に対して抵抗を示したフランシスコ会スピリツアリ（spirituali）らの存在などは、そうした時代の風潮を如実に示しているように思える。ヨーロッパが飢饉と疾病の混乱期を迎えるのは、一四世紀半ばになってからであるが、一三世紀における不安と、説教師たちによる悔い改めの勧めは、心ある人々の中で、やがて訪れる危機に対する心構えを準備した。

二　ヨーロッパ・コンフラテルニタスの類型

イタリアにおけるコンフラテルニタスの隆盛は、むしろ、そうした混迷を深めた世の中において見られたものであった。その類型は、（1）鞭打ち集団型（disciplinati）、（2）慈善事業型信徒組織、（3）信心業実践型組織、（4）その他の類型（賛歌合唱型 laudesi、少年集団 fanciulli、女性団体など）に大別できる。もちろん、さらに詳細に類型を区分できることはいうまでもないが、こうした集団で、後の日本における類型の移入を想定する際、「慈善事業型」信徒集団と「信心業実践型」を特に重要視すべきであろう。これらの団体は、集団で鞭打ちを実践したり、賛歌を共唱したりすることもあったが、主として慈善事業や信心業に特に力をいれた点で類型化される。慈善事業型としては、フィレンツェのミゼリコルディア、ビガッロ、オルサンミケーレ（Misericordia, Bigallo, Orsan Michele）がとくに有名となった。それら諸団体のそもそもの起源には、マタイ福音書二五章に記載された「最後の審判」の際、キリストにうけいれられる義人の条件である、七つの身体的慈悲の業（opere misericordiae）の精神があった。もっとも貧しい人々にしたことがキリスト自身にしたことと同義と考えられた。飢えた者に食べさせ、渇いた者に水を与え、裸の者に衣服を与え、病人を見舞い、旅人に宿を提供し、囚われ人を慰め、死者を埋葬する。コンフラテルニタスは、この七つの業のいずれかに強調点をおいて奉仕する素人集団であり、現代風にいえば、信仰に基づくボランティア団体だったといえる。

病者にまつわる活動としては、一三世紀当初のもっとも重要な相手はハンセン病者であり、慈善院の運営に携わる団体が多くあった。一六世紀になると、梅毒（syphilis）の蔓延が、ハンセン病を圧倒した感があり、民間団体も方針を変えていった。また、第四ラテラノ公会議（一二一五）によってキリストの聖体についての議論が完了し、「実体変化」が強調されるようになった結果、聖体におけるイエスの「現存」が永続的・可視的に示しうるとの理由から、祭壇上において顕示し礼拝の対象とすることが可能になったため、聖体礼拝を主目的とする信心業実践型のコンフラテルニタスが盛んとなった。ローマ、ソプラ・ミネルヴァ教会に付随した「聖体の信心会」はその一例といえる。さらに、一二世紀以来、文字が読めないため詩編共唱が不可能な庶民に対する配慮が、聖母マリヤへの祈りによって代用する習慣を生み、ロザリオの祈りが生み出されたことが、こうした団体の一つの実行目標となった。

三　コンフラテルニタスを取り巻く世相

一三世紀に集団化を果たしたヨーロッパのコンフラテルニタスは、一四世紀の半ば以後、より活発な活動を示すようになった。その背景には、一四世紀半ばの黒死病流行による、ヨーロッパ人口の激減による従来の小教区体制が維持できなくなったことがあげられる。もはや単独教区では支えきれなくなった教会機構の土台部分で、教区を越えたグループ活動としてのコンフラテルニタスが活動を始めたのである。信徒たちは、自己の信仰表現として、あるいは信仰理解として、信心業や慈善活動に積極的に取り組んだものと考えられる。事実、コンフラテルニタスの大きな進展は、一五世紀から一六世紀にみられる。従来の教会史叙述、すなわち「下からの歴史」という観点を欠いた視点からは、こうした信徒の組織の活発化は決してあらわれてこなかった。したがって、教会のヒエラルキーの頂点部分にのみ目をむける叙述は、畢竟、教会の凋落のみを描写し、宗教改革の劇的な展開によって、ローマ・カトリック教会の再生の自覚へと繋がったと説明する。しかし、「下からの歴史」の叙述からすれば、教会構成員の大多数が信徒であり、その信徒はきわめて自覚的な活動のきっかけをつくっていたのである。したがって、一六世紀に新たに登場するカトリックの新修道会の創始者のほとんどが、信徒としてのコンフラテルニタスの経験者だったという理由が理解される。

一六世紀におけるコンフラテルニタスの隆盛の背後には、倫理的パラダイムの転換の要素も指摘できる。先にもふれたとおり、一四九六年以後、イタリア半島における梅毒の蔓延は、サヴォナローラの言葉をかりれば、イタリア人が悔い改めるための神の罰、天啓であった(8)。ここに、これまでの倫理道徳を一層強化するような時代の雰囲気があったことは否定できないように思う。

一五二〇年代パリ大学に滞在していたフランシスコ・ザビエル(Francisco Xavier)が、倫理についての厳しい態度を随所に記録にとどめているのは、単に厳しい倫理観をもった個人の見解とみるよりは、むしろ、それは世相が反映された結果であり、その態度からひとつの時代精神を読み取ることができる。現代においても、一九八〇年代にエイズ問題がクローズアップされてから米国における倫理パラダイムが多少とも変化したように思えるが、一六世紀のそれは、遥かに強烈なインパクトを人々にもたらした。ローマの聖ヤコブ病院に見られる、梅毒(当時の不治の病 incurabile)患者専門の団体が活動を盛んになしたのは、数多ある類似団体のほんの一例にすぎない。さらに、オラトリオ会などの一六世紀における新修道会の創設者たちが、長く、何らかのコンフラテルニタスの有力メンバーであった点も見過ごすことができない。「神の愛の会」（Compagnia di Divino Amore）の名をもつ団体が多くの都市に生まれた。また、コンフラテルニタスと直接の関係はないものの、イグナチオ・デ・ロヨラ（Ignatius de Loyola）と同志たちが創設したイエズス会（Compagnia di Gesù）にも信徒信心集団の精神や考え方との共通点が随所に見て取れる。彼らが採用した「コンパニア」（compagnia）が、当時のコンフラテルニタスのような集団を意識していたということは、少なからず研究者たちの認めるところであり、「コンパニア」が「軍隊用語」の「一師団」を示すものでないことはすでに確認されている。当時の「コングレガチオーネ」（congregatione）や「スクオーレ」（scuole）と同じく、コンフラテルニタスを示す名称であった。事実、イグナチオ・デ・ロヨラは、故郷の貴族身分を放棄し、貧乏学生をしていたころ、「慈善院」に起居することを好んだ。さらに一五三九年ローマに到着した後、彼ら同志らが従事した活動といえば、飢饉に苦しむ貧者のための食料調達、更生した女性たちのための宿の提供（Casa Santa Marta）、孤児の世話など、従来慈善事業型コンフラテルニタスが得意とする分野が目立つ。ただし、イエズス会の公認後（一五四〇年）、イグナチオは、会員がコンフラテルニタスに関わる活動に参加することを禁じている。そうした団体がどれほどメンバーのコミットメントを要求するのか、イグナチオは体験を通して知っており、それが修道会での誓願者としての身分との両立を不可能にすると危惧したためである。事実、イグナチオ自身は、ローマにやってきた一五三〇年代の末に一時、ソプラ・ミネルヴァの聖体会の名簿に名を連ねたことがあった(9)。

後に、フランシスコ・ザビエルがローマを出立し、ポルトガル領ゴアに到着した際、キリスト教徒の倫理的な弛緩、信仰の希薄さなどを嘆く一方で、ミゼリコルヂアの活動だけは賞賛に値すると国王ジョアン三世に書き送っている。一方で、ルターの言うように「大騒ぎをする、大酒飲みの信徒達」という観察とともに、信仰を堅持するという意志のもと、具体的な活動を担っていたのも、こうした組織された信徒たちであった。それだけ、コンフラテルニタスを組織する信徒たちはまじめで、目立つ存在だったということであろう。従来の教会史は、こうした信徒エネルギーの描写を怠ってきたのである。

一六世紀のコンフラテルニタスは、一三世紀以来の伝統をうけつぎつつ、一六世紀の世界においてもっとも必要とされた活動の核心に迫る存在であったことがわかる。ゴアのミゼリコルヂアの真摯で敬虔な活動は、国王による保護と、コンフラテルニタスのネットワーク化（Archiconfraria: すなわち同種のコンフラテルニタスを支部として本部組織が統轄するという制度）に支えられていたことも今日ではよく知られている。ポルトガル人は海外で植民地をつくるとき、宣教師とポルトガルの制度をもたらしたと同時に、「コンフラリヤ」の概念をも持ち込んだ。この概念こそ、ポルトガル人が行った先々の教会活動に血をかよわせ、暖め、人々の心を結びつけるものとなっていた。

第二節　日本における宗教共同体としてのコンフラリヤ機構の導入

一六世紀日本のキリシタン宗教共同体は、ヨーロッパ・キリスト教界で一般的であった「教区」制度（ローマ教皇を頂点とし、各地の司教座と小教区を中心としたヒエラルキーによる教会組織）の直接導入によって成立したわけではなかった。一五四九年のフランシスコ・ザビエルの来日以後、一五九〇年代末にいたるまで、教区制度を成立させる司教座は日本に存在していない。南米にみられるような宣教共同体（「イエズス会ミッション」）に似た、イエズス会宣教師の指導下、信徒の絆を主として保つキリスト教界が成長した。その意味で、日本の一六世紀のキリスト教徒は、制度的教会（Ecclesia）ではなく、信徒の集団を意味する「キリシタンダーデ」（Christandade, Christianitas）の一員と言ったほうが適切である。宣教師文書にはこのキリシタンダーデという言葉が頻出する。その基礎的な共同体形成にあたって、ヨーロッパ「コンフラテルニタス」の概念を基礎とした小グループ経営による信仰共同体づくりのノウハウが、来日したイエズス会によって導入された。

一　水平的伝道とコンフラテルニタス

これまで、キリシタン時代の布教を考察する際、多くの研究者は領主の改宗によってひきおこされた集団改宗による方法、すなわち「上からの」宣教に注目するのが常であった。しかし、それは、キリシタン共同体形成にとって一面にすぎないことは明らかである。清水紘一氏が指摘したように、そうした「上から」のキリスト教化（垂直的伝道）の結果「領主層が帰依し寺領にキリシタン大名領国を形成したのとは別に、民衆の横のつながりによる伝道も盛んに行われた事実が、より綿密に考慮されるべき」だろう。[10] 水平的伝道として宣教師たちは日本人に対して、「辻説法」や「道場説法」をうまく取り入れた。

また、イエズス会宣教師たちは、ヨーロッパにおいて一般的であった教会ヒエラルキーの導入によって日本キリスト教共同体の基礎を形成したのではない司教も教会教導者も存在しないなか、各共同体に常駐するわけではないイエズス会宣教師による共同体組織の導入を考えていた。つまり、指導者としてのイエズス会員が不在であっても、キリスト教徒が自主的にその共同体運営を実行できるような組織づくりの必要性が認識されたのであった。そして、その事実が五〇年間、世界に類例のない日本的方法を生み出したのである。

こうした、水平的伝道を受け入れる素地がどのように形成されていたのか。ここに、コンフラテルニタスの発想を用いて共同体づくりをしたイエズス会宣教師と、それを受け入れた日本人たちの間に共有されたひとつの理解があったことは否定できない。

二　日本のミゼリコルヂアの場合

さらに、日本のキリスト教共同体形成の発端においてきわめて特徴ある要素は、信仰共同体よりも、医療施設を中心とした実利的機能をそなえた集団が真っ先に誕生したことである。豊後府内において、バルタザル・ガーゴ（Balthasar Gago）をはじめ、ルイス・アルメイダ（Luis d'Almeida）らの尽力によって、我が国最初の西洋式医療施設が作られた。これが日本最初の西洋式病院とされているようだが、ここで重要なのは、キリスト教共同体が医療施設を中心に拡大していったという事実である。医療施設を開設したとき、ヨーロッパにおけるミゼリコルヂアの活動基準が導入されている。

ガーゴが粗末な薬局（施薬所）を開設したことに始まる施設は、一五五五年日本でイエズス会に入会したポルトガル人の商人ルイス・アルメイダの多額の持参金によって病院への発展を可能にした。この療養施設を積極的に管理したのは一二名の信徒団であり、後に、イエズス会宣教の責任者であったコスメ・デ・トルレス（Cosme de Torres）は、この一二人を中心とする信徒団にポルトガルのミゼリコルヂアの規則を与えている。つまり、キリシタン時代の教会共同体は、慈善事業型コンフラテルニタスの枠組みを用いてスタートした。初期の一二名に加え、会員は次第に増員され、府内教会の中心的役割を担っていく。その指導的立場の信徒たちは、慈悲役

(irmão de misericordia) として活動の中枢を担うことになる。

さらに、ミゼリコルヂアを模範とする信徒団が運営協力する「病院」が、単なる治療施設にとどまらなかった事実に注目したい。彼らがもつ三つの病棟のうち、第一、第二病棟に外科と内科の施設を設け、第三棟に、「重い皮膚病」(あらゆる皮膚疾患) の患者達を収容していたという事実である。これは、中世ヨーロッパにおいて多数存在した「慈善院」と同様、治療 (Cure) 目的というよりは、病後看護 (Care) 専門の病棟であった。一〇世紀の『延喜式』以来、日本人の心に深く刻まれた「触穢」の思想から、そうした病者は、「身分外の身分」として社会の周縁に追いやられ、徹底的な差別をうけていた。[11] 一方、キリスト教慈善事業の長い伝統からすれば、「重い皮膚病者」は、新約聖書時代以後、みずから貧しくなられた「キリストの姿」と同一視され、保護の対象となった。それをコンフラテルニタスの伝統がさらに精度の高い「慈悲の業」へと昇華させていった。そうしたヨーロッパの慈善精神の伝統が、日本の戦国期に移入されたとき、その波紋は決して小さくなかったはずである。むしろ、それは日本人にとって大きなインパクトをもってせまる、ある特別の生き方の証明となった。触穢観念が根強く存在する日本人にとって、さらに驚愕する出来事は、イエズス会宣教師の指導のもと、ポルトガル式ミゼリコルヂアの伝統をうけいれた日本人たちは、府内に「慈悲の組」なる組織をもち、病院支援を行う一方、行き倒れの死者の埋葬を自らの任務として献身したことである。宣教師ガスパル・ヴィレラ (Gaspar Vilela) の書簡の一節はその重要な意義を明らかにしている。それによれば、日本人たちは元来、行き倒れの死者を犬猫のように簡単な穴をほって埋めるだけであり、人間尊厳への配慮は微塵も感じられないものであったという。そうした社会通念の中にあって、行き倒れの死者を鄭重に運び、立派な葬儀までして埋葬しようとするキリスト教徒の姿が大きなインパクトをもちえたことは、当時多くの見物人を集めたとするドアルテ・ダ・シルヴァ (Duarte da Silva）の証言からみてとれる。死体に対する社会通念の根底に「触穢」思想があることはいうまでもない。死体に触れることは、人間であれ動物のものであれ、最大の穢れとして忌避されていた日本社会の通念からすれば、キリシタンらの行為はやはり「特異」な現象と日本人の目には映ったであろう。だれも嫌がるそうした職務は、やはり社会的差別をうけ、ある職能として定着する。ルイス・フロイス（Luis Fróis）は「聖《ひじり》」と呼ばれるごくかぎられた差別された人々がそうした役割に従事していたことを証言している。さらに、貧困のゆえに葬儀費用を賄うことのできない人々のために、ミゼリコルヂアは本部前に献金箱をおいていた。そのキリシタンたちは「慈悲役」（majordom de misericordia）の指導のもと、一般日本人に忌避された活動をもっぱらとした。慈善事業型コンフラテルニタスの日本における定着を物語る。豊後府内をはじめ、堺、大坂、長崎に誕生したコンフラリヤは、病院活動と密接な関係を常にもっていた。

「死穢」・「病穢」を忌避しない活動（行き倒れの埋葬・ハンセン病棟の建設）の日本社会に与えたインパクトは大きかった。これは、キリスト教にとってきわめて根本的な精神に則った行為ではあるものの、これから教勢を拡大しようとする宣教面において、必ずしもプラスとなったわけではなかった。一五五〇年代末に来日した、イエズス会の長上メルキオール・ヌネス・バレト（Melchior Nuñes Barreto）は、日本宣教地を視察した結果、このままではキリスト教自体が「貧者と病者のみ」の宗教と誤解されるおそれがあるとの危惧も表明するほどであった。[12] しかし、その活動の真の理解者からキリシタンの輪が少しずつ広がっていたことは事実であり、注目に値する。

三　村落におけるキリスト教自主独立共同体

コンフラリヤの機能は、都市部におけると同様、農村のキリシタン信徒自主独立共同体の成長においても重要な役割を果たした。すでに前著で詳しく論述したのであるが、日本において、コンフラテルニタスの組織づくりが導入され、それが、小規模の集団づくりばかりでなく、日本のキリシタンのあり方の方向性をきめたことについて、豊後の信徒集団の例が特徴的である。

府内の大友館から一レグアから二レグア（一レグアはほぼ一里相当、四から八キロ）の地点にある高田庄のキリシタン共同体にその特徴がよくあらわれている。[13] 府内にキリスト教共同体が成立し、慈悲役を中心とする活動が活発化し軌道に乗るとまもなく、慈悲役は周辺の村々を訪問しはじめた。豊後府内近郊の高田庄には、府内の宣教師たちの活動に感動した人々が早くから存在した。これらの村々から毎日曜日に府内の教会堂に人々が訪ねていたが、通常は府内から司祭や慈悲役らが巡回するのが常となっていた。高田庄では五～六か所の民家に祭壇が設けられ、人々が定期的に集い、府内からの巡回者を迎え、さらに彼ら独自の集会を組織し祈っていた。祭壇の上には祝別されたコンタツ（ロザリヨの数珠）や聖母像がおかれていたことはアルメイダの報告から知ることができる。この民間祭壇をもつ家を管理するのが民間指導者の役割であり、彼らは「看坊」と呼ばれることが多かった。府内の宣教師や慈悲役の巡回が困難な場合、指導者の代わりとして、村人に祈りの方法を教え、祈りの会を主宰することもあった。また、府内でもちいられたカテキズム（キリスト教基本教理）を村人に解説する役割を担っていたようである。こうした民間指導者が宣教師や慈悲役の教えをうけ、宣教師が不在でも、村を信仰共同体として維持することができるまでに成長したのが一五七〇年代の初め頃である。ここにキリスト教信徒自主運営共同体の典型的な成立の事情がみてとれる。その組織づくりの方法は、府内の慈悲役から伝授された「コンフラテルニタス」の発想に基礎をおいていた事実が随所に散見できる。宣教師が不在でも村落共同体が維持運営できるというシステムは、聖職者の介在を必要としない「コンフラテルニタス」の根本的特徴を受け継ぐことで可能となっている。府内近郊の高田庄は、キリシタン地帯と呼ばれるほど大量のキリスト教信者を生んだ。葛木村《かつらぎむら》の全住民はキリシタンになったといわれている。また、狭義の高田（乙津川と大野川の中州地帯）はキリシタン地帯とよばれるに相応しい陣容を整えた。一五八〇年代になると、大量の改宗者が相次ぎ、高田庄のキリシタンの勢力はさらに増大したと考えられる。

こうした、信徒共同体の形成が、各地のキリシタン地帯を形成し、ひいては領国境界を越えた全国的なキリシタンネットワークへと発展する。わずか、四〇名そこその司祭に対し、二二万人のキリシタンたちは、私たちが考えているよるはるかに、自発的に、かつ有機的に、共同体生活を営んでいた。そうしたエネルギーは、やがて、為政者によるキリスト教に対する危機感の下、キリシタンが公の活動を奪われた後も存続する。否、むしろ、そうした迫害下にこそ、信徒のみで自主運営可能な共同体の潜伏活動が花開いたといえるのである。

四　伴天連追放令以後の日本におけるコンフラテルニタスの変容

一五九七年（天正一五）六月一九日、秀吉は突如「伴天連追放」を命じる「定書」（松浦博物館蔵）を交付した。また、その前日の日付をもつ一一箇条からなる「覚書」（伊勢神宮文庫蔵）の存在が確認されている。宣教師が追放されるということは、今後、日本国内においてキリスト教の公活動の完全な停止を意味していた。しかし、二つの発給文書は、領主の領民に対するキリスト教の強要を禁じ、宗教の自由を謳い、南蛮貿易の続行は示唆しているだけで、キリスト教徒に対する徹底的な迫害、禁教に結びつく具体策を提示しなかった。秀吉の伴天連追放の理由は複雑であるが、九州仕置を開始した直後の秀吉にとって、全国統一の遂行上、一五八〇年以後、長崎を教会領としているイエズス会の存在を容認することはできなかったと考えるのが妥当であろう。追放令発布後、宣教師は平戸に集合し、ある者はマカオやルソンに避難を決意したが、最後まで潜伏してキリスト教徒の世話をしようと決意している者もいた。

一方、信徒たちが、宣教師の追放にいかに対処したのかといえば、都市部では混乱を避けることができなかったものの、農村部、特に先に例としてあげた豊後の高田庄のような場所では、すでに地域に根付いたキリシタン信徒自主運営共同体が存在しており、宣教師の追放によって動揺するどころか、かえって、信徒の結束を強める契機をつかんでいた。つまり、元来、コンフラテルニタスを模範とする信徒共同体づくりは、聖職者と呼ばれる司教、司祭の常駐や直接の指導を想定していない信徒の自主運営団体だったのであり、それに基づいて形成されたキリスト教共同体は、司祭《パードレ》らの不在・追放に直面しても何ら重大な損害を直接被ることがなかったと考えられる。むしろ、キリシタン共同体は、必然的に、「潜伏」共同体へと変容していった。ただし、都市部における、慈善事業型コンフラリヤの活動は、公共の場から姿を消すこととなり、変質を余儀なくされた。その点、キリシタンが被った痛手が重大であったことにかわりない。しかし、キリシタン信徒は一層逞しく、サバイバルの道を切り開いていった。信徒組織づくりは、ここでも重要な役割を果たすこととなったのである。

そうした中、慈善事業型のコンフラリヤによって結びついた人々は、その共同体の結束を維持すべく、「信心実践型」コンフラリヤの枠組みを援用することにより、定期的で秘密裏の集会を維持し、信仰共同体としての機能を保持することが可能となった。それは、村落部などでみられた民家集会の形をより強調するものであった。

こうした共同体は、慈善事業型が外向きの救済を強調したのとは逆に、個々人での精神面の協調を意識し、相互扶助団体として内向きの性格を濃厚にしていったものといえる。こうした変容の結果、持続した日本の共同体は迫害に対する相互扶助の側面を強調した点で、ヨーロッパやインド、マカオには存在することのなかった、日本独自のコンフラリヤの型を示したのである。それによって、後の徳川政権下の禁教と迫害の最中にあって、より強固な潜伏期キリシタン共同体の維持を基礎づけたといえる。実際、豊後の高田庄は、一六六〇年代より八〇年代に断続的に生じた「豊後崩れ」（潜伏キリシタン大量検挙事件）のひとつの中心地となった。それは、キリスト教宣教当初から、当地において、キリスト教信仰共同体が、ヨーロッパモデルを踏襲し、土着化を遂げ、次第に日本特有の形を生み出していった長期的な発展のゆえである。こうした地域は豊後の高田庄にかぎらず、キリシタン地帯として長い期間信徒の信仰を育んだ地に、共通して見られる現象である。その地域分布を知ろうとすれば、元和三年にイエズス会宣教責任者マテウス・デ・コウロス（Matheus de Couros）の命によって、全国の信徒指導者が作製した名簿を参照すればよい[14]。

コウロス作成の名簿は、江戸幕府禁教開始時の各地の信徒組織存在の動かぬ史的証拠を提出することとなった。実は、この名簿を作成したコウロスの意図は、当時、何者かによって流布された、イエズス会宣教師に対する中小誹謗を打ち消す目的があったという。すなわち、迫害が始まって後、各地のイエズス会宣教師が信徒を捨て逃げ去ったとの根拠なき非難に対し、イエズス会の最高責任者であったコウロスが、全国の信徒指導者に宛て、その噂が事実無根であることを証明し、且つ、信徒代表の署名を集めようとしたのである。皮肉なことに、その署名リストが、後の代で、イエズス会系の信徒組織の雄弁な存在証明となった。信徒組織の側からすれば、そのリストによって、各地に、民間指導者が、宣教師の直接の滞在と協力を得なくても、共同体運営に責任をもち、維持し、発展させていた証左として示される。司祭数の絶対的不足を、各地の信徒集団の組織上の充実が完全に補完する形をとっていたことがわかる。

五　托鉢修道会系のコンフラリヤ

これまで、キリシタン信徒共同体の仕組み、誕生と変容について概要を述べたが、これは、一六世紀日本のキリシタン教会の指導に先駆的役割をはたしたイエズス会関係の信徒組織であった。一五四九年に来日したイエズス会は、その後、半世紀にわたって、日本キリスト教界を主導した。しかし、一五九三年のフランシスコ会、一五八四年のアウグスチノ会、一六〇一年のドミニコ会の托鉢修道会系の宣教師の来日によって、その独占的な状態に終止符がうたれた。一五八〇年に長崎で開催されたイエズス会の宣教会議の段階で、日本にはいまだ司教が常駐しない、すなわち司教区ではなく、たんなる「ミッション」であることから来る様々な問題が討議検討されていた[15]。そのなかで、他修道会の日本への誘致は、日本の仏教諸派分裂にみられる混乱と同様の印象をキリスト教界に対してもたらすとの理由から、巡察師ヴァリニャーノの採決によって拒絶された。イエズス会はローマ教皇を動かしてまでも、他修道会の参入を阻止しようとしていた。そうした措置も、フランシスコ会の来日によって無効となった。

(1)　ポルトガル系イエズス会とイスパニア系托鉢修道会の宣教方針の違い

「大航海時代」と総称される歴史事実のなかには、一九世紀の「帝国主義」とは区別されるものの、イスパニア、ポルトガルの植民地政策の弊害が存在することは言うまでもない。しかし、これらイベリア半島の両キリスト教国の海外進出に関して、その方法と内実には大きな相違が確認できる。それは、二つの国の進出の方法の違いというよりは、それぞれが接触した人間および地域の状況の違いによって形成されていることのほうが多い。

一四九四年、海外領土紛争回避のため締結されたトルデシリャス条約により、地図上の領域を二分し、イスパニアは西回りで、ポルトガルは東回りで植民地支配を拡大しようとした事実はよく知られている。その先々には全く違った光景が存在した。そうした状況の違いに直面したふたつの国が日本において、一方ではポルトガル人を中心とするイエズス会によって、他方はイスパニア人を中心とするフランシスコ会やドミニコ会などの托鉢修道会系の人々によって出くわした。あまり意識されないことだが、当時、ポルトガルとイスパニアの宣教勢力が同時に同じ地域で活動を展開したのはほとんど例外的事実であった（日本、ブラジルの一部、ルソン）。このヨーロッパ大陸の二強国が、それぞれに邂逅した民族、文化、習慣などはまったく異なっており、その異なった体験による対外意識のずれが、やがて地球の裏側にあたる日本に持ち込まれている。

イスパニア勢力は、中南米地域において、インカ・アステカなどの文明を育んだ地とはいえ、一六世紀にはすでに部族間の軋轢が統一した抵抗運動になりにくかった地にあって、軍事行動を先行させ、「征服」による領土拡大とその結果のキリスト教文化の導入を常套手段とした。つまりヨーロッパ人主体の方法を自由に用いることができた。キリスト教宣教も、征服の後に実現した。それに比して、東に進路をとったポルトガルは、行く先々で、ヨーロッパ文化と競合する、成熟した文化圏に分け入っていった。武力征服を先行させることなどこの地域では非現実的であった。インド洋ではイスラム勢力が行く手をはばみ、インドでは多数の伝統文化による拒絶を体験した。さらには当時八〇数か国語が飛び交うマラッカで商人たちと接触し、さらに中国文化圏ならびに日本に到達した。本国より遥か遠方の地域ゆえ軍事行動はおろか、ヨーロッパ中心的で威圧的な交渉すらままならぬ状態を体験したのが東回りのポルトガル人の状況であり、ポルトガルの「布教保護」の下にやってきたイエズス会員の宣教の現実であった。

しかも、一般に、ポルトガルが植民地経営をしたと聞くと、一九世紀末の中国大陸を連想し、ポルトガル植民地がインドやアジアに広く場を占めたと考えがちであるが、実際、ポルトガル植民地経営の基本は「面」ではなく「点」であったという事実をおさえたい。つまり、ポルトガル人は内陸深く領域を拡大するのではなく、数キロ周囲を城壁で囲んだ、海に面した拠点経営を基本とし、その拠点をネットワークで結ぶという方法を植民地政策に採用したのであった。その結果、ゴア、マカオに拠点経営の共通要素が確認でき、その方式はやがて長崎においても踏襲されようとしていた。（ただし長崎の場合はポルトガル植民地ではなくイエズス会教会領という独自の形態であった。）内陸深く「面」としての植民地をもつのは、同時期の南米におけるイスパニア、あるいは鉄道網整備が可能となった一九世紀の欧米列強の発想であり、一六世紀のアジアにおけるポルトガル植民地の方法ではない。競合する文化、習慣を強くもつアジアの各地に踏み込もうとしたポルトガルの必然的にとらざるを得ない経営方法から、同時に宣教師たちの挙動をも理解することができる。ヨーロッパ宣教師には、共通の認識と同じくらい、異質の意識が混合している。「順応」か「改宗の強要」か、それとも「隔離」かは、意識の差がもたらした結果といえる。

ここで、一六・一七世紀のヨーロッパと日本の接触を、一九世紀以後の西欧列強と日本の接触の観点をとりはずしてみなければ史実には接近できないことをあらためて強調したい。東西交渉のあり方が全くちがうという前提のもとで考察し、とくにポルトガルが東回りで日本に達した事実、その一六世紀に可能となった方法を、時代のコンテキストの中で注目しなければならないと思う。

ポルトガル系イエズス会とイスパニア系托鉢修道会は、信徒組織作りにおいても、互いの特色をうちだし、日本において、その実践には明らかな相違を示していた。もちろん、南米およびルソンでの宣教活動を体験したイスパニアの托鉢修道会系の宣教師たちは、イエズス会同様、ヨーロッパにおける「コンフラテルニタス」の伝統を熟知していた。したがって、ポルトガルのイエズス会宣教師たちと同様に、宣教地における「コンフラテルニタス」の模範にしたがった信徒共同体づくりの有効性に気づいていた。来日した諸修道会は、ただちに、それぞれ独自の信徒共同体作りをはじめる。

一六一八年、ロドリゲスの残した、日本のキリシタン信徒組織の規則の略に見られるとおり、信徒の間では、イエズス会系の「こんふらりや」に属するのか、それとも他修道会系（ドミニコ会）に属するのかで議論がおこっていた事実が認められる。多くのイエズス会宣教師が、イエズス会系「こんふらりや」こそ、ローマ教皇の認可をうけたものであり、正式な「インダルゲンチア」（免償）をうけるに相応しい組織だと主張した。それに対し、ドミニコ会系も負けじと「免償」獲得の事実を喧伝した。ドミニコ会は「ロザリオ」の信心やイエスの御名を冠した「コンフラリヤ」を各地に形成していたものと思われる(16)。

この問題は、よく起こりがちな、修道会間の信徒獲得競争のようにみえる。しかし、重要なことは、それぞれの修道会が、みずからの「コンフラリヤ」（組）にできるだけ多くの信徒を獲得しようとしていた事実であり、このことによって、「コンフラリヤ」という組織が、伴天連追放令後、また、江戸幕府の禁教令発布後においてさえ、信徒の堅固な結びつきを実現するもっとも有効な手段であったことを証明するのである。

托鉢修道会系のコンフラリヤ（組）は、後にみる「第三会」の信徒組織と明確に区別されていない場合が多いようである。コンフラリヤの一大特徴は、いずれの修道会の傘下にもない、信徒の自主運営組織という点であった。しかし、一六世紀当時の宣教地においては、司教の統轄になる教区が成立する以前は、各地域を指導した宣教師の属する修道会の影響がきわめて濃くなることから、日本においても、当初はイエズス会の司祭に指導された組織であり、一五九三年のフランシスコ会の来日以後には、その色彩をもった。事実、以下に見る、「勢数多講」（信徒の自主運営組織）と「コルドンの組」（フランシスコ会系第三会）の区別はほとんどないに等しい状態であった。これは一六世紀末のヨーロッパも同じであったようである。その証拠に、「コルドンのコンフラリヤ」は、日本ではコルドンの組と呼ばれていたことから、「コンフラリヤ」とは「組」の訳語とされていたようであり、厳密な意味で「第三会」と「コンフラリヤ」は区別されなかったようである。

今ひとつ指摘したいことは、托鉢修道会の運営する信徒組織の特徴として、「免償」（Indulgentia）の獲得がひじょうに大事にされ、信徒生活の主軸となっていることである。免償の神学的起源や展開は、第四章において詳述するが、その要点だけをここで述べる。カトリック教会の「ゆるしの秘跡」は、三つの悔悛者の行動によって成立するとされている。第一は、「心の痛悔」であり、罪を心から悔いる段階である。第二は「口の告白」として、罪はすべて教会の教導責任者（司教、司祭）に直接口頭で述べなければならない。そして、第三は、「業による償い」として、犯した罪の軽重にしたがって、償いの業が課せられる。巡礼や断食、特別の祈りなどがそれにあたる。免償とは、この第三の部分を、ある事情があって実施できない者、たとえば、十字軍の遠征に加わろうとしている兵士たち等に対し、教皇が特別に免除するシステムをさす。たとえば、一〇〇日の苦行を「償い」として与えられた人が、一〇〇日以内に死亡したなら、償いがはたされておらず、罪のゆるしが完了しないことへの疑悩がもたれたからである。一一世紀以後、とくに一四世紀初頭に没した教皇ボニファティウス八世によって、この免償が定期的に（二五年毎）に与えられる習慣が発生した（Jubileo 聖年、特赦の年）。これは、旧約聖書にみられる「ヨベルの年」をモデルとしたもので、このとき、旧約のユダヤの民が五〇年に一度、すべての負債を帳消しにした習慣になぞらえて、すべての者に罪の負債である「償い」の実行を免じる特別令が布告された。やがて、「償い」の軽重が、日数・年数で換算される習慣がもたれ、全免償と部分免償が区別される。全免償とは期間の限定がないもの、部分免償とは、たとえば、一〇〇日の免償のように、ゆるしの秘跡で課される、ある一定期間の償い期間の削減が定められた。こうした教皇主導の特別規則にたいし、一六世紀の宗教改革者たちが異を唱えたことについては、四章で詳しくみることとする。フランシスコ会やドミニコ会の托鉢修道会系の信徒組織には、この会に入るとある特権が与えられると強調する目的で、「免償」の項目が多数もりこまれた。

(2) フランシスコ会系コルドンの組

フランシスコ会は「コルドンの組」と自称する信徒組織を有していたことが知られている。コルドンとは「帯」のことで、フランシスコ会修道士が修道服に粗末な縄の帯を巻いていたのをまねて、同じような縄の帯を締めて信心業に打ち込んだ信徒が「コルドン」の組と称した。厳密にいうと、これは、ヨーロッパにおける「第三会」(tertiary)というべき組織である。すなわち托鉢系の諸修道会は、第一会(男子会)、第二会(女子会)、そして第三会(信徒会)の区別を有していた。コンフラリヤと決定的に違うのは、この第三会が、第一会の修道規則(Regula)を受け取り、その会の精神を各々の日常生活の中で、具体的に生きようとする団体であったことである。いかなる修道会の特徴をも譲り受けないかたちで存在しようとした「コンフラリヤ」と、特定の修道会の性格を強く残す「第三会」では、その実態はずいぶん異なっている。ただし、日本においては、イエズス会ばかりでなく、托鉢系のフランシスコ会、ドミニコ会、アウグスチノ会のそれぞれが、創始者の宣教師の属する修道会の規則をきわめて濃厚に反映させていたようであり、ここに、ヨーロッパの「コンフラリヤ」と「第三会」の区別が明確に意識されていたかどうかは疑問である。江戸のハンセン病者療養施設などで活躍した「コルドンの組」は、イエズス会のミゼリコルヂアと同様に、フランシスコ会の精神を強く意識しながら、信徒の自主運営組織として発展したと考えてまちがいないだろう。

日本における「コルドンの組」の消息を少しばかり示すものとして、水戸藩寛永没収教書の中の、「諸聖人御作業書抄及宗門諸抄」[17]という文書がある。半世紀近く前に、海老沢有道氏によって紹介されたものであるが、今日まで、それがどのような団体の、いかなる文書であるのか、それを受け取った日本人信徒たちを描いたものはなかった。しかし、コンフラリヤの重要性の観点から、これは日本キリシタンにとって、単なる史料の断片としてではなく、禁教直前の緊迫したキリシタンたちの姿を間接的に伝える貴重な文書であることが判明する。

文末には、文書についての貴重なデータがみえる。「主のご出生より一五八六年、教皇在位二年目に、ローマの聖ペトロの館において五月七日にこの教書（Bulla）を発行する。教皇シスト五世。印璽。南部寿庵が書写。元和四年一〇月五日。フランシスコ会フランシスコ・ガルベス神父[18]が下野の国のコルドンの組へ[19]」。すなわち、この文書は、教皇シスト五世がフランシスコ会の全世界のコルドンの信徒会にあたえた教書を、日本の下野国で活動していたフランシスコ会のガルベスによって組織されたコルドンの組へ適用したものであり、元和四年（一六一八年）に翻訳され写しが南部寿庵によってつくられたことを示す。

内容的には、この組に与えられた「免償」規定の記述が主なものとなっている。信徒組織に、なぜかくも「免償」が強調されるのであろうか。キリスト教は現世利益を嫌う宗教である。しかしながら、民衆教化にあって、実際の効果を得やすいのは、半ば「現世利益」にもみえる、なんらかの特権の付与であった。民衆信徒にとって、最大の悩みあるいは脅威とは、「罪のゆるし」の要件（期間を設けられた「償い」の業）を完全に履行することなく、「償い」実行の半ばで死を迎えることであった。フランシスコ会が、このように「免償」を強調することによって、人々の心を慰めていたことは事実である。シスト五世の教書の写しや、コルドンの組の規則が、人々の心を引きつけ、参加者が多数存在したということは、民衆が、具体的に、キリスト教に何を求めていたのかを明らかに示す証拠である。現実に「魂の救い」に目覚めた民衆の群れが存在していた事実を指摘したい。その意味は、免償の考え方が、民衆の信仰のなかに確固とした地位をもっていたということである。方便のように見えるとはいえ、「半現世利益的」功力の強調によって、民衆を「真の救い」に招き入れ、教導しようとした宣教師らの姿が浮かびあがる。

(3) フランシスコ会系「勢数多講[20]」

一五九三年に来日したフランシスコ会は、都や江戸において、都市民を中心とした独自の「コンフラリヤ」の形成をはかっていた。

江戸に「コンフラリヤ」が存在したことは、バチカン文書館所蔵文書のなかの、一六一三年一〇月一日付、教皇パウロ五世宛、日本信徒の親書に添付された「勢数多講」の規則の一枚から確実視されている（本章末尾に現代文を掲げた）。この文書は、家康・秀忠の政権過渡期、しかも切支丹禁教令が全国的に公布される直前の江戸におけるキリシタン活動を知る上で重要である。当時、キリシタン人口が、すでに四〇万を数えていたことがわかり、また、宣教師、特に托鉢修道会系の、江戸における宣教活動を垣間見させる内容となっている。支倉常長の渡欧を実現させたフランシスコ会の宣教師ルイス・ソテーロ（Sotelo, Luis Caballero, 1574-1624）によって、江戸に、「勢数多《セスタ》」、すなわち金曜日（Sexta-Feira）毎に集う「コンフラリヤ」が組織されていた。『大日本史料』におさめられた断片に、名前を記されているキリシタンは一四七名にのぼり、かなり規模の大きな「コンフラリヤ」を形成していたようである。後に述べることであるが、「講」とは、日本の伝統宗教における寄り合いの呼称であり、一六世紀当時はとくに、浄土真宗の道場における定期集会をさしていた。したがって、ここでは、キリシタン信徒組織が、既存の宗教共同体の類比をもって活動していたことがわかる。「コンフラリヤ」が「組」と訳されていたことはすでに見たとおりであるが、ここに「講」と「組」が同義に用いられていたことが判明する。

『大日本史料』にみられる「勢数多講」の日本語による史料は、巻末のラテン語版を簡略化したものである。あるいは、もともと日本語で作成されたものを、支倉常長に同行して渡欧した宣教師ルイス・ソテーロらが、関係者に、ラテン語で、より詳しく解説をほどこしたのかもしれない。いずれにせよ、勢数多講の規則とされる日本語文だけでは、信徒の行動の詳細や、具体的な祈りが何であったかを判断するのは至難の業である。たとえば、日本文に「きりえ」のオラシオと記載されている箇所があるが、それが具体的に何をさしていわれたものか定かでない。『大日本史料』の注解では「キリエ・エレイソン」（「主よ、罪人なるわれを憐れみたまへ」）と唱える祈り、すなわち、「主の御名の祈り」のように解説しているが、ラテン語によれば、それは、「主（キリエ）」の祈り、すなわち「主祷文」をさしていたのではないかとも考えられる。事実、これらの規則には、「アヴェ・マリヤ」（天使祝詞）の名は頻繁に登場するのに対し、常にその祈りと同じく強調される「主祷文」（パーテル・ノステル）の言及がないため、「キリエ」が「主」の祈りを代用した言葉であったとも考えられるからである。とりあえず、以下「キリエ」の祈りとした。

また、「アチリサン」（不完全な痛悔）という言葉も、臨終の人間にたいする死後への配慮を説く箇所に置かれていることから、人名のように解釈している注解はあきらかにまちがっている。「色躰はなれの祈り」とは、体から魂が離れていく時の祈り、すなわち「臨終の祈り」と訳すべきであるが、註解には、これについてなんら説明がなされていない。とりあえず新出史料として紹介をしておくが、内容については手におえないという印象を与える註解であるが、信徒組織について何ら理解のなかった当時のこととしていたしかたないようにも思える。

勢数多講の規則は、イエズス会が残した、九州島原半島付近の「高来」に存在した「聖母まりあの組」の活動と内容的に見て大差のないことが判明する。ここでもやはり、リーダーたちは互選され、また違反者への接触のしかたは「慈愛」に富んだものであった。また、「貧者」（貧人）に配慮し、自分たちの共同体のみでなく、広く周辺の人々（隣人、異端者ら）への関心を示すものである。また、江戸の勢数多講は、フランシスコ会において、宣教方法に賛否両論がうずまく問題の人物であるソテーロの指導により成立したユニークな背景をもっている。教皇ばかりでなく、スペイン国王のための祈りを加えているところなどは、慶長遣欧使節を組織し、イスパニアの後ろ盾によって日本宣教を大きく変えようとしていたソテーロらしさが現れている。

（4）ドミニコ会系ゼススの聖名のコフラヂア

イエズス会、フランシスコ会とならんで、日本宣教に参与したドミニコ会にも信徒組織づくりへの大きな意欲があった。その証拠として、海老沢有道氏によって紹介されたドミニコ会系の「ゼススの聖名のコフラヂアの規則」[21]について見ておきたい。ドミニコ会の規則の現代文は本章末尾に掲載した。

序文に、一六一二年九月一八日、教皇パウロ五世が、イエスのみ名の祝日を特に大切にする信心会に与えた免償を記録したものであり、これを日本で同様の趣旨で集う信徒の規則としたとある。一六二二年マニラで刊行された『ロザリヨの修行』、および一六二三年の同書の改訂増補版『ロザリヨの記録』に掲載されている。内容は、勢数多講と重なる部分が多い(22)。

ここに見る、ドミニコ会のコフラヂアとフランシスコ会の「勢数多講」の共通点は、箇条書きにされている規則内容が、組の参加者の祈りの規定ないし心構えの問題に集中しているということである。規則のなかには、免償については一切ふれられていない。先にみた「コルドンの組」の免償規定の文書のように、これらの「コンフラリヤ」に対しても、別の文書で免償規定がしめされていたと考えられる。ただし、「コンフラリヤ」の趣旨からすれば、免償の付与はあくまで結果的産物であり、やはり、信徒の共同体の絆を固める共通目標の方が重要であったため、規則自体に、参加者に与えられる特権については示されなかったものと考える。

托鉢修道会系のコンフラリヤのなかで史料が残るもののみを見てきたが、ここに規則文を長々と引用する理由は、それらが、「下からの歴史」あるいは「民衆史」の重要な史料だと感じるからである。これらの史料は発掘からかなり時間が経つにもかかわらず、キリシタン史の主要課題とみなされてこなかった。その理由は、この文面から民衆信徒の具体的な心情を浮かび上がらせるほどの情報を内包していないと思われていたからであろう。いま、信徒共同体のヨーロッパにおける起源を把握し、かつその応用である日本の事例としての「コンフラリヤ」を位置づけた結果として、この一見、何の変哲もない規則から、民衆信徒の現実の生活状況が予想以上に浮かび上がってくるのを感じる。日本社会の中にあって、少数派として、あるいは禁教令下に肩身を狭くして生きていた人々が現実にどのような生活を営んでいたかを語る史料である。

先にも述べた如く、一六世紀の日本人の大半は、環境変動によるサバイバルの道を探ろうと懸命に生きていた。その彼らが、絶対的他者であり、自己の「魂」の救済に関与する、「神格」を示す宗教に出会った。同時に、絶対的な他者の対面は、人間の良心、罪意識を直接に問題とする心の誕生に繋がった。罪とは、創造主であるデウスへの違約行為であり、永遠に生き続ける自己の「魂」の意義への冒瀆であった。「パライソ」(天国)の快楽が説かれるのと同時に、そこへ迎へ入れられる資格が自分に与えられていないのではとの不安と脅迫観念が持ち続けられた。そのような民衆信徒の期待と不安を反映させたかたちの証言として、これらの規則を読むことができるのである。貧者への配慮を忘れないのも、究極的には自己の魂の問題へと行きつく。罪を償う前に死を迎えるという、当時の民衆にとっての最大の恐れは、免償という特別措置によって軽減された。すなわち、自分たちの「魂の救い」を達成させる具体的な機能として、コンフラリヤが存在していたということである。これらの規則を書き読んだ民衆の、生きた背景をとらえ直すことによって、一六世紀日本の社会の有り様の一端がみえてくるように思う。

(5) 禁教下の信徒組織(殉教者共同体)とくに米沢の甘糟右衛門とその集団

コンフラリヤは、慈善事業にはげみ、さらには、迫害のただ中で、信徒相互の扶助と結束をかためるためのシステムであったことは明らかである。そして、もう一つ注目すべきことは、こうした、共同体の支えのなかから、「殉教者」と呼ばれるこの教えのゆえに無抵抗で死を遂げた人々が多数輩出したという事実である。

一七世紀に書かれ、キリシタンの間で回し読みされたという『マルチリヨの栞』には、殉教を三つの条件で規定している。第一に「死ぬこと」。第二に「無抵抗で」そうすること。第三にそれが、「イエス・キリストの教えのゆえである」ということである。無抵抗で死をうけとることが殉教者の徳として偲ばれている。古代キリスト教の時代から、キリスト者はそうした機会を、むしろ喜びをもって待ち望み、受け入れた。ローマ時代の殉教者たちへの顕彰が、聖人・福者の尊重を生み、やがて一三世紀のグレゴリウス九世の時代に、認定プロセスを、異端者認定と同様に制度化した[23]。

日本においても、その例は数多く残っている。ただし、無抵抗でという厳しい規定が、殉教者をイエスの十字架と重ね合わせたのである。したがって、農民一揆と合流したキリシタン（あるいはキリシタンへの立ち帰り者）が武器をもって籠城・抵抗した「島原・天草」の一揆の死者が殉教者とみなされないのはその条件を満たしていないためである。島原・天草の出来事がどれほど農民一揆的性格をもち、あるいは、キリシタン的特徴を備えているのかは今後、さらに議論されることであろう。

一説によると、キリシタン禁令下で「命を賭して信仰を証した」人々は、二万人以上といわれる。宣教師文書から殉教者と認められている人々だけでも五五〇〇名を下らない[24]。キリシタン人口が最大であったときに四〇万と考えると、一〇〇年の間に二万人という数は決して多い数ではない。しかし、ここにキリスト教の一つの形が現れているのは確かである。後に詳述する「魂の不滅」の問題は、これらの人々が「死の恐れ」から自由になる原動力となっていたようである。

ここでは、地方のキリシタンたち、特に殉教者らが、コンフラリヤの組織によって結束した数多ある例のなかから、米沢の信徒、甘糟右衛門とその仲間たちについて述べておきたい。

一五九〇年、キリシタン大名蒲生氏郷が会津黒川城に入ったのが、東北のキリシタンの事の始まりであった。一六一一年、仙台に派遣されたフランシスコ会のルイス・ソテーロが、途上、米沢にたちより、小さな共同体が誕生する。一六二六年以後、米沢のキリシタン共同体が成長した。フランシスコ会、アウグスチノ会、イエズス会などの複数の修道会がかかわったため、修道会間の衝突の場ともなった。米沢教会の世話役は、ルイス甘糟右衛門と二人の息子ミカエル甘糟太右衛門、ビンセンチオ黒金市兵衛が当地の共同体を実質上導いていた。ルイス甘糟右衛門は、江戸でソテーロから受洗した、上杉家でも特に位の高い地位にいた。米沢は司祭が常駐しない教会であったため、信徒は「組」の繋がりで互いに扶助し合って生きた。イエズス会の指導のもと、「聖母の組」「聖体の組」、フランシスコ会のもとには「コルドンの組」があった。米沢教会の最盛期には、三千人の信徒がいたとされている。上杉景勝はキリシタンの家臣たちを大切に保護していたことが知られている。一六二八年、家督を譲り受けた息子の定勝が江戸から戻ったとき、米沢藩はキリシタン擁護派と断罪派に二分された。父同様、キリシタンに対し好意的であった定勝も、日増しに厳しくなるキリシタン統制の強要に対し万策尽き、キリシタン処刑を決定せざるを得なくなっていた。一六二九年一月十二日、北山原、糠山、新藤ヶ台の三か所で五十三人が処刑された。内訳は男性三〇名、女性二三名、うち五歳以下の幼児が九名である。この集団が北山原の刑場に曳かれていったとき、役人たちは、「ここで死ぬ者たちは信仰のために命を捨てる、いさぎよい人たちである。皆の者土下座するようお願い申す」と見物人たちに叫んだという。役人たちは、甘糟らの地位や人徳を心から慕っていたのである。彼らの亡骸は、「信者でない人々によって、ていねいに取り扱われた」とイエズス会のポロ神父は伝えている。[25] この信徒集団の長であった甘糟右衛門は、当地に導入された「聖体の組」の頭として、人々に談義をもって宣教を行っていた、司祭不在の信徒集団における、典型的な信徒指導者の例である。

同様の集団（イエズス会系とはいえ、ほとんど信徒の自力で結成された集団）が、有馬、八代、水沢、古河などにもあったことが判明している。信徒組織の実存証明は、一六一八年、イエズス会のマテウス・デ・コウロスの作成した「キリシタン信徒指導者名簿」を参照することで容易に得られる。

第三節　日本型宗教共同体とキリスト教共同体の酷似

日本におけるヨーロッパのコンフラテルニタスの受容と変容を考えるとき、どうしても無視することのできない問いが提起される。すなわち、日本的と呼ばれ、潜伏共同体にいたるまでの堅固な信仰共同体を誕生させることができた要因の背景にあったものが何であるのかとの問いである。そこで、キリシタン信仰共同体が日本に根づく以前の日本宗教伝統の中に、信徒の組織とネットワークづくりに邁進した宗派があったことを思い起こしたい。それは浄土真宗の道場システムが畿内を中心に西日本全域に機能した事実である。

一　コンフラリヤによる共同体と真宗門徒組織

一三世紀に、日本の仏教界に新風を吹き込んだ親鸞を祖とする浄土真宗の教義が本願寺派によって継承された。そして、関東一円で親鸞の遺徳を継承する諸派が活動を続け、都では本願寺派が一五世紀後半の八代法主蓮如によって再興・発展された。親鸞の宗教は徹底して民衆に寄り添い、民衆布教を工夫したものであった。蓮如は、その教えの核を自らの独創的ネットワーク作りによって拡大させた。その蓮如の成功の裏には、一五世紀日本社会が希求してやまない、精神的支柱の獲得が大きな役割を担っていた。

浄土真宗は、阿弥陀如来への全面的帰依のうちに成立する信仰である。日本的宗教の特徴といわれる八百万の神および諸仏崇敬の盛んな中で、浄土真宗は阿弥陀如来への主神崇拝的信仰へ忠誠を貫く点で異質な存在といえる。最近の研究によれば、鎌倉期の仏教を「新仏教」とするのは適当ではなく、むしろ、旧仏教、顕密仏教諸派とはちがう「異端的仏教」とする傾向もあるという。真宗などの一三世紀の新勢力を旧仏教として、「新仏教」と区別する考え方は、近世の中世仏教観によって便宜的につくられたものであり、一三世紀の仏教の現象を正確に伝えるものといえないことが平雅行氏によって強調されている。[26] つまり、古来の日本的仏教の伝統とはちがった観点から、信仰する主体の側に大きな変化がもたらされた事実が認められる。衆生の救済を眼目として、直截的に、民衆救済に大きくシフトしたのが浄土真宗などの新しい宗派だったのである。

　後に詳しく論じるつもりであるが、「専修念仏」とよばれる浄土真宗の民衆救済の中心ベクトルは、ヨーロッパのキリスト教神学におけるアウグスチヌス主義的恩寵論を彷彿とさせる。すなわち、阿弥陀如来の慈悲への全面的信頼に基礎をおいている。キリスト教でいう恩寵論（神の恵みの絶対的優位と自由意志の役割を最小限に限定すること）は後に、ルター宗教改革の発端ともなる考えであり、一六世紀のイエズス会宣教師フランシスコ・カブラル（Francisco Cabral）をして、「ルター派と一向宗は同じである」といわしめたほどであった（この場合カブラルは一向宗と真宗を厳密な意味で区別しておらず、念仏専修の派をすべて一向宗と総称している）。ただし、親鸞以後、数世紀にわたって浄土真宗本願寺派があまり活況を示し得ず、小規模な一寺院にすぎなかった事実は特に重要に思える。同じ親鸞の教えでも、民が積極的に受容した時期とそうでない時期があったという現実は、教えそのものの受容というより、教えを受容させる環境ないしは社会変化が真宗の興隆を実現させたと考えるべきことを示唆している。民衆救済を主眼とする新しい仏教思想というだけでは、まだ一五世紀の蓮如の飛躍および一六世紀の本願寺派の隆盛を説明できないからである。真宗のもつ教義と組織の基本的な性格に、何らかの時代特有のファクターが加わらないかぎり、親鸞を祖とする本願寺は、戦国期の大本願寺ネットワークへの爆発的発展を可能にすることはなかったと考えるほうが自然であろう。その新しく加わったファクターこそ、本願寺八代法主蓮如の生きた一五世紀の社会変動と無縁ではありえない。

二　キリシタンと浄土真宗本願寺派の組織上の類似および交差

浄土真宗の門徒組織の基礎的構成要素は「道場」であった。物道場、内道場などとも呼ばれるが、人々は村の経営する一つの民家に仏壇を保有（惣有）し、そこに定期的な集いを設けた。いわば村人が資財を出しあって、信仰センターとしての「道場」を共同経営の形で運営したのである。この点で、寺領をもつ寺院の設立プロセスとは大いに異なっている。大寺院の分院の如き、本寺からの経済支援や存続の保証はなく、村民の支援によってのみ成立するとする浄土真宗の道場は「私立」的である。民の合意で出発した道場が、やがて本願寺法主らの認可状（本尊掛け軸の裏書き）を得、そして本願寺派公認の寺格を有するようになるのである。キリシタンとの類比でいえば、村の民家に備え付けられた民間祭壇と同じような機能を果たしていたと考えることができる。その道場を維持運営するのは「毛坊主」（辻本）と呼ばれる半僧半俗の、読み書き達者な農民代表である。僧侶が剃髪を常としてその専門職的なステイタスを示すのに対し、俗人であることを示すために剃髪しないために、「毛坊主」の名がある。これはキリシタンの民間指導者（看坊）にあたる。そして、この毛坊主が用いたのが、親鸞および蓮如の教え（蓮如は親鸞の解釈者と自称していた）を簡略に問答形式にまとめた「談義本」の類である。蓮如の「御文」（「御文章」）は、共同体間で回覧されるにしたがってこの「談義本」的性格をもったものと思われる。キリシタンにおけるカテキズムが同様の機能を果たした。道場で定期的集会（講）が営まれた。談義本を手に教える毛坊主の説法を聞きながら念仏を唱える。ときに僧職にある人物が巡回してくると皆で鄭重にもてなす。とくに葬儀の場合がそうであった。緊急の臨終に、僧侶が立ち会えない場合、毛坊主（辻本）役の村民が僧侶の代行役として、枕元で読経をなした。こうしたパターンは、コンフラテルニタスを基盤に組織作りをしたキリシタン民間信徒集団の行動パターンに重なる。実際、真宗地帯とキリシタン地帯が重なっている地域を見るにつけ、両教の交差は紛れもない事実のようである。[27]

（1）秋月のキリシタン

交差の事例は少なくない。例えば、先に言及した豊後府内近郊の高田庄がそうである。また、秋月において、一五九〇年代に、二万人のキリシタン集団が誕生したが、この人々は、それまで、「大坂の坊主」の下に属し、絵像を前に集会していた人々だったという記録が残されている。仏像を絵（光明本尊）に描くのは真宗特有の習慣である。顕密仏教諸派が仏像を鋳造ないし木彫したのに対し、民衆救済を主とする真宗は、こうした面で、できるかぎり経済的な負担を避ける傾向にあった。したがって、彼らの本尊は、紙面に描かれた、阿弥陀仏ないしは名号（南無阿弥陀仏の六字）であった。[28]真宗地帯が存在する場合、先にも指摘したとおり、地域住民のほとんどが真宗門徒であった可能性を示している。それは、地域住民のセンターとして機能した道場が、地域住民の共同の支援（惣有）なくして運営できない仕組みになっていたからである。一方、キリシタン地帯と呼ばれる場所も同様である。宣教師数名だけが、地域の住民から孤立して会宅《レジデンチア》を持つことは稀である。現に一五八七年の伴天連追放令の後、イエズス会宣教師が豊後に戻り、三つのレジデンス（イエズス会宅）を再興した際、高田地区にはキリシタンが多く、宣教師への支援が行き届く好条件をなおも残している地として、レジデンス再開の場として選ばれている。民間祭壇も村民総意の運営によって維持されるものだからである。そう考えれば、真宗地帯とキリシタン地帯が交差しているということは、人々の信仰が交差しているということでもある。コンフラテルニタスを基礎とした共同体づくりが、比較的容易に日本人に受け入れられ、あるいはある地域では根深く浸透したという事実は、おそらく、キリシタン教義や組織作りを知らされた日本人が、従来日本にあった宗教組織のアナロジーを用いて新しい宗教を理解する可能性があったということを示している。全く異質のものであるが、自分の村に以前より存在しているものと何ら抵触しないとした人々もいたのではないだろうか。

(2) 高山領と真宗

真宗地帯とキリシタン地帯が重なり合っている事例(門徒と信徒の交差)は他にもある。キリシタン大名として知られる高山右近とその父飛騨守の所領と真宗には重要な関連が指摘できる。

まず、高山家自体が真宗の道場経営に携わっていたと思えるふしがある。高山家の故郷とされる、現在の大阪府豊能郡高山(旧清渓村高山)は、勝尾寺関連の中世文書に名を残している山村である。宗教施設に注目すれば、周囲を山で囲まれた手狭な盆地に光明寺と西方寺が存在する。光明寺は開基不詳とされているが、西方寺は、応永二〇年(一四一三)、高山太夫正澄が真宗に帰依し俗道場を建て、その玄孫の正頼は知眼と号し、本願寺法主顕如の直弟子となり俗道場を改め西蓮寺と号し、その後、宝暦四年(一七五四)一一月六日に西方寺と改称したとする住職恵広師の寺伝が残されている。ルイス・フロイスによれば、高山飛騨守の母は、故郷高山にあって道場の「ジアン」(自庵)と呼ばれていた。この記述は高山家が道場運営を行う民間指導者を兼ねた家であったことを示唆する。松田毅一氏は、こうした史料データから「飛騨守の母堂が『ジアン』と日本語で称していた小堂と謂うのは、高山の『自庵』なる西方寺を指すのではないかとの一仮説が成立する。この正頼時代に、俗道場をあらためて西蓮寺と改称したことも注目に価する」と述べている[29]。

以上のことは、西蓮寺が大夫と称するオトナ百姓によって辻本道場として設立され、道場経営は惣中でなされたと説明する『茨木市史』の記述にも一致する。

荘園体制が崩壊し、中世的土地所有関係が分解していく情勢にあって、それと巧みに対応して、新しく生まれてきた村落の惣的活動の主導権を握って領主化をはかっていくオトナ百姓と本願寺勢力とがむすびつくことなしには、茨木地方における真宗教団の発展はありえなかったといえよう。高山村では一四世紀、浄土寺門跡、勝尾寺といった旧勢力が逐次後退し、台頭してきた高山氏もまた大和団に転出するといった変転きわまりない中で、辻本道場などの真宗教団は着実に根をおろしていったが、その理由はここにあったといえよう[30]。

以上は、そして、まだ、仮説の域をでないのであるが、高山家がキリシタンに改宗する以前には、真宗に属していたことの有力な証拠である。こうした、オトナ百姓とは「小領主」ないしは「地侍」として、農村連合の領主的役割をにない、地方領主である国人ないしは大名への被官となり、やがて、その領主の権力の強大化に貢献することになった、戦国大名と村落の結ぶつきを実現させる仲介者であった。

国人土豪級の身分であった高山飛騨守は、松永久秀の家臣団に加わった。永禄初年の頃、松永久秀配下の沢城主（大和国宇陀郡）となった飛騨守は、一五六三年には、沢城でロレンソ了斎の説法を聴き、突如キリシタンへの改宗を決意する。永禄八年（一五六五）、三好軍に破れ、一時、郷里の高山に逃れたことがフロイスの『日本史』の記述から判明する。さらに、永禄一一年（一五六八）九月、信長の摂津入国とともに松永久秀が信長に投降した折、高山飛騨守も信長配下に属し、信長の家臣和田惟政により芥川城を任された。(31)

飛騨守は、摂津の故郷に戻ったものの、本願寺派と対峙する信長の手前、真宗の立場にもどることは決してなかった。というよりは、キリシタンへ改宗していたのでその必要がなかったともいえる。いずれにせよ、彼にとって、真宗の信仰を棄て、キリシタンへと向かい、かつ本願寺と敵対する信長の傘下にはいったことで立場は大きく変わったといえる。真宗とキリシタンの教義理解が似通っており、真宗教義の背景のある日本人にとってキリシタンの教理は、難問もあるが、それでも他の宗派とはくらべものにならないほど、容易に受け入れられた類例を考えれば、高山家が真宗からキリシタンへ移行したとしても不自然ではない。

また、高山氏が所領した高槻および茨木付近には、蓮如の頃より、真宗門徒が多く存在していたことが知られている。たとえば、最近でも、茨木市を含む一九ヵ村、四二か寺が、東西本願寺の下に組織され、「九日講」あるいは「一二日講」を継承している。「一二日講」は本願寺顕如のときにはじまるとされる。さらに、民衆の結束を強める「講」は、神事、仏事のあらゆる面で応用された。茨木には恵比寿講、および清渓村千提寺の念仏講が存在していた。この千提寺はキリシタン集落があったところであり、追放令や禁教令の際、元真宗門徒であったキリシタンたちが数多く逃れ住んだとされる地域である。大正九年（一九二〇）、この地の東藤次郎氏母屋の屋根裏の梁にくくりつけられていた「あけずの櫃」のなかから、ザビエル肖像（重要文化財、神戸市立博物館蔵「聖フランシスコ・ザヴィエル像」）が発見された。この地域がキリシタン地域であるとともに、真宗門徒との交差があったことも史実として断定できるであろう。

キリシタン迫害の際には、信徒らが山に逃れたとあるのも、茨木周辺の山間部と考えられる。信徒らの間で、特にもと一向宗（真宗）の門徒であったひとびとの動揺が激しかったといわれるのも、高槻、茨木一帯の真宗門徒が数多くキリシタンに移った事実を物語るものである。ここでも、「主神崇拝的信仰」による連帯の絆の強化、およびサバイバルのために両宗派が民衆の需要に応えていた事実が証明されるように思う。

この地域での、キリシタンと一向宗（真宗）の交差の決定的な証言は、次のふたつの史料から導き出せる。一つは、天正五年（一五七七）、七月二四日付のジョアン・フランシスコの証言である。この年、高山領では領民の集団改宗が進んだ。

主デウスは此等霊魂の必要に応ぜん為め、聖き愛を以我等を庇護し、予が不完全にして悪しき所は見給はざるを以て、主デウスに仕ふる大なる門戸此地方に開け、今基督教要義を授けつゝある者三千人なるのみならず、信長部下の大身の一人〔荒木村重〕その配下のキリシタン領主〔高山右近〕の居城に来たりし時、先頃同所に於いて大なる祝祭と洗礼を行ひしことを聞きゐたれば、城主に対ひ我等の教えを一層弘布せざるは何故なるかと尋ね、直に彼の署名して一向宗と称する宗派の徒一同にキリシタンとなることを命ずる一紙を与へたり。同宗の数は五万人を超ゆべしと云ふ。而して他の宗派の徒もまた基督教要義を聴くことを強制せられたり。此時パードレ・オルガンチノ不在なりしが故に帰りて後其城に赴きて謝意を表せしが、領主は大に彼を歓待したる後、其領内の者悉くキリシタンとならんことを欲すと云ひ、彼は決して怠ることなきが故に我等も全力を尽くすことを怠るべからずと述べたり。(32)

高槻領民の集団改宗に大量の一向宗（真宗）門徒が含まれていたことを示すジョアン・フランシスコの証言は貴重である。当時、高槻領の門徒数が五万というデータも得られる。ただし、そうした領民が改宗を強要されて心から信仰したかどうかは、ひじょうに心もとないところである。事実、大村領においても、一五七四年、集団改宗が生じて後、信徒のなかには、信仰行為にかなり不徹底な者が多くいたことが知られている。ともあれ、高槻領におけるキリシタンと真宗の交差の証拠は、ルイス・フロイスの次の証言で決定的となる。それは、天正一五年（一五八七）の伴天連追放令直後の混乱を伝えた一節のなかにある。

ちょうどその頃、関白の秘書であり、かつては〔高山〕ジュスト右近殿の領地であったが、今は関白の直轄領になっている高槻の大部分の管理人であるシモンと称せられるキリシタンの願いによって、オルガンチーノ師は、ダミアン・マリン師に対し、〔高槻〕の山間部のキリシタンの許で働き、その地のキリシタンたちの世話をするようにと命じた。（中略）当然のことながら、〔司祭たちは〕キリシタンたちの世話ができなかったから、〔彼らの間では〕信仰の弱い者が続出し始めた。〔とりわけ〕かつて一向宗〔の信徒〕であった人々が〔キリシタン〕信仰に動揺をきたしたのである。(33)

ここで示されている、高槻の山間部とは、茨木から豊能町の、旧清渓村周辺ではないかと考えられる。この史料から、伴天連追放令後に、高槻領のキリシタンたちの多くがそうした地域に集まったようであり、また元からそこに住んでいたキリシタンとともに、追放令の嵐が過ぎ去るまで滞在していたことがわかる。その多くは元一向宗（真宗）門徒であったキリシタンなのであった。

(3) 堺商人(日比屋家・小西家)・山口大内氏・本願寺[34]

いま一つ、キリシタンと真宗が交差していると思われる例をあげる。

フランシスコ・ザビエルについて、一五四九年の来日後、平戸と山口を経由し、堺商人宅に寄宿し、都の公方および天皇との謁見を求め上京した史実が知られている。ザビエル書簡に記されたこの報告を、私たちは何気なく、外国人の国内旅行記のように読んでいる。しかし、ここに、まだ誰も扱っていない大きな疑問が残されているように思う。それは、戦国の世に、外国人ザビエルが偶然の積み重ねで堺から都に上ることなど果たして可能であったかという現実感覚である。むしろ、史実は、偶然の所産ではなく、意図的にザビエルを手引きした人々が背景にいたのではないかということを示唆している。そうした人々がいたとすれば、それは一つの組織的な繋がりか、共通目的をもっていた集団にちがいない。仮に、天文年間に「瀬戸内海リンク」というものが存在していたのではないかと推測できる史料は、断片的ではあるが、確かに存在する。それはザビエルの上洛を実現させた人々の連携から透かしてみえる現象である。

ザビエルが山口で領主大内義隆と会見したのが一五五〇年一一月であり、その直後に上洛の旅にのぼる。したがって、来日からわずか一年と数か月で、ザビエルの上京の途が開かれたことになる。問題は、都への経路である。ザビエルは、山口で堺への手引きをされ、徒歩で岩国まで旅した。その後は海路瀬戸内海を縦断した後、塩飽などを経て、一五五一年の初頭に、堺商人日比屋家に寄宿した。

シュルハンマーの研究によれば、堺の日比屋とは、「クドー某」とされ、この人物の推薦状によって、ザビエルは都の小西立佐(小西行長の父)の斡旋をうけたとされている。この「クドー某」とは、堺商人で後にキリシタンとなり、堺のキリシタン集団の重鎮となるディエゴ日比屋了圭の父親のことであった[35]。つまり山口からザビエルの都への旅路を保証した人物（あるいは集団）は、堺商人日比屋ときわめて親しく、また小西家とも深い関係にあったことを物語る。そこで先の問題にもどると、山口、堺商人日比屋、および小西をむすんだ要因はなんであったかということである。私は、そこに、真宗本願寺派の西国布教と人脈を考慮すべきであると考えている。日比屋了圭が、もともとどのような信仰をもっていたのか興味のあるところである。戦国期、京の町衆の間には法華宗が大きな勢力を誇っていた。自由都市堺についても、その自主独立の機運から、当然、京と同じような信仰が浸透した可能性が高い。しかし、地理的な条件から、大坂石山本願寺に近い立地という点も忘れるわけにはいかない。事実、日比屋了圭の妻の弟にあたる日比屋宗礼（一五八六年没）は、熱心な一向宗門徒（本願寺派と考えてまちがいない）であったことがルイス・フロイスの記述から判明する。(36) 家族に一人の門徒が孤立して他の家族とは別の宗教を奉じることがあったとはどうしても考えられないことから、一家の大方のところが同じ信仰を持って生きていたと推測できる。日比屋家は本願寺に関連づけられた人脈をもっていた可能性がみえてくるのである。

日比屋家と本願寺が繋がっていたという証拠は他にもある。日明勘合貿易について、その日比屋家と本願寺の密接な関係を物語る重要な史料が残されている。一五二三年（大永三）の寧波の乱で大内氏が勝利すると、日明勘合貿易の主導権は細川氏から大内氏へと完全に移った。そのころを前後して、大内義興と本願寺証如の仲介役として、堺商人日比屋家が活躍している事実がある。(37) 一五二八年義興が没し、家督を継いだ義隆は、大内氏が独占した日明貿易で、二度（天文八年と天文十六年）にわたり遣明船を出している。天文五年（一五三六）一二月二四日、大内氏から依頼がなされ、翌六年二月一四日付、証如が加賀の門徒に対し、大内氏から依頼された瑠璃を調達するよう指令したことが『石山本願寺日記』に記されている。児玉識氏の研究にあるとおり、大内氏が真宗の信仰をもっていたかどうかは定かでないが、大内義興の娘で津和野の吉見正頼に嫁した女性は真宗門徒であり、正頼の生母も本願寺証如に帰依した人物であったとされる[38]。同年六月二七日、加賀江沼郡から瑠璃五個が贈られたとある[39]。大内は入明の際の品の調達を本願寺に依頼していた。その仲介役を堺の日比屋が果たしたようである。この事実は、堺商人と本願寺、そして本願寺と山口領主、さらに山口領主と堺商人の関係を示すものとして重要である。

一五三〇年代以後、本願寺（とくに興正寺派）が西国に布教を拡大しようとして、堺商人と結び、西国拠点を手中におさめていた事実は、児玉識氏の研究が示唆している[40]。

興正寺系の東坊、端坊や堺善教寺、摂津溝杭仏照寺等の畿内寺院が西瀬戸内地域に進出したことを推定した。（中略）これら寺院が、堺商人と結んで西国へ大々的に進出していたこと、その目的が村々を巡って「光明本尊」「名号」「蓮宗主勧章（御文）」抄録等の法具類を販売することで、それにより多大の利潤をあげていたことが判明する。そして、その時期が天文年間（一五三二―五五）とある（中略）。この時期に真宗が畿内の商業資本と組んで瀬戸内沿岸地域に進出し、それが経済的にも大きな利益をもたらした（中略）。これは、中世末期の激しい社会変動のなかで思想的に平等を説き、組織的に横のつながりを重視する真宗の教義と宗風に民衆が強い魅力を感じるようになっていた一つの証拠といえる[41]。

つまり、真宗（興正寺派が本願寺派と統合を果たした直後）の法主証如は、山口一円に勢力を拡大しつつあり、かつ海外貿易権を掌握していた大内氏の庇護を視野にいれたと思われる。その際、仲介役としてかかわった商人が、真宗門徒であった可能性はきわめて高い。実際に日比屋がこの役回りをひきうけていることから、日比屋家が真宗門徒であった可能性は十分にありえるのである。その日比屋家が後に一家あげて熱心なキリシタンとなり、都から一時追放処分となっていたガスパル・ヴィレラやフロイスなどの宣教師らを自宅に逗留させ保護した。

キリシタンとなった堺商人として、日比屋とともに重要な名家は小西である。ここでも、真宗本願寺との関連が見え隠れしている。松田毅一氏の研究によれば、『開口神社文書』『天文日記』などから、天文四年頃、先の材木町には「小西屋藤九郎」、天文六年に、堺の宿老に「小西弥左衛門」、天文七年に堺の客衆に「小西宗佐衛門」（弥太郎）、天文十年、「小西帯刀、弥左衛門、千三郎」の名が読めるとある。ザビエルを宿泊させた日比屋家のあった櫛屋町から車町を間に置いた北側の材木町に有力な小西家が分布した[42]。この小西家がやはり真宗に連なる史料が残る。「小西氏は堺の名家であって、天文中にも堺の一向宗徒で、日明貿易家であった客衆の随一として本願寺証如との間を斡旋頗る力めた小西左衛門がある」と[43]。キリシタン史料に登場し、ザビエルに都の行動を手引きした小西立佐と、これらの小西家はどのような関係にあったかを確定する史料は知られていないが、すくなくとも、小西行長を輩出した堺の商家は、隣人である日比屋家同様、本願寺と強い結びつきをもった人々であり、後にキリシタンに改宗して宣教師たちを手厚く保護したという事実が浮かびあがる。

あくまで仮説の域をでないが、私は、一五五〇年を前後して、山口、本願寺、堺商人という政・商・教の連携した、全く新しいネットワークが瀬戸内海を通じて形成されつつあったのではないかと考えている。ザビエルはそうした人々の手引きによって、都入りをはたすことができたというのは考えすぎであろうか。すくなくとも、何もないところに、これだけの旅程の安全を確保することは、一外国人には不可能であったことだろう。そうしてザビエルを受け入れた人々の中から、教義的に理解しやすい教えを読み取っていったものがキリシタンの信仰へと向かった。その裏には、東シナ海に新手として登場したポルトガル船の商業利益や交易利潤などの世俗的、現世利益的な動機がなかったわけではないだろう。しかし、一六世紀のキリシタン現象を考える上で、この天文年間・瀬戸内海「リンク」の存在意義は決して小さくない。ザビエルは当初、天竺とよばれるインドから、尊い教えをもたらすためにやってきた高僧として迎え入れられた。同時に、貿易活動を東シナ海よりはるかに広く展開したポルトガル勢力と結びつく人物であることも意識されていたことであろう。教線を西国に延ばそうとする本願寺派、海上貿易を一手に掌握しようとする堺商人、そしてそれを統括しようとする山口大内家。この三者の利の一致点にザビエルの上洛の旅があったとみるのは無理であろうか。瀬戸内海にはそうした宗教的および現世的思惑が混在し、ザビエルを迎えたと私は考えている。ここでは、紙幅の関係と、別主題への大幅なシフトが予想されるため、「天文年間瀬戸内海リンク」の問題のよりくわしい探究と描写は、別の機会にゆずりたい。

三　農村の信仰共同体繁栄というファクター

一五世紀に浄土真宗本願寺派の小共同体システムを成立させ、それがやがて大本願寺派のネットワークに成長した事実の背景にあった要因は一体何であっただろうか。それは、後のキリシタンの興隆の背景として説明される要因にも重なる。ここに、最近、注目をあつめている、日本の中世末期の社会システムの変動とその要因をなす「気候変動」の研究に目を向けてみよう。そうすることで、より一層、この時期に二つの宗派が民衆の支持を獲得するに至った背景が説明できると思う。

（1）戦国日本社会に存在した矛盾する二つのベクトル

日本史学者で戦国期の解釈に定評のある藤木久志氏や峰岸純夫氏らが指摘しているように、一五世紀中頃の日本社会の状況をみると、浄土真宗本願寺派の興隆およびキリシタン共同体の戦国日本への移入にとって興味深い特徴が刻印されている。

足利義政の治世に、中央政庁としての室町幕府が統一政権としての機能不全に陥るのとほぼ同時期、室町幕府の解体の兆候が顕著となる時期、地方の情勢、とくに農村を見渡すと、裏作（二毛作）の発展や灌漑施設の共同管理、村落の集村化の結果誕生した「惣村」における強力なエネルギーの蓄積など、むしろ、発展と呼ぶべき変化がみられたのである。この中央の「衰退」と地方の「発展」という相矛盾する二つの動きは、実は、全く別ものではなく、ある一つの原因に基づく二つの現れ方であると見るのが、最近の研究者の傾向である。一部の日本史研究者たちは、膨大なデータを駆使しつつ、この時代を、日本史上特記すべき気候変動を体験した時期と見なしている。

一一五〇年から一六〇〇年の間に生じた飢饉と疾病の流行について、徹底的な史料データ整理を行った藤木氏の研究から、キリシタンや真宗本願寺のネットワークが生み出される社会的仕組み解明の手がかりをつかめるように思う。藤木氏によれば、一四〇〇年を境とした飢饉と疾病の曲線分析の結果、それ以前の飢饉（養和〈一一八〇年〉、寛喜〈一二三一年〉、正嘉〈一二五九年〉、文永建治〈一二七〇年〉、元亨〈一三二〇年〉）は、巨大ではあったが集中的、間欠的な発生状況を示すと結論づけた。ところが、一三〇〇年以後の室町期の飢饉（建武〈一三三〇年代後半〉、正平〈一三五〇年〉、応永〈一四〇〇年〉）は、慢性的で、いつもどこかで飢饉ないしは疾病流行が発生している状況が続くという統計的データを示しているという。つまり、戦国時代前後の自然災害とその結果の特徴は、前期の巨大・集中型にとって代わり、後期は、いつもどこかで飢饉が起き、慢性化した飢饉と疾病のなかで戦国時代を迎えているというのである。つまり、断続型の前半に対し、後半（戦国時代）はほとんど慢性型災害の徴候をあとづけた。[44] その上で、室町と戦国期の飢饉の原因となる旱魃および長雨のデータをとったところ、三四パーセントの旱魃に対し、長雨は六六パーセントの数値を示している。すなわち、中世の災害の過半が、耕作に必要な夏の日照りが存在せず、長雨が続き、冷夏となった結果というのである。この結果については、藤木氏と峰岸氏のデータ解析の多少の違いはみとめられるものの、概して、両者の見解は一致している。[45]

従来の伝統的、文献史料実証的歴史学からはまったく想像もされなかった、数量によるデータ（年表による集積）によって、日本史のあらたな局面が見事に浮き彫りにされている。統計データの解析による歴史叙述の試みは社会史学派の得意とする手法である。そして、藤木氏は、鎌倉期の大飢饉をサバイバル・システム（生き残るための習俗）という角度から分析すること、室町期の応仁の乱を村と都市と飢餓の深いつながりから明らかにすること、また、戦国期を飢餓と戦争という角度から論ずることを提唱している。[46]

これに応ずるかのように、峰岸純夫氏は、室町幕府の中央権力の衰退および機能不全という「暗黒時代」の様相とともに、農村のエネルギー蓄積、新たな耕作工夫の誕生、惣村の成立など、農村にとっては「豊かな発展時代」の同時代現象の相矛盾するベクトルを、気候変動による農村部の変化という一つの要因から明らかにしようとしている。すなわち、一五世紀から一六世紀にかけての日本社会には、民衆のなんらかの結束を必要とする要因があったのだと結論づける。事実、一五世紀の気候変動は、日本にのみ見られる特徴ではなく、北半球に共通した現象であり、ある研究者によって、「小氷期」（little ice age）と呼ばれるものでもあった。[47]

一五世紀に日本で生じた気候変動は、天候悪化による不作と飢饉をもたらし、荘園公領制でバランスを保ってきた中世社会経済を根底から崩壊させるに十分な力をもっていた。それに対処する力を発揮しなかった「中央」と即時対抗手段を講じた「地方」のバランスは崩れ、結果的に中央政庁は停滞と衰微を余儀なくされた。一方、農村では、従来のシステム崩壊による大打撃を食い止めるべく、必死のサバイバルのためのシステム創造の努力が始動した。この集団のサバイバルを可能にした要因として、精神面での結びつきが重要となる。

地方民衆のサバイバルのシステムは、強力な結合要因を必要とした。単に民衆の地域的協力体制のみではなく、それぞれの民が「揆を一にして」、すなわち心をあわせて寄り添う、その絶対的要因が必要となっていた。その際、もっとも威力を発揮するのが「宗教」であり、心の連帯により、生活共同体の連帯へと拡大し、やがては地域共同体のサバイバルの要となっていたことは理解しやすい。その際、後に詳しく論じることであるが、日本的複合的多神崇拝的宗教では、心の強力な一致は達成されない。必要とされた「宗教」は、民の心を、一つの礼拝対象に集中させ、かつ、この世ばかりでなく、彼岸においてもその結束を保証する種類の「宗教」でなくてはならない。そこに登場したのが、蓮如の真宗本願寺の救済システムであり、さらには、キリシタンの神「デウス」の信仰宣言であった。社会変動とサバイバルの必要性、そのための民衆の結束を達成させるものとして、こうした「主神崇拝的」信仰が爆発的な拡大をともなった理由がここに説明できる。

ある時期、民が、他の時代以上に宗教を求めた事実は、宗教的結合こそが緊急要件であると人々に感じられていたためだろう。宗教による一致は共同のサバイバルを可能にする重要なファクターであった。人々の連帯を強化するために、心の一致を模索することは重要であり続けた。惣村の中心である宮座などが元来宗教施設であった鎮守や寺院を利用していたことは意義深いことである。そうした、精神的結束が保証するものとして、主神崇拝的結合が重要な役割を果たすことになる。諸説入り乱れているとはいえ、浄土真宗の教義が伝播し浸透していく過程には、こうした結合を求めた農村部の民衆の需要に応える形があった。

一五世紀後半の蓮如の成功は、こうした社会変動をぬきにしてはありえなかったというべきだろう。蓮如は、すべての民の救済を説きながら、それを「民衆層」へ押し広げたと同時に、多くの民が求めていた、真の心の一致を獲得させる方法を提供できたのである。その結果、本願寺派が全国的なネットワークを築き、名実ともに一六世紀の最大の宗教勢力、政治勢力として君臨することを可能とした。

(2) 気候変動による「社会的結合」と「心情」の変化

興味深いことに、ヨーロッパにおけるコンフラテルニタスの隆盛にも、一四世紀前半に生じた気候変動との関連がみられる。気候変動による不作、飢饉、人口の激減、その後の「黒死病」の蔓延による壊滅的な打撃が、中世キリスト教文化の土台を揺さぶっていた。従来の教区主導型の教会(一小教区に一教会。その複合が司教統轄の教区を形成する)は維持困難となり、超教区的信徒の連帯としてのコンフラテルニタスが隆盛を迎える土壌ができあがっていた。一五世紀は、ヨーロッパにおいても、日本同様、信徒の自主独立運営の共同体による教会の維持が顕著であったといえる。それは、室町幕府が衰微し抜き差しならぬ状況に追い込まれたのと全く同様に、ルネサンス教皇とよばれる一群の教会指導者たちが実際的な統括能力を失っていくのと同時現象であった。信徒たちは、草の根的な地道な共同体作りによって、キリスト教の本質的な精神保存に取り組んだ。その証拠に、宗教改革期の新修道会の多くは、そうした活動に成功したコンフラテルニタスによって育てあげられた人物たちによって創設されている例が多いのである。世界的に(少なくとも北半球に)共通する気候の変動が、ヨーロッパと日本という全く異なった土地に、同じような民間主体の宗教共同体の隆盛を実現したという事実が興味深い。しかも、ヨーロッパのコンフラテルニタスも、日本の浄土真宗も同様に、現実世界の荒廃と悲惨を真剣に受け止め続けた結果、この世ではなく、真の至福への期待を来世（パライソ・浄土）においたことで類似した側面を示している。ヨーロッパにおいては終末論的不安、日本においては末世の混乱という現実感覚があった。しかも、両者はともに、この世を越え出た地平における人間の「救済」を希求し、その成就に徹底してこだわったのである。この世の穢れた状況を厭い、浄土を心から望む（厭離穢土・欣求浄土）という言葉は、心情的にはキリスト教的でさえある。そうした苦境のなか、人々は必死のサバイバルを遂行しなければならなかった。その心の支えとして主神崇拝的宗教として強烈な個性をもつ、浄土真宗ないしはキリシタンが受容されたことは不思議でも何でもない。浄土真宗は本願寺によって巨大化し、宗教者とはいえ、戦国大名化し、民の頂点に君臨して世俗君主化したことで、信長や秀吉をはじめ多くの為政者との全面対決を避けることができなくなった。その血で血を洗う大激戦の末、大本願寺ネットワークが政治的権力を剥奪される一五八〇年が、同時にキリシタンの最盛期の幕開けの年にあたっていることは、民の根元的な希求が存続し、それを最も実現してくれそうな宗教宗派にシフトした民衆が少なくなかったことを示しているともいえよう。

「主神崇拝的思惟」のもつ社会的側面と意義はここにある。一五世紀後半、従来の権門体制の崩壊が進行し、中央政府としての室町幕府が機能不全に陥るなか、逆に村落部が発展をとげ、エネルギーを蓄えながら大きな勢力となった。一五世紀に度重なる気候条件の悪化などが荘園経営を主軸とした経済基盤に大きな打撃を与え中央政府の衰退が加速された。しかし、村落部とて大きな危機的状況に直面していた事実は同じである。にもかかわらず、中央と異なり、村落部では、その危機を乗り越える手段を「ヨコの連帯」によるエネルギーの集約化プロセスで獲得していく。その「ヨコの連帯」を強固なものとしたもの、すなわち、民心集約の鍵となるのは、現世ばかりでなく来世にまで続く共通の信仰の絆であった。それは単なる隣組的生活相互扶助共同体の意識のみでは説明することのできない要素を加えるものであった。「集村化」「惣村化」を遂げて新たなパラダイムにおけるサバイバルを実現していく村落部は、単に物理的な結合だけでなく、心理的、心情的、そして信仰上の絆の強化を要請していた。さらに、戦国騒乱のなか、様々な方向に分散した民心、特定地域の鬼神にふりまわされ、より広範な地域共同体の統一した生活習慣をもちにくい人々の群れのなかにあって、主神崇拝的思惟が、強力な心の団結力を得させた結果、時代の要請する社会的な結束の強化を十分に達成し、当時の欠乏状態に対する究極のサバイバル条件を提供できた。そうした要請に決定的な結果をもって応じることのできたのが真宗とキリシタンであり、それらのもつ思惟と行動が、時代の要請に明確に応える要素をもっていた。

むすび

以上、ヨーロッパのキリスト教と日本のキリシタン共同体は、かなり異なった展開を示したことは事実であるが、同じ環境変化に対し、類似した対応を展開したことを指摘した。さらに、共同体という観点からすれば、日本においても同様の宗教共同体が発展していたことを見た。むすびにあたって再び強調したいことは、コンフラテルニタスあるいはコンフラリヤを受け入れた人間の心情における、ある類似構造が存在したという事実である。ヨーロッパのコンフラテルニタスの起源には、はっきりと終末論的な不安と「悔い改め」の行為による贖罪という純粋に宗教的動機が介在していたことはあきらかである。この世のはかなさ、終わりのある世界の感覚は、来世への希望をかりたてるに十分であるとともに、その通過点である「四つのノビシモス」という考え方（四終――死・審判・天国・地獄）を人々の心情に深く刻印していた。そこには、直面する現実の社会への不安が色濃く反映している。ヨーロッパにおいて、アッシジのフランチェスコが示した「貧しさ」と「キリストにならう」精神の実践が、人々のもつ漠然とした「不安」を触発した。一二世紀までのヨーロッパは気候史学者が「小最適期」と命名するほど、安定を確保し、その後のヨーロッパの規範となる多くの文物が誕生した時代であった。教皇を頂点とする教会ヒエラルキーも磐石なものに思われた。その最適な環境に翳りが見え始めた一三世紀半ば、逆説的に「悔い改め」と「貧しさ」、そして「謙遜」の強調と実践が人々の心を摑んだ時代が続く。人々の心には、「小最適期」のよき時代は長くは続かないという直感的な不安が隠されていたかのようである。約一世紀後、その不安が現実のものとなり、ヨーロッパ全体がもはや一三世紀以前のような「安定」による繁栄を支えきれなくなったとき、そして、多くの人間が飢饉と疾病の犠牲になっていくとき、人々は、一世紀前のフランチェスコの呼びかけの真の意味を悟ることとなった。それは、教訓というよりも、むしろ慰めを与えていたように思える。フランチェスコの叫び、そして、それに呼応した多くの敬虔な信徒達の共同体作りが、苦難の時代をむかえたときにこそ、より一層輝きを見せた事実を理解できるのである。

同時期の日本人の心情においても、この世が、もはや誰も悟り得ない「末世」であると認識されていたことは、ヨーロッパの終末論的世界観に共通するファクターである。「釈迦如来かくれましまして二千余年、正像の二時はおはりにき如来の遺弟悲泣せよ」[48]と親鸞は世相を鋭く言い当てた。だからこそ、もはや「難行・苦行」による悟りを人間に期待できなくなった世には、ひたすら、阿弥陀の慈悲以外に、救いの道はないと解く必然が生じるのである。この現実の世に絶望することなく、来世への期待をもたせる思想が大きな比重をもって人々を支えて

日本へのヨーロッパ信徒組織理念の移入と変容過程

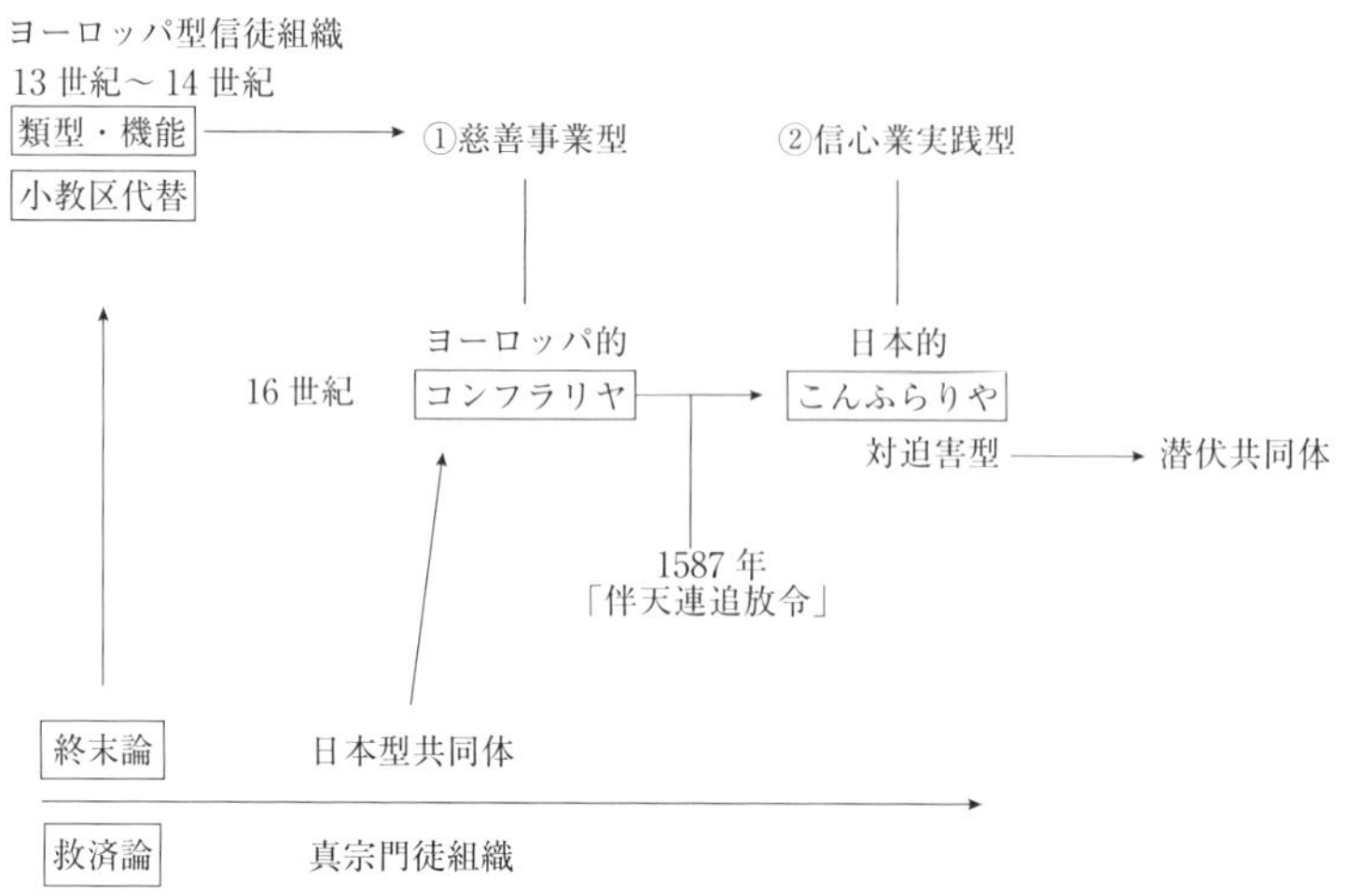

いた。惨めな現世のなかで、来世の至福を望む心は、厭離穢土・欣求浄土を希望する人々の結束を強めた。日本の宗教共同体が主神崇拝的な結束によって、より困難な時代において、光をあたえたことは、本願寺ネットワークの隆盛が証明するところである。

同様に、ヨーロッパにおける終末論的な考え方は、キリシタンの興隆とともに日本においても共鳴した。その核に「ノビシモス」(Novissimos 四終―死・審判・天国・地獄)を常に思い起こすという態度が現れ、確実に日本人キリシタンの心に浸透した。彼らの近い先祖たちの多くは、阿弥陀の慈悲に期待をよせたが、その期待は大本願寺ネットワーク崩壊に直面し、より明瞭な「救い」のシステムを希求させた。その土台には徹底してネガティブな現実認識があった。日本人キリシタンの現世認識と、その彼岸にある希望は、念仏を唱え続け、ひたすら浄土を待ち望み、苦境に耐えた日本人の心情に重なり、ある人々にはその代替の役割を担いうるものと期待された。そして、来世に思いを馳せる心情の根底に、「肉体は死んでも、魂は決して滅びない」という考え方が中心にあることが見えてくる。

以下日本のコンフラリヤ成立・発展を考えるいくつかのポイントを図表に基づいてまとめてみる。

（1）ヨーロッパ信徒共同体は信徒の自主運営の理想の下に、様々な活動を通して成立していた。

（2）その類型は、社会史的に、当時の社会民衆の要請を満たす活動であった。

（3）一四世紀の黒死病流行時に、ヨーロッパの信徒組織は一層の発展をとげた。それまで「小教区」単位で構成されたキリスト教世界は、人口激減という理由から、体制維持が困難となり、小教区という単位を越えた、相互扶助の役割が必要とされたためであり、コンフラテルニタスは、その役割を果したのである。

（4）民衆の共同体づくりの背景には、終末論的な不安と、救済論的期待感が混在していた。福音書マタイ伝における「最後の審判」などの考えが、具体的な行動を起こす必要性を、托鉢修道会の説教などを通して、より身近なものに感じさせた。

（5）コンフラテルニタスの発想は、南欧諸国で一種のブームを見、特にイベリア半島の二国が海外に乗り出すにあたって、キリスト教徒を組織する効果的方法として各地にもたらされた。

（6）イエズス会によって、キリスト教の世界布教の一つの舞台となった日本では、教会ヒエラルキーの移入以前、約半世紀にわたって、信徒団をまとめる「コンフラリヤ」の組織づくりが各地で信徒団を束ねる役割を果たした。

（7）その際、日本でもちいられたのは、ヨーロッパの類型での「慈善事業型」コンフラリヤであり、病人の看護、死者の埋葬といった、それまでには日本社会において多分に忌避された局面で発揮された。

（8）一五八七年の秀吉による伴天連追放令は、九州仕置きの際、キリシタンの結束力を危険視した為政者の必然的措置といえるが、この年を境に、それまで公的に活動した慈善型コンフラリヤは、潜伏キリシタンの地下組織活動の舞台において変容を遂げた。ここに、ヨーロッパやその他のキリスト教世界にはない、日本独自の信徒共同体、すなわち「潜伏型」キリシタン共同体成立の契機をつくった。

(9) 潜伏型コンフラリヤは、民家を中心に、民間指導者の下に機能する。その際、これまでの慈善事業型にかわり、信心業実践型コンフラリヤが各地に成立していた。「聖体」と「ゆるし」の二つの秘跡を存続させる努力が、信仰共同体を堅忍不抜の精神で支えた。司祭はそうした潜伏共同体を密かに巡回訪問することとなった。

(10) 潜伏共同体は、やがて、江戸幕府の禁教令の下、さらに組織的な結束をかため、二五〇年の迫害期を堪え忍ばせる、「潜伏キリシタン」時代の共同体を準備した。同時に多くの共同体から「命を賭しても信仰を証する」殉教者が生み出された。

(11) 日本的なコンフラリヤは、ヨーロッパ型コンフラリヤの完全な模倣であったわけではない。浄土真宗本願寺派が、すでに「道場」経営を主とする「講」(定期集会)を組織するなど、門徒の自発的な共同体づくりの模範が存在していた。キリシタンとなった民衆の多くに、そうした組織づくりのノウハウに熟知したものが多かったことは事実である。実際に、両宗派の人々が交差している地域の事例を数多く指摘できる。キリシタンの共同体と浄土真宗本願寺派の道場組織とは、機構上きわめて類似したものとして、一六世紀の民衆宗教共同体の核を形づくった。

(12) キリシタンと本願寺派の共同体の成功の要因として、単に民衆の信仰ばかりでなく、当時、民衆が必要としていた何ものかに、両者が応えることのできた日本的風土の特質という要因が考えられなければならない。民をこの世ばかりでなく、あの世にまで結びつける凝集力は、これらの宗派の、「主神崇拝」的な絆によって実現された。それは、一五世紀から一六世紀の社会変動にともなうサバイバル・システムの構築にとって、「心」の結束がなにより重要であった事実を物語る。ここに、一六世紀のキリシタンおよび浄土真宗本願寺派の隆盛に対し、一つの必然的プロセスを指摘しうるのである。

付録　フランシスコ会系・ドミニコ会系コンフラリヤの規則

（以下、原文には虫食いや脱字箇所が多数見られる。できうるかぎり解釈を補いながら現代文にした。）

コルドンの組に与えられたシスト五世の教書の翻訳

（虫食い・破損等でどうしても解読できない文字の箇所は［…］をもって示す）

私たちの聖フランシスコの組に尊父シスト〔教皇シスト五世〕があたえた教書

神の僕であるシスト〔教皇シスト五世〕は、永遠の栄光のために規則を与える。

この世界を創造されるより以前から、父である神（デウス）が人間を愛してくださったという恵みがどれほど大きいものであるかを知りたければ、人祖アダムの罪によって、人類がどれほど惨めな状態に置かれたかを思い起こすべきである。また、父なる神を愛し尊敬すべきだということは、あのアダムの事跡以後、私たちに与えられた数々の恵み、栄光、自然の賜などを思い起こしてみるべきだということである。エステルのように、私たちも声をあげて、御父の譲り、慈悲、哀憐をみることができるよう叫びをあげよう。御譲りとは、内心の計画によって与えられるものである。父なる神の御哀憐とは、罪の奴隷となっている私たち人類を、卑しめ忘れさるのではなく、罪の絆を解いてゆるし、束縛されている私たちに自由を与え、預言者ホゼアによって語られた通り、アダムの罪によって縛られている私たちを、もうひとりのアダムであるキリストの受難によって、ご自分の元に引き寄せようとなさることである。私たちを固くはなそうとしない絆によって、ご自分と共に結びあわせるために、御自分の一人子であるイエス・キリストを私たちのもとにくだされた。私はこのような功徳にふさわしくない身ではあるが、神デウスの摂理をもって、その後を嗣ぎ、その代理となっている。デウスの恩は、輝くように人類に与えられ、罪のあだの破損をされるべく御身の一人子を、人間になされたというのは、神性が、人間の魂、体をもって現れたということである。心に秘められたことは、愛とともにあり、また悪人を拘束している罪の絆から解放しゆるすために、ご自分で私たちの身代わりとなって、この束縛にからめられ、また、永遠の死から逃れさせるために、ご自分を身代りとして十字架につけられ死なれた。これほど燃えさかっている神の愛の焔を、世界の人類は自己愛にひかれ、信仰する心が生ぬるく、父なる神の途方もない愛、その焔を消してしまったばかりでない。イエスがご自身で解き放たれたアダムの罪の絆に、またしてもつながれてしまったのである。その罪の絆とは、肉体のみだらな望みであり、目の欲望、傲慢の心である。このような肉体の弱さを考慮され、神の愛のさめてしまったところに、またその炎をもえたたせるために、慈悲の父である神は、聖フランシスコをこの世にお送りになった。父なる神の量りがたい祝福の御心により、聖フランシスコの魂を数々の善徳、賜などをもって飾られたのみならず、その体にイエスの十字架の五つの傷をこの聖人にうつし、神の受難の神秘、苦しみ、謙りをそのまま下されたのである。詩編一三八番にある、「(神よ) 私の心を知り、それを人に示してください」という預言者の言葉は、まさに聖フランシスコにおいて成就したのである。父なる神はこの聖人をこのように神の善徳で飾りたてられたのであるから、聖なる教会もこの聖人の善の名誉をうけ、その弟子である兄弟団は繁栄し、そこから得られる善の明らかなこと、すぐれたききめを仰ぎ、尊まないことがあろうか。またこの聖人の兄弟団〔フランシスコ会〕から、多くの聖人が生まれ、輝かしい善徳が示された。またこの修道会より生まれる数多くの司祭、教皇、枢機卿、総代司教、大司教らによって、聖なる教会を繁栄させられた。その善徳の跡を慕うのに、信仰の心をもたないではいられない。［…］この聖人に倣って信心を怠らず、毎日信仰をもっているように。まことに［…］聖人の業績をまなび、その帯を身に付けること。これはまことにこの世のこととは思えぬほど喜ばしいことである。

一、この聖人〔フランシスコ〕に多くの人が信心を抱いて倣いたく思っているが、聖人のように世から離れて、神との一致を徹底して生きることができない信徒が、せめて、修道士と同じような帯〔コルドン〕を持とうと〔同じ精神で生きようと望み〕しているので、アッシジと聖人の遺骨を納めている教会において、このコルドンの親組〔アルチコンフラリヤ〕を設けることとした。この組の参加者は、皆、この会の修道士と同じく、コルドン（の帯）を身につけること。このコルドンの組は各地の長に委ねられること。

一、そして、［…］というコルドンの組の参加者は、聖フランシスコの徳を思い起こして、その善行を慕い、学ぶため、聖フランシスコの教会に繁く通い礼拝すること、先ずゆるしの秘跡をうけ、聖体を拝受し、その教会でコルドンをこの教会の長に依頼すれば、あらゆる罪がゆるされる。また、この信徒組織の会員で臨終にあるものも同じ益をうける。その際、「告白」をする〔口に出して罪を言い表す〕ことが困難であっても、心のなかでそれをおこなえば、イエスの言葉にあるとおり、あらゆる罪のゆるしが与えられる。

一、いついかなる所においても、この組織が教皇の定めた意向にしたがって運営されるよう、フランシスコ会の総長クレメンテ・ホンタシオの時代と同様に代々の総長にその責任を与えることが明記されている。創設される〔新たな〕組織は、アッシジの聖フランシスコ教会に私（教皇）が与えた免償、罪のゆるし、事情があって解くことができなかった罪のゆるしを与える。いま与える教書をいついかなる人も書きあらためたり、反対したり、無効を宣言することも、自分の考えはそうではないと疑うことも決してあってはならない。かえって、いつまでも確かに伝えられるように、使徒座（教皇たち）は教書を再三定めたのである。

一、これまでの定めを疑いなく実行するものは、改めて、新しい免償があたえられる。〔…〕それはこの信徒組織の参加者がますます力をあわせて、善の道に邁進するためである。この組織を公認したクレメンテ・ホンタシオ以後つくられた組織（コンフラリヤ）に何か不都合があったならば、歴代教皇は赦免することを望まれたゆえに、それを私〔シスト五世〕も赦免する。世界のどの地域に造られた組織であろうと、この親組織（Archiconfraria）に準じるものとして特別に配慮する。数多の組織（コンフラリヤ）のうち優れたものはその長として用いる。この定めは以後永続する。

一、これまでにフランシスコ会に与えられたあらゆる免償、罪のゆるし、免除された事などについて、教皇は使徒座の権威をもって、そのフランシスコ会に与えたのと同じことを、フランシスコ会のコルドンの親組（Archiconfraria）にも与える。

コルドンの規則

歴代の教皇が授けた免償と、シスト五世が聖フランシスコのコルドンの組に授けた免償の箇条。

一、シスト五世が定めることとは、男女の別なく、この組の成員になることができる。ゆるしの秘跡をうけ、聖体を授けてもらうよう願い、名簿に登録され、（フランシスコ会の）神父が着用しているのと同じ帯を身にまとうことで、その希望どおり「魂」へのゆるしが与えられる。さらに教皇が定めることは、この組のメンバーで、臨終にある時、「告白」をなし、大罪がゆるされれば、言葉にして、あるいは言葉にできなくとも、心のなかで思って、イエスの御名を唱えるならば、全免償が与えられる。また、組織の参加者で、「告白」をなし、尊き聖体を授かり、また、［…］の定めたとおり、毎月定められた日曜日に、「クルスまわりの御とも」［49］（の祈り）を唱えるならば、免償をうける。この組のメンバーでなくとも、「クルスまわりの御とも」をなす人には同じような［…］年の免償が与えられる。

一、この組のものが、死者を［…］（埋葬か？）すれば、［…］年の免償を与える。

一、慈悲を示し〔喜捨　施し〕、人を助ける業をなすか、どんなことでも〔貧しい〕人のためになすことは、〔百？〕日の免償をうける。

一、悪い習慣をやめ、または慈悲の数々の業をするたび毎に、百日の免償が与えられる。

一、いつでも、聖務日課を唱えるか、祈りをすると、百日の免償が与える。

一、自分に与えられた免償を、煉獄の魂に振り向けようとすることは、その魂の益となる。

一、これらの免償は、（これまでに）フランシスコ会に与えられたものであるが、シスト五世の代に、コルドンの組にも同じく与える。

一、教皇レオ［…］世が定めたとおり、一日のうち、「キリエの祈り」一回、主の御名を三回唱えるものには、一〇年の免償を与える。

一、教皇アレッサンドロ四世の定めたとおり、アッシジの聖フランシスコ教会に参拝するものは、いつであっても、一〇年の免償を与える。
一、教皇シスト四世が定めたとおり、聖母マリヤのロザリヨの祈りを唱えるなら、一六年と二三六日の免償を与える。
一、教皇レオ一〇世が定めたこととは、大罪を犯した人〔がゆるされた後〕が「善」の道に進もうとして、「キリエ」一五回、「アヴェ・マリヤ」一五回を唱える度に、三〇一の大きな罪がゆるされる。
一、教皇ジュリオ二世が定めたとおり、聖母マリヤのロザリヨ七三回、「アヴェ・マリヤ」の祈り、「主の祈り」を唱えて後、〔…〕免償があたえられる。
一、同じく教皇ジュリオ二世が定めたとおり、主イエス・キリストの「冠〔コロワ〕」の祈り、「キリエ〔主の祈り?〕」「アヴェ・マリヤ」を三三回唱えるたびに、生前の主イエス・キリストを黙想をするものには、免償が与えられる。
一、教皇レオ一〇世が定めたとおり、「キリエ〔主の祈りか?〕」、「アヴェ・マリヤ」を一五回唱え、主イエスがうけられた鞭打ちの苦しみを黙想すると一万五千年の免償を受ける。
一、教皇イノセント八世が定められたとおり、日曜日、あるいは主イエスの祝日、聖母の祝日、フランシスコ会の祝日に、秘跡〔聖体〕を受けると免償をうける。また、ミサをたてる司祭も同じように免償をうける。
一、教皇レオ一〇世が定めたとおり、昼夜を問わず、いと尊き聖体の祈り、キリエ、アヴェ・マリヤを一八回唱える。そのうち、「キリエ」一回、「アヴェ・マリヤ」一度を、この教皇のために捧げると、功力が与えられるばかりでなく、アッシジのサンタマリア・デリ・アンジェリ教会においては、ポルチウンクラの日〔八月二日〕の功力、ローマの城壁内外の教会の功力、聖地エルサレムの功力、ガリシアの聖ヤコブの功力などを含む全免償があたえられる。また、いずれの功力よりも深い。
一、教皇イノセント九世が定めたように、コルドンの帯を持つ人は、山中にあっても、牢屋にあっても、その他いついかなるところでも、信仰をもって、以上の祈り〔「キリエ」と「アヴェ・マリヤ」の組合せのことか？　原文に詳細なし〕を一六回唱えることで、同じような功力を受ける。
一、同じ教皇が定めたように、フランシスコ会の司祭・修道士が〔…〕聴聞すれば、三年と二日の免償が与えられる。
一、教皇イノセント四世や、他の教皇が定めたとおり、フランシスコ会の司祭・修道士が〔…〕をとおり過ぎるとき、宿をかし、また何か病いをやしなうときにいたわり、食べ物を与えるか、いずれにせよ何につけ助けること、また、〔…〕をするにおいては、一一〇年と二日の免償を受ける。その他、臨終のとき、犯した罪はゆるされる。
一、教皇ウルバノ四世が定めたように、またマルチノ五世も同様に定めたとおり、主イエスの復活の日、聖霊降臨（あるいは主の昇天）の祝日、三位一体の祝日、主の聖体の日、これらを祝う者には、三〇一年と百日の免償が与えられる。
一、教皇アレッサンドロ〔…〕世、教皇ウルバノが定められたとおり、四旬節のあいだ、毎日四〇年の免償が与えられる。また四旬節の〔…〕に定められた日には功力をうける。四旬節の第四の日曜日から復活節の第三の日曜まで、毎日全免償（インツルセンシヤ・ヘレナリヨ）を受ける。
一、教皇シスト〔…〕が定めたとおり、コルドンの帯を持っている人、およびその他のキリシタンであっても、フランシスコ会の司祭に〔…〕をすると二〇七五日の免償をうける。

コルドンの組の帯を持っている人は、祝日ごとに次の免償をうける。（以下その祝日のリスト）
暦（略）

このコルドンの帯を持つ人は、聖フランシスコ会の兄弟となって、世界中に広がる司祭達が与えられるのと同じ功徳を被る。

以上の免償を定めた教皇シスト五世をはじめ、歴代の教皇は、このコルドンの帯の功力が計り知れず、人間の知恵のはるかに及ばぬことと考えていた。諸教皇は、その功力を加え続けてきた。すなわち、ローマの聖ペトロ大聖堂において、この教書として公布したものである。

一、以上の免償の上に、さらに御父の憐れみに願いをかけ、聖ペトロと聖パウロの御力と、私（教皇シスト）の力をもって、何事によらず、この組の「要求」（原語 Presição「要求」「必要」の意味。組の定める守るべき決まり。日本語転訛は「ヘレシサン」）に応じる毎に、フランシスコ会員に授けた免償の上に、さらに免償を加え、すべての罪のゆるしを末代まで認める。この組の参加者の最期のときには全免償（「インツルセンシヤ・ヘレナリヨ」indulgentia plenalia）を与える。

たとえ、この組の参加者でないとしても、月毎にこの組の「要求」に応じれば、百年の免償を授ける。

一、コンフラリヤの参加者は、右の月毎の「要求」のほかに、別の機会に科せられる「要求」、またフランシスコ会においてとりおこなわれるべき尊い勤行をなし、病人のもとで秘跡をなし、臨終の枕元に座し、葬礼などに参加するなど、いずれも力をつくし、慈悲の業をもって仕えるか、[…] する度に、百日の免償を授けられる。

一、右に授けられる免償を、煉獄の魂に捧げようとするなら、その（死者の）魂も同じ免償を受けるものとする。
一、フランシスコ会の役職にある者は、この教書によって、いついかなるところにおいても、この組を組織するよう努めること。新たに作られた組は、どこにあろうと、すべてアッシジの組に連なることができる。すなわち、アッシジの組に与えられたすべての免償が、各教会に教皇が授けたと同じように与えられる。
この教書は他の教書とは異質のものであるとはいえ、定であることには変わりなく、永久に効力をもつ。この教書を、どの修道者が書写しても、どの地域であっても、フランシスコ会の役務者か、また、司教、大司教、教皇代理などが署名するなら、それは私（シスト）が与えたものと同じと見なす。それゆえ、これらの人々の署名のある教書は、［…］の疑いをもってみられることはない。また、いかなる人といえども、この教書に異議を申し出たり、［…］することはできない。もしも、この趣旨に反するものがあれば、父なる神と使徒聖ペトロ、聖パウロからの非難を受けるべきものと心得ること。
御出生以来（西暦）一五八六年、シスト五世在位二年目に、ローマ・聖ペトロの教皇館においてこれを書く。
御判
南部寿庵写
元和四年一〇月五日　　フランシスコ会　フランシスコ・ガルベス
下野のコルドンの組へ
（以上、コルドンの組に与えられたシスト五世の教書の翻訳の梗概）

（出典）

徳川圀順侯爵家蔵本、「諸聖人御作業書抄及宗門諸抄」『珍書大観』（吉利支丹叢書）（大阪毎日新聞社刊、一九二八年）。

海老沢有道、「キリシタン古写本ぱつぱしすときんとのぶうら――さんふらんしすこのこるどんの組に授けたる――」『聖心女子大学論叢』第八集（一九五六年六月）、六五―九二頁。

勢数多講の定（江戸）

この仲間に加わりたいと望む者があれば、組の頭たちが協議し、謙遜さをもって、その（人の）信仰心をよく見て、投票によって、決定をくだすこと。

一、一月に一度、ミサをたててもらうよう願う。

一、月の最後の金曜日ごとに告白する（「ゆるしの秘跡」に与る）こと。

一、聖体の秘跡を年に五回授かること。すなわち、復活祭、聖霊降臨、教皇免償直接授与の日（五月七日あるいは七月一七日[50]）、聖フランシスコの祝日（一〇月四日）、クリスマス。

一、この組のなかで何か支障や心配事が生じたなら、愛徳をもって状況をよく見、力を合わせて解決に取り組むべきである。

一、この組の者は「臨終の祈り」（色躰はなれのおらしお[51]）十回、ならびに鞭打ちに一日をあてること。

一、隣人が臨終を迎えようとしているとき、見舞いをすすめ、（色躰はなれのおらしお）をなす。煉獄の（苦しみを軽減するため）一回。痛悔（あちりさん[52]）の祈りを唱える。

一、この組のものは、何事においても愛徳の業を表すべきこと。特に、臨終にある人に、キリスト教の教えを与えること。また捨て児があれば、できる限り支援し、その魂が廃れないようにすること。

一、組の参加者で行状悪しき人がいると聞いたなら、愛をもって、ひそかに忠言をなし、それを聞き入れない場合は、二人で忠言をなし、それでも聞き入れない場合は、組の頭から忠言してもらう。それでも聞き入れられない場合、組の仲間たちにそれを公表し、なおそれでも聞き入れない場合は、神父に伝え、その忠告をうけ、それでもなおかつ聞き入れない場合は、この組から除籍すること。

一、ひと月に一度は「貧しい人」の世話をしてまわる。

一、教会になにか不都合が生じたときには、信仰心からできるかぎり奉仕すること。

一、組の役職についている人につき、イエスの割礼の日（一月一日）に、司祭にミサをたててもらい、その上で祈りをなし、投票で役職者の選任を行うこと。特に組頭に従うべきこと。

祈りについての次第

天に在す御父、聖霊なる神に対し、「キリエ」の祈り、「アヴェ・マリヤ」三回、「信経」（クレド）一回。

イエス・キリストの受難の五つの傷をおもい、「キリエ」の祈りと「アヴェ・マリヤ」を五回ずつ唱える。

聖母マリヤに向かい、「アヴェ・マリヤ」三回、「サルヴェ・レジーナ」一回。

「コルドン」の祈り(53)　一八回
守護の天使に向かって（「キリエ」の祈りと「アヴェ・マリヤ」の祈りを）一回。

聖人・福者に向かって一回。

教皇（パッパ）の無事息災のため一回。

異端者が善に立ち返り、教会が盛大になるように一回。

フェリペ（三世）国王御無事のため一回。

この勢数多講がいつまでも続き繁盛するための祈り（「キリエ」と「アヴェ・マリヤ」のことか、原文には詳細なし）一回をなす。（以下、参加者名簿が続く。）


（以上、『大日本史料』一二之一二、三一六―三二三頁）

ドミニコ会系コフラヂアの規則

尊きゼススの聖名のコフラヂヤ(54)のさだめの条々
第一、身分の隔てなく、老若男女を問わず、いかなる地位にあろうとも、この組に参加することができる。この組に入ろうとするなら、何においても「なしか」（済箇＝年貢。おそらく組への定期的課金をさすものと思われる）をさせてはならない。また、誓文をとり交したり、約束もしてはならない。この組の規則に従わなかったとしても（カトリック教会の教義上の）罪となるわけではない。
第二、この組に入る人は、デウスの御名を尊ぶものであること。また、誓いをなさなければ適わない事情があることを除いて、誓いをせず、また、人へ悪口（偽証）をなさないように、用心深くあるものであること。その他、家族の間でも誓いをなさないよう、また悪口をなさないよう、誠意を尽くして見守るものであること。
第三、主の御名にかけて、自然誓文をするか、あるいはその尊き御名を悪く言うことあれば、その過失の償いとして、（貧者に）慈悲を施すか、何らかの祈りを唱えるかして、自罰を与えるべきである。

第四、この組の会員が、他の人で誓約をなす行為をしたとか、悪口をすると聞いたとき、いましめの言葉をもって接する。その際、何らかの益があると思えば謙遜な態度と愛徳をもって諭すべきこと。

第五、月の第二の日曜日ごとに、在世および帰天した組の会員のために、会員皆でミサに参加し、適切な慈悲の業を行うこと。

第六、会員のなかで亡くなるものが出た場合、その葬儀に参加すること。その亡くなった者のために、組の全員がミサに参加する。

第七、この組の、役を担う者は、二人であるべきである。ただし、会員の人数に合わせて、責任者の数においても、多少の変更はありうる。責任者の役目は、主の割礼の日（すなわち一月一日）に、新しく二人の責任者を選び、過年度の支出と歳入を、新しい責任者に伝えること。

第八、この組の者は、年始めに祝う主イエスの御名の日と割礼の祝日に盛大に信心をもって儀式を行うこと。そのとき、罪の「告白」をし、聖体を拝受する。その儀式を執り行う。

第九、会員の名簿を一つ作成すること。その他寄付によって集めた物品を納める箱を設置すること。

第十、この組の会員が、主の御名を崇敬のために良いと判断することがあれば、会合をひらき、組の規則の中で、補足を加えたり、あるいは変更したりすることもできる。

以下、この会に与えられた免償のリストが続く（略）。

（以上、海老沢有道「吉利支丹古写本ぱつぱしすときんとのぶうら」『聖心女子大学論叢』（一九五六年六月）、八八―九二頁、「附　ゼススのみ名のコフラヂヤのレヂメントのこと」。）

第二章　日本思想史のなかの「魂論」（「デ・アニマ」）の展開

――イエズス会『講義要綱』付加部分と「魂不滅論」――

はじめに

前章では、一五・一六世紀の民衆の心のあり方と、社会の変動との間に因果関係が存在し、それが形となって、すなわち組織機構の面にあらわれたことを指摘した。次の課題は、民心の「救い」の希求に直截的に入り込む問題である。キリシタン教義が、すべてに先駆けて徹底して日本の民衆に受容および実践を求めた「霊魂不滅」の考えについてである。

キリシタン研究と呼ばれる分野は、一九二〇年代、新村出らの言語学者の関心が発端となり、さらに姉崎正治、海老沢有道らの宗教史学の領域、さらには日本史の特殊問題としての位置づけを保ちながら研究蓄積をなしたが、思想史的、教義史的問題としてはいまだに開発途上だというのが筆者のかねてからの実感である。その空白の一端を補なうべく、ここではキリシタン思想史上最も重要な分野に属し、日本人にとっては難解とされるキリシタン教理の「霊魂不滅」の問題、すなわち、「アニマ論」をとりあげ、その一六世紀日本への導入と位置づけの過程を考えいくこととする。

この「アニマ論」についての論考を準備していた二〇〇八年の一〇月、筆者は、韓国ソウルの西江大学で開催された国際シンポジウムに招聘され日本における東西交流史の一側面について発表の機会を与えられた。哲学・歴史部門における「東西文化交流」というセクションに八名の発表者が参会し、そのうち三名は、それぞれ、アリストテレスに起源を持ち、一三世紀のトマス・アクィナスによって注解をほどこされた「アニマ」論の、朝鮮半島、中国、台湾におけるそれぞれの受容問題を、直接あるいは間接的にとりあげていた。[1] このことは、アジアにおけるキリスト教浸透の歴史、思想史の分野で、キリスト教理の中心にある「霊魂論」への関心が最近とみに高まっていることを示している。「霊魂論」が、現在あらためて、宗教史家のみならず、哲学研究者、思想史研究者の間で重要なテーマとして位置づけられることに驚きを覚えると同時に、「霊魂論」への反発という面で、日本がもっとも顕著な史実を有していることを示す使命に駆られた。とくに、土着民衆の既存宗教観や宗教行為におけるキリスト教教理の受容や反発といった宗教・社会史的側面の解明が課題として残されている事実に注目を喚起したいと考えた次第である。以下に論じる、ペドロ・ゴメス著『講義要綱』の第二部第三巻「デ・アニマ」は、まさにアリストテレスに起源をもちトマスによって発展させられた「デ・アニマ」に依拠するキリスト教教理の中の、「人間論」とも考えられる部分の中心、キリスト教思想の根幹に位置するものである。日本に紹介されたとき、既存宗教側から徹底した反論をうけている。以下、「デ・アニマ」の概要（本章）とその反論（次章）を詳しく論じる。

一　「デ・アニマ」と日本人

一五九三年、当時の日本イエズス会布教責任者であったペドロ・ゴメス（Pedro Gómez, 1535–1600）は、日本におけるイエズス会教育機関で使用する教科書として、三部（「天球論」De Sphera、「アニマ論」De Anima、「神学論」De Teologia）からなる『講義要綱』（Compendium catholicae veritatis）を上呈した。[2] 日本キリスト教界において教勢拡大のための活躍と貢献が期待されるのは現地人司祭であり、その養成が急務であると洞察し、徹底した現地「順応政策」を遂行した巡察師アレッサンドロ・ヴァリニャーノの委嘱に基づいた結果である。

ペドロ・ゴメスは、一五三五年スペインのマラガに生まれ、一六〇〇年に長崎で没したイエズス会宣教師である。一五五三年、アルカラ・エナレス（マドリード）でイエズス会に入会した後、すぐにポルトガルのコインブラに移った。一五五六年に「マギステル」（教授資格、現行の修士号に相当する）の学位を取得した後、一五六四年以後、ポルトガル最古の伝統を誇り、一六世紀末にはイエズス会の学院を併設した名門コインブラ大学で哲学や倫理の講義を担当した。入会以来宣教志願者として名乗りをあげ、一五七九年日本宣教グループに加わり、八三年に来日を果たした。(3) 日本への渡航の際、海難で落命の危機に遇いながらも上陸を果たしたという学僧に似つかわしくない武勇伝的エピソードの持ち主である。一五九〇年代は日本宣教の最高責任者として、伴天連追放令後の日本キリスト教界の多くの難問解決にあたった。

一五九〇年に遣欧使節の帰国に伴って再来日していたアレッサンドロ・ヴァリニャーノは、この第二次巡察の期間（一五九〇年―一五九二年）、活版印刷機の導入によって新たに加えられた諸書とともに、ヨーロッパやゴアのイエズス会教育機関において使用された教科書類に範をとり、日本人の状況に適した新たな講義要綱の作成を企画した。ヴァリニャーノは、懸案であり念願でもあった日本的講義要綱を、神学・倫理学の専門家で評判が高く、かつ人徳面で優れていた布教責任者のゴメスに執筆大業の白羽の矢を立てたのである。こうした教科書的体系書の企画は、ヴァリニャーノが来日以前から温めたものであり、一五九〇年代に漸く日の目をみたものである。一五八〇年、有馬に存在したセミナリヨの規則書に、そうした計画がすでに示されている。

〔年少の生徒らには〕教会で公に受け入れられている教えが、彼らにとって、明晰で簡潔な方法で教えこまれるべきなのである。また、アリストテレスや他の非キリスト教著作者に関する講義を彼らになしてはならない。むしろ、キリスト教教義の手短な要約を彼らのために書くか、あるいはすでに存在している「要綱」をもちいること。たとえば、マルクス・ヴィゲリウス（Marcus Vigerius）やカルトゥジオ会のディオニシオ（Dionysio Cartusiano (1402-1471)）のものがよい。巡察師は、この方法を遵守するようセミナリヨの長上と教師たちに執拗に強調した。なぜなら、この方法の逆のことはひどく危険なものだからである。彼らは自分たちのために印刷所を設るべきである。というのも、教室のために必要となる書籍が日本において、より簡単に手に入るようになるためである(4)。

つまり、カリキュラムに従ってラテン語を学んだ学生が、より上級に進もうとするとき、手にするのがキリスト教教義の要約、すなわち『要綱』ということであり、ヴァリニャーノは、ヨーロッパで当時盛んとなっていたイエズス会教育の模範を日本に持ち込もうとしたのである。この引用の中で重要なのは、「キリスト教教義の手短な要約を書くか、すでに存在している『要綱』を用いること」としている点である。マルクス・ヴィゲリウスやカルトゥジオ会のディオニシオスが、具体的にどのような内容をもっていたかここで詳しく論じることはできないが、そうした手本が確かに存在していた。そうした伝統を、ヴァリニャーノは日本にも導入し、神学教育の効率を高めようとしたのである。

ヨーロッパの可動式活版印刷機の導入とともに、教育の整備は、ヴァリニャーノにとって来日以前からの日本宣教構想の一部であった。ヴァリニャーノは、プロテスタントの福音主義が席捲するヨーロッパにおいて、カトリックの失地挽回に効果を上げている方法が、印刷機による宣伝活動と指導者教育であると洞察し、それを異教世界の日本においても実現させ、同様の効果、すなわちカトリックへの入信を推進しようとしたのである。

『講義要綱』は、一五九三年ラテン語本として書かれ、九五年に日本語訳が完成されている。ヨーロッパやゴアにはない日本的な宗教風土・環境および心情を考慮した軌跡が感じられる。短期間のうちに印刷刊行される見通しがあったようだが、現存するのは手書き（マニュスクリプト）の冊子のみである。(5) その日本語訳作成にあたった者として、一五八〇年代以降日本イエズス会の初期養成に尽力したペドロ・ラモン（Pedro Ramon）の名があがり、また、邦訳文案出にあたっては、後にキリスト教の立場から日本の伝統宗教を論駁する『妙貞問答』を書き、さらに時代を下って棄教し、キリシタン論駁書『破提宇子』を著した不干斎ハビアンの思想的特徴を挿話の中に読み取ることができるとする研究者もいる。(6)『講義要綱』の日本語本が、満を持して企画・製作されたことに疑いをはさむ余地はない。ペドロ・ゴメスは、来日直後、豊後府内のコレジヨで神学を講義していたが、そのとき用いたのは神学者として名高い枢機卿フランシスコ・トレドの著作だといわれている。本章にとって重要なアリストテレスの「デ・アニマ」については、トレドの著作から多くのヒントを得たことはまちがいない。(7)

二　問題提起

本章は、その膨大な『講義要綱』のなかから、特に第二部の「デ・アニマ」に議論を集中し、キリスト教的西欧文化と日本文化との出会いにおける「デ・アニマ」の位置づけを問うことを目的とする。その際、中心となる問いとは、『講義要綱』によって、イエズス会宣教師の提示する「人間理解」について日本人がいかに理解し反応したであろうかということである。この問いは、同時に、日本人が元来所有していた「人間洞察」への思想的な背景を浮き彫りにすることにもつながるだろう。なぜなら、日本人はキリスト教との出会いによって、自己の宗教的アイデンティティ、すなわち、既存宗教のもつ人間観を客観視することが可能となっただろうからである。

そして、本書が中心に据えるのは、イエズス会宣教師らが日本人のために徹底して説く必要性を痛感していたと思われる思想内容についてである。

ラテン語で書かれた『講義要綱』テキストに合わせて作成された日本語本「デ・アニマ」は、ほぼ逐語訳とも言えるような類似性をもっている。ところが、ラテン語本と日本語本を比較検討してみると、全三部構成のうち、第二部「デ・アニマ」の項の後に、ラテン語本には存在しない、およそ十数葉の「付加部分」が、日本語でのみ存在することが判明する。その付加部分の読者として想定されている人々は、ラテン語を読めない読者ないしは、日本人を相手とする日本語を読むことのできる外国人宣教師ないしは日本人指導者である。いずれにせよ、この部分の名宛人は日本の宗教環境に生きた人間であることは明らかである。ゆえに、「付加部分」は、日本人と日本の土壌を意識して、宣教師らが長年温めてきた日本人の質問への解答をこめて執筆し付加した部分なのではないかと推定できるのである。

「アニマラシヨナルノ正体ハ不滅ナリト云事」と題された「付加部分」の内容は、本文で論じられた人間阿爾摩（アニマ）の能力の特異性（動植物の魂とは区別される理性的魂）を土台に、その「アニマ」が、なぜ不滅という特性をもつといえるかの根拠を示す議論に終始している。この「付加部分」が存在することを、日本人のキリスト教受容という観点からいかに理解すべきであろうか。人間の「アニマ」の特別な能力、およびその不滅性の強調がなぜ必要だったのだろうか。結果的に、アニマ論によってイエズス会宣教師たちは、日本における教理教育の完成を期したように思えるのである。それは、同時に、日本側に、このキリスト教のアニマ論を受容できず、理解を妨げる思想上の何らかの背景が存在していたことを意味する。そうした『講義要綱』の校訂と解説を最初に試みた尾原悟氏は次のように指摘する。

あくまで主たる論の展開は、科学ともいえる生物学心理学的な面から出発して人間の独立性、人間の自由意志、人間性の尊厳へと導かれ、哲学的人間論によって貫かれている。それは教訓や倫理以前の根本的な人間存在が動植物と質を異にする精神的存在〔アニマ・ラツィオナリス〕であることと、不滅の存在であることの二点の強調は、キリスト教が日本との出会いで最も煮詰めなければならぬ問題であったからである。『デ・アニマ』はこの意味で日本の歴史的背景と精神風土に対して、迎合的妥協でも全面的否定でもない人間そのものへの問い掛けを通しての深い出会いの試みであった(8)。

さらに、『講義要綱』についての別の解説個所では次のようにも書かれている。

論を進めるにあたっては、論理や認識にも触れ、方法論も取り入れ、自然神学や倫理とも関連づけられるが、社会的道徳的宗教的側面からよりも、むしろ生物学的心理学的側面から人間像を構築しようという姿勢がみてとれる。人間は動植物とは質を異にする精神的存在であること、さらに人格性が宗教や道徳からだけではなく不滅の存在であることを客観的に証明できることを示している。こうした姿勢は汎神論的な風土の日本にとって必要な問題提起と考えられた(9)。

以上の指摘は非常に興味深いところであるが、それが、日本の宗教環境あるいは心情の、具体的にどのような対象にむけられた議論なのかは詳細に扱われていない。したがって本章では、そのあたりの宗教環境を再現しながら日本人のキリスト教受容の問題を取り出して、あらためて問うてみたい。

ここで問題となるのは、日本の歴史的背景と精神風土に対して、「迎合的妥協でも全面的否定でもない人間そのものへの問い」と示されている内容が、いったい何をさしているのかである。「アニマ」が不滅の存在であることが客観的に証明できることによって、究極的には何が意図されているのか。さらに、「汎神論的な風土の日本」とはいったい何を意味するのかを解明していきたいと思う。日本人が具体的に何に反発をおぼえ、あるいは理解できなかったのかを知る上でも、『講義要綱』の中心洞察が何であるかを把握することは必須のことと思うからである。そうした考察の前提として、多少長々とした解説となるのを覚悟で、『講義要綱』そのものの構成と中心課題を明らかにし分析することからはじめたい。

第一節　『講義要綱』成立の前提

ペドロ・ゴメスの『講義要綱』は、将来日本のキリスト教界の舵取りを担う指導者養成のため神学校で使用した教科書である。作製された当時、イエズス会は、一五四九年日本宣教開始以来半世紀にわたる日本での豊富な体験を蓄積していた。一五八七年（天正一五）秀吉の伴天連追放令が出されてからおよそ六年の月日が経過していたとはいえ、全国的な禁教令が出されたわけではなく、一五九〇年代はキリスト教徒にとっては、課題こそ多いが、信仰生活面では、公の活動をさし控えなければならなかった以外は、むしろ比較的平穏さが保たれた時期であった。特に、日本人との宗教問答にはザビエル以来の様々な論点が考慮され、日本人に理解されやすい教理の伝達法が工夫された。一五九〇年代ともなれば、キリスト教の信仰教育内容を提示する順序に定まったパターンが導入され、そのより綿密な体系化が意図されていた。その結果が、キリスト教教理の集大成としての『講義要綱』へと結実していくのである。

一五九二年、ヴァリニャーノは、一五八三年に書いた『日本諸事要録』の改訂に着手し、一五八七年の伴天連追放令以後の日本宣教状況の変化を考慮して、「補遺」を作成した。その際、当初予定していた通りの規模の教育活動は断念しなければならなかったものの、ヴァリニャーノが抱いた所期の目的とセミナリヨを通しての指導者養成方法についていは、いまだに希望を持ち続け、特に学生たちが使用する教科書について、ローマのイエズス会総長宛に、次のように書き送っている。

ところで、私たちが当地にあって願望していることは、総長様がヨーロッパのあるイエズス会の優れた学識者数名に命じて、もっとも明快で十分に理解する事が出来る哲学についての要約した簡潔な教本を作成して下さることである。その中では、最も一般的で最も広く認められた教義が、各見解の食い違いを入れずに、特に霊魂の不滅などのような私たちの信仰に関する事柄について書かれるようにすることである。そして、同じような方法によって、「全神学大全」(Suma de toda la Theologia)が作成され、日本に送付するために貴地でそれを印刷させて頂きたい。(10)

一五九二年、すなわち、第二回巡察を終えて日本を離れたヴァリニャーノは、離日直前にこうした計画を抱いていた。そこで、ヨーロッパ在住の神学者ではなかったが、コインブラで実際に教鞭をとった経験のある宣教師ペドロ・ゴメスにその執筆の大役を依頼したのであろう。伴天連追放令以後の日本キリスト教界には、多くの難問が山積していた。そのなかでも、可能なかぎり前進する姿勢が読みとれる。歴史の皮肉というべきか、ここで、日本に実際に居住して日本の状況をよく知り得た人間が、『講義要綱』を書く運命にあったことは、ヨーロッパの神学者たちが執筆するよりは、日本事情を考慮した神学論の成立を可能にした。

一　コレジヨの教育

宗教改革者らによる多くの批判を吟味したトリエント公会議開催前後のカトリック指導者たち、なかでも教皇パウルス三世の任命により『教会改革建議書』の草案作成にあたった、ガスパロ・コンタリーニ（Gasparo Contarini）やピエトロ・カラファ（Pietro Carrafa）ら九人の枢機卿たちが出した教会再生の提言のなかで、最も強調されたのは教会指導者の質的向上への緊急措置の必要性であった[11]。

この部門における第一の悪弊は聖職者叙階、殊に司祭のそれに在ります。何らの吟味も顧慮も加えられることなしに、全く無学な者、極めて卑賤の出自の者、悪しき行状に浸った者、未成年の者が誰であれ無差別に聖職位、特に、敢えて申しますが、キリスト〔御自身〕を最もよく映しだす印章である司祭職に受け容れられているのであります[12]。

この文書には司祭教育に対する直接の言及はないが、聖職禄のみをうけて、実際の霊的世話をしない教区司祭や司教などへ痛烈な批判が込められている。準備のできた適切な人材を確保するのが教皇の役割であると強調されている。これらが、トリエント公会議後の司祭の神学養成への梃入れの出発点となったことは疑う余地がない[13]。

教会に蔓延する濫用は、聖職録の不当な収奪を筆頭として様々であるが、とりわけ、司祭候補者らの養成の充実が焦眉の急を告げる問題であるというものであった。まったく準備なく、教養もない司祭候補者が、なんら組織的な訓練をうけることなく司祭とされている。もちろん、このような人間たちには、「キリストの群れ」を導くという自覚がなく、聖職禄をあたえられても、その聖職禄にみあう活動が期待される教区に在住せず、人々を放置して別のところにいる。教会の抱える最大の問題は、聖職者の精神的質の低さであり、宗教改革をひきおこした最大の原因の一つとされたのである。資格のある人が選抜される方法を考案するしかないといいたいのであろう。この点については、宗教改革の嚆矢、マルティン・ルターも『小教理問答』の序文で鋭く批判している。[14]

実際、多くの司祭は、ラテン語の知識を有さず、満足に説教をすることもできない、教養的・知的な面での衰退がめだっていた。一五五六年にだされたローマ教区の司祭規則(『試験官の役務について』De officio examinatoris)には、当時の司祭の教養レベルを知る重要な証言が残されている。要約すれば、司祭は究極的に、「ゆるしの秘跡」をおこない、「ミサ」を捧げることができればそれで十分であるが、それを満たさないものが多いということである。聴罪司祭として十分であるためには、ラテン語かあるいは他の言葉で書かれた書物について、少なくとも作者は何を言っているのか理解できる程度の教養がなければならない。しかしそれすら満たさない者が多く、この件について教会のなかで批判がおこるのを避けるために、ローマ教区はつぎのような独自の基準を定めた。(1)下級叙品をうけるものはすくなくとも識字能力があること。(2)副助祭は口ごもることなく教会文書などを音読できること。(3)助祭は音読ができ、副助祭が理解する以上に書かれた文書をよく読めること。(4)司祭は口ごもることなく音読ができ、かつ内容が理解できること。この場合のレベルは「文法」取得者(現在の中等学校レベル)である。(5)司祭は秘跡の示す性質について無知であってはならない。[15]つまり、司祭の資格として当時のローマ教区は中等教育レベルを強調しなければならないという有様であった。驚くことに、後に規定される神学過程の諸科目の履修についてはー切言及していない。トリエント公会議が閉幕する頃の一般教会指導者の現状がこれであった。カトリック世界の最高学府であったパリ大学で学んだ経験をもつイグナチオ・デ・ロヨラやフランシスコ・ザビエルなどの初代イエズス会員たちにとって、その到達目標ラインはあまりにも「低い」ものであった。

したがって、カトリック改革を推進する要として、なにをさておいても、司祭候補者の質的向上がもとめられた。そのために、一定の期間（後に、教会法上では少なくとも四年と規定）を、正式に認められた教育機関において、順序づけられたカリキュラムの下に養成がなされるべきことが「改革」の中心課題とされた。トリエント公会議後、ローマでは教皇の委嘱をうけたイエズス会の運営になるローマ学院（Collegio Romano 一五五一年創立）をはじめ、ドイツへの派遣を主たる目標としたドイツ学院（Collegio Germanico 一五五二年創立）、イギリス宣教者を養成する英国学院（Collegio Inglese 一五七九年創立）などが相次いで設立され、聖職者教育の質的向上が図られた。また一般教区司祭養成の「大神学校」の制度も整備された。一六世紀から一八世紀のカトリック世界においてイエズス会系学院（司祭志願者及び一般青少年共に）のはたした役割および社会への影響は少なくない。イエズス会の「学院」経営は、プロテスタント運動の拡大浸透を食い止め、あるいはすでに浸透したところにカトリック的影響を回復するに十分な力をもつものとなっていた[16]。

また、伝統的なスコラ学の方法論とともに、イエズス会は、新たにヨーロッパ知識人の間に流布しはじめていたウマニスタ（通常、人文主義者と訳される）の文献学的手法や古典尊重の態度を統合し、「デボチオ・モデルナ」と呼ばれる運動の担い手たちが強調した「パリ大学の方法」（modus parisiensis デボチオ・モデルナ運動の担い手たちにはパリで教育を受けた者が多数いたことからこの名がある）を自らの教育課程に導入した。やさしいものから難しいものへと段階を経て進むカリキュラムの編成、毎日徹底して行われるドリル、反復、成果確認のための試験など、上級者が初級者を指導するチュートリアルに似た制度など、今日の学校教育において当たり前とされるような方法が、一六世紀の教育界では画期的な方法論として導入され始めていた。イエズス会はそれを自らの学院で試行するとともに、その方法は司祭候補者の養成のみならず一般青少年の教育へと拡大されていた。

一五七九年に来日したヴァリニャーノは、ヨーロッパにおけるイエズス会学院の成功を模範として、日本においてセミナリヨ、コレジヨなどの教育機関が大いに力を発揮することを期していた[17]。ローマ学院が、イエズス会学院の模範とされた理由は、この地において、後に集大成される『イエズス会学事規定』（Ratio atque institutio studiorum Societatis Iesu）の原型が形づくられたという点である。一五九九年に最終版が成立した『イエズス会学事規定』は、イエズス会の経営する学院に適応されるべき三〇章からなる教育指針である。こうした統一規範をもったことと、そのネットワークの規模および堅固さにイエズス会学校の強みがあった。『学事規定』の基本には、「パリ大学方式」がある。その方法を成文化して、すべてのイエズス会学校の規準にしたものが『学事規定』であった。

そうした教育上の刷新のなかで、急速に体制を整えたのが『講義要綱』（Compendium）、すなわち、教科書のジャンルである。司祭候補者、すなわち神学生は、伝統的な教育カリキュラムとして、基礎三科（文法・修辞学・論理学）と基礎四学（代数・幾何学・天文学・音楽）、ならびに人文過程（文法、修辞学、歴史、詩歌、倫理学）および哲学課程を履修済みという前提で「神学」過程にはいるのがパリ大学の基本的なコースであった。すなわち、初等・中等学校に相当する基礎三科と高等学校に当たる基礎四学を終え、大学教養課程に相当する人文課程

（Studia humanitatis）をふまえたうえで、神学、法学、医学に専門特化するという手順であった。神学の『講義要綱』はそうした初等中等レベルの延長線上、より高度なレベルの学生を対象として編まれたものと思われるが、神学教育の総覧といった性格から、内容的にはかなり難解なものに仕上がっている。

二　ヨーロッパ「討論」と日本宗論の「接続」

『講義要綱』はペドロ・ゴメスの単独の著作というよりは、多くの宣教師たちの体験の集大成といったほうがよい書物である。ヨーロッパにおける討論の伝統、日本における諸宗派間の宗論の伝統、そしてキリシタン宗論などの体験が考慮されている日本宣教師集団の渾身の労作である。『講義要綱』は、神学書という基本的な性格とともに、これから日本の宣教現場に向かう司祭志願者に、ヨーロッパにおける論争の手法に則り、さらに「日本人の質問」を系統的に配慮し対処しようとしたマニュアルという性格を兼ね備えたものであった。

『講義要綱』が具体的に、日本の諸宗派への反論を意識して書かれたものだということは、後に詳細に述べるところである。その際、日本人との議論による対決の方法は、一五九〇年代に突如築かれたわけではなく、その淵源は日本宣教の嚆矢、フランシスコ・ザビエルにさかのぼる。

イベリア半島ナバラ出身のバスク人であったザビエルが「キリシタン問答」の先駆者となったことはよく知られているが、この人物が、当時ヨーロッパ・カトリック界の最高学府パリ大学の「マギステル」という学位取得者であるアカデミックな人間であったことはあまり重要視されていないようである。しかし、この点にこそ、大きな意義が見いだされてしかるべきである。マギステルの学位は哲学講師資格とでもいうべきもので、ザビエルは、ヨーロッパで生じたばかりのルネサンス・ヒューマニズムという時代の申し子のような位置にいたことを意味する。ザビエルの理解した日本文化の視点は、当然、植民地開拓者や商人、軍人といったレベルのものでなかったことは、いくら強調してもしすぎることはないだろう。彼は、アカデミックな知識教養人として、まだ十分に理解にいたらなかったとはいえ、日本の文化・伝統、特に宗教文化に慧眼をもって惹きつけられていたのである。従来の日本の研究者たちが、いつも誇りをもって引用する「日本はこれまで発見されたなかでも最高の民族」というザビエルの言葉には、パリ大学のマギステルとしての洞察がこめられていたといえる。日本には知的理解によってキリストの教えを受け取る人々がいるにちがいないという洞察がザビエルを喜ばせた。ヨーロッパのルネサンス・ヒューマニズムの教養伝統を携えた人物が日本の中に存在したこと自体が、日本文化との邂逅を考えるとき、きわめて衝撃的な事実として浮かび上がる。当時の日本人が出会った異国人のなかでも、とりわけザビエルはヨーロッパにおいてレベルの高い知識教養人だったということなのである。これが日本とヨーロッパの文化的邂逅の質を一気に高めた理由である。結果として、この人物が日本にもたらそうとした議論の方法は、当時の世界最高水準のものであり、日本において展開されるキリシタンをめぐる「宗論」の質をいやが上にも高める要素を持っていた。

ザビエルがスコラ神学・哲学の牙城であったパリで学位取得のために慣れ親しんだ「討論」（disputatio）は、一三世紀以来のヨーロッパ大学の伝統であり、専門神学者の議論ばかりでなく、養成中の学位志願者たちが頻繁に開催していた討論試合に範をとったものであった。しばらくの観察の期間を経て、ザビエルは自分のうけた教育内容にきわめて類似する討論形式が日本にも存在することを確認した。彼が理想とする宣教は、宗教的に影響力のある知識教養人が正しくキリスト教を理解すること、そして日本の伝統宗教が人間の救いにとって無力であることを討論によって示すことであった。そうした討論形式をザビエルはパリで徹底して学んできた。そして、同じような伝統が日本では「宗論」とよばれ古来存在していたことを知るにいたるのであった。

ザビエルは日本における既存宗教の伝統とその民衆への浸透力が、抜き差しならぬものであることを感知し、かつその専門指導者との「宗論」を通してキリスト教議論の理解を日本人に得させることが最善策であると信じて疑わなかった。そのことは、日本の「大学」と考えられる教育機関にザビエルが思いをはせていることから明らかである。アカデミックな知識人だったザビエルは、この分野での「接続」の可能性を日本人との直接の接触から探し続けたようである。ザビエル来日直後の一五四九年一一月五日付、鹿児島発インド・ゴアのイエズス会員宛書簡において、そうした望みがうかがえる。

その町〔ミヤコ〕まで〔日本の里数で〕三〇〇里あります。その町の大きなことについて私たちが聞かされていることは、九万戸以上の家がたくさんあること。学生たちが〔たくさん〕いるおおきな大学がひとつあってこれに五つの学院が付属しているということ。（ザビエル書簡九〇）

ザビエルは京都の五山をヨーロッパの教育機関に比定し「学院」と呼んでいる。これは来日当初のザビエルの方向がすでにアカデミックな分野に専ら向かっていたことを示す。さらに、ザビエルは続ける。

ミヤコの大学のほかに他の五つの主要大学があって、それらは高野、根来、比叡山、近江と名づけられる四つの大学はミヤコ周辺にあり、それぞれの大学は三五〇〇人以上の学生を擁しているといわれています。（ザビエル書簡九〇）

ここでいう近江の大学とは、浄土真宗木辺派の本山錦織寺とする研究者があるが、定かなことはわからない。根来は僧兵根来衆の大本山をさすのであろうが、ザビエルはそこでおこなわれている教育に思いを馳せているのだろう。

やはり、極めつけは「坂東にある大学」についての情報である。坂東の大学とは足利学校をさしていることは言うまでもない。「都から遠くはなれた坂東と呼ばれる地方に日本で最も有名な大学がある」。これはもちろん伝聞ではあるものの、ザビエルはそこで、後に見るアカデミックな討論に期待を寄せている。また、一五五二年一月三〇日コチン発の書簡においても「坂東の大学やその他の大学に行けば」と夢をふくらませ、「日本で仏僧になるほとんどすべてが坂東に行って学習し（後略）」ていると述べている。一五五二年一月二九日、畏友でありイエズス会の創設者であるイグナチオ・デ・ロヨラに宛てた手紙にも、「日本人たちは独自の学問体系を有している」ことから、「学識ある神父（の派遣）が（日本宣教にとっては）必要である」と将来計画をふまえた提言をなしている。なぜなら「僧侶たちは矛盾を指摘され答えに窮するといたく恥じ入る」からであると。ザビエルは、明らかにヨーロッパの「討論」と日本の宗論の「接続」の可能性を意識している。そして、ザビエルが何よりも注目したことは、日本人がきわめて問答を好む人々であるという事実であった。

> 日本人たちは、好奇心が強く、うるさく質問し、知識欲が旺盛で、質問に限りがありません。またかれらの質問に私たちが答えたことを彼らは互いに質問しあい、話たりして尽きることがありません。彼らは地球が円いことを知りませんでしたし、太陽の軌道についても知りませんでした。(18)

また、ザビエルは、四〇年後に『講義要綱』で中心的に扱われる主題を先取りするかのように、「魂の不滅」についての日本人のとらえ方と反応に言及している。後に見るように、「魂の不滅」問題が日本宣教最初期から大きな議論をまきおこしていたことが察せられる。

九つの宗派のうち一つは、人の魂は動物の魂のように滅亡するといっています。他のすべて〔の宗派〕では、このような説を認めず、この宗派をつまらないものとしています。〔人の魂が滅亡するという考えの〕宗派の人たちは悪人で、地獄があることを聞く忍耐を持ち合わせていません。（ザビエル書簡九六）

極楽浄土、来世往生の考え方は、この世の「魂」が引き続き存続することを前提として言われることである。ゆえに仏教徒の間でも、ある程度「魂の不滅」は納得のいくものであったにちがいない。ただし、そこには、輪廻転生という考えかたも混在している。一回限りの「現世」および「来世」を説くキリスト教とは、その点が根本的に違うところであるが、ザビエルはそうした観念を興味深く観察しているのである。いずれにせよ、宗論の題材に事欠くことはなく、ザビエルのそうした洞察が、このヨーロッパ知識人をして、ヨーロッパ大学の「討論」と日本の宗論伝統との「接続」の可能性に期待をもたせたのであろう。

三　ヨーロッパ討論の伝統

パリ大学において、神学課程の前提となる人文（Ars）課程で、ザビエルは哲学のマギステル（修士）学位を獲得しているため、当時の大学カリキュラム上の義務をすべて履行していたことがわかる。

パリ大学における学位授与規定の起源は一二一五年初頭の教皇使節ロベルト・キュルソン（Robert Curzon）によって定められた規則にさかのぼる。基礎三科（trivium 文法・修辞学・論理学）のより充実を目指して「文法」による論理訓練が続行され、またアリストテレスの新・旧弁証論（ポルフュリオスの『エイサゴーゲ』*isagoge*）、修辞学においてはアエリウス・ドナトゥス（Aelius Donatus, 古代ローマの著述家。ヒエロニムスの師）の『バルバリスムス』（*Barbarismus*）、すなわち『大文典』*Ars maior* の第三巻、哲学としてはアリストテレスのニコマコス倫理学、そして基礎四学（quadrivium 算数・幾何・音楽・天文学）をもって一括りにされている科目群の履修が求められた。その後、学位志願者は「討論」（disputatio）に参加することがもとめられる。ロベルト・キュルソンの学則によれば、神学部の学生は五年の学科取得の後「私講義」を開くことが許されたが、その間に下級学年生（sophismatibus）を相手に「討論」の訓練を主宰しなければならなかった。この「討論」は、マギステルの間で毎年謝肉祭から四旬節を通じておこなわれる「討論」を模したものであった。下級学年生は、一つの与えられた命題に対して、「反論者」と「解答者」に分けられ、文字通り「弁証法」によってテーマ統合をめざす。この命題を提出し、統合を行うのがマギステルの役割であり、通常、討論の決着者という意味で「裁定者」と呼ばれた。こうした模擬「討論」は、当初自発的参加によるものであったが、一三世紀中頃には学位候補者にとって必須の意味あいをもち、最初の規定がもたれたのが一二七五年であり、マギステルになろうとする人文過程のすべての学生の義務となったのは一二七九年である。このような訓練をへて、学位候補者はマギステルとなる学位試験を受ける資格を得ていた。[19] ヨーロッパにおける模擬「討論」の伝統の意義は、それが本格的な神学者間の議論と同様、真理を明らかにするためであり、また大学全学部において討論の論理的方法を学ばせる教育的目的、さらには説得力のある議論（ここでいう「説得力」とは「修辞学（レトリカ）」の究極目的を意味する。）

を涵養することであった。ヨーロッパから戦国日本にやって来たザビエルは、そうした背景をもった人物であり、果てしなく続く日本人の、自然現象や神についての質問を相手にするとき、ヨーロッパにおける討論の基本が功を奏する事実を洞察したにちがいない。ただし、こうしたヨーロッパ大学の「討論」にしても、日本の宗論同様、次第に形式化、形骸化を免れず、やがて単なるセレモニーのようになっていたのも一六世紀の現実であった。たとえば、一五八四年一一月二七日、日本からの遣欧使節を迎え入れたイスパニアのアルカラ大学では、四人の使節の歓迎行事として公開討論がなされたことがグアルチェーリの遣欧使節記に記録されている。ただし、そこに見られるのは演劇的討論である。

公子たちに、欧羅巴の学問の範をしめそうとて、一行をこれぢよに招き、神学の論議問答を開いた。講堂に入りきらぬほどの人であったが、その中に、モンデシャル公の子息、ドン・イニゴどのといふものが主に議論したもうた。[20]

日本の現状に直面してザビエルが念頭においていたのは、そうした儀式化、形骸化した討論ではなく、パリ大学の原初の伝統に立ち返った、聴衆を説得し、あるいは論敵を論駁する正攻法としての討論だったにちがいない。

四　日本の宗論

一方、日本における宗論の伝統は、法論あるいは問答としての形式をもっていた。平安初期（弘仁八年　八一七年）、最澄と法相宗護命・徳一の天台教学にたいする法相教学（三乗思想）の論争にはじまり、「一切成仏」と

「二乗不成仏」の立場で争われた九六三年の応和宗論（天台宗良源対法相宗法蔵）、一二世紀、叡山と法然の間の大原談義、日蓮の四箇格言（念仏無間、禅天魔、真言亡国、律国賊として浄土宗、禅宗、真言宗、律宗を批判）、一五世紀、法華宗（日蓮宗）日出と天台宗金剛宝戒寺心海でなされた永享問答、そして織田信長御前の浄土宗貞安と法華宗日珖の安土宗論（天正七年）などが有名なところである。日本における仏教の宗論は、ほぼ形式的に、「導師」と「問者」のあいだで数日にわたって行われることが一般的であった。応和宗論は六日間、「朝座」と「夕座」が設定されている。[21] 神田千里氏の指摘によれば、中世を通じて盛んに行われた日本の宗論は、当初、訴訟・裁判としての機能をもつものであり、安土宗論などにみられる「決闘としての宗論」はむしろ稀であった。[22] 安土宗論では、議論の内容の優劣というよりも、法華宗側が答えに窮して刀を抜いたときに勝敗が決した。すなわち、議論のセレモニーのなかで沈黙するか、取り乱したほうに敗者の烙印がおされたといった状況であった。そうした消息をフロイスは、次のように伝えている。

信長は宗論が行われる場所〔浄厳院〕に、城中の四名の身分ある家臣を立ち会わせることをきめた。また仏僧側においても、双方に記録係がおり、論争者のおのおのがのべたことと、立合いのために外から来た仏僧の証言を筆録した。その場所の立派なこと、座席の準備、仏僧の格式、民衆の集合という点では、ヨーロッパの著名な大学で上演される公開討論の雰囲気と貫録を備えていたが、討論の内容に至っては、その宗派と同様に実にたわいなく、思索に欠いたものであった。[23]

ここで注目したいのは、イエズス会宣教師フロイスが、日本の宗論をヨーロッパの公開討論と、内容はともかくとしても、形式を比定し興味をもって記録している事実である。
　そうした宗派間の紛争にも似た対決方法は近世になって江戸幕府によって禁じられた。特に浄土宗、法華宗共に、自陣の宗派をみずから賞賛し、かつ他者を誹謗することは仏法の衰退のしるしであるとして、幕府によってかたく取り締まりをうけていた。[24] もはや、戦国末から近世初期にいたって、宗論はザビエルが期待していたような効果をあげえなかったようである。こうした禁止の事実は、江戸開幕以前には、少なくとも、こうした伝統が、形骸化を一方で加速させながらも、未だ息づいていたことを物語る。
　ザビエルは実現させなかったが、ルイス・フロイスはイルマン・ロレンソを従えて信長の御前で浄土宗僧侶日乗と宗論をたたかわせた。このときの状況は、世俗権力者による裁定をうけ、「キリスト教が負ければ都から追放し、僧侶が負ければキリスト教の教えを聴聞させる」という提案がなされていた。つまり、両宗派の主張の優劣をあらわすというよりも、両者間に生ずる紛争回避の方策であった。一六世紀の中ごろに来日し、諸大学のうわさを耳にしたヨーロッパ宣教師たちが、純粋なヨーロッパ式の討論を導入しようとしたのは、たとえ形骸化し儀式化したといえども、同じ発想が日本人の間にあり、理想的な形での真の討論の期待がもてると判断したからに他ならない。[25]
　フロイス『日本史』の一五六五年の記述をみれば、日本人との問答を体験したザビエルをはじめとするイエズス会宣教師側に、キリスト教を説く際に、とるべき順序がほぼ定められていたことがわかる。[26] それは日本人の疑問にあわせたキリスト教の世界観および教理の説明の順序であり、その集大成が『講義要綱』の構成へとつながっていく。以下の項目を説得することによって、キリスト教は日本人に浸透すると考えられていたようである。

① 世界の創造主の存在と世界の始まり。
② 太陽や月は神ではない。
③ 人間の魂の不滅（肉体よりはなれた魂がいかにして永遠に生きるか　その根拠）。
④ 上記①から③の理解を前提とした上で、日本の諸宗派の虚偽を示す。
⑤ 日本の宗教の虚偽を理解した上で、キリスト教の基本教理の説明に移る。
⑥ ⑤を理解したうえでカトリック教会の戒律（倫理規定）を説明する。
⑦ 以上⑥までを前提として、洗礼のための準備をはじめる。

つまり万物の創造主として、始めもなく終わりもない唯一の創造主である神《デウス》の存在をまず確認する。そして、その神《デウス》の被造物としての天体（『講義要綱』の天球論の部分）の調和による神存在の証明を置く。さらに神学的人間論（人間と神をつなぐ部分、『講義要綱』の「アニマ」論の部分）を説明した後、救いについての真実と虚偽の説明として、キリスト教以外の諸宗教の様々な論点が示される。その後にキリスト教基本教理（トリエント公会議にもとづくカテキズム）がはじめて論じられ、そしてキリスト教倫理・道徳をふまえたキリスト教の行動様式が詳しく説明された後、洗礼（キリスト者としての認知）へといたる。ここで重要なことは、神学上の詳しい議論よりも、カウザ・プリマ（第一原因）としての「創造主」を信じるかどうかがすべての始まりであり、キリスト者としての認知の絶対不可欠な確認だったということである。

以上の順序は、日本人との接触によって考案されたとはいえ、イエズス会におけるスコラ学理解の順序を踏まえているのも事実である。その論争の要は、アリストテレス的な「原因性」による神の存在証明から出発する。

アリストテレスによれば、世界は無から創造されることも、無限に広がるものでもない。それは可視的な事物からさかのぼり、すべての結果を根拠づける原因を探るような仕方で究明される。それをさかのぼると「第一原因《マテリア・プリマ》」に到達せざるを得ないとした。ただし、ヨーロッパ神学者や日本の宣教師たちが、純粋にアリストテレスの原因論によってのみ「神の存在証明」にいたったと誤解してはならない。トマス・アクィナスをふくめ、アリストテレス哲学を利用しようとした人々は、単に利用したのではなく、その方法論をふまえた上で、新たな境地を開いていること（例えば、新プラトン主義との統合）などがその内容であるが、この点については後に示す。

ただし、アリストテレス哲学に基づくキリスト教の様々な言説の利用に関しては、宣教師の間でもかなり多様性があったことを認めなければならないだろう。日本の布教責任者として一五七〇年に来日したフランシスコ・カブラルは、二年にわたる都地区巡察の結果、豊後にもどり、同行したジョアン・ケンゼンと名乗る元仏僧の日本人とともに、仏教反駁書を作成したとある。一五七三年九月八日付書簡で、カブラルは、当時のイエズス会宣教師らが共通してもっていただろう日本人の宗教観を披歴する。カブラルは、日本人の法概念のなかに、アリストテレスが『自然学』第一巻で扱った古代哲学者たちの説として説明したものと同じものを見いだし、それに反駁するためアリストテレスの『自然学』についてのトマス・アクィナスの註解書を送付するようヨーロッパの友人に求めている。アリストテレスの『自然学』第一巻は古代哲学者らが「第一原理」を知らなかったことによって引き起こした誤謬説を論駁する箇所である[27]。カブラルは言う。日本の諸宗教の誤謬を明らかにする議論は、すべてアリストテレスの哲学およびトマス・アクィナスによる注解によってやすやすと克服することができると。すなわち、カブラルの言葉を裏返せば、日本人は決して「第一原理」を認めず、逆に無と無限を想定しないアリストテレス哲学に疑問をなげかけていたことを示唆するものである。

第二節　『講義要綱』「デ・アニマ」の位置とその分析

一五四九年以来、五〇年にわたる日本人との討論の集積として、宣教師たちは、日本人に対するキリスト教理の説明の最も適当な順序と内容をさぐり、その結果が『講義要綱』の内容に反映されることになった。その構成は、先に示した教理教授の順序に適合する。その目次は次の通りである。

第一部　「天球論」(De Sphera)[28]

第二部　「アリストテレスの『デ・アニマ』三巻および『自然学小論』の要約」

第一巻　総別ノアニマノ道理、並アニマへセタチイワヲ論スル巻（全一〇章）

第二巻　阿爾摩センシチイワヲ論スル巻（全一二章）

第三巻　羅志与那留阿爾摩ヲ論スル巻（全一二章）[29]

第二部　「付加部分」（日本語テキストのみ）

第三部　「デ・テオロギア」(Catechismus Tridentinus)

『講義要綱』は神学論としての総合体系を示そうとする試みである。具体的に、『講義要綱』の第一部に相当する部分には、大自然ならびに宇宙の原理を解き明かす『天球論』(De Sphera) が置かれている。可視的世界の理解からはじめるのは、キリスト教哲学・神学がスコラ哲学を通してアリストテレスの自然論や原因論に立脚しているためである。第二部には、やはりアリストテレスが取り上げた、「魂」についての考察が『デ・アニマ』

（De Anima）としてキリスト教の中心課題として示される。言い換えれば、神存在を前提とした人間論である。そうした前提を経て、キリスト教の教えの具体的説明である『デ・テオロギア』（Catechismus Tridentinus）の教義解説の部分に進む。最後の神学部分は、ラテン語表題から察することができるように、一五六三年に閉会したトリエント公会議の諸教令を踏まえて編まれた『ローマ・カテキズム』の詳細な解説であり、「マリヤ論」「聖書論」などの特別課題なども含む構造となっている。

本書が焦点を当てようとしているのは、第二部の人間論の部分であり、それは三つの巻から成立している。表題に「アリストテレスの『デ・アニマ』三巻および『自然学小論』の要約」とあるとおり、この部分は、アリストテレスを出発点とし、それを再解釈したトマス・アクィナスの注解の要約となっている。すなわち、日本思想史上、ヨーロッパ哲学的・神学的人間論のはじめての本格的導入が意図されている。第一巻（全一〇章）と第二巻（全二二章）は「アニマ論」一般の導入とともに、「植物の魂」（アニマヘセタチイワ＝anima vesetativa）や「動物魂」（アニマセンシチイワ＝anima sensitiva）が「人間の魂」（アニマ・ラシヨナル＝anima rationalis）とは厳格に区別されるものであることが解説される。人間のアニマ論、すなわち真の人間論の本領が発揮されるのは、第三巻としておかれた「羅志与那留阿爾摩ヲ論スル巻」（全二一章）である。ここで、人間アニマは「理性的魂」とされ、あらゆる魂の頂点に置かれる。その働きは、単に現象界、可視的自然界に限定されるものではなく、「スピリツアル」（英語の spiritual にあたるラテン語の日本語転訛）なものであり、また「超自然」的なものを把握する能力をもつことが論述される。そして、日本思想史の観点から特に重要な事実は、この第二部第三巻の末尾に、一三箇条からなる「付加部分」が存在していることである。以下、『講義要綱』は、アリストテレスおよびトマスの「デ・アニマ」をどの程度吸収しているのか、そして日本人への解説としてくわえられている「付加部分」の存在意義は何であるかを明らかにしたい。

一　日本宣教師の「原語」主義——宣教師に訳出されなかった原語「アニマ」

『講義要綱』の中心部分である「人間の魂（理性的魂）」の項を詳しく見る前に、『講義要綱』ばかりでなく、イエズス会の宣教史上、日本におけるユニークな例であり、日本であらわされたイエズス会関係書籍に一貫して採用された重要概念である「原語主義」について知る必要を強く感じる。

『講義要綱』第二部第三巻に登場する「Anima」という概念に対して、現代人は「霊魂」という訳語を常用する。たとえば、アリストテレス原本の最も普及している日本語翻訳（岩波『アリストテレス全集』）には『霊魂論』という表題が付され、現代の哲学書にも「霊魂」は違和感なく用いられている。しかし、一六世紀の宣教師たちは、「霊魂」という日本語を決して用いない。原文を見るとき、「Anima」は、常に原語音読の「アニマ（阿爾摩）」なのである。そこに、きわめてデリケートなニュアンスをもって、宣教師たちが「霊魂」という言葉を避けていることに気づくのである。

当時の日本文化においては、「霊魂」という概念も用語も確かに存在していた。日葡辞書を紐解けば、「霊魂」という項目は確かに存在している。しかし、その意味する内容は、アリストテレスやトマスの意味する「アニマ」概念とは大きく異なっている。たとえば、『節用集』で説明されている漢語の「霊魂」には、「肉体のほかに存在すると考えられる精神」という訳語とともに、「死者の霊が体を抜け出し、夜、空中を浮遊する青白い光となって現れるもの」、すなわち「人魂《ひとだま》」と説明されている。さらに仏教語辞典によれば、「霊」は「死後に肉体から離れる魂にいうことが多い」とされ、また、「はかり知れない力を持つもの。不思議な働きをするもの」と解説されている。そこからイメージされるのは、「幽霊」「怨霊」の類である。

以下に示す『講義要綱』の「アニマ」は、肉体が滅びても、それ自体滅びることはないものと説明されるが、決して肉体と別個に存在するものではなく、また単独で浮遊する「霊」でもない。人間存在そのものを指摘する点で、日本で伝統的に用いられた「霊魂」の用法とは全く異なるものとして示されるべきものであった。奈良時代以降、「死魂」や「亡魂」が説かれ、平安時代になって「怨霊」や「物の怪」の意味に使われた日本の「霊魂」あるいは「霊」ないし「魂」は、祖霊観や怨霊観などとも結びついている。人間をなりたたしめている人間論というよりは、肉体をはなれた死後の霊という印象がつよかったためであろうか。日本的用法の「霊魂」では、「アニマ」の本質をあらわすことはできないと宣教師たちが判断したのはまちがいのないところである。従って、『講義要綱』をふくめ、キリシタン教理書の原語版ないしはその翻訳に「霊魂」の言葉が見られないのである。あったとしてもそれは後世の訳である。その逆に、当時において「霊魂」の語が多用されているような印象を持つのは、常に現代研究者の「翻訳」のみが参照されるためである。

では、なぜ現代研究者たちは「霊魂」という訳語を「アニマ」にあてるのだろうか。実は、「アニマ」に「霊魂」という訳語を用いる慣習は、一七世紀に中国で活動するイエズス会宣教師に取り入れられた。外来概念をすべて翻訳語に置き換えようとする中国文化の場合、「アニマ」(Anima)は、何ら抵抗なく「霊魂」という訳語に置き換えられた。中国語の「霊魂」のニュアンスは、日本におけるほど誤解を招かないものだったのかもしれない(第三章で考察する三世紀の仏教者慧遠は、「神《じん》」の言葉をあてていた)。マテオ・リッチ(利瑪竇)のキリスト教教理書『天主実義』(一六〇三年刊)の「アニマ」解説の項には、「霊魂」あるいは「精魂」が訳語として多用されている。たとえば、『天主実義』の第三篇には、次のような句が見える(傍点筆者)。

身雖歿形雖渙、其靈魂仍復能用之也(30)。

（身は歿すといへども形は渙《ち》るといへども、その霊魂はなほまたよく用ふるなり）

然靈魂常在不滅所遺聲名善悪寔與吾生無異(31)。

（しかれども霊魂は常在不滅なれば、遺すところの声名の善悪は寔《まこと》に吾れの生きるときとことなるなし）

さらに、『天学初函』（二）の『靈言蠡勺』の引（序文）には、「亜尼瑪」の次に、注釈として、「譯言靈魂亦言靈性(32)」との付記がなされ、あきらかに「アニマ」に「霊魂」ないし「霊」を当てようとしていることがわかる。

つまり、「アニマ」に「霊魂」という現代常用の訳語をあてたのは一七世紀に中国で活動した宣教師が最初であり、一六世紀の日本での慣行ではなかったということである。『天主実義』『靈言蠡勺』いずれも、年代からみて、日本のイエズス会宣教師たちの宣教活動の後に書かれているため、『講義要綱』の思想を踏襲していると考えられるが、外来概念をすべて翻訳することを旨とする中国文化にあっては、「アニマ」には、何ら躊躇なく「霊魂」という訳語があてられた。後に江戸時代、漢籍が日本に流入したとき、「霊魂」という語が移入された。このとき『靈言蠡勺』が天学初函大意書一冊として要約版で紹介されたとき、「霊魂」の言葉が「アニマ」の意として日本語に入った(33)。明治期以後の翻訳語の新たな導入に際して、英語の「Soul」や「Spirit」の訳語として「霊魂」が採用されたのは、そうした中国語の訳語の影響によるものと思われる。ゆえに、一六世紀の宣教師らが書いた原文に「霊魂」の訳語が決してあらわれない理由が納得される。

日本において、日本人を対象として活動した宣教師たちは、アリストテレスおよびトマスに用いられた「Anima」を、「霊魂」という訳語ではなく、常に「アニマ」ないしは「阿爾摩」と原語の発音に近い表記を貫いた。これにはザビエル以来の宣教における、日本特有の原語主義の伝統を踏襲している。『講義要綱』に「霊魂」という訳語が一度も使用されないという事実は重要な意味を持つ。

一五四九年来日したザビエルは、日本の民衆に通訳を介して、基本的な教理の解説を試みた。その際、当初はキリスト教概念をすべて日本語にすることを考えていた。たとえば、「神」にあたる「デウス」（Deus）を「大日」とした。これが誤解を生み、教理理解に大きな妨げとなったことは各書に詳しい(34)。真言宗の僧侶たちは「大日」を「絶対者」「第一原理」の意味として使用するザビエルの説教を熱心に聴聞していた。彼らにとってザビエルは、仏教発祥の地インド、すなわち「天竺」から万里の波濤を越えて遥々、真言宗のいう「大日如来」による救いを説くために来日した高僧との誤解が生じた。キリスト教用語を日本語に置き換えることで大きな誤解が生じていることに、パリ大学出身のマギステルだったザビエルが気づくのに時間はかからなかった。これがザビエルの時代から後代にわたって一貫して保たれた宣教原則としての「原語主義」の起源である。キリスト教概念のラテン語使用は、決して日本に既存の宗教概念と混同されてはならないためのルールに則ったものである。日本では、宣教師たちの蹉跌と逡巡によって、翻訳では西欧語のままの言葉を使うことが慣例となった。翻訳は理解が迅速である反面、全くのちがった意味あいを付与する可能性があるためである。したがって、「Deus」は常に「デウス」、「Anima」はつねに「アニマ」と全く新しい概念として説明された。これは、類比的思考ないしは説得力という点で不利な面をもつが、キリスト教の概念が既存宗教のものとは全くちがった新しいものであることを印象づけることには役だっただろう。すなわちキリスト教教理は、日本の既存宗教のいかなる概念とも混同されてはならない全く新しい概念として示すための工夫であった。

二 「アニマ」による人間理解――「理性的魂」概要

「アニマ」論は、アリストテレス哲学を援用しつつ、独自の認識論の上に人間論を展開したトマス・アクィナスが解釈を付したものである。

第三巻第二部は、人間という「アニマ」の能力をつぶさに検証する人間論であるとともに、人間を神へと結びつける存在として、「神」論のうらづけを持つということである。「アニマ」の機能論は「神論」を究極の支えとしている。つまり、「神」信仰がはっきりと前提とされている。その「信仰する」という行為の可能性をもつこと自体が人間の本質と説明されているのである。人間が特別な被造物であるのは、ひとえに、「神を知り」「神にゆだね」「神を愛する」魂の能力をもつがゆえであり、それが人間の条件と考えられ、他の「魂」と決定的に区別される要点であった。『講義要綱』第二部第三巻はそうした内容を明示する。構成は以下のとおりである。

（本　文）

第七　縁天治面度　ノ分別スルヤウスノ数多アリ
第八　縁天治面度　アゼンテノ事
第九　縁天治面度　アゼンテノ便リヲ以テ、何トヤウニデウスノ御善徳ヲ分別スルソト云事
第十　メモウリア　インテレチイワノ事
第十一　ヲンタアテノ事
第十二　ヲンタアテトリイベル　アルビチリヨノ事
第十三　ヲンタアテノ Affectiones ト云事
第十四　アヘチイト　センシチイヲノハシヨウネスノ上ヲヲンタアテ進退スル事
第十五　アヘチイト　センシチイヲ、ヲンタアテノ下知ヲ背ク謂レノ事
第十六　アヘチ〔イ〕ト　センシチイヲ、ヲンタアテノ下知ヲ背クヨリ人ノ上ニ起ル凶悪ノ事
第十七　アヘチイト　センシチイヲノハシヨウネス、何トヤウニ科ニナルソト云事
第十八　人ノ所作ノ上ニヲンタアテ自由ナルト云事
第十九　人ハヲンタアテ自由有ニヨテ、功徳、或、無功徳ノ二門アリト云事
第二十　ヲンタアテ有カユヘニ、法則、戒門、或ハ、物ノ約束ヲ受ル事
第二十一　阿爾摩　ラシヨナル色身ノ内ニ居ル間ハ、又身ヲ離レテ後、如何ナル徳義アルソト云事

以下、原文テキストに従いながら、『講義要綱』の具体的な記述を見ていく。第二部第三巻（全二一章）は、内容の上から五つの大項目に区分される。

① 第一〜第三　人間の定義（条件）、被造物である人間、霊的実体であること。
② 第四〜第七　魂の能力のうち、「知性」（Intellectus）について
③ 第八〜第十　「能動知性」（Intellect Agente）について。
　　　　　　　またその働き（神の認識）
　　　　　　　根拠としてのプラトン的分有論との統合。
④ 第十一〜第二十　「意志」（Bontade）について。
　　　　　　　自由な意志の結果について。人間の倫理行為の問題について
⑤ 第二十一　神の分身である人間の魂とその不滅について

第一区分（一章〜三章）人間の魂（アニマ）は「理性的」であり不滅だということ

人間のアニマについて、その定義と働きが詳しく解説される部分である。人間のアニマは理性的アニマであり、その働きは知性と意志であること。その不滅を論じる意味は信仰内容であり、理性的アニマは、神より造られたもので人間の形相《ホルマ》である。人間を人間としてなりたたしめている根本要素はこの「理性的魂」にほかならない。その属性は「スピリツアル」（spiritual）なものであり、決して失われない部分（不滅）の属性と、感覚、知性、意志に関連した能力があることを論じている。

「デ・アニマ論」自体がさらに三部構成をとっているのには理由がある。すなわち、第一に、「魂《アニマ》」という存在の確かさに言及し、その第一の形態である「植物的アニマ」（生魂）を解説し、それが人間の魂《アニマ》と峻別されることを示す。

第二は、その「植物的アニマ」（生魂）が「動物的アニマ」（覚魂）とはっきりと区別されるものであり、動物的魂をつかさどる主な機能は「感覚」という特別な能力であるとされる。そして、第三に、すなわちこの部分が本論の中心的な部分であるが、それら二つの先行するアニマとは基本的な枠組みを踏襲しつつ全く隔てられた形での人間の魂《アニマ》があるとするものであり、そのもっとも顕著な特徴は、「知性的」ないしは「理性的」アニマ（anima intellective, anima rationalis）である。

理性的魂（アニマ・ラシヨナル）

人間とは、理性的アニマを有することによってはじめて人間といえる。「人ヲ人ト云事ハ阿爾摩ラシヨナルヲ持ニヨテ也(35)」といわれる。また「人ヲ覚知アル者ト云ハ、即覚知ノ根元ハ自己ノ中ニ本性ノ一方トシテアル者也。是即、本性ノ一方ハホルマ也。又此一方ハ阿爾摩ナレハ、即阿爾摩ラシヨナルハ人ノホルマ也(36)」とも言われている。

本質的に、理性的魂《アニマ・ラシヨナル》は「デウスヨリ直ニ作リ玉フ霊体也(37)」。すなわち、理性的魂は、神の直接の被造物としての部分であり、また「スヒリツノ体ナレハ、色身ヨリ出事叶ハヌ也」。理性的魂は「霊的」なものであり「物質的」なものから生ずることは決してないものということである。

デウス御作ノ物ニ已々円成ニ相応ノ究竟ヲ与ヘ玉フ者也。是ニヨテ、自分ノ究メオ求メサル間ハ、休息スル事ナク、何レモコレヲ求メントスル者也(38)。

理性的アニマが「スヒリツアル」であることという最も重要な指摘が繰り返し解説される。

先、正体ハスヒリツノ体也。スヒリツノ体ハ失滅スル事叶ハス。阿爾摩、スヒリツノ体ナル証拠ハ、阿爾摩ノ功能ヲ以テ知レタリ。生得所作ハ本体ノナツウラヲ顕ス者也(39)。

キリスト教の哲学的人間論によれば、理性的魂《アニマ・ラショナル》の究極の能力とは「神の認識」であり、その認識に基づいて信仰できる能力である。それは、植物的あるいは動物的魂の能力にはけっして具現しない特別な能力によって成立する。それを示そうとするのがトマスの認識論の超越論的な構造である。すなわち、後にみるように、アリストテレスにみられる原因性とプラトン的な分有との融合によって、可視的でない真実在に到達できる能力の牽引役として「能動知性」が説明される。理性的魂は神を認識する能力としての「能動知性」を行使し、しかも神に似たものとして永遠に不滅である。

理性的魂の定義は繰り返し示されている(40)。その箇所は、「デ・アニマ」の中心思想の要約部分である。理性的魂《アニマ》は不死不滅であるということもここではっきりと述べられる。

人間には多数の魂があるのではなく、一つである。理性的魂は、人間の「形相」(実体)であり、命を与えるもの、肉体とともに人を統合する。それは、神が種なく造りたもうたもの、「スヒリツアル」という形なきもの、神の実体ではなく、神の本質から創造されたものでもなく、肉体が造られたときはじめて存在するようになったものである。

一方動物のアニマは、滅びてしまうものなので体が失われるとともに消滅する。しかし、人間の理性的アニマは、体を離れても決して滅びることなく、永遠に存在し続ける。理性的アニマは、体が失われた後、他の人や動物に転移するということは決してない[41]。

善人の理性的アニマは、天国において永遠の至福にあずかり、悪人の理性的アニマは、地獄に堕ちて永遠に苦悩をうける。「信仰」の教える領域であるから、理性的アニマの不滅を、哲学者の「論理」によって論破しようとするのは最大の誤りをおかすこととなる。というのも、「信仰」が教える内容とは、超自然についての真実の教えだからである[42]。

「アニマ」が「スピリッツ」であるという意味は、それが身体から離れても機能するということであり、体は死んで滅んでも、なお滅びないものとして示されるということである。「アニマ」が「スピリツアル」なものという証拠は、感覚と欲求を自分の意のままに統治するということからである[43]。ここでいう「スピリツアル」を、現代語の「Spiritual」に置き換えて「霊的」と訳することは、文意を混乱させることになるだろう。やはり、「霊的」とは、先の「霊魂」について原語主義の解説でも指摘したとおり、一六世紀に一般的に使われていた言葉に置き換えることはなされなかった。「スピリツアル」を「霊性」と訳するのは『靈言蠡勺』以後であることはすでに見た。では、日本における宣教師は、この言葉によって何を意味しようとしたのか。「スピリツアル」とは、すなわち、可視的現象ではなく、自然界の原因をたどって到達できるものでもない、それ自体「超自然」へのつながりをもつ特別な存在形態である。ここに、人間の存在論として、最も重要な境地が開けている。そうした「超自然」の実体としての人間の魂には、特別の能力が付与される。悟性と意志である。

縁天治面度ノナツウラヲ論シテ云ク。縁天治面度ハスピリツアル　ホテンシアニテ有ト雖モ、色相ノ万像ノ

ナツウラヲ分別スル事叶ト云ヘリ(44)

ヒイテストヒロソヒアノ道理ヲ以テ、色相ヲ離レテヨリ自由ニ分別スル事明ナル義ナレハ、色相ノヲルカノニ住セサル事明ナル事也(45)。

そして、この縁天治面度、すなわち、悟性（知性力）と意志（判断力）によって、人間は、現世における、自由な選択の結果の行為が、後の世にまで影響を残すこととなる。なぜなら、人間のアニマは、「スヒリツアル」なものなるがゆえに、この世の肉体や感覚とちがって消え去ることも滅び去ることもない永遠のものだからである。その結果、人間の「自由な意志」に基づく行為の結果も永遠に残る。それは魂《アニマ》が永遠に同じもの、何によってもとって代えられることのない不滅のものという帰結である。阿爾摩ラシヨナルノ不滅は、「善悪の賞罰ハ後生ニアリ」から説明可能であると『講義要綱』は繰り返す。

阿爾摩　ラシヨナルノ不滅ナル事ヲ明ス別条ニ、一ニハ昔ヨリ今ニ人アニマハ貴賤高下トモニインモルタル也。其善悪ノ賞罰ハ後生ニアリ。善人ノ為ニハ無為安楽ニ住シ、悪人ノ為ニハ百苦万患ニ住スルト勘弁セヨ(46)。

「スヒリツアル」なものである人間の魂《アニマ》については、その最高の能力である「能動知性」の説明でさらに補足される。さらに、最終章（二十一）において、「スヒリツアル」なるがゆえの魂の不滅が結論づけられている。

第二区分（四章〜七章）知性の能力

ここでは具体的な「知性」（intellectus）の解説がなされる。知性には「可能知性」と「能動知性」が存在し、それらがアリストテレスを用いたトマスの解説によって示される。(47)「可能知性」とは要するに、感覚によって対象を認識する能力であり、ここには「感覚」の働きを出発点として重視するトマスの認識論が詳しく展開されている。人間の能力には、その上で、感覚をはなれて可能となる認識がある。このあたりに、アリストテレスにはない、トマス独自の境地、すなわちプラトン哲学との融合の結果が示唆され、感覚を超えた知性としての「能動知性」の働きが想定される。

トマス・アクィナスが神の存在およびその属性を示そうとするとき、「より後なるもの」（a posteriori）からの考察を持ち出す。これはアリストテレス哲学に特徴的なことで、「ア・プリオリ」なもの、内的概念からはじめるプラトン（想起説）やアウグスチヌス（照明）とは全く逆の方法である。アクィナスは可視的な周辺世界、現実に観察できる個別の事項から考察をはじめ、精神の中の理念がすでにあるという言い方を決してしない。むしろ、様々に現れる結果のうちに示される究極の源へとたどりつこうとする方法である。究極の「始動因」「第一原因」が存在するとする。これは、有名な「五つの道」による神の存在証明に貫かれている。すべてのものが究極の存在論的説明を有する。そして存在の最初の理由として、トマスはそれを神と呼ぶ。

物事を認識するという場合、私たちは、外的現象をただ写しとるわけではない。経験されたものは、知性において洞察され、その本質的な部分を取り入れる。それは直線的な認識ではない。しかし、感覚による「経験」が出発点であることが繰り返される。

「可能知性」とは、この「経験」「抽象」の段階であり、『講義要綱』では、「センチイトハ境界ヲ覚ル為ニ……」と解説され、さらにアリストテレス『霊魂論』第三巻八章の「縁天治面度ノ分別スルヤウハ、センチイトヨリ始マルト云顕セリ」の言葉の解説を加える。

第三区分（八章〜十章）(48)

センチイトハ自己ノ境界ノ如クニ色相ナルニヨテ、他力ヲ借ラスシテ、境界ノ俤ヲ受ル者也。（中略）縁天治面度ハ是ニ替テスヒリツアル体ナレトモ、境界ハ色相ノナツウラ也。生得色相ノナツウラハ色相ニテアリナカラ、スヒリツアルホテンシアニ備ル事叶ハヌ義也。然ニ、縁天治面度　ホシイヘルノ境界ノ俤ヲ受ル為ニ、其俤スヒリツアルニナル事肝要也。如何ナル道ヲ以テスヒリツアルト成ソト云ニ、別ニ非ズ。アニマノ内ニスヒリツアルノ精一ツアリ。此精ヲアリストウチリス光ニ譬ル也。此名ヲ縁天治面度　アセント云也。(49)

「感覚」「経験」がすべての認識にとって必要条件であると説明された後、今度は、アニマの機能説明をする段階となる。トマスはアリストテレスの方法論を出発点においたが、人間魂《アニマ》はそれだけではなく「超越」と「突破」を実現すると説明する。「感覚」はいつまでたっても、その境界のなかにとどまる。人間の能力には、感覚の限界を超えさせる能力がある。それは知性の二つの能力として「可能知性」と分かたれた「能動知性」のゆえである。

したがって、人間の魂の最も重要な働きは「能動知性」（縁天治面度アゼンテ）である。「能動知性」とは、人間の認識構造の頂点に位置するものであり、それは神認識の可能性を示唆している。トマスは、アリストテレスの「原因性」の考察と、新プラトン主義につらなる「分有論」を統合したみずからの神認識(『神学大全』第一部第一問〜第十三問)を適用する。可能的知性の限界を「突破」させる能力としての「能動知性」の役割は、アニマ内の「スピリツアル」な精〔光〕として示される。アリストテレスにおけるハビトゥスが前提とされるが、トマスはプラトン的な分有論をもってこの働きを統合し説明する。[50] プラトンのいう「想起説」やアウグスチヌスのいう「照明説」のように、真の知識とは感覚経験なしに可能なもの、人間にア・プリオリにあたえられた理念(神の照らし＝Divine illuminatio)によって照らされた結果ではなく、むしろ、真の知識(神認識)とは、いかなる内的な、ア・プリオリな理念によって生じるのではなく(トマスの原則＝Nihil in intellectu quod prius non fueri in sensu)、ア・ポステリオリに人間にあたえられた感覚経験からさかのぼって、それを超越することのできる知性構造によって得られるものである。この理論は、『神学大全』冒頭の原因性からさかのぼる神の存在証明に適応されている。しかし、その原因性による考察は、「突破」を実現する。この突破を可能にする根拠が、神の光の分有の結果である「能動知性」において起こるとする。[51] 感覚経験によって得られた情報を、あらゆる限界を超えた真の知識に到達させる能力として「能動知性」が想定される。この「能動知性」とは、神によって人間に与えられた(分与された)「光」のようなもの(アリストテレスはこれをハビトゥスという)である。

外在の事物をたどった結果、その外在物から内在的本質を抽象する働きが「能動知性」の働きである(これは、「超越論的認識論」と呼ばれ、トマスを解釈した現代哲学者らがみとめるところである)。「能動知性が質料から抽象する」[52] との表現をもって示される。「能動知性」を「分与」された(人間側からみれば「分有」された)「光」の部分がスピリツアルで滅びることがない(不死である)。つまり「能動知性」こそ、不滅の「アニマ」の中心部分であり、人間アニマの究極の属性である。

このような活動的な力は分離した実体から知性的な光のある種の分有である。そしてこのゆえに、哲学者は能動知性をハビトゥスあるいは光のようなものであるというのである。(53)

「能動知性」は、自然的認識を超自然的認識に転換する人間固有の装置だといえる。感覚がうけとり、動植物の知とは異なり、その可視的限界を超えて、その本質への洞察に導き、「霊的」なものへと転換する。なぜ、そのようなことが可能になるのかといえば、魂《アニマ》自体が、「スピリツアル」なものとして創造されたためである。単に創造されたのではなく「神の似姿」として創造され、神そのものとは区別されるものの、かぎりなく神的なものを「分有」することによって、その能力を分け持った結果、そういうことが可能なのだという。神の似姿に造られたという聖書の言葉との整合を哲学で実現しようとしたのであり、それゆえ、人間の魂は神と同様に「不滅」の属性を受けることとなる。

ここで重要なことは、トマスおよび『講義要綱』が単にアリストテレスの原因論による神論を、そっくりそのまま、無批判に繰り返したわけではないということである。プラトン哲学との融合によって、より深く広い霊性の沃野へと導くものであり、神と人間、絶対者とアニマ、すなわち、人間の実体としての本質との関係を指し示すものである。

第四区分（十一章〜二十章）

人間のアニマが理性的なものであり、その能力により、直線的ではない、超越的な領域への把握を可能にすると説明された後、魂論の最も長い部分にあたる「理性」（Bontade）の説明へと移る。人間は、経験による認識素材を取り入れたのち、その「実体」に対する洞察をなしとげ、可視的事物を超え出た意味を把握する。その次の段階は、把握されたことに対する「判断」であり、それは行動を選択するための重要な根拠となる。「阿爾摩ノホテンシアノ内ニ最上ノホテンシアハ、ヲンタアテ也」。すなわち人間アニマの最高の能力は「意志」である。そのゆえは「スヒリツアルノ善悪ヲ用捨スル為ニハ、ヲンタアテ肝要ナル事明也。不然ンハ、善悪ヲ分別スルニ益有ヘカラス」(54)ということだからである。

ここに、キリシタンの教えとしての「倫理的」強調が最大限に示される。この世で善をなすも、悪をなすも、すべては各人の「自由」裁量に任された「意志」の選択の故であると。

ヲンタアテ自由ナルニヨテ、功ト不功ノ根元也。其故ハ、功徳ヲ求ル為ニ、所作ヲナス事専要也。御作ノ物ノ中ニ自由ナル物ハ、安如ト人ナルニヨテ、此等ノミ功徳ヲ求事叶フ者也。禽獣ハ不得自由、ユヘニ功徳ヲ求ルト云事ナシ。又賞罰ヲモ受ル事ナシ(55)。

ここに、「デ・アニマ」の最も重要な結論が示される。すなわち、人間の行為の自由はアニマの能力に基づくものであり、それればかりではなく、その結果については、自由意志の結果ゆえに、人間には永遠の責任が伴うということである。現世における自由意志の結果は、来世におよび、しかも永遠である。逆に言えば、この来世の賞罰（功徳）ということから、アニマの不滅性が根拠づけられる。そのため、「アニマ論」の中核の結論が次に示される。

第五区分（二十一章）「アニマ」（理性的魂）の不滅

第二部のアニマ論が最後に強調するのは、理性的魂が身体を離れたときの状態である。そのとき、理性的魂はスピリツアルなるがゆえ、何ら失われるべきものでもないことが示される。トマスの注解書はそのあたりを次のように説明している。

そして、彼〔アリストテレス〕がこの書物〔『霊魂論』〕の初めのところで、もし霊魂の何かあるはたらきが霊魂に固有のはたらきであるならば、その霊魂が〔身体から〕分離されるということは起こると言ったから、この霊魂の部分、すなわち、知性的な部分だけが不滅で永遠であると結論するのである。(56)

トマスは、ここでアニマの知性的部分だけが不滅であり永遠であることを論証し、「永遠的なものが可滅的なものから分離されるように、魂の知性的部分は他の部分から分離される」と述べた。トマスは、ここで前節に引き続いて、能動知性が可能知性とともに、魂の他の部分とは本質的に異なるという意味で、永遠的なものが可滅的なものから分離されるように魂の他の部分から「分離される」(separatur) という。永遠的であるという意味についいて、トマスはそれが常に存在してきたということではなく、これから先、存在するだろうということだと注意している。この点で、キリスト教は、仏教思想特有の「前世」「現世」「来世」の三世〔応報〕という概念を決して受け入れない。トマスにとって人間のアニマは、身体と結合される以前、すなわち人間が神によって創造される以前には存在しなかった。したがって「前世」の概念はない。「現世」における身体から離れたとき、すなわち、死後には身体とともに滅びるのではなくて、残ると考えられるが、残るのはアニマ全体ではなく知性的

(理性的) アニマの部分である。

三　ギリシャ哲学を統合したトマスの影響——アリストテレスとプラトンの統合の試み

『講義要綱』はアリストテレス哲学を基礎としてスコラ学的な統合を経て、イエズス会の哲学・神学思想の枠組みにいれられたものであるが、その中心的な部分の多くは、いうまでもなく、一三世紀のスコラ学の大成者であるトマス・アクィナスによるものである。そこには、キリスト教哲学・神学のために、古代ギリシャ哲学の双璧であるアリストテレスとプラトンの統合が意図されている。この統合は、実は、二世紀にはじまった新プラトン主義者たちの課題であり、興隆著しいキリスト教への対抗上の企画であったとされている。それがトマスによって、逆利用された事実が、神崎繁氏によって指摘されている。

「能動知性」の可能性を手がかりに、少なくとも魂の知性的部分の死後の不滅という学説が、アリストテレスに帰されることになったのです。(中略) 新プラトン主義者がキリスト教に対抗するために、プラトンとアリストテレスの調和を図ったことが、皮肉なことにそれから約一〇世紀後、トマス・アクィナスがアリストテレス哲学をキリスト教神学の基礎づけに導入する際の切り札になった。[57]

トマスにおける神学に、アリストテレスの原因論が重要な役割を果たしているが、ここに、現在の研究成果を踏まえた上で、そのプラトン的な発想との統合の重要性を見過ごしてはならない。その統合のシステムの中に、原因性の考察が神認識にいたる道が内包されている。近年では、多くのトマス研究者やギリシャ思想史家が、

「能動知性」を考える際に、プラトン主義的な統合を無視できないと認めるようになっていることは次の引用からも判明する。

いかに外界の事物を取り入れるかという「受容性」と「経験性」が、アリストテレスの認識論の基本ですが、「能動性」と「超越性」を重視する新プラトン主義者によって、アリストテレス自身必ずしも明確に述べなかった「能動理性」が強調され、この純粋の能動的原理を頂点に、それと対応するかたちで、これもアリストテレス自身のうちには明確には言われていない、純粋の受動性としての、それ自身いかなる性質的規定ももたない「第一質量」をその基底に据えるという、整然としたひとつのアリストテレス哲学体系が作られることになったというわけです。しかもそれは、プラトンの超越的なイデア論とも調和し、むしろ、その導入の役割をはたすものとされました。(58)

しかし、ここに指摘されていることはキリスト教哲学思想、特にカトリックの中世思想研究者にとっては、むしろ常識に属する知識である。ヨーロッパ中世思想史研究で知られるクラウス・リーゼンフーバー氏は、トマス・アクィナスがアリストテレスと融合するべきプラトン的要素を、偽ディオニシオス・アレオパギタ、および新プラトン主義者らを経由して受け入れていることを、また、プラトンのイデア論についてのトマス・アクィナスの理解はほとんどアリストテレスの『形而上学』第一巻にもとづき、そこでアリストテレスの眼をとおしてプラトンが眺められ、逆に彼のアリストテレス解釈にはプラトン主義的な存在論の要素が混入していることを、指摘する。

一二六〇年代のはじめにトマスは偽ディオニシオスの『神名論』への注解を著したほか、自らの著作に偽ディオニュシオスの四四六箇所のテクストを全部で約一七〇〇回引用し、そのうち『神学大全』での引用は四一〇を占める。トマスは偽ディオニュシオスのうちに、キリスト教と新プラトン主義との深い総合を見てとり、そこから存在や善の概念や分有の思想を学びとっていくとともに、またすでに古代後期に試みられていたプラトンとアリストテレスを統合させようとする意図を読みとっているようで、プラトン的に解釈され流布されたアリストテレス像にそって、初期には偽ディオニュシオスをアリストテレスへと引きつけて見る一方、後にはそのプラトン的表現法に注目することになる。概括的に言うと、トマスに影響を及ぼした新プラトン主義の思潮は、こうして偽ディオニュシオスと『原因論』を介しプロクロスへ、そしてそのプロクロスととりわけアウグスティヌスを介してプロティノスへと遡ることができるだろう(59)。

トマスは、偽ディオニュシオスにみられる肯定、否定、卓越による神認識の仕方の中に、三つの異なった道というよりはむしろ、被造物から神に向かって上昇する唯一の認識の三段階を考えているのである。(中略)この三つのやり方の中で、原因性 (casualitas)、すなわち被造物的存在の原因としての神の肯定的認識に対して、除去 (remotio) と卓越 (exellentia) という他の二つの仕方の基礎となる位置を与えている(60)。

「能動知性」の働きは、原因を遡るのみではなく、「除去」と「卓越」をなしうる能力として示されているのである。トマスの思想が決定的に新しく重要となったポイントはこの点にある。イエズス会の神学はその要点を取り入れ発展させたものと考えるべきであり、日本に紹介された「アニマ論」は、そうした人間論を展開したものである。その後、能動知性による「意志」の働きが解説されたのち、「メモウリア」（理性的魂における知性と意志に並ぶ能力として）の働きが示される(61)。

以上、トマス論を概観した結果、その認識論を基盤とする人間論はおおよそ次のように要約できるだろう。人間の魂が特別の能力を与えられていること。「有情」として生をうける植物のもつ能力（利瑪竇『天主実義』では「生魂」と訳される）と、その上に感覚という動物のもつ能力（「覚魂」）という種類のほかに、人間のもつアニマは「理性的魂」（「霊魂」）と分類される。理性的魂の能力は、人間にのみ特別に賦与された「能動知性」によって機能する。能動知性は、現象世界を、原因をさかのぼることで第一原理に達するというだけではなく、事物からの抽象によって、現象世界にはとらわれない、感覚では把握できない事物の本質部分を洞察（可視的事物のみではなく、目に見えない実在の把握）する能力をもつ。つまり、人間の認識能力は直線的に原因の原因（第一原因）にたどり着くだけではなく、その直線上に「突破」を可能として真実在の洞察へと導かれる。すなわち、感覚的、自然認識としてとらえられない、事物の眼に見えない本質に「超越的」に到達する能力をもつ。その能力の根拠は、神によって造られた「光」の様なものであり（分有の概念をもって説明されるもの）、その本質は、「スヒリツアル」（霊妙）なものとして、肉体（この世にあって形あるもの）が滅んだ（死んだ）後、そこから分離され、永遠に存続するものである。能動知性によって、示され理性的アニマの不滅という観点は、倫理的な人間のこの世での生き方とも直結する。すなわち、この世における行いに対する勧善懲悪や因果応報の考え方、あるいは来世の賞罰が「神の義」として成立するためには、「アニマ・ラシヨナル」の部分が不滅であることが要請されなければならない。換言すれば、「アニマ不滅」を論じることは、神の存在の絶対的証明を前提とする神論であるとともに、人間の倫理規定を強調するという実践的面が考慮されているのである。

第三節　「付加部分」の考察——理性的魂の不滅論証

以上、第二部第三巻「理性的魂」のラテン語部分は終了しているが、問題は、日本語本『講義要綱』が、ラテン語本にはない、一三箇条の付録を加えていることである。しかも、その箇条のすべてが、「アニマ不滅の論証」、すなわち、どのように魂が不滅であることを根拠づけうるかという説明に終始する。すべての箇条に共通し、前提とされるか、ないしは論証されているのは、肉体が死んで、アニマがそれから離れても、死滅することがないという教えである。

「アニマ不滅」については、第二部第三巻の本文においても十分に解説され言葉を尽くしたはずである。しかし、「付加部分」が日本語でのみ残され、しかも「アニマの不滅」のみが丁寧に繰り返されているのはなぜだろうか。この部分が日本人の読者を想定したか、あるいは、日本人を相手にするヨーロッパ宣教師用に説明の便をはかって編まれたものであるか定かではない。しかし、「アニマ不滅」を再び強調することで、この問題が、イエズス会宣教師たちにとって特に重要課題であったという事実が浮かび上がる。私は、ここに日本的思想背景への確固たる反論が意図されたのではないかと考えている。しかも、付加部分の原文を一瞥するとわかることだが、本文の美しい清書状態とは異なり、「付加部分」には、書き込みや語句の訂正、章句の言い換えなどが頻繁になされている。『講義要綱』の日本語本（ファクシミリ版）を実際に手にとってみれば明らかになることであるが、ラテン語本との共通箇所にほとんど見られない書き込みや添削の跡が「付加部分」にのみ頻出する。これは、この部分がまだ完成原稿としてではなく、推敲を重ねる段階であったことを意味するのではないか。ラテン語でないため、日本において現地の宣教師が日本人と協力しながら、試行錯誤を繰り返しながら書き残そうとした現場の状況を垣間見る思いがする。つまり、「付加部分」は、本文とは独立した形で、急遽作成されようとしたか、あるいは、原稿作成段階であったことを物語る。ここから言えることは、宣教師側に「魂不滅」の論証が、日本人にとっては本文のみで足りず、補足を必要としたということであろう。

ここでは、問いを二つに分けて考えてみることとする。第一は、理性的なアニマ不滅が論証しようとしている内容は何であるか。第二は、理性的なアニマ不滅を、日本の宗教土壌で殊更強調する理由はなんであったかである。

一 「付加部分」の順序(62)

「付加部分」はすべて「アニマ・ラシヨナル」の不滅（永遠の存続）という命題の証明であり、それはトマス・アクィナスによってなされた人間論・認識論の理解の上に成り立つ論証である。

（「付加部分」の目次　括弧内は現代訳）

第一　エンテンヂメントノカハシタアテ併ニ其境界ヲ以テアニマノ無絶、不滅ヲ顕ス事
（知性の能力とその範囲から魂が不滅であることを証明する。）

第二　ヲンタアテノカハシタアテ、並ニ境界ヲ以テアニマノ不滅ヲ顕ス事
（意志の能力とその範囲から魂が不滅であることを証明する。）

第三　生得アニマ〔二〕備ル様々ノ望ミヲ以テ即其不滅ヲ顕ス事
（人間が生来もっている魂にある「望み」によって魂が不滅であることを証明する。）
第四　色身ニ拘ラサル所作アルヲ以テ、アニマノ不滅ヲ顕ス事
（身体（体）とは無関係の行動があるということによって魂の不滅を証明する。）
第五　コルホニ拘ラサルヲンタアテノ所作ヲ以テ、アニマノ不滅ヲ顕ス事。
（身体とは無関係に働く意志があるということによって魂の不滅を証明する。）
第六　アニマ　ラシヨナルノ生スル様ヲ以テ　其不滅ヲ顕ス事。
（理性的魂というものが想定されることによって魂の不滅を証明する。）
第七　アニマ　ラシヨナル、デウスト安如ニ相似タルヲ以テ、不滅ナリト云フ事。
（理性的魂は、神と天使に似たものということから、その不滅を証明する。）
第八　デウスノシユスチシアヲ以テ、アニマノ不滅を顕ス事。
（神の義という観念によって、魂が不滅であることを証明する。）
第九　デウスノホロヒテンシアヲ以テ、アニマノ不滅ヲ顕ス事。
（神の摂理という観念によって、魂の不滅を証明する。）
第十　人ノ究メヲ以テアニマノ不滅ヲ顕ス事。
（人間の知る能力の際限ない拡大ということによって魂の不滅を証明する。）
第十一　アニマ　ラシヨナル、骨肉ノ望ミニ敵対フヲ以テ其不滅ヲ顕ス事。
（理性的魂は、身体的・物質的な欲求とは異なる欲求へと向かうということによって魂の不滅を

証明する。)

第十二　凡ソ人倫ニ於テ、アニマ　ラシヨナル不滅ノ体相也ト思イ取事、則アニマノインモルタリタアテノ証拠也ト云事。

(人間の倫理のすべてにおいて、理性的魂が不滅という属性を持っていることがきわめて重要である。つまり、魂の「不死性」の証拠だということ。)

第十三　アニマヲ不滅ノ正体也ト論スル事ハ、人間ノ為ニ大ナル位也。大徳也。亦慥也ト云事

(魂が不滅であるということを論ずることは、人間のために極めて重要なこと、大きな利得であること、そして確実なことである。)

人間に与えられた「知性」には、「知る欲求」を通してその能力は限りがない。その結果、私たちに判断の材料を提供する「意志」の能力についても限界がない。こうした人間の生来の欲求はアニマの欲求でもある。この「アニマ」は、現象界の形態とは関係なく「スピリツアル」(霊妙)なものとして存在する。形なきものゆえに、たとえ身体が滅びることが生じても、このスピリツアルなものは滅びることがない。このことは、身体に依存していない「意志」についてもいえることである。このスピリツアルという形態は、アニマの属性であるが、それは同時に、神や天使とおなじカテゴリーに属する。すなわち質料をもたずに、それ自体で存在し得る実体である。

付加部分の主題は「アニマ」が永遠に不滅であるというテーゼを様々な角度から根拠づけようとするものである。人間の魂《アニマ・ラシヨナル》は滅亡することがない。それは、第一に「知性」すなわち人間の「知りたい」という欲求が際限なく、常に探求を求め続けて飽きることがないためである。

第二に、「意志」についても「知性」と同様のことが言える。

第三に、その「欲求」（望み）ということが果てることがないからである。

第四に、人間には「肉体」とは別の「スヒリツアル」という永続する側面があるためである。したがって、「理性」も「スヒリツ」なるものであり、不滅であることは、「魂」が不滅でなければ成立しない。

第五に、「意志」の領域についても「知性」ないし「理性」と同様のことが言える。すなわち、「肉体」をはなれても存在する能力だからである。

第六に、人間の魂は、「ラシヨナル」（理性的）であるから、色相（物質的なもの）から生じたものではない。むしろ、「アニマハ諸ノ色相ニ越ヘタル殊勝ノ正体なり」（魂は、様々な物質的相を超越した、誠に優れた真の実体である）と言うべきである。

第七に、「アニマ・ラシヨナル」（理性的魂）は、神の似姿として造られること、また、おなじように神に似たものとしてつくられた「安如」（Anjo）、すなわち「天使」に似たものとして不滅という属性を分かち持つ。

第八に、神は正義を行う方であり、この世にあって善い行為をした者と、悪い行為をしたものを正しく裁くために、永遠という時間を要請するため、魂は永続しなければならない。「デウスノシュスチシアハ、人間ノ善悪に随テ其報ヲ与へ玉フ者也。此御返報凡ソ現在ニ於テハ、顕サル者也。若シ人顕ル、ト雖モ、少シノ事也。其ユへハ、悪人ハ弥ヨ栄へ、善人ハ日〱ニ衰フル事、多シ之。因茲、未来ニテ、達シテ其賞罰ニ預スンハ有へカラス。」(63)（神の正義は、人間を善悪にしたがってその報いを与えることである。その報いは現世においては明らかにされないものである。明らかにされたとしても少しのことである。なぜなら、「この世」では悪人はますます栄え、善人は日々衰退していくように見えるからである。悪人を懲らしめ、善人を褒めるということは稀なのである。しかし、これは、すなわち「来世」でこそ、「現世」の報いが必ずやある証拠なのである。）

この世の人間の善行・悪行に基づいて、神はそれに報いを与えられる。すなわち、善人には（あの世で）永遠の楽と賞を、悪人には永遠の処罰を与えることによってである。すなわち、神の正義は勧善懲悪を旨とする。そうした旨は、この世においては顕されることがあるとしても、はなはだ少ない。むしろ、この世の現実を見渡すと、悪人は幅をきかせますます栄えていくようであり、善人はますます少なくなっていくような有様である。したがって、（神の正義が顕されるために）、来世において必ずや正義の裁きが実現する。そのためにも、永遠である来世が存在しなくてはならず、魂の不滅は神の正義が示されるという確信からも措定されなければならない。

第九に、神の摂理のゆえである。すなわち、万物の被造物を秩序づけ、その中で、人間を養い育てようとするとき、罪を避け、善へ傾倒することをあらかじめ取りはからわれたがゆえに、最も肝心なこととして、この人間の魂が死滅することがないようになされた。

第十に、人間の究極の目的を達成するために、どうしても人間の魂が死滅してはならないためである。「人間ノ究達ト云ハ、御主デウスヲ正ク見知リ奉ル事ト、御大切ニ思ヒ奉る事ト、此二ツノアニマノ所作ニ極ル者也」。すなわち、人間の究極の存在理由は、神デウスを正しく知り、そしてその神を愛することである。これは、短い命でもって終わるのではまったく成し遂げることができない。

第十一に、自然界のあらゆるものは、どれも、完全性によって目的を達するといえる。しかし、理性的魂が肉体の内にある間は、その不完全性ゆえに一時たりとも安息することがない。すなわち、現象界のみを相手とする感覚にたいして魂は相対する立場にある。したがって、この世に限定されず、しかも永続することが魂にとって不可欠なのである。

第十二に、古今東西、あらゆる民、言語に違いがあるとはいっても、総じて、人間の魂が不滅であるとすることとは共通した事実である。歴史家、弁術家、詩人などすべてが「来世」について問いただすのは、異教徒の国においても同じである。人は、今ある自分をみながら、未来、この自分がどこに行きつくのかを常に問いただす存在である。これは、人々が知らず知らずのうちに、魂の不滅を前提としているからであり、まさしく魂が不滅である証拠である。

第十三に、第七の根拠として述べたように人間は神の似姿であり、天使に似たものとしての「スピリツアル」という境地をもって高みに存在し続けるものである。こうした人間は、魂が死後滅するのだというより、死後永遠に存続し続けると考えることを選ぶ。魂の不滅を信じ主張することは、人間の徳のゆえであり、明らかなことである。

以上が「付加部分」において展開された「魂」の不滅の根拠である。一見すると、これは、第二部第三巻の延長線上にあるともいえ、また、『講義要綱』全般の要約であるともいえる。しかし、この要約部分がラテン語テキストにない。「魂の不滅」というその一つの概念が、宣教師の教理と実践のすべてを理解させる鍵を握っていたものであるかのように、日本人に対し再度の強調がなされているかのようである。しかも、「魂の不滅」は、かならず人間の理性と意志の根拠を与え、さらに自由な意志に基づく行為を規定し、ひいては「来世の賞罰」という神の正義の実現根拠として表現される。これをいかにとらえるべきであろうか。『講義要綱』は第一に神デウスの教えを説く「神論」であった。同時に、その神を認識し、理解し、愛する人間の存在論でもあった。そして、人間の本質を問う議論（人間論）は、必然的に、人間はどのように生きるべきかの倫理論へと導かれる。「霊魂」論、しかもその「不滅」という属性の強調は、この世における生き方の帰結（来世の賞罰）を明示することに他ならない。

二　「付加部分」の内容とその目的――魂（アニマ）不滅論の帰結

付加部分の論証のなかで、日本において強調する意味があるとすれば、それは付加部分の第八ではないだろうか。この世で悪人は何の罰もうけず、さらに悪行を重ねる機会をもち、一方、善人はその徳が賞賛されることなく、陰にかくれている。悪人が裁かれ、善人が讃えられることは、この世ではなく、来世に持ち越されているとしか見えない、この世の現実の前に、「来世」こそ、神の正義が現れる時であり、そのために、この世と全く同じ「魂」が来世においても存続していなければならないのである。言い換えれば、神の正義が顕されるための原因として「魂の不滅」が説かれている一方で、魂不滅の故に、この世ではよりよく生きるための努力を怠ってはならぬという、逆の言い方も可能となる。すなわち、魂の不滅ということから、この世の倫理善が追求されなければならないという必然が説かれている。キリスト教の倫理的強調の根本に「魂不滅」の思想がしっかりと根をおろしている。しかもそれは「永遠」という、もはや言い逃れをゆるさない、徹底的な決断を迫るものとしてある。こうした言明に日本人はどのように対応するのであろうか。

『講義要綱』で、人間の魂《アニマ》が動植物のアニマとは峻別が明らかに示された。それが、「スピリツアル」なものであり、可視的かつ自然的なものを超自然的「永遠」へのつながり（開き）を得させる重要な能力を兼ね備え、キリスト教の言う神《デウス》による創造された人間という根拠につながるという教理を提示することが『講義要綱』の「デ・アニマ論」の核であった。そのような被造物としての人間には、この世に生きるかぎり、その能力に基づいた「責任ある」選択と行動の余地がある。すなわち人間は神に創造された、確固たる「個」であり、その

「個」の実体が「理性的魂」なのである。それゆえ、この世における行動の結果は、永遠に残りつづける。逆にいえば、「魂」が不滅であるがゆえ、私たち人間の行為は永遠の結果をもたらす。ここに、キリスト教倫理の重要な結論がしめされている。一六世紀の日本人は、こうして、一般的な教理を教えられた後、より一層強調された「倫理」を説き聞かされることとなった。当時の宣教師たちの教えが、教理というよりは、むしろ「倫理道徳」的な教えと受け取られていたであろうことは、宣教師報告のいたるところから結論できるが、宣教師たちは、頭で考えることよりも、実際の生き方を通して示された「キリスト教」の実践行動に精力を注いでいたようである。一六世紀、一般の日本人民衆にとって、宣教師たちの語るキリスト教は、思考の枠にとどまるだけではなく、徹底して倫理と行動規範を重視する教えとして展開された。

不滅を強調しなければならないという宣教現場の実情とは、逆にいえば、「来世の賞罰」について、人間側からの努力やアプローチを重視しないか、または無視する、より詳しくいえば、人間の倫理的行為の結果を云々しない思想基盤が、日本人の中にあったためではないか。ここで、日本人がこの『講義要綱』に示されたような論理をどのようにみていたかの考察に移らなければならない段階となった。そして、イエズス会宣教師は、日本において、その「倫理的努力」を、これまでのいずれの宣教地においてよりも、より声高に強調する必要があった。それは、日本人固有の精神思想のなかに、「倫理的な努力」をする必要より、人間本来がすでに「仏」と同様に、救いが決定し、完成されているとする思想傾向があったためである。その解明の鍵を、天台本覚論の理解が握っている。

第三章　キリシタン思想と日本思想の対峙

——魂不滅論と「本覚論」的救済論——

前章で『講義要綱』付加部分が「魂の不滅」の論証にあてられたことをみてきた。ここで、第二章冒頭に掲げた問題提起をもう一度思い起こしたい。人間の魂を理性的な特別のものと考えることに対して、一般の日本人はどのように立ち向かったのであろうか。それが、具体的に論議されようとするとき、日本側から提出される主な論点とはなんであろうか。「日本人的」とひとことで表現される、その内容として、私は、日本で固有の展開を遂げた「本覚論」ないしは「本覚思想」を考慮すべきと思うようになった。

「魂の不滅」論が、結局は、人間の現世における倫理的行動を規定したという事実は重要である。それは、「救い」の完成を目指し、人間は常に精進し続け、努力を怠ってはならないという教育的配慮に通じている。「本覚論」の基本は、人間はすでに「仏性」をもつ存在であること、人間ばかりでなく「草木国土悉皆成仏」という思想の上に、とりまく自然、すべての現象を見ようとする立場であり、宣教師たちは、それが日本人の思想的特徴であることを早くから見抜いていた。

たとえば、一五六〇年を過ぎた頃、ザビエルの上洛を模倣し、その所期の目的を遂げるべく都に乗り込んだガスパル・ヴィレラは、比叡山や都の諸宗派の僧侶と対峙するときそれをはっきりと意識している。都の革ノ棚町での極貧生活を経たのち、六角町（玉倉町）に移り住んだヴィレラは、周辺の仏教徒、とくに法華宗門徒の頻繁な訪問をうけるようになった。その際、妙満寺からきた僧侶との間に、「本覚論」を意識したかのような議論が交わされている。(1)

ヴィレラ　御身らが認められる釈迦の教えでは、〔人が〕救われるためには功徳となるような業とかいくつかの徳行を積まなければならぬものかどうか。それとも御身らは、そうしたことがすべて欠けている者〔でも〕救われるとおもっておられるのか、私はあなた方から承りたい。

僧侶　のう、おのおの方、ほとんどなにも判っておらぬ子供なら、こんな〔幼稚な〕質問をしようものを〔中略〕功徳となる業もなく、戒律も守らずに人が救われることが、どうして可能かなどと〔おろかなことを伴天連は〕語っている。

ヴィレラ　さて、御身がさように断言なさるならば、御身は、釈迦の教えによるお経の中の、「草木国土悉皆成仏」、すなわち『ただに人間ばかりでなく、すべての雑草、樹木、全国土、つまり存在する万物は皆救われて、仏すなわち聖者に成る』と述べている言葉について説明していただきたい。というのは、土、草木、すべての国々、つまり存在する万物、雑草、樹木、汚物、塵芥等々は、理性を有さぬ被造物である。したがってそれらは感覚を持たず、徳行も悪口すらもなし得ないものである。〔来世での〕栄光とか劫罰は〔そうした徳行や悪行に〕対してあたえられるはずのものであるからには、どうして、釈迦は、万物は〔かならずや〕絶対に成仏するといわれるのか。

するとと〔仏僧たち〕はそれにつきなんら答えることを知らなかったので、一同は恥いり困惑しながら立ち上がり、一言もそれについて述べる事なく立ち去った。

このヴィレラと法華僧との会話から、宣教師が、仏教の基本的教理としての「本覚論」について聞き知っていたことが判明する。これは、宣教師たちが、日本人に対し、「魂の不滅」を特別に強調したことの根底に横たわる、思想的な根本基盤について理解していたことを示すものではないか。いずれにせよ、イエズス会宣教師たちは、来日の初期から、こうした、争点についてはっきりと意識していたことは確実であったと思われる。

これから見る、禅宗の僧侶鈴木正三も、背教者ハビアンも、様々な論拠を打ち出すが、究極のところ、その日本人の宗教心の中に常に存在しつづけた、非ヨーロッパ的な要素が、「空」あるいは「真如」としてとらえうる、絶対的な悟りの境地を示そうとしている。そこには、イエズス会宣教師たちが展開した倫理・教育的配慮とは相容れない救済観がもたれていた。ここでは、そのことを、『講義要綱』に示された内容に対し宣教師らへの具体的な反論をとりあげながら、日本人の救済論の核心の理解に迫りたい。

第一節　『講義要綱』における「デ・アニマ」への日本人の反論――人間理解の方法

ここで、『講義要綱』に示されたアニマ論に対する日本側の反応を検証していくこととする。ここでようやく、「汎神論的な風土の日本」とされる日本側の背景を論じることが可能な段階となった。日本的思惟の側から『講義要綱』がどのように批判されているのかを見ていく。『講義要綱』で示されたキリスト教人間論を日本人が容易にうけいれられなかった背景にあるものは何かを見ていきたい。それは、当時の日本人の側からのキリスト教受容の考察という大きな疑問に答えるためである。

一　鈴木正三からの批判

キリスト教の思弁的論証に対し、いくつかの反論が排耶論にみられる。その最も重要かつ徹底した批判は鈴木正三（一五七九—一六五五）が一六四一年に著したとされる『破吉利支丹』（現存する刊本は一六六二年のもの）にあらわれている。

鈴木正三は、三河出身の元武士であり、慶長五年の関ヶ原の戦では徳川家康側の本多佐渡守家臣として従軍し、後の大坂冬の陣では本多出雲守に、夏の陣では徳川秀忠軍に参加した。元和元年三月二七日、二〇〇石扶持として駿府の家康に仕えた。実弟である鈴木三郎九郎重成は、島原の乱後、天草地方の代官として活躍し、重税に苦しむ農民の訴えを取り上げ、再三幕府に減税を訴えたが果たせず、責任を負って自害した義憤の領主として尊敬されている。兄正三は、一六二〇年（元和六）出家し、一六四一年（寛永一八）、弟の治める乱後の天草に赴き、元キリシタンの改宗徹底と教化に努め、天草に三二の寺院を建立した[2]。

鈴木正三のキリスト教に対する批判の諸点、とくに仏教思想からのキリスト教批判として、以下の重要項目をとりあげる。

（1）「有」神論的議論にたいする「無」神論的アプローチの優位
　　実有の見をもっぱらとし「諸法実相の理」を見ないキリスト教
　　「諸法実相の理」とはこの世におけるすべてが「空」に連結するということ。

（2）アニマ・ラシヨナル（魂の区別と人間の魂の特殊性）の批判

（3）仏教の境地から「諸法実相を観ずる時は、松風流水妙音と成り、万法一如と悟る時は、草木国土則成仏といへり」とする本覚思想の帰結。

（4）キリシタンの「三界唯一心」についての無知。

（5）一神教、唯一の創造神の措定に基づく他者否定の結果として寺社仏閣の破壊（「キリシタンは天道のおそれなく、私に天地の作者を作り立て、神社仏閣を滅却」）。

（1）「実有の見」をもっぱらとし「諸法実相の理」をみないキリスト教

鈴木正三は、出家後、多くの反キリシタン書（排耶書）を著した。本論の最大の関心事である『講義要綱』との関連について、すなわち、神学的人間論の観点から、正三の見解がはっきりと示されるのは次の箇所である。

きりしたん教え処は、実有の見を専らとして念慮識情を増長し、天地の作者を造立、輪廻の業を重ねて是を成仏道とおもへり。かほどつたなき見解にて、此国に来り、正法に対せんとする事、鵬燕翅を争ひ、月蛍光を論ずるにことならず。(3)

キリスト教は「実有の見」のみについてあれこれ思いや考えをならべたて、天地の造り手を想定し、かつ輪廻を繰り返すことを、救いの道と考えている。このような稚拙な考えが我が国に入り、正しい仏の教えに対抗するなどは、鳳凰と燕が争い、月光と蛍光が相争うようなものである。

「実有の見」とは、信ずるべき対象である「神」を「有」とたて、同じく「有」としてあるところの人間と対置させる方法である。つまり、人間にとって、救いを実現する神を「有」と考えるところは、救いの境地に否定的契機が含まれるものとする大乗仏教の根本思想に相容れないということである。

ここで、正三は、まず、「信じる対象」へのアプローチの違いに着目し、東洋的観点から、仏や神を論じる場合にもっとも避けなければならない「実有の見」と思考や考察のみをもってするアプローチ自体に批判をむける。他の排耶論として断片が残っている『対治邪執論』にも「（キリシタンは）真如常住の性を見せず、因果不亡の理を知らさず。天主あり後世ありと説くはこれ実有の見なり」と批判している。(4) 真如常住の性とは、日本仏教の特徴である本覚思想の境地を示す語であるが、これは後に詳しく説明することとする。いずれにせよ、キリスト教のアプローチは「実有の見」なのである。

鈴木正三は禅宗の僧侶であった。ゆえに、ここでは、家永三郎が指摘したように、キリスト教の神概念としての有神論と無神論の立場の議論、すなわち絶対者・創造者と非人格的真如法性として捉える方法との対決が示されているといえる。(5) すなわち、アリストテレス的原因論や目的論的説明による「カウザ・プリマ」としてのデウス存在へのアプローチは、仏教側にとっては虚言としか理解されない。もちろん、無神論的と言っても、仏教に「神的存在」の観点が欠如しているという意味ではない。仏教側からすれば、キリスト教の言うように、目的論としての神を措定すること自体、誤謬であると捉えられる。真如とは、全宇宙、全存在に充満した、増えることも減ることもない全き命であり、これを人間の限界ある言葉によって捉え理解することはできず、限界ある認識能力ではとらえられないとするのが仏教の立場である。それはキリスト教の哲学的思考の結果得られる事実ではなく、瞑想や観想によって直接、「存在そのもの」について、直観的に洞察されるべき真実である。その真理を把握するために、人間は現象界のあらゆる認識を跳躍的に超える必要がある。言い換えれば、真の存在そのものに決死の覚悟で飛び込むことによって悟られる真理であるとする。「大死一番、絶後に蘇る」とはそうした境地をさして言われた言葉であろう。

ただし、先にも見たとおり、トマスによる「デ・アニマ」の注解には、能動知性のもつ能力が、可視的認識を超越突破しうる「スピリツアル」なものとされていた。つまり、人間の認識能力には、ある時点で「突破」の契機が含まれているという点はきわめて重要なところである。「突破」とは、ある意味で、可視的現象界のあらゆる表象の否定であり、真実在にたどりつくための重要なステップとして考えられる。ここにキリスト教と仏教の対話の可能性が確かに開けるだろう。しかも、キリスト教では、仏教のいう「否定的契機」を否定神学という方法で主題化したマイスター・エックハルトなどの神学者たちがいたのである。しかし、残念なことに、エックハルトの否定神学的言辞は教会から弾劾をうけ、キリスト教神学は「肯定」的な言辞を主とする流れに一本化された。したがって、一六世紀の宣教師たちの神学領域には「否定神学」的言辞は決して登場し得ないものとなり、「神（デウス）」を徹底して肯定的言辞によって示す方法が主流とされていた。これが「実有の見」のみを示すキリスト教という批判につながったことは否めない。

また、鈴木正三の言う、「諸法実相の理」とは、わかり易い例を引けば、『般若心経』に見られる、「照見五蘊皆空」「色不異空、空不異色、色即是空、空即是色、受想行識、亦復如是」「是諸法空相、不生不滅、不垢不浄、不増不減、是故空中」に洞察されている「実在論」と同じ境地をさしているようにみえる。正三は、仏教における「実在論」は、「空」を前提としているという。この世の可視的ないかなる現象からも、それに達することはできない。なぜならば、私たちが現実だと考えている目に見える世界には「自性」、すなわちそれ自体を存在させている実体がないからである。自性をもたない可視的現象界は否定的契機によって「突破」されなければならない。それが「空」の現実である。この境地から正三はキリスト教の実在論を論駁しようとしている。

鈴木正三は仏教を「諸法実相の理を悟り給ふ」とした世尊の教えであると説く。この「諸法実相」が、すなわち「空」である。私たちを取り巻く現象界はそれ自体、自性をもたず、「空」によってささえられた、仮の姿であることを見抜くことが説かれる。こうした否定的契機としての実在が「空」であり、それゆえ、私たちの存在も、悪や罪の存在も、すべて否定されるところに真実がある。「空」とはまさしくそうした意味において「実有」ではない。それを「実有」ととらえるキリスト教には、否定的契機が決してあらわれない。そのあたりの消息は中村元による鈴木正三説の補足によって明らかとなる。

しかるに、仏教によれば、『諸法実相』すなわち『空』が究極の原理であると考える。われわれ人間は否定に裏づけられているからこそ、悪と苦しみの生存を輪廻することが可能なのである。だからこそ禅宗でも、人間の本性をとることによって仏となりうると説いているのである、というのである。ここではインドの仏教性が有神論に対して向けていた論難とちょうど同じ論難が、いまやキリスト教に対して向けられているのである。（中略）彼〔正三〕は、――仏教の説く絶対者は絶対否定者であり、だからこそ永遠の長時期にわたって衆生済度のはたらきを現ずることが可能なのである。この絶対否定者を仏教の諸宗派においては様々に名づけているけれども、本来同一のものである。また衆生も本来この絶対者と同一のものである。救われるということは、本来の自己への復帰である――と説く。(6)

「空」とは、決して「無」と同義ではない。現象界に対する否定的契機をさす真実在に他ならない。この現象界における善も悪も、生も死も、すべては自性なく、否定されなければならない仮の現実である。すべてが真実在の「空」によって打ち消されるが故に、そこに止揚の契機が生じる。キリスト教の神・デウスは、「実有」と把握され、否定の契機を含まないかぎり、現実の世の中にある悪や死などを根本的に解決・解消する力をもたないということである。「慈しみにあふれ、憐れみ深く、究極の善である方が、人間の死や滅び、罪などを生み出すことがどうして可能だったか」という日本人の素朴な質問には、そうした仏教的「空」論が浸透していたようである。究極の「真」「善」「美」という「実有」として捉えられた神・デウスに、やはり「有」としての「悪」「死」などを止揚する契機が見いだされないためである。

(2) アニマ・ラシヨナル批判

鈴木正三の批判は、仏教の「空」論に基づく根本思想から、次に「有」である神に対置される「個」としての人間の説明として用いられたアニマ・ラシヨナル論にも向けられていく。

正三は、『講義要綱』の中心課題である「理性的魂《アニマ・ラシヨナル》」という考え方にも疑問をむける。とくに、霊魂の不滅およびその根拠である来世の賞罰に対しては鋭い批判をむけている。

きりしたんの教へに、畜類には実の霊《たましい》なし。去間此身死する時霊も共に死す。人間には、でうすより、真の霊を作添たまふ故に、此身死すれども、霊死せずして、今生善悪乃業により、苦楽を受。善業の者をば、はらいぞうとて、楽み尽ぬ世界を作置て、是へつかはし給ふ。悪業の者をば、いぬへるぬとて、苦界を作り置て、是へ落して、苦を与へ給ふと云由聞及ぶ。破して云。畜類と人間の魂を、作り分給ふならば何として人間の霊に悪心を作添て、地獄に落し給ふや。然ば人間を地獄へ落し給ふ事は、偏に、でうすの業也。(7)

キリスト教の教えには、動物には本当の魂がなく、死ねばその霊もまた滅びるという。ところが、人間は神によって、「真の魂」に造られているため、身体が死んでも魂は決して滅びない。（その魂ゆえに）この世でおこなった善や悪にしたがって、（来世で）その報いである苦楽を受ける。善をなした者には「天国」という永遠の楽しみの世界に入ることが許され、悪行を行ったものは「地獄」という苦しみ耐えぬ場に落とし、苦しみを与えられるという。

動物と人間の「魂」を区別し、人間を特別に配慮したというのなら、なぜ、その魂を地獄に落とすなどということを行いうるのか。そうであるなら、人間を（苦しみに）落とすというのは、（慈悲深いと言われる）神の仕業に他ならないということになるのである。

正三は、魂の区別が意味のないことであり、神《デウス》こそ最大の悪と考えられるという。人間の勝手なカテゴライズであり、すべてインドの仏教界で外道とされた亜流に属するものに似ているとした。正三にとっては、現象界の感覚的事物からはじまり、その根本原因を想定するアリストテレス的方法論についても大きな問題を感じていたようである。古代インドのサーンクフヤ（Sāmkhya）という学派（数論派）は、宇宙万物を二十五種にわけ、自性とよばれる現象界を開発する物質的本体は、精神的本体である神我の動機・作用をうけて初めて活動し、この二相より、中間の二十三の種々の現象が生じるとした。これを正三は外道、あるいはそれ以下とみなし、「唯今のきりしたん、全く、外道の見にだも不及して、正法なりと思ふ事、誠に井の中の蛙也」(8)と述べる。神と人間の関係を、霊魂の区別をもって論じる「実有」的論証を仏教側は一切うけいれないという態度である。無意味と思える区別を弄することは本道ではないのだと。

(3) 「一切衆生、悉有仏性」として示される仏教論からの反論

「一切衆生、悉有仏性」とは『大般涅槃経』に示された大乗仏教の究極の境地である。この場合、「衆生」とは生をもつ植物や、感覚をもつ動物などの、「有情」とされるものすべてに、人間と同じように、「救い」の境地である「成仏」に与かる可能性を示している。そうした観点から、「魂《アニマ》」に区別を設け、人間の「魂《アニマ》」のみが特別の理性的なものであり、資質があり、その能力の結果、神の認識に達するという『講義要綱』のアプローチ、すなわちアリストテレス・プラトンのギリシャ哲学とトマス・アクィナスの神論に根拠づけられたキリスト教神学の方法が、日本仏教が伝統的に練り上げてきたひとつの思想的結論に抵触する。

鈴木正三の批判には「本覚真如の一仏、化現して、人の心に応じて、済度し給ふ(9)」ないし「一切衆生、悉有仏性と説き給ふ也(10)」という、『涅槃経』に則った言い方がなされているかと思えば、次の言葉があることに注目したい。

> 仏に二仏なく、法に二法なし。諸法実相を観ずる時は、松風流水妙音と成、万法一如と悟る時は、草木国土則成仏といへり。如是、直に成仏有事を、夢にも不知、彼のばてれん共、ぜずーきりし〔と〕が教を、尊しと云事、魚目を留て明珠とするに、ことならず(11)。

仏にも、仏の教えにも区別がない。諸法実相を観想するときは、風の音、光の音、自然界のすべてが調和の下に一瞥できる。すべての教えが、唯一つのことを指し示していると悟るとき、草も木も、砂も石も、すべてが仏であるといえる。このように、すでに仏であるということを全く知りもせず、キリシタンの宣教師たちはイエス・

キリストの教え（のみ）が最も優れたものという。これは、魚の眼球と、美しく光り輝く真珠を混同するのと同じぐらい愚かなことである。

『涅槃経』にいう「成仏」の対象は、有情、すなわち意識や感覚をもつ生きるものに限定されていたわけだが、ここに「草木国土則成仏といへり」として、感覚や意識を有さない無機物、すなわち「非情」をもその対象にふくめているのはなぜなのか。「成仏」の対象として「有情」のみならず「非情」を含むのは、東アジアの仏教の特徴であって、インドなどでは不徹底であることは中村元の言及からもわかることである。「非情」にも成仏する可能性があるとしたのは、日本における天台の諸法実相観念の徹底であるとされ、きわめて日本的な仏教思想の特徴となっている。すなわち、後に述べる中古天台の「本覚論」として示される境地である。キリシタン論の展開に対する本覚論の影響は後に詳しく見るところである。

ここで言われていることは、本論の究極の目的である、日本人の心に対するキリスト教のアプローチの問題という点で興味深い点を示す。「諸法実相を観じる」あるいは「万法一如と悟る」とは、日本人の宗教心の根本的洞察としての「本覚」思想の議論をもって、正しい理解に導かれる。

（4）「三界唯一心」を知らぬキリシタン

三界（欲界・色界・無色界）は、衆生が住み往来する世界全体のことである。これらの現象はただ一つの「心」から成立しているということ、すなわち、この「心」によってのみ存在し、「心」を離れてはけっして存在することのできないものである。すなわち、すべての現象は、「空」のまえには否定され、真実在としてとらえられるものは唯一この「心」ということ、すなわち「三界唯一心、心外無別法」と説く。ここにも、仏教独自の「否定の契機」による真実在の「悟り」が強調されている。

鈴木正三が論じているのは、『講義要綱』などのキリシタン教理に積極的にとりあげられていない、人間現実の悪・罪・死の問題の考察である。キリシタンの教えには、すくなくとも「デ・アニマ」で語られようとした人間論には、人間の苦楽の根源を悟らせる理が欠如していることが示されている。

人間はこの世に生きるかぎり、苦悩を体験する。その理由は何か。この、釈迦以来、仏教の創成からの難問について、すべての現実と思える現象に、実は「自性」がなく、それ自体が実体をもたないものであることが繰返し説かれた。「夢幻の此身を、実と留るが故に、日夜心をなやます病也」と説く、鈴木正三の言葉には、そうした仏教の根本的な思想の発露が見られる。

凡夫は、生にも苦み、死にも悲む事如是。これ皆顛倒の心より作出す所也。(12)

「顛倒」とは、苦楽を混同し、真の楽を知らず、無常ということを知らないで、この世を常として執着し、実際に自由でないのに、十悪八苦につながれている心である。さらには、この世の浄・不浄の区別を知らないことから、不浄に浄を感じる心である。これら一切の思い違い、過ちが、この世の現実を「永続の実在」と感じ取ることから生じると、正三は仏教(禅宗)の立場から説く。般若心経の「一切顛倒夢想」という境地、すなわち、自己を拘束し、目の前の現象を真実在と考え、そこに生起する日常世界の思いが、まるで夢幻のごとくむなしいものとして把握される境地を、仏教は目標とする。そして、そこに真の悟ともいうべき「涅槃」の境地がひらけると説く。

鈴木正三は、ここで、キリシタン教理の根本に、こうした観念が説かれていないことを批判する。それは、先にも述べたとおり、有神論的なアプローチによる、「空」としての「否定の契機」を認めないことからの帰結である。「三界唯一心、心外無別法、心仏及衆生、是三無差別」である。すべては、「空」として示される唯一の実存と同一であり、区別がないという境地をさしている。「空」はすべてを包み込み、あらゆるものを区別せず、すべてを根源の命へと結びつけ、それ自体増えることも減ることもない真の実在であるという仏教思想の真骨頂の主張がここでも繰り返されている。

(5) 「天地の作者を作り立て」、他者を認めない「一神教」の結論としての破壊

「天地の作者を作り立て」ることを批判する仏教思想の理解のため、とくに空論の解説にすぐれた著作のある田村芳朗氏によれば、そうした考え方は「外道」とされる三つの特徴のひとつに数えられる[13]。外道とは（1）自在天創造因説（Issaranimmāna-hetu-vāda）＝最高神の自在天による創造が原因となって万物（果）が現れるとする説。（2）宿作因説（pubbekata-hetu-vāda）＝外在的・宿命的な因がもとで万物（果）が現れたとする説。（3）無因無縁説（ahetu-appaccaya-vāda）＝果としての万物が因なくして初めからそのようにあったとする説などである。「仏教からすれば、外道には始原的・主観的な立場に固執する人我見と対象的・客体的な事物に固執する法我見の二方向があることを知る。ひいては、その二方向の執見（我見）を無我・空によって洗浄することから、仏教のいう正しい因果論がうまれてくる」と田村氏は仏教の「因果論」を説明する。ここでいわれる「無我」「空」とは、それ自体増えも減りもしない、すべてを包み込む全体性としての悟りの境地であり、『講義

要綱』の指し示す、他者としての「神」、一（有）としての「神」とは、きわめて異質のものである。絶対者を有限な存在者（人間）と対立して立てようとする思考方法には、いずれにせよ、無理が生じるということを鈴木正三は説いている。

しかも、鈴木正三は、絶対者を「一」なるものと措定するキリスト教の「弊害」が、思想領域のみに限定されないことを、実際に、キリシタン門徒が仏教の表象に対して行った「狼藉」をあげて証明しようとする。「神社仏閣を滅却し、此国を南蛮へ取るべき謀りを以て、様々虚言して、人をたぶらかす」。唯一の神、絶対者を想定することで、これ以外のいかなる崇敬対象についても「偶像」あるいは「悪魔の所産」とする精神が生まれることは、日本の諸神に対するキリスト教の常套手段であった。他者に対する「寛容」「共生」という課題が、「一神教」を強調する文化コンテキストのなかで生じにくいことは、歴史的に多くの事例が証明するところである。そして、他者に対する不寛容から「破壊」に及んだキリシタンに対する、天罰はおろか、人間的処罰は、当然のことながら肯定されると鈴木正三は言い、『破吉利支丹』は、次に掲げる偈頌をもって結ぶ。

願以此功徳　普及於一切
我等与衆生　皆共成仏道(14)

この句に、私は、鈴木正三の、あるいは日本人の「本覚論」的思惟の特質が言い表されていると思う。すなわち、「仏のはからいによって、すべてに真理が行き渡るように。すなわち、すべての者が、みな仏であるという真理が」という意味に私は読む。

以上は、正三が、『講義要綱』を筆頭とする、キリシタン思想の外にあらわれた特徴に対する観察に基づく批判であったが、より重要なことは、仏教の本質的見解からする、人間論、救済論、そして神論への挑戦であった。一言でいえば、日本人の宗教心の根幹を形作り、宗教観としてごく自然な形で浸透している「本覚思想」という側面である。鈴木正三の著書の中で、たとえば、「きりしたん宗、本覚真如の一仏、有事を知らず」、「諸法実相を観ずる時は、松風流水妙音と成、万法一如と悟る時は草木国土即成仏といへり」の言葉をもって指し示された思想内容である。「諸法実相」「真如」を強調することは、具体的に何を意味するのかは、後に、わが国における、天台本覚論とその思想の展開という面から考えてみたい。

二　不干斎ハビアンの批判

鈴木正三は仏僧としての正論を述べた。いま一人、『講義要綱』に集約されるキリシタン教理に対する直接の批判者として、不干斎ハビアンの『破提宇子』に言及しなければならない。

ハビアンの人物と生涯については、諸書に詳しい解説がなされているので、ここでは、キリスト教擁護者としてのハビアンと、キリスト教反駁者としての二つの顔を持つ、日本の伝統宗教について博学の知識を有した日本人であり、宣教師の著書の邦訳において活躍した人物ということだけを強調しておくことにする(15)。

仏僧として、当然、仏教教理に精通した鈴木正三とハビアンの違いは重要である。ハビアンが、棄教したとはいえ、一旦はキリスト者として『妙貞問答』と題するキリスト教護教論的教理書まで著したという事実はとりわけ重要である。仏教の本質論による批判は、鈴木正三にはるかにおよばないとしても、元日本人キリスト者としての観点からする問題提起には、やはり、日本人がキリスト教教理にもつ違和感を代弁する。とくに、「来世の賞罰」の根拠としてもちだされた「魂の不滅論」をめぐる批判がハビアンの『破提宇子』の中心を占めている。

ハビアンは概ね、次の三点によって『講義要綱』で示されたキリスト教教理への批判をなしている。

（1）神・人の混同による批判への反論（仏の現れ方の自由自在さと神の本地垂迹）

（2）デウスが現世・来世の二世の主であり賞罰の根源であることへの批判。

（3）魂の三区分（植物的魂・動物的魂・人間の魂）の無意味さ。大慈・大悲のデウスが人間の滅びを是認すると教えることの不思議。

まず、ハビアンは神と人の混同によって仏教説を批判するキリスト教の議論の拙さを論駁しようとする。

仏教の仏と、神道の神を（宣教師らが）人間であると批判しているのは、何も知らぬ者の戯言である。それは、キリスト教徒らしい考え方である。仏教には法・報・応の三身がある。応化の如来は、すべての者を救うため、様々な手段を講じ、様々な形に姿を変える。法身如来とは、永遠の方より存在する仏であり、言葉の言い表すこともできない法性法身の仏である。それゆえ教典〔涅槃経〕「一切衆生、悉く仏性あり、如来常住、変易あるなし」〔人すべてに仏性が本来的に存在している〕と説かれている。人間とだけ考えるのはまったく何もしらない愚か者である。また、神道の神も人間というのは無学の者である。神には本地垂迹というあり方があると知るべきである。(16)

ハビアンが第一に論じようとしたキリスト教批判の背景には、アレッサンドロ・ヴァリニャーノが著したとされる『日本のカテキズモ』の方法論への反発があると思われる。

ヴァリニャーノは言う。日本において、論駁すべきものは何かといえば、仏と神はともに、その始まりを知ることができないということである。神は様々な現れ方であり、その大本はすべて仏なのだという。人間の死後の救いは仏によってなされるという。仏法の説をみれば、多くの宗派に分裂し、話が混乱していて、その主張するところはすべて異なっている。しかしつきつめてみれば、大切なのは「権」と「実」の二つである。「権」論（真実の大乗の教えに入るための方便として、仏が説いた教え。人々の素質に応じてかりに説いた教え）を説くものがあるかと思えば、「実」（真実の教え。権教に対していわれる）を主張するものもある。そこで、権の教えに耳を傾けてみれば、中心にある仏を想定し、この仏と同様に行を行うものは、来世でも浄土の幸福を得ると言う。その中心の仏とは何かと問えば、釈迦や阿弥陀であるという。その元々の姿を問いただすと、いずれもインドに太古に生きた修行者であるという。浄土はあらゆるところにある仏の地である。すなわち、仏の国と言う。死んだ後、人間はその地に生まれかわり、仏の与える幸福を得るのだと[17]。

ヴァリニャーノは、日本の伝統宗教が採用する「本地垂迹」説を否定する。日本の仏教宗派は様々であり、同じ事を言っているとは思えないが、その共通するところは、人間の救いを成就する仏とは、歴史上、この世に生きた、単なる修行者である。ヴァリニャーノはそう理解し、結論として、人間が人間の救いの業に携わることは不可能であるとした。おそらく、ヴァリニャーノは、「弥陀」という言葉によって、五劫思惟した後、阿弥陀仏となった法蔵菩薩の話などを歴史的（実在の人物として故意に）とらえることから、そうした議論をおこしたのであろう。ただ、ここで誰しもが気づくことは、「五劫」という言葉が、実際の測量可能な時間幅をさしていないという明らかな事実であり、それは、永遠（時間のない）の喩えであり、この逸話が直ちに人間世界の歴史を示しているのではないということである。仮に、ヴァリニャーノが歴史的実在の釈迦の話を引き合いにだしたのだとしても、仏教が歴史的現実を語っているのでないことは明らかに理解されるはずである。それは、旧約聖書にある『創世記』の失楽園の逸話を歴史的現実ととらえて、ありえぬことと一笑に付す態度に似ている。神の啓示をうけたイスラエルの民の人間洞察、あるいは長期にわたる思索の結果、物語られた擬人的寓話であることは誰もが理解している。その逸話にこめられた人間洞察、宇宙と世界の理解こそ重要なのである。法蔵菩薩の寓話を、現実の歴史に置き換えて、その実在性を否定するのは、そうした洞察と表象に対する理解の欠如であるといえる。そうした出発点から、議論は、信仰の対象であるデウスと仏陀の優劣へと進んでいく。神と人間の対立契機を強調するキリスト教の立場と、神と人を融合的に（区別せず）とらえる契機を強調する仏教の対決が行われた。

また、仏教の仏にも、神道の神にも、救いの成就のために、自身を変幻自在に現すとする、本地垂迹の考え方が、キリスト教の教えにはないことを、その最大の欠点ととらえているのがハビアンである。

第二に、ハビアンがとりあげたのは、来世の賞罰という観点であり、それは、言い換えれば、全智・全能のデウスの絶対的救済力にもかかわらず、なぜ、悪魔・地獄などの救済不可能性が存在するのかという、鈴木正三が指摘したのと同じ問題である。また、来世の賞罰に関する議論は、ハビアンにとっては、魂の不滅論と切り離せぬ事柄としてとらえられていた。鈴木正三と同様、ここでも、デウスの全智・全能がなぜ「悪」の存在を許容するのかが問われ、仏教のような否定的契機を含まない「神」概念への戸惑いが看取される。『講義要綱』の示す「来世」観についての直接的な批判が見える。

キリスト教徒は言う。キリスト教の神は、この世とあの世の二つの世の主である。そして、現世の行いに応じて賞と罰を下す方でもある。したがって、そのような「主《あるじ》」がいて、人間にはこの世で善と悪の行いが実際に存在するので、その善悪によって報いをあたえられることを知るべきである。(18)

その後、『講義要綱』で示された魂の三区分、「生魂」「覚魂」「理性魂」の説明が続く。

このように、切り出しながら、ハビアンは、『講義要綱』でのべられた「アニマ」論（精魂の品々）について言及し、それを次のような言葉で批判する。この場合、漢字の「提宇子」とは、キリシタンを指し、神は「デウス」（特別な表記）をもって示す。

三種類の「魂」の区別を設けて説く。とりわけ、人間に「魂」が理性的であり、それは物質からつくられたのではなく、神より特別に創造されたもの。そして、現世の業にしたがって、来世の苦楽がさだめられるという。なんと哀れなことか。この国の民衆がこうした異端の説にまどわされるとは。だから、私は真理を説こうと思うのである。(19)

ハビアンが示した、「アニマ」論への批判の核には、唯一の理（「賦命」）が置かれている。

すべてには、事と理の二つがあるという。そして、理とは、なくてはならないものであるということから「賦命」（天の与える性命の意味）という。様々な物があるといっても、理は二つでも三つでもなく一つである。外にあらわれた働きのちがいは事の種類による。（中略）そうであるから、「生まれつきの性質や運命」もまたこのようなもので、気質の清濁、厚薄が同じでないことによって、働きもちがってくるのである。どうしてベゼタチイワ・センチイワ・ラショナルなどと、その本性を別々にわけられようか。特に人間の心はアニマ・ラシヨナルといって特別のものであるから、身の欲望を制するということを究極の理として、すべての賢聖たちはこれを知らないと思っている。本当に管をとおして物事をみるというように最も狭い知見である。[20]

ハビアンは「魂」の能力を三つに区分することの非を示そうとするのだが、議論としては、説得力ある根拠を示していない。キリスト教の霊魂の三区分、それ自体が意味をもっていないとして「愚人を誑スハ曲事ナリ」というだけである。儒家においては、気質の欲を人心といい、義理を思う心を通心としているし、仏法でも、心・意・識の三つをあげることがある。これほど諸家で言い尽くされた義を知らないで、魂には三つの区別があるなどと殊更強調するキリスト教の教理は受け入れがたいとハビアンは言う。これは、先にみた鈴木正三の外道によって取り上げる必要なしとする態度に似ている。人間の理性的魂を特別視する見解への積極的かつ効果的な反論にはなっていない。むしろ、ハビアンが主張していることで、より重要と思われるのは、その魂の不滅とする属性から帰結される、来世の賞罰の問題であった。

さらに、またアニマ・ラシヨナルには現世の業によって後生でデウスが苦楽を与えられるという。しかし、このような無道を行うのをデウスというのであるか。（中略）デウスはだれが頼み、だれが雇うということもないのに、量ることもできない無数の人間を創造して地獄に墜し、一日、一月の間ばかりか、永久につきる事にない苦しみに苦しみを重ねさせるのを、大慈大悲のデウスといえようか。大慈大悲とは苦を救い、楽を与えることこそをいうのである(21)。

この部分の要点は、慈悲に満ち、すべての人間を救おうとする「デウス」が、かくもおびただしい数の人間を創造しておきながら、そのうちの何人かを永遠の苦しみのなかに投げ込み、放置することが、いったいどうして可能かということである。つまり、ここにも、鈴木正三が示したと同様の批判をみることができるのである。慈悲の神なら、あくまでも慈悲を貫くであろう。悪や苦しみが同時に存在させることはできないという意味である。

第二節　「本覚論」にみる日本固有の思惟方法とキリスト教の反論

人間の本質を「アニマ」という「実体」と捉え、その尊厳性、独自性を説くキリスト教の立場と、人間存在を支える真実在を「空」に帰するものととらえる日本人特有の思考の違いが激突したことは思想史上きわめて興味深いことである。おそらく、キリスト教の教義がここまで徹底した批判をうけたことは、世界の宣教史上きわめて稀であっただろう。それらが思考の段階でとどまるならば、見解の相違ということで片づけられたにちがいない。ところが、実際、宣教師たちは、「空」に帰結する人間本質から導き出された結論と対峙した。この世の実際の人間行動についての観察の結果、徹底したアンチテーゼを提出する。この人間把握の立場の違いが最もよく現れるのは、この世における倫理行動の中である。来世の賞罰、この世での倫理的な生き方、修行の必要性、修徳的苦行、倫理的行為、善悪の判断などキリスト教道徳はすべて「アニマの不滅」に根拠づけられたものとする。そうした倫理行動面の強調の背景には、イエズス会宣教師が日本において見いだした、ある特徴的な日本固有の宗教観が、彼らの提示しようとした行動規範と真っ向から対立することを洞察したことがあった。

実体の「有」ないし「個」として、自由な意志と決断による責任を強調するキリスト教の立場は、人間がこの世に生きてゆくうえで、善を選び、悪をさけるべく努力すべきとする。その決断は「個」の重大な責任として永遠にひきつがれる。なぜなら、その決断を自身の意志の力で選びとる能力を備えた人間の「アニマが不滅」だからである。これに対して、「救い」はすでに成就した現実としてすべての人間に共有された事実であるため、人間をあるがままに受け入れるという態度がある。実に、このあたりが、日本人のもつ、根本的な思想基盤を示す特徴である。そしてそれを端的に示す思想体系として、本覚論（中古天台）が存在した。

一　日本の「本覚論」――天台本覚の理解から[22]

人間の魂のみが特別であり、人間には功徳を得る可能性があり、責任ある「個」が修行を必要とし、聖なるものへ変貌する努力をなすべきとするキリスト教の態度に対し、日本ではそれを、根本から否定する思考論理が存在していた。天台本覚思想を中心とする日本人的救済観（仏性のあり方）である。先にものべたとおり、イエズス会宣教師が執拗に「魂の不滅」と「来世の賞罰」を同時に説きながら、人間の意志に基づく行為について強調した背景には、現実の日本人の意識が「本覚思想」ないしは、そうした傾向を強く意識した事実があったようである。本覚思想が室町期にいたるまでの日本人のあらゆる活動に浸透していたことを知るにつけ、宣教師らは新来者として、日本の宗教事情を、透徹した眼差しをもって観察しつづけた。ゆえに、宣教師らが、その特徴を見逃したとは考えられないのである。しかも、本覚論的思考と結論が、これから見るとおり、キリスト教倫理の勧めの前に立ちはだかる大きな壁であったと予想されるからである。

(1) 衆生の仏性（救い）についての論争

本覚とは、「単なる内的可能性ではなく、現実にさとりを開いているという意味であって、衆生のありのままの現実がそのままさとりの現れだから、さとりを求めてあらたに修行する必要はないという考え方」（草木悉有仏性）である。すなわち、「眼前の事々物々のすがたこそ、永遠な真理の活現のすがたであり、本来の覚性（本覚）の顕現したものという意味」である。[23] これは、先に鈴木正三が引いた、「諸法実相を観ずる時は、松風流水妙音となり、万法一如と悟る時は、草木国土則成仏といへり」と同じ境地である。

本覚という考えかたの、そもそものはじまりは、「仏性」、すなわち、人間は修行して悟りを開く可能性があるという、大乗仏教特有の概念をいかにとらえるかとの問いから出発したものである。一切諸仏は固定的な実体を有さない「空」であるとする立場は、小乗仏教諸派の「法の実有」を反駁するため、しばしば「一切諸法は空である」との言明によって繰り返された。「一切諸法は他の法に条件づけられて成立しているものであるから、固定的・実体的な本性を有さないものであり、『無自性』であるが、本体をもたないものは空であるといわなければならないからである」。[24]「実有」を批判し、この世のすべての現象を「空」であり、「空」に依存して存在するという言明は、先の鈴木正三が用いた「諸法実相」が「実有」に非ずとする立場でも明らかとされていた。また般若経典の繰り返し強調するところでもある。こうした立場からは、とくに修行をして悟りをひらく必要性よりも、本来すでに悟りを得ている、あるいは悟りそのものとしての存在論が発展した。こうした見地から、いかなる生きものにも「仏性」がある。すなわち「一切衆生悉有仏性」といわれ、『大般涅槃経』には、すべての「有情」すなわち知覚感情をもった生きもの、とくに人間の「仏性」が洞察される。しかし、日本の本覚論は、仏性をもつ対象を有情のみならず、非情（国土）にまで押し広げた点できわめてユニークな特徴をそなえるものとなった。

（2）法相宗徳一と最澄の論争――徳一『仏性抄』と最澄『照権実鏡』

衆生における「仏性」の有無という争点は、古くは、法相宗徳一（得一）と最澄の有名な論争の主題とされた。五性（菩薩性・縁覚性・声聞性・否定性・無性）の区別を重要視する徳一は、最後の「無性」は永遠に救われない境地であり、「一切皆成」という天台宗の立場を『仏性抄』で批判したのに対し、最澄は『照権実鏡』などで、あらゆるものの成仏が可能であると主張し互いに譲らなかった。その際、最澄は、一切皆成を肯定する根拠として『法華経』をしばしば引き合いにだしている。滅罪のための教典として、法華経はどのような罪人でも、最も成仏しがたき「女人」でさえ、成仏可能とする立場にたつものであり、後の天台教学の重要な主張を含んでいるとされる。[25]「若有聞法者無一不成仏」（もし法を聞くことあらん者は、一《ひとり》として成仏せざるということなからん）という思想を、最澄を祖とする天台宗は教学の通奏低音として常に響かせていた。

最澄と徳一の争点は、もちろん決着を見ず、その後、幾度か本格的な宗論を惹起する。代表的なところでは、応和三年（九六三年）、清涼殿での法華経の解釈を巡る天台宗と法相宗の間に激しく交わされた「二乗不成仏之

義」と「皆成之理」の論争である。(26)

以上のような、論争の発端をもった思想が、やがて、後に「本覚論」あるいは「本覚思想」と呼ばれる形式を整えるのは、中古天台と位置づけられる時期である。中古天台とは、「凡そ平安の末、院政時代より始めて、江戸の中期、特に元禄・享保のころまで」の天台教学の概称とされる。(27)中古天台を上古ないしは近世天台と区別する最も顕著な特徴は、「観心主義」すなわち口伝主義であり、教相（文献主義）への傾斜を強くしていた上古天台とは異なり、秘事口伝を得意とし、その相承伝授を重んじる態度のなか、「本覚」思想が伝えられた。すなわち、「上古天台が三学、即ち戒定慧の実習を必須とする始覚門にたつものとすれば、人間本来に備わる覚体をそのままに肯定する方向にたって本覚思想が発達した」といわれる。(28)「日本の天台は、古代的・古典主義的・中国的な上古天台から、中世的・神秘主義的・日本的な中古天台に移行し、室町時代にはその集大成と共に堕落の相もあらわれてきた」とされ、江戸初期には衰退するものの、日本仏教の禅念仏日蓮等はすべて天台を祖としたことからも、中古天台の思想史上の重要性は否定しがたい。「かれらが新宗教を樹立にあたってその栄養を吸いとった母胎としての叡山も、それと戦った教権としての叡山も、決して上古天台の時代ではなく、中古天台であった(29)」とされるほど、日本思想史上、この時代の天台教学の特徴の諸方面への影響は計り知れない。

そして、中古天台の中からうまれた天台本覚思想は「仏教思想のピークである」とも「現実の絶対肯定の思想」であるとも言われ、この思想の展開が、遠くインドや中国にではなく、日本で固有に見られたということは、多くの仏教研究者が指摘するところである。(30)「草木成仏」の思想から出発して、「ありとあらゆるものが、いかなる修証（修行やさとり）をもかりることなく、そのまま仏である」という結論に行き着く考え方は、インドに精神的な淵源を認めうるものの、その徹底は八世紀以後の日本においてはじめて行われた。それは大陸のものとは著しく異なった様相を呈し、「非情（精神をもたない自然界の物体）も成仏するという思想は、天台の諸法実相の観念に基づき成立したものであるが、日本においては特に強調された[31]」のである。こうした考え方は、先の鈴木正三が『講義要綱』によって展開されたキリスト教教理への直接の批判根拠としてかかげたものに一致する。従って、キリスト教宣教師の提示した理論に対して展開された日本人の心情を解き明かそうとする本書で「天台本覚思想」を論じることは必須事項といえよう。ここに「汎神論的な風土の日本」と一言で片づけられた思想土壌の解明の可能性があらわれている。

しかし、日本的仏教思想としての「本覚」思想の解説は多岐にわたり、半ば錯綜しているという指摘があるのも事実である。最近では、袴谷憲昭氏による、本覚思想を仏教思想と位置づけることへの徹底した批判があらわれた[32]。本覚論自体を詳しく論じることは本章の目的でもなく、また筆者の手にあまることである。したがって、ここでは、一六世紀のキリスト教宣教師が見いだした日本人の宗教心を捉えるうえで、歴史的な「本覚」思想的観念をとらえるために、この思想史上の重大事を主題化した最初の人物である島地大等や、本覚論の深い境地への分け入りを可能とした田村芳朗氏の論究から、そのキリシタンにとっての本覚論の意義を明らかにしたいと思う。

二　本覚論の定義と理解の要点

まず、二元対立を突破・超越して究極の絶対境地を明らかにした点で、本覚思想は哲理として最高といえると[33]し、「空」論との関係を説明した田村芳朗氏の解説から読み解くことにする。

(1) 本覚論の核心部分

「本覚」(衆生に本来的に内在する悟りのあり方)の語の初出は『大乗起信論』であるといわれる。そこには日本の天台本覚思想は徹底した顕現的相即論ないし顕在的相即論であると説かれる。

日本の天台本覚思想では、本覚を真如にまで高め、万象は「本覚真如」の顕現と肯定し、そういうことで理顕体を主張したのであり、進んでは、煩悩は煩悩ながら、万象そのまま、あるいは現実の事象こそ、本覚真如の生きたすがたであると肯定し、そういうことで事常住を主張したのであって、したがって徹底した顕現的相即論ないし、顕在的相即論は日本の天台本覚思想にいたって達成されたとみなければならない。[34]

本覚論の説かれているテキストの例としては『真如観』と題され、一二〇〇年(鎌倉初期)から一二五〇年(鎌倉中期)あたりにかけて成立したとされる著作や、『三十四箇事書』(源信作)などが本覚論(思想)の最も重要な典拠とされる。以下の引用は、その中でも、特に中心部分と思われる「真如」の説明にあてた部分であり、本覚論の真骨頂を示していると思われる。

止観第一云、一色一香無非中道。己界及仏界衆生界亦然。己界者、行者ノ自心ナリ。仏界者、十方ノ諸仏ナリ。衆生ハ一切衆生ナリ。一色一香ハ、草木瓦礫・山河大地・大海虚空等ノ一切非情類ナリ。是ラノ万物、皆是無非中道。異名、一ニアラズ。或真如・実相・法界・法身・法性・如来・第一義トナヅク。此等ノ多ノ名ノ中ニ、且ク真如ト云名ニヨセテ、諸経論ノ中ニ多ク明セル中道観ノ義ヲ明スベシ。[35]

『止観』には、すべての自然の中で、「中道」（相互に矛盾対立する二つの極端な立場のどれからも離れた自由な立場）でないものは何もないといわれている。「己界」「仏界」「衆生界」も同じこと。「己界」とは行者の心をさし、「仏界」とは普く偏在する諸仏のことである。衆生とはすべての人間のことである。草、木、石、山河、大地、大海、大空など「非情」といわれるものにも「中道」でないものは何もない。様々な表し方があるが、そのなかでも「真如」という言葉が最も適切で、それは「中道」という観点から解釈されなければならない。

又有情類ノ真如ノミニ非ズ、非情、草木等ニモ、真如ナレバ、一房ノ花ヲ捧ゲ、一捻ノ香ヲ然テ、一仏ニ供養スル時、一色一香中道ニ非ズト云事ナキガ故ニ、此一花一香、則真如ナレバ、法界ニ周遍シテ、一仏則真如ナレバ、一仏一切仏ニシテ、十方法界無尽無余ノ諸仏、同時ニ此供養ヲウケ玉フガ故、真言宗の秘秘中ノ甚秘ノ釈ニ云、我今所献諸供具、一一諸塵皆実相也[36]。

命あるもの（有情）のみが真如というのではない。命のないものも、草木も皆真如である。一輪の花、一握りの香を仏に具えるとき、すべての自然が「中道」でないということは決して言えないことがわかる。この一つの花、一筋の香の煙、すべてが真如であり、あらゆるところに満ち満ちて、仏であり真如である。一つの仏はすべての仏であり、あらゆるところ、つきることもなく、湧れ出ることもないそれぞれの仏であり、同時に、供養をうけるのである。真言宗の経典に、お供えをしたその瞬間、そこにある限りがあって塵芥となるもののうちに、真の実在が躍動するのであると。

本覚論のキーワードである「真如」とは、「あるがままのこと」の意である。事物の実相ないし事物を支える真理（法）を定義づけたものである。すべてを包み、すべてが何ものかに拘束されるのでもなく、あるがままの実体、「空」としての真実在を示すものと思われる。そうした観点からすれば、人間のあらゆる二元背反の思惟形式などはほとんど何の意味もない。両極にあるものでも、一つの調和として成立している。本覚論の示す実相はかぎりなく懐の深いものである。

(2) 絶対一元論（「空」論）としての本覚論

「本覚論」の真骨頂とは、二元相対の現実をこえた、不二絶対の世界の究明であり、その後に、また現実を直視することによって、二元相対の諸相を肯定することであるといわれる。

法花経ノ何文ニカ正シク一切衆生皆本ヨリ仏ナリト明シ、又何文ニカ煩悩即菩提、生死即涅槃ト説。法花経ノ品品ノ中ニ、明ニ此ヲ明セリ。且ク正宗ノ初ノ方便品ノ文ニ、唯仏与仏、乃能究尽諸法実相、所謂諸法如是ト云文ニ、明ニ煩悩即菩提、生死即涅槃ノ道理、及一切衆生悉皆成仏ト云事、明ニ見タリ。但シ諸法実相ト云一句ニ万法真如ナリト明スナリ。天台大師ノ釈云、諸法ト者十界ニ偏ズ。実相ト者此真如ノ異名ナリ。是則地獄モ真如也。餓鬼モ真如也。畜生モ真如也。真如実相ノ仏ト名クレバ、十界本ヨリ仏ナリト云事明也。[37]

法華経の「品品」に明らかにされていて、また正宗の初の方便品にもあるとおり、唯仏与仏、乃能究尽諸法実相という。また法如是という文に、煩悩とは菩薩であり、生死とは涅槃と同じと説いている。そして、すべての者は皆仏性を持つという。ここで諸法実相という一句に、万法真如であると説明している。最澄の解釈によれば、「諸法」というのは、あらゆる所に普く存在するもの。「実相」とは「真如」の別名である。したがって、「地獄」も真如であるといえる。餓鬼も、畜生も「真如」となんら異なるところがない。真如実相の仏といえば、万物の生成の初めより仏であったということである。

　この経典を解釈する際、田村芳朗氏の次の言葉は大いに助けとなる。

> 天台本覚思想は、煩悩と菩提、生死と涅槃、あるいは永遠（久遠）と現在（今日）、本質（理）と現象（事）などの二元分別的な考えを余すところなく突破・超越し、絶対不二の境地をその窮みまで追及していったもので仏教哲理としてクライマックスのものと評することができよう[38]（傍点筆者）。

現象界は、それ自体「自性」のないものである。永遠の相からみれば、現象は、まったく自性をもたないがゆえに、「それが有る」と把握できるものではない。しかし、「空」（これは決して「無」と同義ではない）に支えられた現実として永遠の相を示す。この境地を示すことが絶対一元論の立場なのである。これに対して、キリスト教は、常に「個」として、あるいは「有」としての人間（魂）を想定し、絶対的「有」としての「神」を常に意識することから、人間の立場が明確に区別されていく。鈴木正三が指摘し批判した、キリスト教は「実有の見」のみを論ずるという結論の根本にはこうした論点が存在する。しかし、仏教思想には相対的二元論を決して許容しない思想の核が存在し、かつ徹底した顕現的相即論（顕在的相即論）を展開する。私たちの眼前にある「万象」

は「本覚真如」の顕現であり肯定である。そうした見方からは、生と死は「無来の妙来、無生の真生、無去の円去、無死の大死なり。生死体一にして空有不二なり[39]」と謳われる。また、本覚思想の観点からは、時間と永遠についても、二元相対が克服される。「ただ今、この瞬間に永遠がつかまれる」とし、久遠即今日という表現が用いられる。無常は無常そのまま常住であり、衆生は衆生そのままでよしとされ肯定される。「衆生を転じて成仏すとは云わざるところなり。衆生は衆生ながら衆生、仏界は仏界ながら仏界、共に常住と悟なり。全く取捨なき故に、増減なきなり[40]」。

こうした二元相対的立場を克服する絶対一元論の立場を突き進めれば、「草木悉く仏性をもつ」という成仏説からすすんで、草木はそのままでよく、「成仏」という言葉すら無用であるとする、本覚思想の結論が導き出される。

この本覚思想を裏付けるのは一切が「自性」をもたない「空」として、増えることも減ることもない、絶対的な境地にむすびついているとする「空」観が支えるものである。「空」とは、けっして「無」（なにもない）ということではない。それは、サンスクリット語の「0」（zunya; sūnya）の意味する、完全な相であり、万象をささえる本来の姿である。そこに、この世の様々な現象の「否定的契機」がふくまれているからこそ、すべては止揚され、存在そのものの「空」へと結びついている。このように考える仏教思想、とくに日本の中古天台が練り上げ、その後、日本人の思想と生活の隅々にまで浸透することになる「本覚」思想が、人間の「個」を主張するキリスト教と全面的な対決要因となることは必然であったといえる。諸相実相は「空」である。それを無視して、人我見に拘泥して「個」の論理を進めるキリスト教の思想は、「実有の見をもっぱらとする」邪見であるとした、鈴木正三の批判は、ここに十分理解されるのである。

（3）「始覚門」と「本覚門」の区別

人間が「救い」の状態にあるとは何を意味するのか。それは、人間の努力で獲得するものなのか、人間の本性においてすでに成就しているものなのか。この観点で、本覚論の人間理解はきわめてユニークなものとなる。眼前の事々物のすがたこそ、永遠な真理の活現のすがたであり、本来の覚性（本覚）の顕現したという意味として、本覚思想にはじめて本格的な論考を加えた島地大等（一八七五―一九二七）は、日本思想史における本覚思想について、それが日本独特の展開をみせた特徴があり、多くの仏教思想にきわめて深い影響を与えたことを次の言葉をもって紹介している。

支那仏教中一部の禅を除きては、余は全部実際上始覚門に属するものと考へらるるのであります。ただ、達磨系の禅法だけが支那に在って最も本覚門の信仰に近いかと思うのであります。転じて日本に置きましては外国仏教の移植に過ぎざる寧楽の六宗は何れも始覚門に属する事は勿論であり、平安朝初期の天台や真言と雖も矢張始覚門に近いのであったが、その晩期の所謂日本天台、高野の真言に至って始めて本覚門に属すべきものとなり、下って鎌倉時代の親鸞聖人の真宗、日蓮上人の日蓮宗が真に本覚門の信仰を鼓吹されたものと思うのであります[41]（本引用について旧漢字、旧かなづかいをできるだけ現代的用法に改めてある）。

そう前置きした上で、島地大等は、「本覚門」と「始覚門」という、仏教の根本的な二つの「救い」についてのアプローチの違いを以下のように簡潔に対比して示している。（以下、大文字のアルファベットと小文字のアルファベットは対をなす。）

〈始覚門の信仰〉

A　「始めて覚る信仰」—すなわち現実から遠く離れた理想に向かって努力精進し、多劫を経て漸く理想に達する宗教。

B　「従因向果の信仰」不完全な状態の現実我を自覚して歩一歩理想に向かって進むを従因向果と云う。

C　「行前信後」の法門。

D　「始めて覚る」。

E　絶待の理想を現実から全く隔たった遙遠の天に認めその理想にむかって現実を出立して奮進健闘し、修養を進め、多劫の訓練を経たる後、漸く絶待理想地に到達する。

F　覚ると云ふことが（他力門では救ふと云う）が多劫訓練を経たる後、始めて得べき事実。修養期に立てる者の立場では、未解決の状態にあるから始覚と云ふ。

G　現実から歩一歩「理想」に向かう道程が全部因。凡そ世界にあって凡ゆる法律・道徳・倫理・教育・哲学・宗教、一切のもの何物も、この形式に属さぬものはない。

H　現実と実在との別観的立脚。

I　信仰は漸悟的にして、その実践要件は複雑。

J　社会的な程度は理想主義、出世間的。

K　人生観は悲観的。

L　倫理道徳の観念は律法主義、好んで倫理道徳の規範を客観的に見ようとする態度。

〈本覚門の信仰〉

a 「本より覚る信仰」、すなわち理想を遠く見るのではなく、現実の中に実現する宗教を言う。

b 「従果向因の信仰」。

c 真宗術語の「信前行後」の法門。

d 「本より覚る」。他力門では「救はるる」

e 理想を前の方に置かずに、理想を後に背負うとでも云ふべき態度。

f 現実を理想直下の内容とみるので、これから多却の訓練・修養を経たる後、始めて解決すべきものではなく、すでに、永遠の過去に解決されたとなし、既解決の理想から無限に現実を生み出す信仰。

g 理想を久遠の古に在りて解決せられたもの既解決のもの、現実はこの理想から今日已後に無限に顕れて来るもの故、寧ろ未解決に属するものと云う訳になる。
本覚門に於ての理想なる語は全然意義を異にしている。理想は時間的に寧ろ過去に属し、事実以上に大事実である。これから多却の修養を経て後、絶待地に入るのではない。絶待地の証悟は既決の問題。本覚即ち「本より覚れるもの」は「本来の覚者即ち仏陀である」。

h 現実と実在との同観的立脚。

i 信仰は頓悟的にして、実践要件は簡単。

j 社会的態度は現実主義的。

k 人生観は楽天的。

l 無律主義に立ち、倫理道徳を主観的に見て超倫理・超道徳の主張に立つ。

以上の対象で、本覚門と始覚門の大方の区別は見当がつくと思うが、島地大等の思想の中から、キリスト教と仏教の対比として重要と思える発言が続く。それは、倫理実践のあり方の違いの説明であり、始覚門の立場にたつといえるキリスト教倫理に当てはまる内容である。

始覚門は律法主義、本覚門は無律主義と云ふことは、前者は修道の向上要件を客観的に権威あらしめ、好んで自ら之に囚れ、律法の城塞に據って罪悪の衝動を逃避する態度に在ると云ふのであって、之を古来の仏教学語で「絶理断妄」と云ひ或は「対活断惑」と云ふのであります。本覚門の無律主義とは律法を無みし非とする意に非ずして、之を要せざるの意であって、要は、禅の所謂「大用現前不存規則」底を云ふのでありまず。真宗に所謂「終日能行すれど所行海を出でず」と云ふもの。亦これと同趣に帰すものであります。絶待信仰の活動ゆえ、善は善ながら規となり悪は悪ながら則となる。云為行動するのであります。規則に依って行動するは始覚門、行動するがままに規則となるのが本覚門である。(42)

以上の「本覚門」と「始覚門」の区別でいえば、キリスト教のアプローチはきわめて「始覚門」に近いといえる。イエズス会宣教師の伝えたキリスト教は、あくまで個人の自由な意志の責任で行われる倫理行動、向上への努力、修徳の深まりを重視していたことは明らかであり、ここに、「本覚門」的日本の宗教観念との対立契機が生じている。

『講義要綱』で提示された、永遠の救いに責任をもつ「実体的個」（不滅のアニマ）としての人間理解と、日本思想に特徴的な「空」に基づく人間観の相違は、こうした観点から、より一層明らかになる。最後の一文にある、

「規則によって行動する」と「行動するがままに規則」という区別は、この世における実際の行動規範として重要な相違である。それは、ただ人間の存在論を言い当てるばかりでなく、「救い」「成仏」に相対する人間の行為を問題としているためであり、そこに、倫理規範、倫理行動に対する人間の選択、積極的なとりくみの問題が生じているためである。逆にいえば、「始覚門」的キリスト教の倫理観は、ここに「本覚的」日本仏教思想と対立的に意識される契機を含んでいるということである。「本覚門」は、そうした倫理行為への選択を問題としないところに、「個」にある自由な意志の選択の結果としてあらわれる永遠の賞罰という問題を強調しようとする宣教師たちの教えとまったく逆の態度を見いだすこととなる。

中古天台において練り上げられた「本覚」論は、大陸の仏教とは一線を画す日本独自の展開が加えられたものであり、日本特有の思想としての位置づけが可能なことは疑えない。イエズス会の宣教師は、インドやその他アジア各地において、「デ・アニマ」に示された人間論を教理として教えつづけた。もちろん、仏教との対決も数多く経験したにちがいない。しかし、日本以外には、このような徹底した対立を十分に経験しなかったのではないか。その仏教思想の中にある「本覚」的な要素は、日本においてはじめて綿密に磨きあげられ、「始覚門」的な立場をとるキリスト教倫理とはまったく相いれない立場として現れたがゆえに、日本においてその対立観点が明らかとなった。すなわち、ここにキリスト教の「始覚」的、倫理強調の姿勢は、はじめて徹底した反論にでくわしたといわなければならない。そのために、宣教師たちは、これまでの宣教地にはみられなかった、よりトーンをあげた、人間の「個」(アニマ)としての存在論と、その根拠(魂の不滅)を強調せざるを得なくなったと結論することが可能であると思う。

三　キリシタンが理解した「本覚」論

以上のように一六世紀の日本思想史のなかで重要な位置を占めた本覚論は、キリシタンによって具体的にどのように捉えられていたのだろうか。そもそも、キリシタンにとって、宣教師たちが説く教えと対立するようなものとしての本覚論の把握があったのかどうかをみるべきであろう。もちろん「本覚」という言葉を直接用いないとしても、日本宗教の特徴的な思想形態として言及しているものは少なくない。日本人キリスト教徒が著わしたキリシタン教理書のいくつかの記述には、「本覚」思想の考えかたが仏教理解にとって枢要なものであり、さらに、キリシタン教理とは全く異なる相容れないものとして認識されていた痕跡をみることができる。

そうした理解を示した日本人の代表として登場するのは、またしても仏教に精通していた不干斎ハビアンである。すでに指摘したとおり、ハビアンが『講義要綱』の翻訳にかかわったという推測は、翻訳上のいくつかの喩え話の重複などから確実視されている。この人物がまだキリスト教に留まっていた頃著した、キリスト教護教書『妙貞問答』は、『講義要綱』に展開されたキリスト教の根本理論を土台とし、その同じ観点と理論によって、目の前の仏教説の批判に向かっている。(43) そのまったく同じ土台のうえに、論理を逆転させた上で、「排耶書」である『破提宇子』が書かれている。したがって、日本人キリスト教の「本覚思想」へのもっとも重要な理解はハビアンに見いだすことができる。

諸宗何モ、極テハ、仏モ衆生モ地獄も極楽モナシト云処ヲ、宗々ニ名ヲカヘテ色々ニ申斗也。禅ニハ本文ト立、天台ニハ真如ト云、法相ニハ円成実性トモ名付、三論ニハ空ト云。是何モナキ処ノ名也。シカレハ、浄

土宗ノ四義ノ第一ナル実体ト云モ、是、即ナキ物ノ唐名ニテ侍リ。(44)

仏教の諸宗派は、突き詰めればいずれも、仏も人も地獄も極楽もない（絶対不二の境地）というところを、宗派ごとに様々に言っている。禅では「本文」といい、天台は「真如」とし、また法相は「円成実性」と、三論は「空」といっている。そして、浄土宗も「四義」の第一である「実体」という。これらは、実在しないということをいいあらわした中国語である。

これは、不干斎ハビアンが著した『妙貞問答』の一文である。浄土宗の教えを要約した個所で、日本にある仏教各派の教えの根本を整理した一文である。これは、日本人であり、仏教の内容に精通し、かつキリスト教の教理にも明るい人物の著したものとして重要である。仏教の本質は、結局は「一つ」の洞察に帰するものであり、それを「本分」「真如」「円成実性」「空」と言い換えているという。これまでに、「本覚」思想の根本に「真如」という中心概念が置かれていることを見てきたが、ハビアンの理解が正しければ、「真如」とは、鈴木正三の言及にもあったとおり、「諸相実相」としての「空」という概念とまったくおなじ意味内容をしめしていることになる。言い換えれば、仏教の「空」論は、本書でつきつめている「本覚」思想の根本を形づくるという事実をキリシタンであったハビアンがしっかりと把握していたという事実を明らかにする。

さらに、ハビアンは、『妙貞問答』で仏教（八宗とよばれるものと浄土宗・禅宗を加える）の諸派および神道の教理をそれぞれ丁寧に説明しながら、後に批判をくわえるという方法をとっている。その中で、「本覚思想」と直接関連をもつ中古天台、すなわちハビアンが「天台之事」として説明した「天台宗」思想の項には次のように説かれている。

円教トハイカナル教ソト云ニ、仏意相応ノ機ト申テ、仏ノ心ノコトクナル機ニ対シテ、仏ノ内証ヲアリノママニ教ヘタル教ニテ侍ルトソ。ソレトイ〔云〕ツハ、生仏不二、迷悟一所ト申テ、衆生モ仏モ、二ツニ非ス。迷ヒモ悟リモ、只一如ソト悟ラシムルヲ、円教ト申也。所詮、円教トハ一心ノ異名ト心得玉へ。其故ハ、「万法円ニ備ル故ニ、名為円」ト釈シテ、円教トハ十界、三千ノ依正ノ万法、世間、出世〔間〕ノ諸法ヲ円満シテ、カ〔欠〕カル処ナシト誦ルカ故ニ、円教ト云トソ。（中略）又、「只心是一切法。一切〔法〕是心」トモ尺セリ。是則、円教ノ内証也(45)。

「円教」すなわち、「生仏不二、人も仏も、迷いも悟りも、只一如である」との言明は、まさしく「本覚」の絶対一元論の境地を言い換えたものである。「真如」は「円教」に等しく、そうした教えの核心が、天台の根本にあるということである。このことは、次の引用からも理解される。

妙秀。カヤウニ、生仏不二ト聞トキハ、誠ニ仏法トハ何モタウトキ事ハ侍ラス。サレトモ、仏ニハ法、報、応ノ三身ナト、中事アルハ、世ニ有カタキ事トコソ、ウケタマワレ。（中略）
幽貞。其御事也。仏ニ三身ト申事ノアルトテ、是又、与祈〔余所〕ノ事ニテハ侍ラス。真実ハ、衆生ノ身中ニアル事也。是即、寂、智、用ノ三ニテ侍リ。寂トハ、心ノシツマリテ、妄念、妄慮ノ無事(46)。

「法・報・応」の三身は、衆生のうちに「一心」としてある。この言明も、「空」という否定的契機、絶対一元論を土台とする本覚論に通じるものである。そうした理解を示した上で、キリシタンとしての不干斎ハビアンは、次のような言葉で本覚論を批判する。

サレハ、衆生ノ初ニ此華厳ノ説ヲ聞得サリシ謂レヲ尋ルニ、尺〔釈〕迦ノ説法ヨリサキニハ、経ト云事モナク、論ト云事モナク、悟ナト、申ヤウナル事モナカリシカハ、唯自人ハ心ノ教ニ任テ、上ニハ楽ノトコロ、タウトキアルシノアルヘキ事ヲ思ヒ、下ニハ魔界ノ厭ヘキ事ヲノミ思ニ、此釈迦出テ、『三界唯一心、々外無別法』トテ、心ノ外ニハ地獄モ天堂モナシ。タウトキアルシモアル事ナシ。空コソ、即、仏ナレ、ト教ツルカ故ニ、案ノ外ニテ、皆人アキレテ退キタルト見タリ。勿体ナソ。釈迦殿ヤ。性徳ノ人ノ心ニ任セヲカハ、後生ノナキナト、云ル事ヲハ、中〳〵思フマシカリツルニ、ヲノカ心を本トシテ、人ニオシエタルカ故ニ、今ノ世マテモ、後生ハアルマジキソト思フ迷残リテ、人ヲマヨワシ侍也[47]。

したがって、華厳経[48]の教えの理由をたずねると、釈迦の説法より以前は、経典というものはなく、論というものもなかった。悟りなどということすらなかった。ただ、人は内心の教えにしたがって、天上には歓喜の心、尊き主のあることを思い、地下には地獄の嫌悪すべきことがあると考えた。釈迦が世にでて、「三界唯一心、心外無別法」といったとき、心の外には地獄も天国もなくなった。尊い主も考える必要がなくなった。「空」こそ、仏を示すものである。そう教えたとき、意外にも、人々は落胆して去っていった。不都合なことである。性徳（すべての人が本性として具えている先天的な資質・能力）が大切と思っていた人の考えに従えば、来世がないなどということすら、思うこともしない。自分の心が本来のものであると、人に教えを説き続けてきたからこそ、今の世にいたるまで、来世などないという迷いが残り、人を迷わせているのである。

性徳とは修徳の反対語である。すなわち、すべてはもともと仏であるとする立場の人（本覚門的思考の人）にとっては、「空」だけが大事なのであって、来世などと言うことは考えられないことであるとしたハビアンはここに「本覚論」と来世観を重視するキリスト教教義を対比し、本覚論的思考を批判しようとしているのだと思う。つまり、仏教で説く教えの根本は「空」であり三界唯一心であり、キリスト教の想定するような天国も地獄も、創造主としての主も一切ありえない境地であると説くことに難点があるとする。ここで重要なことは、キリスト教の教理理解に精通した人物からは、「空」の言葉で結論づけられる、二項対立に導くものは何も「無い」とする教えへの嘆息がきこえてくる。本章で繰り返し述べてきたとおり、「空」と「無」は根本的に別概念であり、同義とすることは著しい誤解といわなければならない。ここに、ハビアンの批判の問題が見えてくる。この批判がまともな批判になっていないことは明らかである。『講義要綱』のような「アニマ」の不滅、来世の否定を退けることに対する単なる感情的な違和感だけが読み取れる。とすれば、キリシタン側から本覚論の理論自体に対する決定的、効果的な批判はなされなかったのではないか。

また、来世の賞罰という考え方をうやむやにする本覚論的日本人の思考にたいして、ヴァリニャーノは『日本のカテキズモ』の中で、「人間ノ一心即仏性ナリト定メ、心ト仏ト、及ヒ衆生ハ無差別トタテ、人間滅スル寸ンハ其一心トテ即〔チ〕体ナク、彼一仏性ニ帰スルト見ル一寸ンハ、歎クヘキ後生ト云事モナク、現在ヲ離レテ苦楽ノ二モナシトスル也(49)」と同様の慨嘆を述べている。しかし、ここでも、その理論に対する具体的で効果的反論は出されておらず、ただ、残念に思うと一言でまとめられていることは、先のハビアンに同じである。

『講義要綱』は、アリストテレスの原因性の哲学を出発点とし、プラトンの分有論を介在させながら、人間の魂の諸能力とその本質的属性（不滅）を説くことによって、実体としての人間と、それに対峙する「神《デウス》」との間で成立する、神側の「恵み」と人間側の倫理的決断と行動を示すための体系であった。それを統合したトマス・アクィナスによる人間論と神論が、その後のカトリック神学のひとつの支柱を形作ったことは紛れもない事実である。イエズス会宣教師が、日本人の質問に基づいて具体的な現場の討論を『講義要綱』作成時に考慮したとはいえ、トマス・アクィナスの統合の根幹は失われることなく提示された。そこで、予想される日本人の反論は、人間論と神論のアプローチの仕方からくるものである。

ギリシャ・ローマの思弁的論証の伝統を引き継ぐヨーロッパ神学とちがい、日本人（あるいは東洋人全般といってもよいが）のもつ神論のアプローチは思弁や論証ではなく、瞑想であり直観である。東洋人は、神を特定の何か（実体）として示すことより、全体性として把握することを好む。インド仏教における「空」論などは、特殊性よりも全体性・包括性の方向のアプローチである。東洋人の「神概念」は、たとえていえば、数学的に定義された「0」を指し示す。サンスクリットの「空」（zunya: śūnya）は、数字の「0」を示すものである。再三述べているとおり「空」は「無」と同義ではない。したがって、「0」も「無」ではない。むしろ、「無」の対極にあるもの、「無」をよせつけない「真の存在の充満」の境地であり、それ自体増えることも、減ることもない完全の境地である。そして最も重要な要素は、この「空」が否定的契機を含むということである。この「空」は、田村芳朗氏の「自己（人）と対象（法）についての執着（人我見・法我見）を破したもので、人無我ないし人空、法無我ないし法空と（竜樹『中論』観涅槃品第二十五や唯摩経などに）称された」と述べている内容に通じるものではないだろうか。それは主体・客体の区別を完全に止揚ないし超越した絶対の場であり、「客観的にして主体的」であることであるとされる。(50) 諸相実相という絶対的一元論が説かれ、やがて本覚論が日本宗教史上の根幹となる考え方を提示した。

仏教には、キリスト教のような「神」概念がないことは言うまでもない。この「空」として示される内実をみつめてみれば、それ自体は人間の依って立つところ、真の実在を指し示す境地となり、キリスト教が神ととらえるところと遠くへだたるものではないとも言える。私たちの感覚界、現象界は「般若波羅密」の大海の表面に生起する波のごとく、現実相は確かにあるが、それは永続のものではなく、一瞬にして消え去るものである。永遠の実態は、その表面の波を生起させながらも泰然自若としてすべての存在の根底に横たわる大海そのものである。人間をふくめありとあらゆる物質・動植物は、この大海の命を共有している。むしろ、すべては大海そのものである。この大海自体は、増えることも減ることもなく、汚れることもより美しくなることもない完全性、すなわち「0」を示すと考えることができる。その現実を把握するために、「瞑想」、すなわち直観的に本質へと分け入る洞察としてしか、その真実に迫れないという宗教観を東洋人（日本人）はもっていた。

一方、ヘレニズム文化圏の只中で生まれ育ったキリスト教は、その拡大にあたってギリシャ文化圏の「思惟」方法に慣れ親しんだ人々を対象とせざるを得ず、元来、パレスチナのユダヤ的な発想（その大部分は東洋的な包括性・全体性を共有する）を知的理解の枠組みのなかで明示しようとしたギリシャ哲学（ヘレニズム）が、思弁的アプローチによる神概念を、ヘレニズム文化圏での受容を意識して強調したものである。その中枢にあった教えとは、神が「在りてあるもの」（出エジプト記、ヨハネ福音書）、すなわち徹頭徹尾「1」「実体」として啓示される。その意味で、「0」ないし「空」を究極の存在そのものと定義する仏教的思想とは終始相容れない主張となる。

しかしながら、新プラトン主義やトマス以後の神秘主義思想の系譜に見られる「否定神学」的な言明は、東洋的「0」、すなわち否定的契機を含む「真実在」概念の把握の仕方に酷似している。もしも、この「否定神学」

的言明が、キリスト教内でより重要視され、発展していれば、あるいは、日本における宣教師たちが遭遇したような反論は生じなかったのではないかと思う。「神《デウス》」はけっして私たちの「表現形態」にとらわれない、超越した真実在であり、それを表すために「～にあらず」という言明を繰り返すことも、トマス・アクィナスの神学論には認められているところである。しかし、中世以後の正統派キリスト教神学は、つねに「実在論」的神論と人間論を提示することに終始した。結局のところ、「否定神学」の把握は、キリスト教の神学では主流とはなり得ず、むしろ異端的言辞として拒絶されるのが常であった。つねに「1」を論証する思弁が強調されていたキリスト教では、常に「在るもの」としての「神」が追求され、その神との関連において人間が置かれ、その倫理的行為に最大限の強調が置かれたのである。

東洋的「0」のいわゆる「絶対概念」あるいは「空」論に対するキリスト教側の不寛容は当然予想された。そうした観念を共有する日本人に対して、キリスト教宣教師たちの神概念はいかにすれば浸透するのであろうか。受容か拒絶か。その狭間で宣教師たちは苦脳し、『講義要綱』はその結論として書かれたものといえるかもしれない。イエズス会宣教師たちは、本覚論に対する純粋理論としての批判をのべることはなかったが、その帰結にあたる部分、すなわち、本覚論を主張しながら実際にこの世で生きている人々の行動を観察することによって、この論理に基づく人間論、救済論がいかに危うく、真ならざるものであるかを強調するようになったと考える。

四　本覚論的人間理解の危険

本覚思想（絶対一元論）にいう、すべての衆生（天台本覚では「非情」も含める）の救いがすでに成就しているとする人間論・自然観を前にして、キリスト教宣教師は、それらへの決定的反駁をなさなければならなかった。

その理由は、「救い」が成就するために、人間側の作為を決して考慮しない本覚門的思考に対し、キリスト教はあくまで「始覚門」的アプローチを主張しなければならなかったためである。人間の行動、とくに倫理行動は、人間の自由意志の結果であるとする教育的配慮は、キリスト教理の根本を貫くものであった。すでに救いが成就しているのではなく、それはこの世における人間の行動（自由な意志の決断の結果）次第であり、「来世の賞罰」はこの世の生き方の結果であるとすることを、論理的に根拠づける際、イエズス会の宣教師たちは「アニマの永遠性」という根拠を持ち出した。

結果的に「来世の賞罰」の有無の問題を論じることになるが、その基本には、「この世における自由な意志の選択」がクローズアップされていることがわかる。すなわち、「アニマの不滅」を論じるということは、日本特有の本覚思想に基づく人間観への対抗と同時に、倫理規範に則った実際の行動を指導していくために欠くべからざる論点だったのである。宣教師たちは、「救い」の問題としての「恩寵論」的議論を故意に避け（次節に詳述）、日本の本覚思想の立場を十分に意識しながら、キリスト教倫理を徹底して展開していく方法をとった。逆にいえば、本覚思想的人間観、宗教観が浸透した日本人の心に、「実体的個」としての自覚を促すと同時に「神《デウス》」を常に意識させ、認識させる方法が、「倫理行動」以外にありえなかったためと思われる。同時に、「本覚門」的人間理解の帰結に堕落をともなう大きな問題を感じていたからに他ならない。

（1）本覚思想の帰結――倫理的向上・努力の実践問題

先に、島地大等の指摘する本覚門の立場における「無律主義」について言及した。「規則に則って行動するがまま」の始覚門と、「行動するがまま、に規則となる」本覚門の違いが指摘されていた。その際の行動の規範としての「法」と人間の関係を問うことは、教理的分野におけるというよりも、実践的な行動、すなわち倫理学の問題になる。

歴史的な事実として、本覚論的救済観に親しんだ日本人の中には、結果的に、自己の「救い」のための「行動規範」を問題とすることが希薄か、あるいは皆無に近くなるという危惧が生じていた。すなわち、「本来成仏」の存在論、すべては「自性」をもたず、善も悪もすべての二元相対を超えた、絶対一元論を主張するかぎり、結論としてみえてくるのは、修行の軽視、倫理的向上の努力の無用論などの倫理行動面での弊害である。

島地大等は、本覚論の結果として現れた現実問題、すなわち、日本史上、実際にあらわれた弊害を次のように指摘する。

本覚門の信仰は一種の劇剤であって、之を用ふるものは余程注意を要するのである。（中略）真言に「表徳ぼこり」の学弊を生じ、延いて立川派の毒説を見るに到り、天台に『圓頓ぼこり』の学弊ありて後、遂に玄旨帰命を見るに到り、真宗に『他力ぼこり』の弊余は、『法礼募り』『十劫非事』の異義を見るに至りしが何れも其の的證である。[51]

本覚論的アプローチを取り入れた仏教諸派がほとんど例外なしに同様の問題に直面していたことを指摘する文章である。『表徳ぼこり』『圓頓ぼこり』『他力ぼこり』は、いずれも、修行無用論、修徳無用論への結論につながった行動様式であり、実際、室町期になると堕落の様相を示す例が数多みられたようである。事実、持戒を嘲笑し、破戒を肯定する風潮が蔓延したといわれ、僧侶の武装と軍事行動すら正当化されるという、修行者、僧侶の間の倫理的衰退が仏教界に見られた[52]。それは、本覚論的思惟の結論のみを単純にうけとった人々の過ちであるとも考えられる。倫理実践上の問題から、本来あるべき仏教者の行動からの大いなる逸脱が見いだされたのが室町後期、すなわち一六世紀であり、新参者としてのキリスト教宣教師は、日本の既存宗教界に現実にある廃頽・堕落の相と、その思想的背景をいち早く感知したものと思われる。通説にいわれるように、もしも、室町・戦国期に新たに登場したキリシタンが短期間に教勢を拡大した原因が「旧来の仏教の堕落」にあるとすれば、それは、こうした倫理道徳面、修行無用論の面での仏教の逸脱の結果を指し示したものであり、それが一般民衆の救済になんら寄与しない事実がみられたことを指していたものと思える。

(2)「圓頓ぼこり」「玄旨帰命壇」の弊害

圓頓《えんどん》とは、円満頓という天台用語であり、「今、ここに持ち合わせている心に、すべての物事が欠けることなく円満に具え、たちどころに悟って成仏する」という意味である。そして、本覚思想の根本洞察と通じるところがあるが、そうした観念に甘んじて、向上心を失うと、人間の精神と実際行動の両面で弛緩があらわれることを言い表した語が「圓頓ぼこり」である。

また「玄旨帰命壇」は、本覚門の思考を突き進めた結果、実際の歴史上に生じた、完全な逸脱思想行動をさし、本覚思想の核である「徹底した現実肯定」が裏目に出たかたちとなって現れたものである。すなわち、愛欲などの煩悩の達成を目的とした祈祷・儀礼、愛欲貪財の邪教となった。実際問題として、玄旨帰命壇には摩多羅神を本尊とした崇敬が中心となり、灌頂の儀式をふくむ呪術的秘儀が横行し、結果的に「愛色貪財」を人間の本性としての煩悩のありのままの姿ととらえ、避けるべきものと言うよりは、肯定されるべきものと考え行動する逸脱を伴っていることも事実である。

摩多羅三神は「三道三毒ノ体」を表象する神、すなわち主神は「癡煩悩」、脇二童子（中略）は「貪瞋」というように、悟りを妨げる三毒〔貪瞋癡の三煩悩〕を体する神々として意義づけられ、かつ摩多羅三神による「舞」と「歌」は、婬欲熾盛の人間の本性を舞と歌に託してストレートに剔きだしたものである(53)。

こうした傾向は室町時代には顕著であったとされるが、それが中古天台の、あるいは本覚論の結論的顕現のような様相を呈していたのではないだろうか。人間としてこの世に生きていく際に本能的にもつ堕落相そのものを人間の本質であり、なんら避けるべきものではなく、むしろそうした堕落相こそ紛れもない人間本性であり、救いが決定している対象であり、それを積極的に表現していこうとする逸脱が生じていたものと思われる。

「玄旨帰命壇」は、江戸時代中期の天台僧、霊空光謙（一六五二―一七三九）が自身の著書『闢邪編』（一六八九年）の中で徹底批判した後、衰退し消滅したとされる。これは中古天台の事実上の終焉を意味した。中古天台の研究者硲慈弘氏が、中古天台の衰退を江戸期としたのは、その最後を決定づけたのが、霊空による本覚思想を発展させた中古天台への痛烈な批判であったためである。

霊空光謙の中古天台批判には、天台の教相主義にたいする口伝主義の行き過ぎや、教学上、帰命壇とされた理に阿弥陀信仰や禅の公案などの異質要素が加えられたことなどの教義的な弊害が強調されている。天台本覚思想が現代の研究者からほとんど堕落・退廃の思想とみなされている理由として、田村芳朗氏は、秘密口伝のあり方の重視、血脈相承の強調、実子相承、多額の金銭による口伝法門の売買など、現実の肯定から欲望充足の具にもちいられていた現象や、「悟後の無執自然・任運無作の悪行ならば、肯定される」などと平気で語られていた事実を指摘する[54]。

さらに、本覚思想の実践面での危険は「悪僧」の行動にもみられた。平安末の仏教界には、「自己がそのまま成仏しているとする本覚思想が盛んとなった。その結果、持戒を嘲笑し破戒を肯定する風潮が蔓延したばかりか、僧侶の武装や軍事行動すら正当化した[55]」という指摘があるとおり、教理上は理想的な結論だったものが、実際には抜き差しならぬ逸脱にむかっていたことは確かなようである。本覚思想そのものにはよいもの、傾注すべき教えがあるとはいうものの、結果的には、その起源からは想像もできないほどの悪い結果、すなわち倫理観の衰退あるいは廃退を導いた。

キリスト教徒の眼にも、そうした逸脱は看取されたはずであり、偶像崇拝の最悪のケースである「悪魔崇拝」に似通ったものとみなされた可能性がある。キリスト教側で最も忌避されたものは、倫理的規定を考慮せず、人間本性そのままをよしとする思想から生じる集団行動であった。人間の本性そのもの、煩悩や欲望ですら、そのまま救いの対象とされるという思想を、ヨーロッパでは古くから倫理規範からの逸脱、果ては野放図な性的惑乱にいたることをしばしば認め、異端として退けてきた。そうした人間本性そのものを肯定する思想の果てに残されるものは、決して人間の解放でもなければ救いでもない。むしろ、混乱、退廃、そして虚しさであると考える立場がキリスト教の倫理にはある。ヨーロッパの宣教師たちは、日本人にもっとも浸透していた宗教思想上の結論が堕落をともなう危険なものであることを見つめた。こうした観点から、人間の本来の成仏や悟りを説く本覚思想的人間観に対するアンチテーゼとして、実体としての「個」の責任と倫理的努力が強調された背景がしのばれる。

(3) イエズス会神学の実践重視・教育的配慮の重視

「アニマ」の不滅を証明するということは、すなわち、人間の行動（自由意志の結果）が永遠に存続し、その結果の悪は永遠の罰をうけ、逆の善には永遠の賞があたえられるという倫理を示すことである。すなわち、勧善懲悪の勧めである。キリスト教が「教理」を重視する宗教であることはいうまでもない。しかし、時として、「教理」よりは、実践としての「倫理」が優先されることがあり、「教理」とは別に、実際行動上は別の強調点が示されることがある。

『講義要綱』において、人間とは何かとの問いが徹底的に追究され、その結論として神との関係をもつ「個」としての人間存在が浮き彫りにされた。人間は本来「神の似姿」として創造されたという観点でキリスト教は、本覚論の「そのままで仏性をもつ」という姿を彷彿とさせるが、原罪論からすれば、人間の本性は悉く損傷を受けたとする。それを回復したのはイエス・キリストの贖罪のみであり、人間はこのキリストへの「信」にもとづきながら、より良き方向へと自分を律していかなければならない。この点は、次節で述べる「恩寵論」の重要なテーマである。イエズス会は、神の似姿という原初の人間論、「信」に基づく以外に人間のなしえる業はないとする立場を当然のこととして認めるが、現実の人間行動の上に「自由意志」の役割が少なくないことを示すことで、倫理規範を強調した。自由意志論については、さらに重大な問題が含まれているため、次節で論じることとするが、日本における戦乱と堕落相を示した宗教状況を目の当たりにして、自由な意志の選択がより一層強烈な確信になっていたようである。

イエズス会員は、実際の宣教手段として教育的配慮を重視し、人々を勧善懲悪に導く方策を講じなければならなかった。そこで強調されたのが、徹底した「倫理原則」による、現世で「善く生きる」という教育的指針であった。そして、この倫理原則を徹底するために、日本宣教師たちは、世界の他のいかなる地域よりもより一層力を込めて、日本人に説ききかせたようであり、それが、『講義要綱』のラテン語本にはない、日本語本のみの「付加部分」を存在させた。それは、見方を変えれば、「来世の賞罰」の確実性を繰り返し説き、人間がその選択に大きな責任を持っていることを可能なかぎり示そうとする試みなのである。なぜなら、魂は現世以後、永遠に存在するためである。これは、日本の既存宗教に見られる一般的な傾向（本覚思想の背景）に対する、イエズス会神学の現実的反論を形成していた。

なぜ、人はこの地上、現世で「善く」生きなければならないのか。その根拠はなにか。逆に「善く生きない」という結果は何なのか。そこに、神学論というよりは、むしろ、一般のカテキズムで繰り返された、「来世の賞罰」の問題がクローズアップされる。この世で「善く」生きたものは、来世で褒美を得、逆に「悪く」いきたものは、相応し罰を得る。これは、勧善懲悪の現実感覚から引き出された具体的な宣教指針である。実際、目の前に悪行のかぎりを尽くして生きる人間たちがいるにもかかわらず、彼らの悪行は表面にあらわれず、悪は増長されるばかりである。一方、慎ましやかで質素に生きる者もいる。しかし、彼らの行動を評価するものはいない。すべてが、死んで無になり、同じようになるとはどうしても考えられない。隠された真実を知っておられるのは「神」デウスのみである。神は善なる方であるがゆえ、悪人の隠れた悪行を暴き、善人の知られざる良心に報いてくださる。むしろ、現実感覚としては行動に見合った、見返りが必ずや訪れるだろう。しかも、キリスト教は、来世の賞罰に「永遠」という時間的副詞を付け加えている。その「永遠」の時間的賞罰を可能にするのが「アニマの不滅」という神学的根拠であった。この点で、イエズス会のもたらした神学論は、きわめて「倫理・道徳的」教えとなった。理論よりも、実際の「生き方」を示す倫理論的性格を強め、かつ、人々にもそのようにうけとめられていたのである。

五　慧遠（東晋）「神不滅説」と倫理規範強調との類似

人間の「アニマ」は特別の能力をもち、身体が滅んだ後（すなわち死後）も「不滅である」。そう主張しながら、この世における人間の現実を洞察し、「来世の賞罰」を意識させることによって勧善懲悪の倫理的な人間行動の規範を遂行させるのが、一六世紀、日本イエズス会宣教師が説いた教理の帰結であった。

以上のように、『講義要綱』本文とその付加部分から導きだされた、イエズス会神学の人間論とその提示背景（日本的宗教心と倫理規範の問題）は、キリスト教に特有の考え方のようである。しかし、キリスト教以外にも類似の思想を指摘することができないわけではない。「魂の不滅」と「倫理の強調」が対をなしていることはキリスト教に限られたことではない。実は、中国仏教思想において、四世紀から五世紀における東晋の慧遠の教説がそれにあたる。中国仏教思想史上、イエズス会宣教師が『講義要綱』で示した理論ときわめて似通った思想が存在していたことは興味深い事実である。

慧遠は、東晋後期、南方仏教界で最も影響力をもった廬山東林寺の仏僧であり、北方長安の鳩摩羅什の僧団と交流をもっていたとされる。その博識は、仏典ばかりでなく広く諸家の著書に精通したために獲得されたものであり、伝統的な思想文化と仏教ならびに、あらたに中国の支配者となった王権や封建社会の上層部との関係を保ちながら独自の宗教体系をつくりあげていた。同時代のヨーロッパ思想界では、ゲルマン諸族の移動による混乱期の中、ヒッポの司教アウグスチヌスがドナティスト論争に決着をつけ、ペラギウス論争に移行する頃にあたる。慧遠は、仏教史上、きわめてユニークな理論を展開しつつ中国で生き活動した[56]。なかでも「神不滅説」から勧善懲悪の倫理規範を強調する方法は、仏教思想史上きわめてユニークな存在として記憶されている。

その著書『明報応論』と『神不滅論』にみられる、勧善懲悪の倫理的規範を強調するに至った論理構造が『講義要綱』の指し示したものに類似する。その思想は仏教思想の中でも特異なものとされ、中国に移入された仏教が、当時の既存宗教との対話によって変容していった様を跡づける上で重要とされている。同様に、日本の既存宗教思想のなかに分け入った「キリスト教神学」が、外面上ではあっても、同様の結論を示したことについて、看過できない考察課題があるように思う。

『慧遠研究』において、その「報応論」をまとめた梶山雄一氏によれば[57]、中国大陸に仏教が伝播され興隆を見るのは、漢民族の絶対的支配体制が崩れる五胡十六国時代以後、外来文化への漢民族における抵抗が薄れた時期である。群雄割拠する貴族層（漢民族以外）に仏教が拡がっていた。仏教の浸透とともに、従来の漢民族の文化要素と、新しく伝えられた仏教思想の調停のための論争が続けられた。著名な論争としては、インドにおけるバラモンとの関連でいわれた「有我論」と「無我論」の対立があった。中国においては伝統的な中国思想家たちが、無我の立場から人間論を構築し、精神はやがて滅亡すると説いたのとは逆に、仏教思想家たちが、精神は実在し不滅である「個」としての立場（神不滅論）を支持するという奇妙な逆転がみられた。「無我」を前提としながら「有我」的「精神不滅論」を説くという矛盾を中国仏教思想家たちは解決しなければならなかったのである。その矛盾を解決させたのが、『涅槃経』にみえる「すべての衆生の本性は仏性を有する」という思想であり、真の我、法身、涅槃であるとする立場であった。「我」は普遍であるということから、「我」としてとらえられる「不滅の神」と仏性が同一視されるにいたった。そうした中にあって、「神」の不滅を特に強調したのが慧遠であった。肉体は精神が宿る仮の姿にすぎず、肉体が消滅しても精神は不滅であるという「神」不滅論を提唱した結果、この不滅の「精神」、つまり「魂」が仏教流の輪廻転生を実現させると考えられた(58)。

慧遠の用いる神不滅論の中の「神《じん》」という用語は「識神」「精神」の意味であり、仏教語としては「霊魂」「たましい」などを含み「我」に等しい語である。『講義要綱』の示す「アニマ」あるいは「魂」に相当するものと考えてよいものである。また「識別作用」という意味もあり、知性と意志をもって人間の行為を定める「アニマ・ラシヨナル」に相当する。すなわち、実在としての「精神」あるいは「魂」のことである。魂の不滅と因果応報の立場が中国仏教の中でテーマ化され、ながく議論の的であった事実を確認しながら、「精神」あるいは「魂」の不滅は、因果応報や勧善懲悪の根拠になった事実が、キリスト教ばかりでなく、他の思想史上にもあらわれていたことに注目したい。

「沙門不敬王者論」(形盡神不滅第五)で、慧遠は、荘子などの用例を巧みに持ち出して質問する、易経の陰陽の理に通じたある人物(すなわち当時の典型的な中国知識人)の質問に答えるかたちで、霊魂の不滅を解説しようと試みている(59)。慧遠はそこで、「精神」(霊魂)についての自説を展開する。

一体精神〔霊魂〕とは何であろうか。それは〔陰陽の気の〕精純さの極致において霊妙なはたらきをもつに至ったものである。精純さの極地であるから、それは易の卦象では表現することの出来ないものである。

だから聖人はこれを「物より妙なるもの」、すなわち万物の中で最も霊妙なものとよぶのであって、いかにすぐれた智者でも、その形状《かたち》を定め、その奥深い趣を窮めることは出来ないのである。〔中略〕そもそも精神というものは、あらゆる変化に自由に応じながら、とらわれることなく、この上なく霊妙で、言葉には説明することの出来ないものである。それは〔外〕物に感応してはたらき、理数としてあらわれながら運行する。外物に感応はするけれども、物そのものではないから、物は変化しても〔物と共に〕滅びることはなく、理数としてあらわれはするが、理数そのものではないから、理数は盡きても窮まることがないのである。〔中略〕万物の生滅変化〔輪廻〕は、情のはたらきによって生起し、精神〔霊魂〕は〔情によって起こる〕万物の生滅変化〔輪廻〕によって伝わっていくことが分るのである。すなわち、情は万物変化〔輪廻〕の母胎であり、精神は情の根源である。情には〔外〕物が會《まじわ》る〔物に感ずる〕という理法があり、精神〔霊魂〕には冥冥の中に転移していくという功用がある。ただ、大悟徹底したものは〔生滅変化の〕根源に反〔って〕精神〔霊魂〕の不滅を知〔る〕るが、道理に惑った者は物〔の世界の変化だけ〕を逐《お》いまわして精神〔霊魂〕の不滅を悟らないのである。〔中略〕

ところで論者〔あなたは〕〔中略〕〔気の〕聚散が一度の変化で終わってしまうと誤解して、神霊の世界にこの上なく霊妙な精神〔霊魂〕というものの存在することを思わず、精〔なる気である精神〕も、粗〔なる気である肉体〕も一緒に滅びてしまうと考えるが、なんと悲しいことであろうか。(60)

大悟徹底した者とは生滅変化の根源にかえって神の不滅を知ったものとされ、道理に惑ったものとは、世界の変化だけを追い回し、神の不滅を悟らないものとされている。

ここでキリスト教のいう「アニマ・ラシオナル」と慧遠の言う「神《じん》」とが、かならずしも完全に一致するものではないとしても、慧遠は、神身交渉論を説くことによって、肉体にあたる「身」と「アニマ」にあたる「神《じん》」とは全く懸絶されたと考えられるものではなく、また同質で聚散を共にするものでもなく、五蘊を超えたなんらかの霊妙なものとしての「神《じん》」（すなわち『講義要綱』の指摘する「スピリツアル」なもの）と、滅ぶべき形（肉体）は一体をなしているとする。その一体ゆえに、人は無知と煩悩に迷う肉体に拘束される限り（輪廻の状態）神と形は相互に影響しあうということになる。もしも、この輪廻を断ち切ることができれば、神は形に拘束されない。したがって、形に拘束されるかぎり（すなわちこの世で肉体をもって生きるかぎり）、人間は、つねに勧善懲悪をこころがけ、ひたすら倫理的な生きかたを選択し、全うする必要があると説くことで、慧遠の「神不滅論」から因果応報論に結びつく契機を与えている。

人之難悟其日固久。是以仏教本其所由、而訓必有漸。知久習不可頓廃、故先示之以罪福。罪福不可都忘、故使権其軽重。(61)

人の悟し難いことは、固《まこと》に久しいものがあります。だから仏教では、その由って来る根本に本づいて、〔衆生〕を訓《おし》えみちびくのに、必ず漸進的な方法をとります。〔仏〕は久しきにわたる衆生の習癖は、頓《にわか》に廃《すてさ》ることの出来ないことを知っていますから、〔いきなり深遠な道理を説かずに〕、先ず衆生に罪福の報応を示すのであり、〔また〕罪福を全く忘れてしまうことは凡夫にとっては不可能であるから、その軽重を権《はか》らせるのです。

〔大衆に対しては生の働きの道を説く必要があり、勧善懲悪に従わせ、徳を積むことを教える仏教の因果応報の理で

ある報応論を勧めることが必要）

慧遠はこうして、神不滅論と神身交渉論から、勧善懲悪の現世遂行を果たして、来世に輪廻のくびきを絶つことが可能とするのである。

慧遠が神《じん》（霊魂）の不滅の帰結として、「勧善懲悪」の「因果応報」を説くのは、「聖人（仏）が迷滞《まどい》があるという事実に本づいて報応の存在を明らかにしたのであって、衆生の迷滞に即して報応を与えるということではない」というくだりである。つまり、慧遠は、あくまで、人間本性の悪しき有様について語っているのであって、応報を強調するためではないということである。応報は人間本性のあり方の結果であるゆえ、すべての人間には避けて通ることのできない性である。だからこそ、迷滞《まどい》から逃れるような救いを論じるべきであって、この迷滞こそ取り去るべき目標であって、結果としての勧善懲悪は二の次のことだと主張したいのであろう。しかし、それは多くの人にとって重要なアプローチを提供する。仏法を知ろうとする初心者にとっては、それでも因果応報の教えは必要であり、より進んだ仏法の真の理解者は、その本質的かつ重要な事実に気づくということである。だとすれば、ここでも、勧善懲悪、因果応報とは、教育的配慮によって、いわば「方便」として用いられていたということがわかる。本質へいたるための、初歩的アプローチであるという、まさに『講義要綱』が強調したおなじ論法が用いられていることを確認できるのである。これは、四世紀から五世紀にかけての、仏教の中国伝来期における受容者に、為政者や貴族が多数存在したという社会的背景からも理解できる。新しい教えは、当初は、人々に理解しやすく、受け入れられやすい形にしなければ浸透しなかった事実を物語る。とはいうものの、慧遠は、人々をその先へと連れていく努力をやめず、そのことをしっかりと心に留めさせている。それは、やはり、当初は、倫理教育的な配慮としてしか、人々が仏教を受け入れようとしなかった事実の裏返しなのであろう。

〔心の善悪を験《たしか》めることと自己を他人にまで推し及ぼすこと〕をともどもに立派に行っていけば、情に係《とらわ》れることがなくなりますから、賢者を尊び、衆生を受け容れ、己の心に思いやりの気持ちを抱いて〔他人を〕安楽にし、遠く罪福の報応を明らかにし、生死流転の迷いの世界を脱することができます。既に迷いの情《こころ》が消滅すれば、大いなる真意を説いた〔仏の〕言葉を暁《あき》らかにすることも出来、生を保持しようとする累《ぼんのう》を断ち切ることも出来るのです。一体、生に執着する煩悩は、中等の賢人でもなかなか断ち切ることが出来ないのですから、どうして普通の智恵しかもたない人間にそれができましょうか。(62)

『講義要綱』が示す、「アニマの不滅」、アニマの実在として、あるいは「個」としての性格、およびその「不滅」から演繹される、来世の賞罰、そして倫理規範の必要性は、ここに示された慧遠の思想に近似していることがわかる。「身体の拘束を離れた神、無身の神を法身・涅槃とおなじであるとした」慧遠の思想は、無我と空をもっとも徹底させた大乗仏教――この時代の中国では主として般若経類と中観派――の立場からは是認され難いとされるが、この論点はまさに、鈴木正三が「実有の見」と「諸法実相」にもとづいてキリスト教を批判したのとまったく論理展開を同じくするものである。慧遠の思想は仏教思想としては、その後の中国仏教史上では大きな展開をみせなかったものの、中国仏教の特色を形成するための最初にして最大の要素であったことが認められている。

「神不滅説」の結論が、勧善懲悪を勧める倫理的規範の根拠となったプロセスと重なることを、宗教史上まったく環境は異なるとしても、一例として確認できた事実は、本章の結論を支える意味で貴重な史実である。アニマ不滅を強調することが、必然的に倫理規範の強調に結びつく経緯は、キリスト教理のみならず、仏教にも存在することは興味深い。ただし、慧遠の示した「神不滅論」とキリスト教との間に根本的に存在する相違は、輪廻転生の考え方、則ち時間論に示されている。

六　キリスト教理と因果応報の相違――「永遠」の問題

来世の賞罰の問題について、日本人的感性は「因果応報」から理解は可能であるが、決定的な相違として受け入れがたいものとして、その状態のとらえ方、すなわち時間感覚としての「永遠」の問題がある。理性的魂の決断の結果、来世の「永遠」の賞罰が決定する。宣教師は、この考えを基に、最後の審判などを殊更強調した。いわゆる「四終」概念（天国・地獄・死・審判）である。これはあくまで、この世で善く生きるという選択をおこなうための倫理的教訓であった。しかし、来世に関していえば、「永遠の」という副詞的付加に、日本人は大きな違和感を覚えたのではなかろうかと思う。

仏教にいう「因果応報」は過去・現在・未来（前世・現世・来世）へと輪廻を繰り返す衆生があり、その生存の領域が五道または六道と言われる。[63] 三世応報と言われる所以である。六道輪廻の世界は、やがて超出することを前提とされており、それが「解脱」ないしは「涅槃」と呼ばれる境地であり、「悟り」（菩提）の同義概念とされる。[64] これは、ある意味で、永続する「魂」が前提とされている表現であり、「神《じん》」が肉体をはなれても滅しないという慧遠流の考えも、日本人の多くは共有できないであろう。問題は、「永続」という時間感覚である。

一方、キリスト教の概念によれば、神《デウス》に対峙した個としての人間は、創造された瞬間である現在（現世）と、この世を去って（肉体が滅んで、アニマのみが機能する）未来、すなわち「来世」であり、その世界は、直線的かつ一回性のものであり、かつ来世は「永遠」である。

源信作『往生要集』の「厭離穢土」に示される「六道」（地獄・餓鬼・畜生・阿修羅・人・天）は、六道絵などによって、中世日本人の宗教心に深く刻印された概念であるが、穢土の七相の最初におかれた「地獄」（等活・黒縄・衆合・叫喚・焦熱・大焦熱・無間）の苦しみの表現において、キリスト教の「地獄」の観念と決定的に違うところがある。それは、その状態がいかに長くつづくといっても、けっして「終わり」のない「永遠」の状態ではないということである。たとえば、第一の等活地獄には「人間の五十年を以て四天王天の一日一夜となして、その寿五百歳なり。四天王天の寿を以てこの地獄の一日一夜となして、その寿五百歳なり。殺生せる者、この中に墜つ」と、その期限が必ず示されることを特徴とする。こうした時間感覚は、五劫思惟して阿弥陀如来となった法蔵菩薩を想起させる。すなわち「劫」という単位は、時間を意味するのではなく、永遠に近い意味をもたせていることはあきらかである。しかし、東洋人は、終わりなき「永遠」という観念をついぞもたなかったのではないか。これは「輪廻」をとおして人間の未だに「救い」を成就しない内的状態を示すものであり、源信はここにその円環的閉塞状態を断ち切る唯一の否定的契機としての「念仏」の利益の重大さを説いた。「厭離」という言葉には、そうした否定的契機がはっきりと意識されている。地獄は人間を離れてあるものではなく、人間の一つの側面であり、地獄の描写のうちに人間の諸相が見いだされる。源信は人間のうちに潜む地獄を描写したのであり、人間そのものをみつめようとした。そして、仏教においては地獄に堕ちた悪人といえども、いずれ時を経た後、救われる可能性を残している。生あるものは必ず死ぬという無常の姿を示すとともに、その厭わしい姿から離れるために「仏」に帰依しなければならず、その手段として念仏の利益が説かれる[65]。その念仏の近づき易さが多くの人々を「救う」のである。「念仏を勧むるは、これ余の種々の妙行を遮せんとするにはあらず。ただこれ、男女・貴賤・行住座臥を簡ばず、時処諸縁を論ぜず、これを修するに難からず、乃至、臨終の往生を願ひ求むるに、その便宜を得ること、念仏にしかざればなり[66]」という。こうした日本人の死生観の根本を示した六道輪廻の考え方は、ひたすら「救い」を想定した人間の内的状態を描写するものであって、地獄も穢土も永遠の実在と捉えられていない。人間はそうした内的状態から否定的契機によって止揚されるべき存在であることがここでも指摘されている。

一方、キリスト教における、「アニマ」の自由意志の結果である「地獄」の状態は永遠の現実として終わることのない境地として「魂」に課せられる。悪の結果の罰は、すべて「有限」「有期」ではなく、人間の内的状態をさしたものでもなく、永遠の現実とするキリスト教の来世観についての抵抗が強く意識されたことは当然予想される。敗者復活のない終わりのない罰という考え方への抵抗は予想以上に大きいものであったのではないか。しかも、それが、この世の人間の自由な意志と決断の結果だとすることは、本覚的思想に慣れた日本人にとって、決して受け入れがたい境地であったにちがいない。このあたりに『講義要綱』に示された魂の区分とその不滅性への批判が凝集されている。

慧遠の示した「因果応報」の思想は、中国仏教においては、その後、大きくとりあげられることはなかったようだが、一六世紀末、中国の宣教師として赴き、中国語によってキリスト教教理を解説しようとしたマテオ・リッチの『天主実義』が、「輪廻転生」と「霊魂の不滅」を解説したとき、慧遠流の考え方が中国思想史上に未だに影響力をもっているかのような口調となっている。そして、キリスト教の説く、現世・来世の関連と、三世因果論は完全に異なることを紙幅を割いて説明する。

西士が言った、「古代、我がヨーロッパにピュタゴラスという学者がいました。（中略）その説はこうです。不善を行う者は必ず来世において再び生まれて報いを受ける。艱難や貧賤の家に生まれたり、鳥獣の類に生まれ変わったりする。暴虐な者は虎や豹に、驕傲な者は獅子に、淫色な者は犬や豚に、貪欲な者は牛や驢馬に、盗人は狐や狸、山犬や狼、鷹や若鷹などに生まれ変わる。必ずやそれぞれの罪悪に応じて生まれ変わる。（中略）。ピュタゴラスが亡くなって以後、その発言を継承する門人は多くありませんでした。その時期に、彼の発言はたちまちにして国外に漏れ、インドに伝わりました。仏教徒は新しい説を打ち立てようとして、この輪廻の説を継承し、これに六道の考え方を加え、ありとあらゆるでたらめを説き、書物を編集して経典としました。数年後、中国人がインドに渡ってこの経典を中国に伝えました。これがその〔三世六道輪廻の〕来歴であり、信ずべき真実の伝承も、依るべき真実の道理も全くありません。インドは取るに足りない土地で、中国と同等ではありません。礼節制度もなければ徳行の気風もありません。諸国の文書もことさらこのことを問題にもしていません。どうして広く世界に示すに足る説と言えるでしょうか」と。(67)

前世・現世・来世の三世と輪廻および因果応報の説がピュタゴラスを起源とする説明は興味深いがそれを裏付ける手立てはない。しかし、中国人はそれをインドから移入し、中国の仏教の中にとりいれたとする指摘は、たとえ五世紀の慧遠やその後の仏教思想家のことを直接意識して言われたものではないとしても、イエズス会の中国宣教師たちの中国仏教に対する一つの洞察を示すものであろう。この引用は、因果応報説の来歴を述べるにとどまり、その反駁を具体的根拠をもって示すわけではなく、正当な批判とは言い難いものの、キリスト教と仏教の来世観の相違の根本を鋭く示している点で重要である。こうして、中国においては、イエズス会宣教師は「霊魂」の不滅という説と来世賞罰を説きながらも、慧遠らの言う「報応」論とは一線を画しつづけたことが読みとれる。その根拠は日本における事情と同じである。

キリスト教にとっては、「現世」と「来世」しか考慮されず、「前世」はまったく認められていない。円環というよりは直線的時間論を強調した。また、時間観念の問題として、先に示したとおり「永遠」という概念が決定的にちがうことが見てとれる。

第三節　「救い」についての神と人間のかかわり――「恩寵と倫理的努力」

先に、島地大等による本覚門の特徴の説明を引用した際、「(日本仏教はそれ以前はすべて始覚門であったが)日本天台、高野の真言に至って始めて本覚門に属するべきものとなり、下って鎌倉時代の親鸞聖人の真宗、日蓮上人の日蓮宗が真に本覚門の信仰を鼓吹されたもの」という一文があった。すなわち、本覚論的な表現にいう、「すでに救いは成就している」あるいは「救わるる」という境地は、阿弥陀を救いの主体と考える真宗教義において、人間側の徹底した「受動」の姿勢を強調することとなる。これに対して、イエズス会『講義要綱』で示される自由意志による、人間側の行動の重視とは全く相容れない主張となって現れることとなった。浄土真宗の根本教義とイエズス会の自由意志を認めて神の恵みに協力するという態度は、「本覚論」的主題によって、対立軸を現したといえる。

一　問題の所在

プロテスタント宗教改革やトリエント公会議をすでに体験したヨーロッパのイエズス会員は、日本において、本覚思想と同じく、人間の自由意志とその選択の余地という教育的配慮を阻む、もう一つの障壁があることを悟るのに多くの時間を必要としなかった。やはり本覚論的な地盤に立脚しながら、それを一歩すすめ、独自の展開をもって人々の心をつかんでいた宗派が日本に存在していることを知るにおよんだからである。阿弥陀一仏への絶対的信頼と帰依を説く浄土真宗系の教理の中にその問題は見いだされた。それは、日本固有の問題ではなく、ヨーロッパ・キリスト教世界においてもながく議論の的となった「恩恵論」の論点を彷彿とさせる。この場合の中心論点は、自己の救いに関わる「他者」（デウス・阿弥陀）という主神崇拝的対象を明確にした宗教的思惟のゆえに生じる「救い」の発端にある主体の問題である。

唯一の神すなわち一ないしは主神崇拝的神格と人類すべて（衆生）が結びつく接点は、「救い」という局面である。唯一の神が存在し、この世に生きる人間を何らかの方法によって「至福」の状態に至らせる。それが救いである。この問題を突き詰めると、キリスト教においては神の恵み（恩寵）と人間の自由意志の問題という、古来論争が繰り返された争点に帰着する。

キリスト教における救済論を手短に要約すると、人間の救い（至福の状態に入ること）は、全面的に神の与える「恵み」（gratia）によるものであり、人間は、神の前で、救いに結びつく（功力のある）行為は自分自身からは全く何もなしえない、あるいは救いをもたらすために人間の側の業は一切役に立たないという立場から、神の側の業を全面的に信頼し受け入れる態度をとる立場が考えられる。あるいは、神の業は圧倒的に与えられるのであるが、それをうけとり功力（merit）を生じさせるのは（功徳にむすびつかせるのは）人間の意志による業であるという立場が考えられる。すなわち、神の全面的な業のみによる救いは、結局のところ、人間の自由意志の発露による神への愛に基づいた業にならない。むしろ、神への愛は人間が積極的に、自らのもつ自由な意志によって選びとった結果尊ばれるとする立場である。

これら二つの立場は、仏教の「他力」と「自力」の立場の相違に似通ってくる。絶対他力の立場を親鸞は二種廻向（他力廻向）という教義によって説明した。本願成就文は、親鸞によれば「至心に廻向したまへり」と訓があてられる。すなわち、如来の救済の絶対性・一方向性を説くために、救いの業が如来の側の業であることを強調するために、親鸞はそう解釈したのである。人間が救済について何らかの協力を行うことや、功徳を得るための業をなしえる（自力）可能性はないことを説くのが目的というよりは、阿弥陀如来の慈しみを最大限に強調した表現であろう。衆生が浄土に往生して悟りを開く往相も、滅土を証してから穢土に還って利他教化のはたらきをあらわす還相も、すべては弥陀の本願力のゆえであり、仏から衆生にさしむけられたことであるとする。それはキリスト教のなかでもアウグスチヌスが説く神の恩寵の絶対性とその前において、原罪の結果、自身では何もなしえない人間という境地と全く同じ内容をいいあてたものである。

阿弥陀の慈悲の絶対性と神の恩寵の絶対性は、まさに真宗とキリスト教の共有する宗教洞察の頂点である。この点については、一六世紀の宣教師も即座に気がついたようである。一五七一年、当時、日本の布教責任者であったフランシスコ・カブラルは念仏専修の徒（一向衆）とルター派がきわめて似た教義をもつことに驚きの声をあげている。一五七一年九月二二日、口之津から発信された書簡には次のように記されている。

この後多くの村々でキリシタンとなるものがいた。キリシタンとなった者の中に一人の坊主がいたが、彼はこの地の一向宗の指導者であり説教者としてならしていた。この宗派はルター派に似ていて、救われるためには阿弥陀の名を称ふるほかいかなるものも必要なく、自分の行い〔自力〕によって救いを達成しようとすることは阿弥陀をはなはだしく侮辱することになるとして、ただ阿弥陀の功徳にのみ頼るべきだと説いていた。(68)

ルター派と一向宗の類似に気づいたのはカブラルばかりではない。日本の宣教方針をめぐってフランシスコ・カブラルと多くの点で反対意見をもっていたといわれる巡察師アレッサンドロ・ヴァリニャーノもまた、同様の観察を述べている。

日本人の最大の歓心を得て、みずからの宗派が最も多く迎えられる為に、彼等〔仏僧〕は、阿弥陀や釈迦が、人々にたいして如何に大なる慈悲をしめしたかを強調し、〔人間の〕救済は容易なることであるとし、如何に罪を犯そうとも、阿弥陀や釈迦の名を唱え、その功徳を確信しさえすれば、その罪はことごとく浄められる。したがってその他の贖罪行為等は何等する必要がない。それは阿弥陀や釈迦が人間の為に行った贖罪を侮辱することになると説いている。これはまさしくルーテルの説と同じである。

ヴァリニャーノの言葉には、阿弥陀ばかりでなく釈迦の名があげられているという違いはあるが、「称名による救い」という点と、自力行為による救済努力が見当ちがいの過ちであると指摘している点でカブラルに通じる。カブラルの観察を言い換えたともいえる指摘であり、日本にやってきた宣教師の共通する見解であったことは間違いない。

カブラルはここで、一向宗の「信」の本質が、ルターの「信仰のみ」(sola fide) に通じるものであること、また「自力」あるいは「人間の自由意志に基づく業」が救いを引き寄せる功力として、役に立たないとみる立場にその根本的な類似を直感した。この発言が指し示す宗教的な議論は実は極めて複雑で簡単には解答を得られない分野に属する。神学論争上の難問ともいえるし、真宗教学のなかで「念仏」という人間側の行為が阿弥陀の救済にとってどのような意味のものかという重要な議論にも結びつくものである。

　　自力他力は初門のことなり。自他の位を打ち棄てて唯一念仏なるべし(一遍上人)

一遍上人の宗教的に深い境地にいたるまでに、民衆教化の段階として、この自他の救いの構造についての議論は避けて通れないものであろう。

二　西洋の恩寵論争

ルターに代表されるプロテスタント諸派の「救済論」の起源をたどれば、四世紀のアウグスチヌスにたどり着く。アウグスチヌスのいう「恩寵論」と真宗の強調する「絶対他力」の立場はきわめて類似しているため、というよりは、同じ心を示すものと思えるので、宗教的洞察という観点から比較考察してみたい。

キリスト教にとって、神の恵みと人間の意志についての論争は極めて古く、その解決はないものと記憶されている。その発端で議論を二分するのは、四世紀から五世紀初頭に活躍した北アフリカのヒッポの司教アウグスチヌスと、ブリテン島出身で、当時、ローマにあって絶大な人気を誇った苦行家ペラギウスとその弟子たちである（この説が本格的に展開されたのはベラギウスとその弟子たちが北アフリカへ移動した後といわれる）。ドナティスト論争において一応の勝利を得たアウグスチヌスは、すぐさまその論争の矛先をペラギウスとその弟子たちの主張にむけることとなった。ドナティスト論争の決着を見た四一一年以後は、ペラギウス派（主としてケレスティウスと呼ばれるペラギウスの弟子のグループ）の考える「自由意志」の強調に対して徹底的な論駁を開始した。

人間の自由意志を強調するペラギウス派にとって、キリスト教の「原罪」は意味を持たない。人間は自らに「救い」に関与できる力が元来具わっており、その力は原罪によって損なわれたわけではなく、人間は自らの力で罪を回避し、努力によって「救い」の功徳を獲得できる。しかし、アウグスチヌスの側に立っていえば、その際、「原罪からの浄め」を成就するキリストの贖いとそれに基づく洗礼という根本教義は虚しいものとされてしまう。この人間の努力に対して、「救い」をあたえる神は、人間の努力に対応して「報い」（merit）をあたえられるという立場（「応報する」gratia de condigno）であり、人間は自ら「功徳」を積むことができるとするのがペラギウスの立場である。

一方、アウグスチヌスの立場は、徹頭徹尾、神の側の一方的な「恵み」を強調する。報いに値するかどうかを決定するのは神の側のことであって、人間がどうこうできるものではない。人間の努力はすでにある神の恵みに「適合」する（gratia de congruo）だけであり、その意味で「人間的努力」とは比喩的な表現に過ぎないとする。

なぜなら、人類は父祖アダム以後「原罪」の穢れに抜き差し難く損なわれており、自分自身で何かをなす力がない。まったく何もなしえないほど損傷をうけた人間は、ひたすら神の恵みを待ち望まなければならないからである。「私たちは神に向けて造られた」が、それが一時的に損なわれた状態にあるゆえに、私たちがなしえるのは神の方向へ私自身を向けることだけであり、それは応報とは全く次元の異なるものである。神の恵みが注がれるとき、人間はそれに適合するのみであり、その結果、私たちの「救い」も成就する。

アウグスチヌスの立場は、一六世紀のルターをはじめとするプロテスタント諸派およびカルヴァン派において強調される立場であり、彼らの恩寵論の傾向は、「アウグスチヌス主義」とよばれる。ルターの立場からすれば、トリエント公会議の教令「神によって動かされ、目をさまされた人間の自由意志は、自分を目覚めさせ、招く神に同意しながらも、義化の恩恵を得るように、自分からその受入れを可能にし、準備することに協力する」(69)とする内容にペラギウス的な臭いを嗅ぎつけるだろう。従って、ルターやカルヴァンのようなプロテスタントの立場からすれば、カトリック教義は、ペラギウス的な教え、すなわち「半ペラギウス」的と見られたのである。

（1）　イエズス会神学のニュアンス――自由意志の強調

アウグスチヌスの教説は、それ自体明晰かつ説得力のあるものであり、カトリック教会から正統と見なされた公式見解である。しかし、それがひとたび日常生活の文脈の中で繰り返し述べられたとき、表現には微妙なニュアンスが加わる。つまり、神の恩寵が絶対的であると強調され結論づけられるのなら、人間には何もなす必要がないのかとする疑問が生じるからである。ひたすら、神の恵みを待つべきなのであるなら、人間が道徳的になそうとする努力（業）、たとえば祈りや慈善活動などは何のためになされるのか。アウグスチヌスはこうした行為の必要を当然のことながら認めている。アウグスチヌスの著作に散見される「祈り」や倫理的努力の勧め、ないしは「善業」の意味などは、人間側の行為であり、救いに何らかの功力をもつかのような記述をとっている。

しかし、アウグスチヌスの実践的勧告を捨象して、その理論のみを突き詰めれば、神の救済の意志はすでに特定の人々に限定され「予定」されていたとする結論が導かれることとなった。五二六年から五三〇年にオランジュで開催された教会会議（第二オランジュ会議）では、アウグスチヌスの神学から「予定論」的結論を引き出したアクイタニアのプロスペルの命題を討議し、教会は「極端な自由意志論」を指示しないと同時に、アウグスチヌスから引き出される「予定論的な言説」をも受け入れないと宣言した。[70] 以後、カトリック教会は、こうした「予定説」的言明を、教会の教えとしては見なさず、一切斥け続けた。しかしながら、「神の恩寵」の絶対性と「人間の自由意志による行動」との間に、常に議論が生じ、以後中世期全般、さらには近代のヤンセニズムの論点にいたるまで再三議論がむしかえされることとなった。人間の業は救いに有効か無効かの区別は、「本覚門」と「始覚門」の立場の差に似ている。その中間にあって、あるいは、かぎりなく「始覚門」への傾向をしめしながら、神の恵みの絶対性とともに、人間の自由の力をも考慮するのがイエズス会の立場であった。

(2) 倫理的努力の介在余地

ここで、日本の宣教師たちにとっても馴染みの深かった、中世後期のスコラ学の「恩寵」と「人間の行為」との関連について、簡潔にまとめておきたい。ルターが批判したカトリック側のスコラ学的説明は、実をいえば、一枚岩ではなく、多重構造であったことに注目すべきなのである。その二つの立場とは、トマス・アクィナスによって発展された後に、トリエント公会議の主流となるものと、後期スコラの代表的神学者ウィリアム・オッカム（Wiliam Ockham, 1285–1349）の立場である。カトリック教会が正統とみとめ、後のトリエント公会議において確認したトマス・アクィナスの教説が重要であり、一六世紀のイエズス会日本宣教師たち（もちろん『講義要綱』の作者たちも共に）は、アクィナスを厳密に注解したフランシスコ・トレドなどの権威ある著者のテキストによって神学教育をうけた人々であった。

トマスによれば、恩寵（恵み）は人間にとって生得的現実として魂の中で、その恵みは実態的な形態としてではなく付帯的形態として存在する。その付帯的な形態が現実体となるために、人間の自由意志の協力が必要となる。その行為を始める動きそのものは、神があらかじめ準備的に与えられた恩寵の結果なのである。すなわち、神によって恵みの状態で置かれた人間は、それによってはじめて善き業を自由になしうる。その結果神の救いの業に協働する。トマスが、神の恵みの状態に入るのは、神だけの特別な賜物であり、人間の業ではないというとき、それはまさしくアウグスチヌス的である。そして、神の賜物とは人間の道徳的な協働にとって根源的なものである。神の恩寵の注賦はあらゆる応報的な業に先行するといわれる。(71) ハーバード大学の宗教社会史家スティーブン・オズメントは、その違いを図式的に示している。

（トマス・アクィナス）

第一段階　恩寵の無償の注賦。

第二段階　倫理的協働（神の恵みの援助をうけて人間は最善をなしうる）。

第三段階　当然の結果としての永遠の命の報い。

（ウィリアム・オッカム）

第一段階　倫理的努力―自然の倫理能力に基づいて最善をなしうる。

第二段階　相応しい報酬としての注賦された恩寵

第三段階　倫理上の協働―恩寵の援助をうけて善い事をなしうる。

第四段階　当然の帰結としての永遠の命の報い。

ルターが徹底して批判するウィリアム・オッカム論では、人間の「倫理的な努力」が先であり、重視され、始点に置かれているところである。さもないと、人間はただ神の「操り人形」のようにしか行動できないと考えたからである。人間が何かを意志をもって始めるのでなければ、人間としての生きる意味がないとするのがオッカムの立場である。つまり、人間の行為を先行させている点でペラギウス説に近いが、オッカムはあくまで「倫理的努力」というにとどめる。

マルティン・ルターは、『スコラ神学反駁』（Disputatio Contra Scholasticam Theologiam, 1517）のなかで、人間は生まれつき善をなそうとする「意志の自由」を欠いているというアウグスチヌス的原則を繰り返し、ウィリアム・オッカムとその信奉者らを批判した。「人間は、悪を意志しおこなうよりほかになしえないということは真実であり」「自由なる志向が、相反するいずれの側へも向かいうるということは偽りである。むしろ自由でなくてとらわれているのである」。むしろ、「神の恩恵なしには、必然的に願い、悪しき働きを選ぶのである。(72)」これらは、アウグスチヌス主義者としてのルターがオッカム主義者や当時のスコラ学の中心人物ガブリエル・ビール説に対して、人間には善をなすような自由意志の働きは残されていないことを徹底して主張しようとした命題である。その神学的洞察はルターの回心体験に由来する。そのときルターは幼少の頃より抱いていた「裁く神」「宥めるべき神」としての神概念を決定的に覆した。

一方、トマス・アクィナスは、アウグスチヌス同様、「恩恵の無償の注ぎ」をなによりも先に必要と考える。その結果、人間は「協働」をなし得る（最善をめざす）能力に目覚めるというのがトマス論の骨子である。すなわち、ルターが批判したのは、厳密にいえば、トマス・アクィナスのようなカトリック正統派の教義解釈ではなく、オッカムを含む後期スコラ学派の一部の神学者の極論だということになる。この点で、スコラ批判というと、すべてがトマス・アクィナスの批判につながるように考えることは大きな誤りである。ルターはオッカムのように「倫理的努力」を最優先する考えを、自由意志に頼むペラギウス主義になぞらえて、半ペラギウス主義と呼びその非を鋭く指摘したのであった。

トマスに代表される「人間の倫理努力による協働」という考え方は、アウグスチヌスのいう「神の恵み」の絶対性を否定するものではない。むしろ、人間における自発性も、神の救いに何らかの役割を果たしていると認める態度である。さもなければ、予定説的言辞に行きついてしまう。このカトリック教会の中庸的、仲介的な解釈に対して、宗教改革者マルティン・ルターが反駁を加え、それを「半ペラギウス主義」と称して大いに議論した。このオッカム説については、カトリックの正統派神学者たちも、あまりにも人間側のイニシャティブにこだわる姿勢を批判しているからである。

カトリック教会の中にも、同一視できない異論が混在していたことを留意することは重要である。このことから判明するのは、カトリックの正統派神学者、それにつらなるイエズス会宣教師の神学では、自由意志を尊重するとはいっても、それ自体が「救い」を導き出す始点である行為として考えられたのではなく、あくまで「神《デウス》」

の恵みをうける対象としての決定的ではないが、重要な「協働」の可能性を示したにすぎないのである。教義上のイエズス会神学の立場は、アウグスチヌス的恩寵を基盤にすえつつも、人間側の自発行為の意義も認めるというニュアンスをもったものである。それは、倫理的教育的配慮を重んじた結果なのであるが、それが、日本の宗教事情、とくに本覚論的な主張をあらゆる文化面に反映させている日本の布教理論において、イエズス会宣教師らは、より一層強調の度合いを強める必要を感じていたものと思われる。

三　「受身の義」――ルターと真宗教義の接点

宗教改革者ルターの神学洞察の根本は「神の義」の意味の発見である。篤信で厳格な鉱山労働者を父にもつ猜疑心に満ちた青少年期を過ごしたルターにとって、神のイメージは「怒り」「裁き」といった厳しい父親のものと重なっていた。若くしてアウグスチノ修道会への入会を決意したのも、落雷に遭いこの世を去った友人のため、この地上で生涯、悔い改めの業に勤しむことが動機であったといわれている。修道院に居住してからも、青年僧ルターは、神の怒りと裁きを避けるには、どのような苦行、功徳を積むべきかを模索し、実際に徹夜の苦行などを我が身に課し続けた。しかし、彼の心は一向に「救い」の確信を得られぬまま時は過ぎていった。この段階で、ルターは、ペラギウス的「応報」概念としての人間の意志の力を重んじていたと思われる。

精神的にはそうした強迫観念を抱きつつも、能力的に傑出していた青年はやがて神学の学位を取得し、大学で聖書を講じるまでになった。時は、一五一四年とされるある日のこと、ルターはこれまでに自身を苦しめ続けた「神の義」について、パウロの書簡から解放の一言を見いだす。

神の義とは、神の恵みによってもたらされる正しい生き方である。すなわち信仰によって生きることができるのだと。そして、この「神の義があらわされる」という一文は、受け取られる義（passive righteousness）について言われているのだとわかった。これによって慈悲深い神は信仰によって私たちを「義なるもの」とされるのだと。つまり、「義なるものは信仰によって生きる」という意味だと。こう解釈し始めた途端、私は再び生まれたかのような感覚にとらわれた。そして天国の門がひとりでに私の目の前に開かれたかのように感じたのであった。この瞬間から、聖書のすべての言葉が、まったくちがったように現れてきた。その後、聖書に目を通してみて、他の箇所にもおなじような類似を示す言葉、たとえば、「神の働き」〔私たちの内に神が働かれる〕や、「神の力」〔これによって神は私たちを強くする〕、「神の知」〔これによって神は私たちを賢明にする〕、「神の救い」、そして「神の栄光」という言葉があることに気づいた。(73)

さらにルターは同じ洞察をより詳しく語る。

神がキリストにより、行いなしでわれわれに与えてくださる最高の義、すなわち信仰の義は、政治的な義でも、儀式的な義でも、神の律法の義でもないし、われわれの行いをもって成立するものでもなく、それとはまったく異なったものである。先にあげたあの義がみな、〔わが手でかちとる〕能動的な義であるとすれば、これはまったく〔受けるばかりの〕受け身の義である。なぜなら、われわれはここでは何もしないし、何も神に差し出さないで、ただ受けるだけであり、他者、すなわち神がわれわれのうちに働くことを許すだけだからである。それゆえ、信仰の義、すなわちキリスト教的義は、受け身の義と呼ぶべきである。(74)

これらは、たとえば、パウロのロマ書（五章一節・一〇節）にあるギリシャ語原文の「義とされた」（δικαιωθέντες=δικαιόω の受身形第一過去分詞）および「救われる」（σωθησόμεθα=σῴζω の受身形未来）などの語の内容をさし示す。過去のある時点ですでに「義とされた」（過去）という状態があり、それが継続し、「救われる」（未来）ことを示している。すなわち、人間の状態は、すでに神に「義とされ」ていて、それ以上、人間側では、何も加える必要のない状態をさしているというのである。ルターにとって、「救い」とは、神の側からの全面的な受け入れ、神の業であり、そこに人間の努力が介在する余地はない。あるいは人間の業がなんらかの功徳を生み出す可能性はないと理解される。人間は与えられるだけである。すなわち完全な「受け身」の状態であるということであり、有名な言葉としての「信仰のみ」（sola fide）とは、自分をすでに救ってくださった神を信じる以外、人間になしえることはないという確信であった。アウグスチヌスの立場によれば、人間の状態はギリシャ語の過去完了受身形「救われている」（ある時点で救われた、すでに救われた状態で今なおその状態にある）と表現されている。

四　アウグスチヌス主義と親鸞

ルターの「受け身」の義の発見の経緯は、日本思想史において、親鸞の阿弥陀仏への絶対的帰依の悟りを彷彿とさせる。一二五八年、八六歳となっていた親鸞には、「自然法爾」という考え方によってアウグスチヌスやルターと全く同じ洞察が語られている。

自然《じねん》といふは「自」はおのづからといふ行者のはからひにあらずしからしむ（「然」）といふことばなり　然といふしからしむといふことば行者のはからいにあらず如来のちかひにてあるがゆへに

法爾といふは如来の御ちかひなるがゆへにしからしむるを法爾といふ　この法爾は御ちかひなりけるゆへにすべて行者のはからひなきをもちてこのゆへに他力には義なきを義とすとしるべきなり
自然といふはもとよりしからしむるといふことばなり弥陀仏の御ちかひのもとより行者のはからひにあらずして南無阿弥陀仏とたのませたまひてむかへんとはからはせたまひたるによりて行者のよからんともあしからんともおもはぬを自然とはもふすぞとき丶てさふらふ(75)

「自然《じねん》」とは行者のはからいでなく、如来の誓いである。如来の誓いの法の徳としておのずから然るのであって、凡夫が浄土に往生することは行者の自力のはからいではなく、如来のちかひの法徳としてしか﹅る﹅のである。この意味で自然も法爾も同義である。自然法爾の他力の誓いを具体的に示して念仏往生の本願を解明し、その伝承するところを「自然」という(76)。

「自然」とは「おのずからしからむ」「努力しないのに」「おのずから具わっている」という意味であり、そのものとして自らそうなることをいい、「法爾」とは「真理そのものにのっておってそのごとくにあること」「他からなんらかの人為的な力を加えることなく、おのずからの姿のままであること」「このままの煩悩のままで救われること」を意味する。この点で、親鸞の思想にも、先にみた本覚論の影響が大いに認められる。親鸞の師として、「称名念仏」を救いの根幹においた法然についても同じ洞察がほとばしる。田村芳朗氏によれば、次のようになる。

法然は現実救済に関心を寄せ、その現実は二元相対の様相を呈することから、それに適応する教理として浄土念仏を高くかかげるにいたった。（中略）法然は、絶対的一元論としての天台本覚思想のカバーをはずし、本来の相対的二元論としての浄土念仏を独立させたといえる(77)。

法然に続く親鸞は、師の宗教洞察を徹底して深化させた。そして、「自然法爾」を語る親鸞の教えのベースには、本覚論の通奏低音が鳴り続けている。田村芳朗氏は次のように述べる。

（親鸞には、）じかに本覚思想を用いた箇所は見あたらないが、しかし、「絶対不二」「真如一如」「円融満足」「極速無碍」などの強調（『教行信証』行巻）、弥陀の本体を法身・実相・法性・真如・一如などとする説（『教行信証』証巻、『一念多念文意』『唯信鈔文意』）、十方偏満仏ないし草木国土悉皆成仏説（『一念多念文意』、『唯信鈔文意』）、ひいては「自然法爾」「如来等同」の説（『末燈鈔』『唯信鈔文意』）、また「生死即涅槃」（『教行信証』行巻）、「不断煩悩・得涅槃」（同上）、「煩悩・菩薩無二」（『高僧和讃』）、「煩悩・菩薩一味」（『正像末和讃』）のことばなどは、天台本覚思想との関連において考えうるものといえよう(78)。

ここでも、「本来救われている」存在としての自覚が大いにクローズアップされ、それが日本人のもつ本覚思想と通じるものを見いだすことは興味深い。

「救い」についてのキリスト教にみられる絶対的な「神の恵み」の強調と類似している思想は、真宗において「自力」「他力」の対比によって浮き彫りにされる「絶対他力」という境地である。阿弥陀の絶対的な「他力」

は、ルターのいう「信仰のみ」という洞察と同じ「信」理解に通じている。真宗教義において、この他力の立場を説明した箇所は数多あるが、その代表的な箇所として、親鸞自身の言葉を示す。

マツ自力トマフスコトハ、行者ノヲノ〳〵縁ニシタカヒテ、余ノ仏号ヲ称念シ、余ノ善根ヲ修行シテ、ワカ身ヲタノミ、ワカハカラヒノコ、ロヲモテ、身口意ノミタレコ、ロヲツクロヒ、メテタウシナシテ浄土へ往生セントオモフヲ自力トマフスナリ(79)。

親鸞にとって、「念仏」のみが唯一の道であり、それ以外をすべてが「自力」の業とされていることがよくわかる箇所である。この文章のなかで、特に注目したいのは「わがはからひのこ、ろ」である。念仏するにも、浄土に生まれようと望むことも、すべて自分の計算から動機づけられるという点である。すなわち、苦行者として道徳的、倫理的な評価を勝ち得、罪をさけ、徳にしたがって生きる己の力を信じて救いに達しようとしたペラギウスの立場、ないしは「始覚門」と同じ契機が語られる。ここには、神の前でなにもなしえず、ただひたすら神の「恵み」を受ける側の人間という現実は考慮されない。同じく、「自力」とは浄土門にとって全く受入れ難い立場である。それは、神の恵みの注賦以前に人間の自由意志の働きが不可欠であるとするオッカムの考えに通じるものである。真宗にとって「難行」は異質の教えである。一方「他力」とは『末燈鈔』の次の定義が明快である。

他力トマフスコトハ、弥陀如来ノ御チカヒノナカニ、選択摂取シタマヘル第十八ノ念仏往生ノ本願ヲ信樂スルヲ他力トマフスナリ。如来ノ御チカヒナレハ、他力ニハ義ナキヲ義トスト、聖人〔法然〕ノオホセコトニテアリキ。義トイフコトハ、ハカラフコトハナリ。行者ノハカラヒハ自力ナレハ、義トイフナリ。他力ハ本願ヲ信樂シテ往生必定ナルユヘニ、サラニ義ナシトナリ。(80)

阿弥陀の第十八願をひたすら信じて念仏を称えることこそ、真宗で言う「他力」であると解くこの箇所は、真宗にとって決定的に重要な箇所である。ここでも重要なことは、「如来の御ちかひ」という仏の側のイニシャティブを強調することである。直後に「第十八の本願成就のゆへに、阿弥陀如来とならせたまひて、不可思議の利益きはまりましまさぬ御方地を、天親菩薩は尽十方無碍光如来とあらはし〔わ〕し〔め〕たまへり」とつづく。自分は存在論的に「悪人」ゆえに、いかなる業によっても救いに与ることができない、と考えるのは人間の「はからい」である。そこには絶対的な「信」が欠如している。阿弥陀が救ってくださるとされているのに、そこに依然として「はからひ」を加えることこそ「自力」であり、「信」の欠如とみなされるのである。真の信仰者とは、第十八願の本願成就をなされた阿弥陀をひたすら信じて「念仏」を称える「他力」の者に他ならない。すなわち、ここに、絶対的な神格への全面的な「信」が意図されているのである。言い換えれば、「他力」と「信」は不可分、表裏一体の関係にあるということである。談義本の『天然問答』「他力」の解説にも、この点がのべられている。

他力といふは信心歓喜乃至一念と、本願すでに成就したまへり。弥陀の名号の言をききわけて、定て心におもひさだむるときを、経に即得往生住不退転とはいふ。このとき凡夫はからさるに信心さだまる。摂取不捨

の心光すなわち行者を摂護したまふなり。(81)

凡夫である、われわれすべての人間が、前もって何らかの意図なく、ひたすら阿弥陀の本願を信じ、称名し、そして救いである往生浄土にはいるという不退転の立場をえること。それは、人間の一切のはからいをこえた「信」のゆえであることが説かれる。他力と信仰は絶対不可分の表裏であるとの洞察は、アウグスチヌス主義を貫いたルターの「信仰のみ」に完全に符号する、きわめて重要な「宗教的洞察」である。

先のアウグスチヌスがなした実践上の徳行の勧めの問題は、「念仏」を唱えるという人間の行為についても提起される。はたして、念仏者はいかに念仏を称えることができるのか。念仏を称えること自体、ある意味で「自力」の領域に属さないのかという疑問である。アウグスチヌスの論じ残した問題は、その後のキリスト教神学論争において繰り返しとりあげられた主題であった。それは言い換えれば、自由意志論争として決着のつかない疑問を再三提出している。真宗は、「念仏」という行為を、阿弥陀の業への感謝の業（報恩）であると説明する。すでに成就された救いに対する感謝のあらわれが念仏であると説明されている。念仏を始めるのではなく、自ずと念仏に生きるという態度である。念仏自体は、なんらかの「はからい」の結果もたれるものでないことが強調されるのはそのためである。

日本的思惟である「本覚論」ないしは、「絶対他力」の思想のうちに、修徳的向上心の欠如の余地があることをイエズス会宣教師は危惧した。そして予定論がもたらすような救済への諦観に繋がる悲観論も、人間は救いの状態にすでにある（仏性を有する）がゆえに、もはや何もなす必要がないとする楽観論も受け入れられない。基本的に、イエズス会神学は、アウグスチヌスやルターのように、神の絶対性と恵みを主張する立場と同じである。

しかし、現実問題として、あるいは、初心者を導く、カテキズムを中心として民心を指導しようとしているイエズス会にとって、そうした悲観論と楽観論の両極端は否定せざるを得ないものであった。結局のところ、神の恵みを受け入れるしかない人間であるが、実際に生きる指針として、イエズス会が倫理的強調をなし、その根拠としての来世の賞罰、さらにそのための「魂の不滅」の説を繰り返し説く必要性が感じられたのであろう。日本の宗教事情は、そうした教育的、倫理的強調点を特に意識してもたせるほどユニークな存在としてイエズス会宣教師の前に横たわっていたのである。

五　「恩寵」論争についての禁令——ヨーロッパ「恩寵論争」への危惧

日本における宣教師たちは、直接「恩寵論」的議論を極力回避しながら、日本特有の「本覚思想」および、ルター説に酷似した親鸞らの「主神的崇拝」に基づく「信」のみの人間救済論を反駁しなければならなかった。それは、「個」としての人間の責任、自由意志の選択を強調することによる、倫理規範としてのキリスト教を展開するためであった。そして、ルターや親鸞の教説に接したとき、はっきりと古来の「恩寵論争」の難問を感じとっていたにちがいない。ならば、イエズス会宣教師は、日本人相手に「恩寵論争」を蒸し返し、アウグスチヌス説に立脚しながらも、人間の側にも「協働」の余地があり、倫理行為を選択するメリットがあることを単刀直入に日本人に説くべきであった。しかし、イエズス会宣教師は、直接の「恩寵論争」的議論を回避し、徹頭徹尾、「魂《アニマ》」の能力と尊厳、そしてその不滅という議論を繰り返すことによって、その議論を代用しつづけた。恩寵か自由意志かの決して決着のつかない議論を用いるのではなく、別の方向から、人生を生き抜く方法を説こうとしたのがイエズス会宣教師の立場であった。民衆教化にあっては、そうした「魂の不滅」と来世の賞罰の主張の方が、哲学・神学的恩寵論の議論よりもはるかに説得力をもつものであったのだろう。
こうしたイエズス会宣教師の態度には、ヨーロッパにおけるいくつかの憂慮が背景にあったと思われる。ここで、ヨーロッパ流の議論をしてもはじまらないと考えた宣教師たちは、同じ結論に導かれる、別の論理を展開していくことになったのである。イエズス会員は、恩寵論についての勝敗なき議論について、創設者イグナチオ・デ・ロヨラから厳しい警告をうけていた。イグナチオは、自らの回心体験を書き留めたノートをもとに綴った『霊操』によって、多くの人々が同様の「霊的」体験が持てるように配慮した。その末尾の規則のなかで次のような言葉を残している。

救いが予定され、信仰と恩寵を保っていなければ、決して救いを得ることはできないということは真実ではあるけれども、これらすべてのことをどのように語り、真意を伝えるかについて、非常に注意しなければならない。(82)

救いの予定について、習慣的にたびたび話してはならない。もし何らかの仕方でときにこれについて話すときには、素朴な人々が誤謬に陥らないように話す。(83)

すでに（一五四〇年代半ば）、イエズス会創設者の口から、日本の宣教師たちのとった行動が透けてみえるような気がする。人間はすでに「救われた」状態にあり、人間を救うのは神の恵みであり、人間側の努力は効力を持ち得ないとする結論は、時として、怠惰の原因となり、人間性腐敗の原因ともなるというのがイグナチオの確信ではあった。しかし、だからといって人間の自由意志を尊重するばかりでもよくない。それを論じても結局は何にもよい結果は生じない。むしろ、誤解をさけるために、こうした議論に深入りしてはならないというのがイグナチオの思いなのであろう。しかし、その意図は、彼の死後、すぐに覆され、イエズス会は「恩寵」論争の泥沼にはまってしまう。ルヴァン大学でのミシェル・バーユス（Michel Bajus）とイエズス会レオナルド・レッシウス（Leonard Lessius）の間でなされた「恩寵」と「自由意志」についてのロヴォニオ論争（一五六七年―一六〇〇年）は、イグナチオの没後わずか一〇年で生じた。また、ドミニコ会ドミンゴ・バニェス（Domingo Báñez）とイエズス会ルイス・デ・モリナ（Luis de Molina）の有名な恩寵論争は一層激しく両修道会をあげての論争に発展していた[84]。イエズス会は人間の自由を強調しすぎていると批判された。イグナチオ・デ・ロヨラの警告は見事に等閑視されたかたちとなっている。しかし、「救い」のための努力をなすことには慎重に語るべきとする創設者の言葉に、若干のイエズス会員、とくに日本の宣教師たちは結果的に、耳を傾けたかたちとなっている。

日本では、イグナチオの訓令どおり、恩寵論争がそのまま論じられることは決してなかった。ヴァリニャーノは一五八〇年のイエズス会協議会において、日本の聖職者養成の指針を検討し、良書による教育の重視を訴えながら「学者間に生じている見解の相違も異端の論争や誤謬もけっして彼ら（セミナリヨの生徒）に教授してはならず、共通の承認された真理に関する明晰なわかりやすい綱要（compendium）を作成し、これを彼らの理性に十分に基礎づけること[85]」と述べ、さらにその翌年の協議会での討論の採決に際しては「綱要（compendium）を印刷するならば、異端、論争、および彼らに害毒を与え得るような哲学者の謬説を学ぶ書籍を他に所持しないからである[86]」とし、『講義要綱』の内容について、細心の注意が払われるべきことを説いた。ここで言及されている「学者たちの見解の相違」とは、あきらかに「恩寵論争」を意味しており、さらには、創設者イグナチオの意志を確認する態度でもある[87]。

その結果として、ペドロ・ゴメスは自著のなかで、恩寵論争を展開するわけにはいかない理由に直面する。しかし、恩寵論的議論を避けて通るわけにもいかない。とすれば、その同じ内容を、別の角度から論じ、倫理的な努力、救霊のための人間の側の倫理的行為をなんとかして日本の読者に説く努力が払われなければならない。しかも、恩寵論の問題ばかりでなく、日本には本覚思想という、もう一つの類似の難問が存在していた。それゆえ、教理解説上、そのもっとも有効な手段として、「アニマの不滅」を徹底して主張することで、「来世の賞罰」を思いおこさせ、言行を慎ませるという教育的方法がとられたと結論する。

むすび

一神教（主神崇拝）の立場から、イエズス会は『講義要綱』で何をしめしたかったのだろうか。「空」を意識する日本の宗教観、「個」を求めるキリスト教神観の激突、これは、日本とヨーロッパ人の相違ばかりでなく、東洋と西洋、仏教とキリスト教の相違などの典型的対立を示す一つの事例である。

イエズス会の日本宣教における方法は、まず、日本の宗教において本覚論的思想の浸透をみきわめ、これに反論を加えることが急務であった。天台本覚論から生じた、人間本質の洞察が、キリスト教の倫理的・修徳的傾向といかに異なるかを示した。次に、自由意志論としての恩寵論の議論の要点について、決して答えのでない神学論争を展開するのではなく、民衆の教化を第一と考え、人間の自由によるその結果を強調するという教育的配慮を優先させた。結果的には、神《デウス》の側の完全な恵みの大切さを基盤に据えながらも、実際にこの世を生きていく人々の日常を導く方針として、倫理的善を自発的に選択し、それを遂行することへと促すため、意志と決断の大切さと、来世の賞罰が強調された。そのためには、現世と来世がまったく変化のない同じ「個」としての「魂」の不滅が特に取り上げられる必要があった。民衆教化の観点からすれば、恩寵論における神の恩恵の絶対性や人間の無力を説くよりはるかに、人々を救霊へと導きやすいことが洞察されたのであろう。同時代に激しい議論をひきおこしていた論争に深入りすることなく、同じ効力を期待してのことである。そして導入されたのが「魂の不滅」という教えのポイントだった。それが、イエズス会宣教師たちの日本宣教地に対するひとつの解答であった。

第四章　西洋キリスト教義の土着

――潜伏共同体の存続の支柱『こんちりさんのりやく』――

外見上は何の変哲もない、『こんちりさんのりやく』と題された文書の写本がキリシタン教義文書史料として現存する。要約すれば、魂の救いのために最も重要なことは、「真の痛悔（コンチリサン）」の心を起こすことであり、それを完全に果たすことのできる者は、司祭への「告白」をなさなくとも、罪のゆるしが与えられると説く書である。この書は、一五九〇年代の末から一六〇〇年をすこし過ぎた時点で内容が確定し、人びとの手に渡ったと思われる、カトリック教会の「ゆるしの秘跡」のマニュアルである。キリシタンへの迫害が厳しさを増し、司祭が頻繁に信徒のもとに現れなくなったとき、それでもトリエント公会議の規定に基づくカトリック信仰にとどまりつづけようとした日本人民衆の心のサバイバルを証する、キリシタン史上最も重要な書の一つである。この冊子によって伝えられた内容を祈り（オラシヨ）の形式にしてキリシタンたちは禁教下二百数十年伝えてきた（以下冊子を指す場合はたとえ製本されていない写本であっても『こんちりさん』とし、オラショを意味するときは「コンチリサン」と記述する）。キリシタン版の一つとして印刷に付されたと記録に散見されるものの、原本は確認されておらず、その手書き写本が数本伝えられているのみである。大浦天主堂に保存されていた写本の表紙には「慶長八年」（一六〇三年）とある。また明治期になってこの写本をもとにプチジャン（Petitjean, B. 1829–1884）司教が『胡無血利佐無能畧』と題して一八六九年（明治二）印刷出版している。[1]

この書は、後の「潜伏キリシタン」たちが非常に大切に保管していたものであり、その内容によって二七〇年にわたる潜伏生活が営まれ、個々の信徒の精神的支柱となった観念を含んでいる。[2] おそらく、キリシタン時代の数多ある印刷物（「キリシタン版」）の中でも、思想史的に最も重要なものと考えられる。その重要性は、この書の成立背景や思想を考察していくうちに次第に明らかとなるだろう。しかも、この書は他の多くのキリスト教教理書のように海外から持ち込まれた教理書の日本語訳というのではなく、日本で独自に作成されたことは確実であり、秀吉の伴天連追放令後、一五九〇年代、密かに活動した宣教師たちの労苦の結晶であり、また信徒の希求の結実、民衆生活に密着したものとして成立したのである。この書ほど、間接的にではあるものの、「民衆キリシタン」を意識させるものはない。民衆キリシタンの心の内面に深く立ち入ると同時に、「ゆるしの秘跡」という実際行動に結びつくという点から、「教え」と「行動」の一致を読み解くうえでも重要である。この書の成立背景と思想内容を吟味することによって、一六世紀末から一七世紀初めの日本キリスト教界がプリズムを通して見るかのように、一つの信仰の多彩な色彩が現れる。

カトリック教会の教義の根本には「七つの秘跡」が存在する。「秘跡」とはラテン語の「サクラメントゥム」(Sacramentum)であるが、具体的には、信仰者に示された「救い」の目に見える「しるし」という意義を持っている。教義神学的には「シンボル」論や「意味論」を用いながら、「キリストの示された救いの目に見えるしるし」と説明される。つまり、ある形あるもの、ないしは動作によって、救いの「秘儀（ミステリウム）」に参与するという意味である。

キリスト教カトリックにとって、人生のなかで「罪のゆるし」は重要である。罪概念は洋の東西によってニュアンスが異なるが、キリスト教カトリックの「罪」とは、神との関係を損なうあらゆる傾向、行為であり、そこにははっきりと「神」が、自己に対する「他者」として意識されていなければならない。この点で仏教一般の「罪意識」とは大きく異なる。自分自身の誓約違反は問うても、絶対的な帰依対象を想定し、その関係性によって人生を左右するという意識を仏教は問題としないからである。キリスト教にとって「罪」とそれから離れるための「ゆるし」は、「神」を想定するかぎりの、必然的な人間のあり方の問題となっている。

「ゆるし」を七つの秘跡の一つとして加えたヨーロッパの事情は後述するが、ここで重要なことは、ヨーロッパ宣教師が教義としてもちこんだ「ゆるし」の秘跡が、日本のキリシタンにとって具体的な生活、行動と態度を規定する上での最も重要な指針となった事実である。ここでは、ヨーロッパにおいて育んだ「ゆるしの秘跡」の概念の移入と、その日本的例外措置をあとづけ、その日本的応用の実例として、『こんちりさんのりやく』という書物の持つ意義とこの書物が潜伏キリシタン信徒にとって果たした役割を具体的に見ることとする。

第一節　『こんちりさんのりやく』とは何か

一　書誌学的考察

(1)　キリシタン版の背景（ヨーロッパ発）

一五九〇年、イエズス会の巡察師アレッサンドロ・ヴァリニャーノは、渡欧した少年使節団（天正遣欧使節）の帰還にあわせて、一五七九年の初来日から二度目になる日本巡察を開始した。すでに秀吉の伴天連追放令が発令された後であり、遣欧使節団の離日当初には考えてもみなかった緊迫した状況が待ちかまえていた。にもかかわらず、第一次巡察の際の宣教方針は大筋で変更されず、このときも文書宣教のためにゴアで組み立てさせた可動式活版印刷機を携えた。この印刷機こそが追放令下のキリシタン宣教にとって重要な鍵を握るものとなった。

（2）ヨーロッパ印刷技術普及と刊本

ヨーロッパ・キリスト教界の様相は、一四五〇年代にマインツのグーテンベルグによって改良を加えられ、ほぼ完成の域に達したとされる活版印刷機の登場によって一変している。一五世紀末、その普及はめざましいものであり、一六世紀の文書宣教の基礎を築いた。一五一七年以後のプロテスタント宗教改革運動においても、また、巻き返しを図ろうとしたカトリック側の宣教においても、自陣の教説を大量に、しかも迅速に一般読者への普及を実現させる活版印刷機は、現在のインフォメーション・テクノロジー革命に勝るとも劣らない文化的大変革を実現していた。一六世紀初頭、ヨーロッパにおいて二〇〇を越える都市に印刷所が開設されていたという。出版本総数およそ三万タイトルのうち半数は宗教論争用のパンフレットであったといわれている[3]。

宗教改革の嚆矢マルティン・ルターは、一五一七年から二〇年にかけて、宗教改革運動の最初期の重要なパンフレットを三〇種作成し、総計で三〇万部をドイツ各地に頒布したという。宗教改革論争文書は従来、神学者間の討論と、わずかなその聴衆の間におけるコミュニケーションが図られ、ごく限られた層にしかその内容が知られなかった。『九五箇条の提題』も、当初は神学の公開討論として提案され、一部の限られた人々（しかもラテン語の読者）を対象に書かれたものであった。ところが、印刷技術革新の波によって、多くの民衆が論争内容を知るようになった。その際、宗教的風刺画のもつアピール力は甚大であり、視覚的にも多くの者がルターの考えを知るにいたった。宗教改革はこうした文書の大量頒布活動なくして、一般民衆運動と連動しなかったのである。

印刷出版は、討論用パンフレットの普及のみに力を発揮したわけではない。それまで、断片的に印刷されていた古代教父たちの著作集（全集）が矢継ぎ早に出版されている。この分野の発展は、スイスのバーゼルに拠点を置いたヨハネス・アマバッハ（J. Amerbach 1440–1514）一家のような家族経営の出版業者の功績が大きい。アマバッハは、一四八九年、アウグスチヌスの三大著作である『神の国』(De Civitate Dei)、『三位一体論』(De Trinitate)、『詩編講釈』(Explanatio Psalmorum) を出版し、二年後に『ヨハネ福音書注解』(Expositio evangelii secundum Johannem) とともに、カッシオドルスの『詩編注解』(Expositio Psalmorum) を刊行した。一四九二年には完全著作集のはしりである『アンブロジウス著作集』全三巻を完成させ、それらのノウハウが、一四八〇年代にはじめられたアウグスチヌス著作集刊行事業へと継承され、一五〇六年以後刊行が始まり、全巻完成時には一一巻の大部となった。この『アウグスチヌス全集』は、コルネリウス・ヤンセニウスなど、以後のヨーロッパ・キリスト教界の思想形成に多大の影響を与えている。ウマニスタたちの複数写本に基づく批判校訂版の確立と、その校訂版に基づくギリシャ・ラテン語から近代ヨーロッパ語への翻訳の作業は、当時のヨーロッパ学芸の真骨頂であった。これらが出版印刷と連動したことがルネサンス・ヒューマニズムの一大潮流となった。宗教活動も、こうした潮流を無視してはあり得なかったのである。[4]

ヴァリニャーノはヨーロッパで興隆した宗教界および学術界の新しい動きの価値を深く印象づけられ、来日の一五七九年以来、日本宣教においても印刷布教の方法を用いることを熟慮していたようである。一五八〇年の長崎管区会議には、日本にどのようなセミナリヨ(司祭養成教育機関)が設立されるべきかが討議されたが、そのなかで「ラテン語も他のあらゆる学問も、精選された良書によって教授されるという条件で、時と経験が何を彼らに教授すべきかを示すであろう」とヴァリニャーノは述べている。[5]

天正遣欧使節の帰国に合わせて日本入りを決意したヴァリニャーノは、使節とともにゴアを出帆し一五八八年にマカオに入港する。そこで待ち受けていたのは日本においてキリスト教への秀吉の迫害が始まったという知らせであった。一五八二年離日以来、暖め続けてきた日本宣教方針の大幅な修正をするつもりはなかったようであるが、現実的なヴァリニャーノは対処法を考え始めていた。しかし、出版宣教については実現にむけての当初の計画を放棄しなかったようである。その証拠に、マカオにおいて東洋におけるヨーロッパ印刷機による最初の著作となったファン・ボニファシオ著『キリスト教子弟のための教訓』（Christiani pueri institutio）の印刷を実行している。[6] この書は、スペインのウマニスタ伝統につらなるファン・ボニファシオ（Juan Bonifacio, 1538-1606）が、青少年向けに編んだラテン語本であり、古代キリスト教教父ならびに聖書の重要箇所を抜き書きにしたアンソロジーである。[7] ボニファシオはイエズス会の若き教師として、スペイン神秘主義の黄金期を担うことにおいて、アヴィラの聖テレジアと並び称される十字架の聖ヨハネに修辞学などを教えた人物である。この人物が一五六五年頃から構想し、一五七三年、ローマの本部で紹介した書が『キリスト教子弟のための教訓』である。出版印刷してヨーロッパ中に広く普及されたのは一五八八年のブルゴス版であった。したがって、同年に出版されたマカオ版については、ヴァリニャーノはこの原稿を別のルートで直接入手し、印刷を急いだものと思われる。この書を持ち込むことによって、キリスト教的思想を青少年に簡潔に教授するとともに、ラテン語の学力向上を目的にしたことを、ヴァリニャーノはその序文で述べている。

こうして、一五九〇年、第二回目の日本宣教地巡察のために来日したヴァリニャーノは、持ち込んだ印刷機によってヨーロッパ宗教界では常識となっていた文書宣教を本格的に日本にもたらすこととなった。結果として、一〇〇種類を越える「キリシタン版」が世に出され、そのうち約三〇種が現存している。神学、教理の分野ばかりでなく、辞書、日本文学などにもその領域が広げられた。それはヴァリニャーノが意図したプロジェクトであるヨーロッパ教育カリキュラム導入と整備に連動していた。

（3）『こんちりさん』の写本（津軽本）

ヨハネス・ラウレス『吉利支丹文庫』によれば、一六、一七世紀のキリスト教宣教において『こんちりさん』が、キリシタン版の一つとして出版されたことは確実である。しかし、その原本となる印刷本は発見されていない。現在私たちが目にすることができる幾種類かの冊子はすべて民間に伝承された手書きの写本である(8)。

特に興味深い写本は、明治になって来日したパリ外国宣教会のモンタグ（Montagu, Lazar, 1875-没年不詳）神父が、津軽に流刑となったキリシタンの子孫（一六一四年七一名が畿内から津軽に追放されている。その多くは都の上流階級の信徒である）調査のため、磐城山麓高田村の潜伏キリシタンを訪問した際、地元の人から贈呈された写本である(9)。写本提供者たちは、この冊子がどこからもたらされたものかは語らないことを条件にしていたという。明治になり切支丹禁制の高札が撤去された後も、人びとは官憲の目を警戒しながら生きるメンタリティーを持ち続けていた。その筆記体の写本をながめると決して達筆とはいえない筆の運びであることに気づく。それぞれの字が不揃いで行は左右にゆれ、墨のかすれも目立つ。この写本の作成者は右筆のような書に長けたものではなく、かなり慌てて写しを作成した印象を与える。おそらく、写本の作り手は、原本が回覧されてきたため慌てて写しとった一般民であった可能性が高い。そうして写本をつくらなければならなかった事情は以後の考察によって次第と明らかとなるだろう。その写本の元が、印刷本であったという理由は、写本の表紙にあたる第一葉目が、現存する他のキリシタン版に共通する表紙レイアウトの規範を踏襲した形で書かれていることである。頁の中心に表題である「こんちりさんのりやく」と大書し、その右に西暦（「御出世以来千六百三年」）、左に日本暦（「慶長八年四月下旬」）を付すという形式である。さらに、後にみるとおり、宣教報告書のいくつかに、『こんちりさん』が印刷に付され回覧されたとあるからである。津軽写本は、九州の長崎・外海・五島の内容とほぼ一致している。

唯一の違いは、長崎・外海・五島地域で見いだされる『こんちりさん』の要約の役割を果たす末尾の「オラショ」の部分が筆写がなされていないということである。後に見るとおり、この違いは、明治期「潜伏キリシタン」がカトリック教会へ帰順する際に決定的なものであった。ここでは、大浦天主堂所蔵写本を底本として刊行されたテキストを用いる。[10]

(4)　プチジャン司教の発見

一八六九年、日本宣教を再開したパリ外国宣教会のプチジャン司教は協力者として長崎近郊の各地を調査したドロ（De Rotz, M., 1840-1914）神父に、各地で入手した冊子の復刻版作成を依頼した。そのとき、写本の「こんちりさん」を『胡無血利佐旡能略』と題して出版された。その序文には、宣教師たちがこの書を発見したときの驚きが記されている。「吾輩を此邦に遣はさるゝに及びて、竊に遺れる切支丹の子孫の中に、唯此こんち理さんの畧のみ、誤りなく写し伝へて秘蔵せるを見出しぬ」と。[11] すなわち、パリ外国宣教会の宣教師が日本宣教のためにやってきて、各地に一六世紀以来のキリシタンの子孫と出会い、そのなかに、「コンチリサン」のみが変更されることなく、大切に保管され伝承されたというのである。[12] つまり、この書は、一六世紀のキリシタンと明治のカトリック教会を結びつける絆でもあった。キリシタン時代の印刷物をキリシタン版というのに対し、明治のそれは司教の名をとって「プチジャン版」と呼ばれるが、そのなかに、『こんちりさん』を定本とした注釈本『完全なる痛悔』（一九〇二年）[13] が刊行されている。

『こんちりさん』の写本の伝承についても注目すべき事実が浮かびあがる。キリシタン研究において長崎を中心とする信徒の精神性を描写することですぐれた業績を残した片岡弥吉氏によれば、この冊子は、外海、五島、

コンチリサンのオラショ

第四天主ニ奉立帰罪人之申上可キ胡旡血利佐無《こんちりさん》ヲラシヨ

万事カナイ給フ，始メヲワリマシマサヌ天主《でうす》ノ御前ニ，罪人ニテイヅベキクリキナシト云ヘドモ，ハカリナキ御ジヒニ頼ヲカクシヨ，アクノツナニカラメラレナガラ，唯今御前ニ出デ奉ルナリ。サテモ御ミハ始メヲハリマシマサヌ御主，キハマリナキゴゼントクノミナモトニテマシマス。我ニ輿ヘ給ヒタル厚キ御恩ノ数々，誠ニ限リナケレバ，万事ニ越ヘテ深ク御大切ニ存ジ奉ル可キ事コソ心ザシ成可ニ，サハナクシテ，カヘリテ罪科ノイロシナヲツクシテ背キ奉リタルナリ。今更其御ユルシヲ蒙リ奉ル可キ身ニアラズト，ハキマヘ奉ルナリ。我レ犯セシ科ヲカクシ奉ラズ，カヘリテ唯罪科ノハナハダ重ク，シカモ数限リナキトハクジヨウシ奉ル。然レドモ御ジヒハ吾ガ科ヨリモ深ク，御子ゼズスキリシトノ流ガシ給フ御血ノゴクリキハ，吾が罪ヨリモ猶大キニマシマストワキマヘ奉ルナリ。然ル時ハ天主ノポロヘタノ御コトバニアク人ハ，何ノ日ニテモ，アクヨリ立チカヘラバ，ソノ日ヨリ其アクニガイセラレジトノ御約束ヲ今思召シ出シ給ヒテ，我等ノ罪科ヲ御ユルシ給へ。スギシ科ヲ今心ノソコヨリ深ククヤミカナシミ奉ルナリ。カヤウニ申シ上ゲツカマツル事，アナガラノ血ノ様ニテ受クベキクルシミヲ，ヲソルル事ニアラズ。只一重ニ御大切ニ催サレ，ゴイクハウゴゼントクハカリマシマサヌ，御身ヲ背キ奉リシ事ヲ深クカナシミ申セバナリ。今日ヨリ吾が心ヲアラタメ，再ビ持タル科ヲ犯カシテ，御キヲ背キ奉ル事アルマジト，堅ク思ヒ切り奉ル。然レバ今御アハレミノ御マナジリヲ罪人ナル我レニメグラシ給へ。吾ガ科ノ替ハリトシテ，ゴバツシヨノハカリナキゴクリキヲ捧ゲ奉レバ，之ヲ以テ犯シタル罪科ヲ御許シ給へ。ゼズスノ御血ノゴクリキト，御ミノ深キ御アハレミニ額ミヲカケ，犯シタル科ノ御許シヲコヒネガイ奉ル。又コノハビノ御取次ギニハ，御母サンタマリヤヲ頼ミ奉レバ，其御取リナシヲキコシメシ出レ給へ。我ノアヤマチヲ御許シ給へ。其クリキニハ及バザレドモ，御子イチブンニ再ビメシクハエ給ヘト謹ンデ頼上ゲ奉ル。アメン

若松町
築地
帳方　深浦福右衛門ノート
（県報告書 p. 240）

コンチリサンの古書（何れの時も使う）

第四　デズスに立ち帰へり奉る罪人の申し上ぐべきコンチリサンのオラツショの事　萬事叶い給ふ初め終りましまさんデウスの御前にて，破戒無残の身としてまかり出ずべき功力なしとは云へども，はかりなき鯛慈悲に頼みをかけ，諸悪のつなにからめられ乍ら，只今御前に出で奉るなり。さても御身様は初め終りなき無辺広大の御主，極りなき御善徳の源にてまします。我等に与へ下されし厚き御恩の数々，誠に際限なければ，万事に越えて深く御大切にぞんじ奉る事こそ本意なるべきに，さはなくして，返って罪科の色品をつくしてそむき奉る我が身ならば，今更その御赦面かうむり奉るべき身には非らずとわきまえ奉る也。我かって犯せし科をもちんじ奉らず，只罪科の甚だ重く，然かも数限りなき事を白状し奉るなり。

然ると云へビも御慈悲は我が科よりも深く，御子デズスキリストの流し給ふ御血の御貴徳は，吾が罪よりも尚広大にましますとわきまへ奉るなり。然る時御主じきり御言葉に吾が科をくやみ悲しみ奉るに於ては，何時にても許し給はんとの御約束なれば，今思召し出し給ひて我に罪科を許し給へ。過ぎし科を今心の底より深くくやみ悲しみ奉る。斯く言上し奉ること，あながち後世にて受くべき苦限を恐れての事にもあらずと，わきまえ奉るなり。只一重の御大切にもようされ，御威光，御善徳をはかりましまさぬ御身をそむき奉りし事を悲しみ申すものなり。然れど罪人今より我が身體を改めて再び持ったる科を犯して返ってデズスの御内証をそむき奉る事あるまじくと固く思ひ定め申すものなり。然れば今，御憐みのまなじりを罪人なる吾等にめぐらせ給い，我が科の代りとして御バッショにはかりなき御貴徳を捧げ奉れば，是を以って我に御感期を許し給え。御身デズスの流し給ふ御血の御貴徳と御身の深さおんあはれみに頼みをかけ，犯せし科の御許しを乞ひ奉るなり。又此の訴証の御取次には御母サンタマリア様を頼み奉れば，その御取合せをゼウス様もきこしめし入り給いて，これを以って我に御感期を許し給え。我此の功力に及ばざれども，御子一分に再び召し加へ給へとつつしんで頼み上げ奉る。アンメーデズス

外海
出津
帳方　中山力男ノート
（県報告書 p. 251）

長崎県教育委員会編「長崎県のカクレキリシタン―長崎県カクレキリシタン習俗調査事業報告書」（長崎県文化財調査報告書・第153集）（平成11年３月）

コンチリサン

ダイシ良須ニ立帰リ奉ル，ザイ子ンナ，申上グベキ，コンチリサンノ御ラッショノゴト，バンジカナエ給フ，ハジメ終リマシマセバ，良須様ノ御前ニテ，ハカルムザンノ身トシテ，マカリイヅベキ，クレキナシトハイエドモ，ハカリナキ，ゴゼンニ頼ヲカケ，シワクノツナニ，カラメラレナガラ，只今御ゼンニ入レ奉ルナリ，サテモ御身ハ始メ終リナキ，ムヘン幸大ナル，ヲンアルジニ，キワマルナリ，御前《ごぜん》ドクノミナモト様ニテ，マシマセバ，吾等ニアタエ下サレシ，アツキ御ヲンナ数々，マコトニサイゲンナケレバ，萬事ニコエテ，ヒカボコ，大切ニ，存ジ奉ル，ベキ事コソ，本エアルベカラズ。サワナクシテ，カエッテ，ザイカノツミトガモ。ユルシ，ナヲモツクシテ，ソモギ奉ル，シワ紙ナラ今サラスモ，御証明コヲモリ奉ル，ベキニモアラズトワキマエ奉ル，吾カステ，ヲカセシ，トガモ，ウチニシ奉ラズ，只ザイカノ甚ダモヲモク，シカモ数限リナキ事モ，ハクジョシ奉ル，シカリトイヘドモ，ヲンゼヒニ，我がトガヨリモ，ヒカク御子良須様ノ，ナガシ玉フ，御地ノゴケロクヨリモ，我ツミハ，ワキマエ奉ル然ル時イカニ，御身御コトバ，ザイ年ワガトガ，クヤムニ於テハ何時モ，ユルシ玉モワントノ御ヤクソク，今ヲボシメス，イダシ給ヒテ，ザイカヲユルシ，給フ，スギシトガノ，今心ノソコヨリモ，深ククヤミ，カナシミ奉ル，深クコンジョシ奉ル，アナガチゴショニテヲクベシ，クゲンニヲソレテノ事ニモアラズト，御大切ハムヨーザル，御イコーワ御ゼンロク，ハカリマシマサン，御身ヲソムギ奉ル，仕事ヲカナシミ申スモノナク，今ヨリ我ガシンタイアラタメ，一度モロタビ，ツミノヲカシユシテ，良須様ノ御内正モ，御ソムギ奉ル，アルマジキト，家宅ヲ思ヒ定メ，然レバ今御アワレミノマナジロモ，ザイ子ンナル，ワレニメグラセ給ヒテ，我トガノカワリトシテ，御ハンセンノハカンナキ，御ケロクヲササゲ奉ル，是ヲ以テ御カンケイヲユルシ給フ，良須様ノ御地ノ御ケロクヨリモ，ヲンミノヒカリ，御アワレミノ，頼ミヲカケ奉レバ，ヲカセシトガノ，御ユルシモコィ，又此ノ須正ノ御取ツギニハ御母三太丸ヤ様ニ，頼ミヲカケ，其御取合セヲキコシメス，入レタマヒ，吾等ニ御カンケイヲユルシ給フ，吾其クレキニハ及ベザレドモ御コーブンニ，二度《ふたたび》メシクワエ玉モ，ツツシンデ，ササゲ上頼ミ奉ル，アンメン良須様。

福江島
玉之浦荒川郷布浦
岩村大吉ノート
（県報告書 p. 228）

長崎の「カクレキリシタン」に主に伝承されているという。平成一一年長崎県が実施した「長崎県カクレキリシタン習俗調査」において、徳川二五〇年の禁教を耐え抜き、なお明治以後もその習俗を保存しつづけた、いわゆる「カクレキリシタン」の系統は主として長崎・外海・五島のグループと、平戸・生月のグループの二系統に分類される。[14] 前者の中で、長崎の家路町、外海の黒崎、西出津、五島の中通島、若松島、福江島などに「コンチリサン」が伝えられ、中でも、西出津、若松島、福江島には、本文の書写すら伝承されている。その他の地域でも、筆写はされなかったものの「コンチリサン」は沈黙のうちに唱える祈りとして、葬儀の際、あるいは「後悔のオラッショ」として伝承されたとある。一方、平戸・生月系のカクレキリシタンの間では、悔い改めやゆるしを求めるオラッショは伝承されているが、冊子としての『こんちりさん』も祈りの形としての「コンチリサン」も残っていない。ここから、片岡氏は、「生月・平戸系のかくれキリシタン（中略）が、外海・五島・長崎系集団より信仰の内容にかなりの変質がみられることの一因として『こんちりさんのりやく』をもたなかったことがあげられる」と結論づけている。すなわち、平戸・生月系の「カクレキリシタン」は、淵源のカトリック教会の信仰から大きく離れ、独自の民俗信仰化の度合いを強めたということである。『こんちりさん』の内容の伝承について、片岡氏の見解は実証されたかたちとなっている。

結果としては、明治のカトリック教会の宣教再開にあたって、長崎・外海・五島地区の「カクレキリシタン」のカトリック教会への帰順がより速やかに推進された。ところで、二つの系統の「カクレキリシタン」が明治になって、ふたたびカトリック教会との邂逅を体験したとき進路を二分した。平戸・生月系に「カクレキリシタン」の存続が認められ、カトリック教会に合流することがほとんどなかったのに対し、長崎・外海・五島系の「カクレキリシタン」のほとんどがカトリック教会への速やかな合流を実現したのである。従来の研究者は、なぜ平戸・生月系のカクレキリシタンが、あくまで祖先伝来の信仰に固執したのかを専ら問うてきたが、明治の高札撤去の後、なぜ「カクレキリシタン」はカトリック教会に戻ってこなかったかという問いよりも、むしろ、なぜ一部の「カクレキリシタン」たちがカトリックに戻れたかという問いのほうが重要に思える。これは、教義的には大幅に変質を体験した「カクレキリシタン」の信仰のなかに、冊子の形の『こんちりさん』および、口伝の祈りの形式である「コンチリサン」を通して、カトリック教会との連絡口が確保されていたことに原因があると私は考えている。より厳密な言い方をすれば、カトリック教会の「秘跡」への信仰が共同体のなかに保存され記憶となり、大きな変節を経たものの、その記憶は絆を固め信徒を結びつけた。それゆえ、その原型に再び接触したとき、彼らは容易にカトリック教会へ帰順できたことを示している。この点は、後にみるバスチャンの伝承と

長崎県のカクレキリシタン分布図（1998年現在）

長崎県教育委員会編「長崎県のカクレキリシタン―長崎県カクレキリシタン習俗調査事業報告書」六頁。

の関連で詳しく論じたい。

二 内容——中心部分

『こんちりさん』は次の五つの項目から成り立っている。

序 文

第一条 こんちりさんの上についてなすべき四ヶ条の心得の事

第二条 こんちりさんとは何事ぞという事 こんちりさんをつとむる道の事

第三条 こんちりさんをおこすたよりとなる観念の事

第四条 でうすにたちかゑり奉る罪人の申上べきこんちりさんのおらつ所の事

第五条 ばうちいすもを授からざる人も、こんちりさんをもって、科の御ゆるしをかうむる事、かのふという事

（以上の順序はプチジャン版のもの。一六〇三年版では第四条と第五条の順序が逆）

第一条において、『こんちりさん』の最も重要な内容がもちだされる。「こんちりさん」、すなわち「真の痛悔」をもつにあたって重要な用件は以下である。第一に、神は憐れみ深く、私たちの御親であり、真の痛悔をおこす罪人をすべてゆるされること。第二に、緊急の場合、あるいは戦場に赴くなどして告白を聴く司祭がいない場合、いずれ、その機会があれば告白するという覚悟を条件に罪（大罪）がゆるされる。第三に、真の痛悔の前提となるのは「信仰」であること。そして第四に、罪をゆるされたい者は、神の計らいとイエスの功徳に全面的な信頼

を置くことが強調される。

第二条において、「真の痛悔」の定義とそのための努力が解説される。第三条は「こんちりさん」にいたるための理解として、キリスト教教理の概説的叙述が続く。そして第四条は「こんちりさんのおらしよ」が掲載され、この冊子の教えを要約して、誰もが容易に復唱できるような「オラシヨ」の形にし、そして、第五条で洗礼を受けていない異教徒でさえ、キリシタンの教理を聴き、望みをもてば、「こんちりさん」（真の痛悔）の心をおこすことで、キリシタンと同じ結果を生むことが説かれている。最後の二つの箇条の順序が写本によって異なることがあるが、最後に「オラシヨ」のかたちで「コンチリサン」を記載するほうがよりまとまりがよく、事実、慶長八年（一六〇三年）（大浦天主堂）版は、最後尾にオラシヨを掲載する形をとっている。

この本には、とくに病人や臨終の床にある者への配慮が徹底して考慮されている。「真の痛悔」をおこそうとする健常な人は、この冊子全体を心してすべて読まなければならない。しかし、臨終の床にあるなど、読むことがかなわない者は、第一条の三と四の心得、および第二条と第四条を部分的に読んで聞かせるだけでもよい。さらに差し迫った死の危険がせまるときは、第四条の「おらしよ」を唱えるだけでもよいとしている。

そして、この書が説こうとしている最重要事項が次のようにしめされている。

されば此あにまのたすかりの為に、すぐれたるつとめといふわ、こんちりさんとて真実の後悔也。かるがゆへに、此書を、二さまのことを心ざして記すもの也。

一つにわ、此の覚悟いづれのきりしたんの為になるといゑども、別してこんぴさん聞かるべきぱあてれのなき所わ、科に落ちたるきりしたん、此書を読み明らめ、おしゑのごとくつとめば、其科をゆるされ、でうすのがらさをかうむり奉り、ついに天の快楽をうけ奉るべき道を知らせんため也。

魂の救いのため、最も大切な業が「こんちりさん」と呼ばれる「心からの完全な痛悔」である。そのため本書には二つの目的が語られている。一つは「真の痛悔」をすることがすべてのキリシタンのためであることはもちろん、特に「告白」を聴聞する「司祭」がいない場合である。罪を犯したキリシタンは、この書を読み、理解し、そのように行動すれば、それにしたがって神の恵みをうけ、天国へといたる道が知らされるとしているのである。

このような中心思想をもつ『こんちりさん』の意図を適確に把握するために、まず、カトリック教会のもつ「ゆるしの秘跡」の構造とその目的を理解する必要があろう。後述のように、カトリック教会における「罪のゆるし」の規定については長い歴史的変遷が認められるが、ここでは、一六世紀に一般的に教えられた「ゆるし」の構造とシステムを述べる。カトリック教会にとって、「ゆるしの秘跡」は、以下の三つの行為によって成立すると考えられている。

心の痛悔（contritio cordis）
口の告白（confessio oris）
業の償い（satisfactio operis）
赦しの宣言（absolutio）

第一の「心からの痛悔をおこすこと」（contritio cordis）とは、神である御父とイエスに対する忘恩などの罪を心から悔いることが必要となるということである。これは信仰者が心のなかで神との和解を願うという点で主観的な行為ということになる。「こんちりさん」とは、ラテン語の contritio がポルトガル語の contrição となり、日本語へ転訛した形である。第二の、「口によって告白すること」(confessio oris) とは、自ら犯した罪は、自浄作用があるのではなく、実際に教会における責任ある教導者に、すべてを言いあらわさなければならないことをいう。ここに、信仰者は、具体的で客観的な制度的教会との交わりを実現する。この場合責任ある教導者とは、カトリック教会の司教または司祭であり、告白を聴く人 (confessor) である。第三の、「業をもって償うこと」(satisfactio operis) とは、犯した罪の軽重にしたがって、それに見合う「償い」の業をもつことである。西欧キリスト教界には、後述するとおり、九世紀頃から『贖罪規定書』(Libri poenitentiales) というものが多数作成されたが、それは、罪の種類によって果たすべき「償い」のリストであり、聴罪師によってその軽重が大幅に異なることがないように配慮した結果つくられたマニュアルである。ここで、またも、制度的(客観的)教会の責任者から、個々の「罪」に対応して科せられる行為が規定されている。たとえば、徹夜の祈り、苦行、断食、巡礼など、業によって自分の罪を償う行為である。この三段階を経たのち、聴罪師は「罪の宣言」(absolutio) を行って「ゆるしの秘跡」が完了する。中世期においては、この第三段階目の「償い」に長期間を要するような、たとえば、聖地巡礼の義務や長期に亘る断食などが科せられた。したがって、「ゆるし」が完全に遂行されるまでには長い時間を要した。このことから、一一世紀以後の聖地回復戦に従軍する十字軍兵士のなかから、罪の償いを果たさず戦死するようなことがあれば「ゆるし」は成就されないのかという疑問が生じた。これに対し教皇はこの第三段階のみを短縮または免除する「免償」(indulgentia) という制度を導入することとなった。

以上の「ゆるし」の規定に基づいて、『こんちりさん』を理解しようとすると、カトリック教会の、通常とは違った例外規定を適用しようとしていることがわかる。第一の主観的な「痛悔」の行為さえ行えば、のちに「告白」すべく司祭のもとに赴くという覚悟があれば、「罪のゆるし」は成立すると宣言していることとなる。第二、第三の、教会との客観的な繋がりを果たさなくとも、自動的に「罪のゆるし」が成立するという、カトリック教会の慣習としてはきわめて例外的な措置ということになる。そのことは『こんちりさん』の次の箇所に明記されている。

こんちりさんとわ、真実に深き後悔の事也。然ればいかなる悪虐きわまりたるきりしたんなりといふとも、心に真実のこんちりさんをもやうし、こんびさんを申すべき仕合わせあらぬ時わ、必ずもうすべしとおもいさだむるにをいてわ、たとい其当座にこんびさんを申さずとも、あるほどの罪科をことごとくゆるしたまいて、がらさを下さるべきもの也[15]。

どのような罪人であっても、「真の痛悔」をおこしたならば、「告白」をする機会に恵まれなくとも、いずれ、かならず司祭に「告白」をするとの覚悟があれば、神はすべての罪をゆるし、恩恵をくださるということである。その覚悟をすべき場所と時とは、

人あるいわ病気におかさるゝか、あるいはぢんとうに赴くか、あるいわ船渡りをするか、いづれにてもがくご命あやうく事にかゝらん時、其身にもるたる科ありとわきまゑ、こんびさんを申さばやと望めども、こんゑそうるなきにおいてわ、則此こんちりさんを申さずしてかなわん事なり[16]。

急病か臨終の床にあって、命の危機があるときや、船旅など長期間旅、戦場に赴くなど、聴罪師となる司祭に直接会うことのない場合である。その場合、司祭に直接「告白」をしなくとも、いずれはそうすると覚悟を決めておけば、ゆるしの秘跡の第一条件である「真の痛悔」のみで、罪のゆるしは成立している。ここで重要な言葉は「もるたる科」である。「もるたる」(mortalis) とは致命的なという意味であり、カトリック教理では「大罪」(Peccata mortalia)、すなわち、救霊の恩恵を失わせるような重大な罪のことである。

ゆるしの秘跡に関連して、カトリック教会では何を「罪」と定めているのだろうか。日本思想においては、ヨーロッパ・キリスト教の説く類似の「罪」概念がないとよく言われる。キリスト教にとっての「罪」とは、神と人間の関係性を考慮してはじめて成立するものである。それは、被造物である人間の創造者であるデスス（神）への忘恩、冒瀆など、様々なバリエーションを有するものである。『こんちりさん』でいう「罪」とは、キリシタンの教理書『どちりなきりしたん』に定義された、「死るを授くると云心也。あにまの一命はでうすのがらさより受け続き奉る也。もるたる科はあにまの命を断つによて、もるたると云也」である。[17]「大罪」は、「魂の救い」を完全に断ち切る「死に値する」罪であり、具体的には、天主の人類に与えた十戒への違反行為でもある。しかし、日本の民衆キリシタンにとって『こんちりさんのりやく』で強調された罪は、あくまで「神の御大切」への不条理な違反を意味したと思われる。同じことを、一三世紀のキリスト教哲学・神学の統合者トマス・アクィナスが、『神学大全』のなかで、「目的が欲求を動かすという点でなんらかの主要性をふくんでいるような悪徳が罪源と呼ばれる」と説明した「七つの罪源」の結果である。[18]つまり、神への違反について、はっきりと意図され、かつその重大な行為を実行に移そうとすることが大罪（もるたる科）の出発点であり、その実際の結果が大罪なのである。その罪源としてトマスは「虚栄、妬み、怒り、悲しみ、金銭欲、暴食、色欲」をあげていて、それをうけた日本の『どちりなきりしたん』には「驕慢、貪欲、邪淫、瞋恚、貪食、嫉妬、懈怠」[19]が明記され、それらに基づいて行われるあらゆる悪行すべてが「もるたる科」として、キリシタンに熟知されていた。
当初冊子として流布した『こんちりさん』は、やがて潜伏キリシタンのあいだで、その第四カ条目の「オラショ」だけが口伝された。先にも述べたとおり、大浦天主堂本、外海、五島における口伝の聞き取りノートの原文はほぼ一致している。慶長本とされる大浦天主堂本と外海地方出津の帳方中山力男ノートを比べてみると、「こんちりさんのみがキリシタン時代から変化なく伝承された」とのプチジャン司教ら明治期の宣教師の証言が裏付けられる。

以上を要約すると、『こんちりさんのりやく』の究極目的が見えてくる。すなわち、『こんちりさん』とは、キリスト者が「真の痛悔」(contrição)をなせば、司祭不在の際、「告白」(confissão)をなさなくとも、後に司祭臨席の状況が許したとき「告白」するとの覚悟をもっているのであれば、大罪をふくむすべての罪がゆるされ、救霊、すなわちパライソ(天国)に入ることが可能であるという教えである。

第二節　日本における例外的適用例としての『こんちりさん』

『こんちりさん』の教えは明らかに、例外規定である。当然のこと、その例外規定は教義および慣習からの逸脱ではないかという疑問が生じる。しかも、それが日本という地で普及したとすれば、それは日本に特有のものなのか、それともヨーロッパにおいても類似の例外適用があったと理解すべきかという議論が生じるだろう。ヨーロッパ本国で行われていた「ゆるしの秘跡」の例外が日本にも移入されたのなら問題はそう複雑ではない。しかし、これが日本のみの例外の適用だとすれば、その意義は、世界史的、教会史的問いとなるであろう。なぜなら、それは日本の特殊事情が教会の教えとして公式に認知されたことへの逸脱を意味するからである。日本の迫害・禁教において生み出された書であるとすればなおさらのこと、その特例の存在意義は大きいものとなる。例外規定をとらざるを得なかった日本の状況についての問いにもつながる。そうした意義を理解する上でも、まず、一六世紀当時、ヨーロッパの教会において、教会教導職の教えと民衆の理解する「ゆるしの秘跡」がいかなるものであったかを、その成立過程から説きおこす。

一　トリエント公会議にいたるまでの「ゆるしの秘跡」の要件

「ゆるしの秘跡」は、この秘跡をうける側（すなわち悔悛者）の三つの行為（contritio, confessio, satisfactio）と、秘跡を授ける側（司祭）のゆるしの宣言（absolutio）から成立することはすでに述べたとおりである。しかし、そうした規定が整備されるまでには初代教会以来、長い歳月を要した。

初代教会共同体の成立以後三世紀頃まで、「悔悛」という行為がしだいに形をとっていった。しかし、当初、洗礼（原罪からの浄め）以後、「洗礼の恵み」（baptismal grace）を失わせるような大罪について「ゆるし」が成立するかどうかは教会内でも大きな議論となっていた。「ゆるし」が与えられない罪として、殺人、姦淫、背教の三つがあげられ、これらについてはどうしても「ゆるし」を与えることができないと考えられていた。三世紀になり、キリスト教思想家の中、たとえばモンタノス主義の厳格派に与する以前のテルトゥリアヌス

（Tertullianus, *c.* 160–*c.* 225）や、三世紀中頃のローマ皇帝デキウスの迫害時代、カルタゴの司教職にあったキプリアヌス Cyprianus（d. 258）などは、いかなる大罪にたいしても「ゆるし」の可能性を考慮し、いかにゆるし難いとおもわれている罪人でも、「悔悛」の心を示せば再び共同体に復帰することができるとした。そのための儀礼が次第に整備されていった。ただし、その儀礼に要する諸段階は非常に重大な意味をもってとらえられていた。それは一生に一度おこなえるかどうかの大がかりな儀礼となった。テルトゥリアヌスらは、罪の「ゆるし」は公の面前でおこなわれるべきと説いた。それは、背教・殺人・姦淫が、個人の罪というよりは、むしろ、共同体的性格を強くもつものであり、共同体との和解なしには「ゆるし」はあり得ないと考えられたためである。

キプリアヌスの時代、迫害はキリスト者の間に大きな亀裂を生じさせた。すなわち、迫害の脅威が迫るなか、一度は「棄教」を宣言したものの、迫害が終息した後、再び教会共同体に復帰を願った人びとに対し、迫害を耐え決して棄教を宣言しなかった者のなかで不満がもたれたためである。「ラプシ」（滑ったもの。転んだもの）は、決して復帰を許さないとする心情が優勢であった。しかし、激論の末、当時司教として教会共同体を指導する立場にあったキプリアヌスは、同様の問題で頭を痛めていたローマ司教で穏健派のコルネリウスらの裁定に範をとり、カルタゴの共同体のなかにも、悔悛システムを導入した。痛悔の心を示す人はどのような場合であってもゆるしが与えられるべきと考える穏健派を代弁した形となった。その際、罪人は第一に改悛する必要を公に認める（exhomologesis）。このとき本人は公職や共同体の祈りの輪からはずれ、みずからを「教会の外」に立つ者と位置づけられる。この場合、破門という意味づけをもつのではなく、罪人みずからがその立場にいると認める。そのとき罪の告白は公の場でなされる。その後改悛の業を経て、教会共同体員としてふたたび「生まれる」ことが宣言され、そのしるしとして、ゆるしのために司教の按手（頭上に両手を置いて祈る）による和解の儀式がおこなわれるべきと定めている。つまり、神との和解はもちろんのこと、共同体である教会との和解、コムニオ（共同体への交わり）の回復が意識され、「教会の平和」（pax ecclesia）に再び参入することと考えられたのである。ただし、「ゆるし」を与えられた悔悛者には、心からの痛悔を実証するための、長い期間にわたる厳しい「償い」の行為、たとえば、断食や巡礼のような業による「償い」が課せられた。

ゆるしの秘跡が公共の性格を次第にうしない、個人的な業となるのはより以後のことである。悔悛者と聴罪師の一対一の「個人的」儀礼とする考えは、五世紀以後、アイルランドを中心に活動したケルト系修道士たちの習慣に源を発している。その淵源にはキリスト教を受け入れる以前、古代ケルト社会が育んだ法習慣があったといわれている。さらに、ケルト系部族は、古来、黒海沿岸に居住した民であり、インド文化圏の影響を大いに受けていた。したがって、古代インド・ヨーロッパ語族に共通してみられる霊的指導者《グル》と弟子の個別指導、返済義務（負債に対する返済）などバラモン法典の影響をうけていることが、最近の研究から次第に明らかにされた[20]。

すなわち、個人的な「ゆるし」という行為は、こうした文化的背景をもつアイルランド系の修道士たちの修道院において、霊的指導者と霊的に指導される立場にある者（修道士）との霊的対話の中に導入され、その法的側面として、ケルト社会の法習慣がその具体的な形をあたえたものである。アイルランド系の修道士たちがブリテン島ばかりでなく、ヨーロッパ大陸にも赴き、さらに彼らの考え方を、ベネディクト会修道士たちが受け入れたことによって、個人的悔悛システムは全ヨーロッパ・キリスト教界に浸透することとなった。その痕跡は、各地におびただしい写本として残されている『贖罪規定書』（Libri poenitentiales）に認められる。カロリング朝フランク王国にこのシステムが浸透した事実は、九世紀に書かれたフランク王国の『贖罪規定書』の存在から推測できる。それゆえ、ゆるしの秘跡の大枠はすでに九、一〇世紀を境に、ヨーロッパ中に拡大していたものと思われる。[21]

一二一五年に開かれた第四ラテラノ公会議において「ゆるしの秘跡」への言及は次のような形となった。

すべての信者は、男女を問わず、物事のよしあしをわきまえる年頃に達した後、個人的に、すべての罪を告白しなければならない。それはすくなくとも年に一回、司祭にたいして恭しい態度でおこなわなければならない。[22]

第四ラテラノ公会議の規定をうけて、「ゆるしの秘跡」をより明確に規定したのは、一四三一年以後バーゼルにはじまり、フェラーラ、フィレンツェ、ローマと開催地を転々とした公会議においてであった。アルメニア教会との合同宣言文が採択される際、ローマ・カトリック教会は七つの秘跡に強調点をおき、順次説明を加えながら、第四番目に「ゆるしの秘跡」を次のように定義している。

第四の秘跡は悔悛である。その質料は悔悛者の行為であり、三重の行為からなる。第一は心の痛悔であり、犯した罪への嘆きをふくみ、二度とふたたびその罪を繰り返さないと思うことである。第二は口による告白で、思い出すかぎりの罪を司祭に告げることである。第三は司祭の判断によって示される罪の償いであり、それは通常は祈り、断食、喜捨〔施し〕によってなされる。この秘跡の形相は「ゆるしの言葉」であり、それは司祭が「私はあなたの罪をゆるす」という言葉によって成立する。この秘跡執行者は司祭であり、「ゆるし」の権能をもつものである。この秘跡の授与者は、通常の権利、または上長の許可によって罪を赦す権利をもっている司祭である。この秘跡の効果は罪の赦しである。[23]

ここに示されているのは、前述のとおり、「ゆるしの秘跡」の要件であり、この文書の意義は、それが教会の秘跡であると明確に規定したことである。後にみるトリエント公会議や、『こんちりさん』の内容の原型がすでにみいだせる。

悔悛者の三つの行為を詳しく見ると、第一の「心で痛悔する」とは、「心から神の愛への違反を反省する」という行為である。「真の痛悔」とは「完全な痛悔」(contritio) を内省する際、「神への愛にたいして自分の愚かさを悔いる」行為であり、純粋に神への思いに起因するものである。一方、「不完全な痛悔」(attritio) というものもありえる。それは神に対して不甲斐無いという気持ちを起こすよりも、その罪の罰にたいする怖れから生じる後悔の念であり、永遠の地獄の業火の恐怖などに基づくものである。カトリック教会の教義では、「完全な痛悔」が好ましいが「不完全な痛悔」であっても「ゆるし」の要件を満たすことになっている。カトリック教会には、このような理想とともに、信徒の大半がもつであろう「弱さ」への配慮があった。「不完全」なものでも、やがて、「完全なもの」へと高まっていく。そのためにも、一時的に、不完全さが残ってもよいとする考えかたである。この点は、後にみる宗教改革者マルティン・ルターの徹底した批判にさらされることになる。「痛悔」に程度の差があるということは『こんちりさん』においても明瞭に説明されている。

いぬへるのゝ苦しみをおそれ、ぱらいその快楽をうしなわん事をかなしみて後悔し、かなしむ事も尤もなれども、これわ一ぺんにでうすの御大切よりいづる後悔にあらず、たゞ御法度をおそれ、徳をうしないし身のとくしん〔得損〕をかゑりみるよりおこるがゆへに、達したる後悔〔に〕あらず。かるがゆゑにこれつらの後悔にて、其科をゆるしたもふ事あるべからず。たゞし、かくのごとくの後悔たりといふとも、こんびさんを申においてわ、其後悔の不足なる所をおぎのい添へたまいて、達したる御ゆるしとなしたもふもの也(24)。

『こんちりさん』は、「真実の痛悔」に最大の強調点を置くかたわら、伝統的なヨーロッパ教理についても細かな配慮を施している。完全な痛悔の重要性を徹底して展開する『こんちりさん』において、それが全体的にはヨーロッパ教理とのちがいを浮き出させているゆえに、この箇所はユニークさの点からすれば、たしかにトーンを下げる部分ではある。しかし、このようにカトリック教義を綿密に抑えておくことは、例外規定を主張する際に不可欠だということも事実で、その点を『こんちりさん』の作者(たち)は理解していたようである。

第二の、口で告白する段階は、教会で公に認められた教役者(sacerdos habens auctoritatem)に、直接、罪を告げることである。ここで注意したいことは、「ゆるしの秘跡」が、この第二の行為のみをさすこととらえ、すなわち、司祭に秘密裡に告白をおこなうことだけがこのゆるしのシステムであるととらえる誤解である。「ゆるしの秘跡」は、先の「心の痛悔」と「告白」を、全く別の次元の二つの行為とはっきり区別した上で、さらに第三の「償い」という異なる行為へと導くものである。「口で」罪科を言い表すという行為は、現代心理学においてもその効果がみとめられている「自己浄化作用《カタルシス》」に通じる行為であろう。古代教会の公における罪の宣言とは、いくぶん様相を異にする、個人的かつ内的な処方といえる。

第三の「業で償う」行為は、罪の告白を聴いた司祭による裁定である。六世紀から九世紀にアイルランド系修道士たちが広めた『贖罪規定書』が、古代のインド・ケルト系部族の「償い」の法的規定の影響を受け継いでいたことは先にも述べたが、この効果はやはり、個人を内的な安堵へと導くものであった。というのも、一般に、罪のゆるしの宣言を受けたとしても、その重大さにくらべれば、科された「償いの行為」は軽微にすぎると感じるのは人の常だからである。言葉だけの宣言ではなく、「業をもって」という行為に実は重要な鍵がある。贖罪の意識構造とはまさにそのことであり、心から悔いた人間には、多少の身体的な苦痛をともなう行為によって、はじめて、罪をゆるされたという実感がもてるのである。

ただ、私たちは「免償」(Indulgentia) という言葉を耳にする。それは、この第三段階の「業による償い」を免除するという規定である。高等学校教科書などに登場する「免罪符」などが訳語としてあてられているが、これは完全な誤訳である。カトリック教会の教義には、「罪」を免除するいかなる特権も存在しない。「痛悔」と「告白」に免除などの例外はありえない。あるのは、犯した罪にたいする「償い」のみを免除するという規定である。その起源は一一世紀の十字軍運動を発端としている。教会における「ゆるし」の要件の第二までを確実に完了した人物が、突如、長期の遠征のため外国に赴くことになった。しかし、その人物はある一定の期間を要する「償い」の業を果たす義務を負っていたとする。もしも、遠征の途上で死ぬようなことがあれば、償いは果たされず、したがって、罪のゆるしは完全に履行されなかったことになる。そうした疑念を重く見たローマ教皇は、キリスト教のために従軍する兵士には、特別に「償い」の部分のみを免除（帳消し）することを宣言したのが「免償」の考え方である。一一世紀のカトリック教会には「煉獄」という観念が浸透していない。すなわち、死んでもなお「成聖」に達するプロセスが継続可能であり、その状態を天国と地獄の中間的な状態として「煉獄」と考えたのであるが、その観念がないということは、死後、人間は直接「救い」か「滅び」の二者択一の状況に放り込まれることと考えられた。「償い」が果たされないということは「滅び」を決定づける要因として、心ある信徒はことのほか怖れたのである。そのため、「免償」の特権的付与が諸教皇によって相次いで出され、一六世紀宗教改革者たちの主な批判の対象として「免償」の濫用が槍玉にあがったということである[25]。

以上の三つの行為は、罪のゆるしをうける側（悔悛者）についてであり、スコラ神学では、この三つの部分を「秘跡」の効力を発生させるためのマテリア（質量）の部分と呼んだ。つまり、これは不可欠の形をあたえたということになる。その上で、形の中に心を入れる段階として、フォルマ（形相）の部分、すなわち、この行為を内的に充実させる核心として、罪の赦しをあたえる側（聴罪師）のことば「私は父と子と聖霊の御名によって、あなたの罪をゆるす」という宣言の言葉（absolutio）が続く。

ここで、再び『こんちりさん』の示す教えが、バーゼル公会議以後の通常の規定とは確実に異なった内容を付加していることに気づくのである。すなわち、第二の「告白」に留保をつけたということである。言い換えれば、「告白」がなくても、その覚悟さえしたうえで、「真の痛悔」を果たしたなら、それで足りるとしたからである。しかも、ゆるしの対象は「大罪」をもふくむすべての罪に適用される。この点、日本キリシタンが実行したとされる「コンチリサン」のオラショは、きわめてユニークな特徴を具えているといえるのである。

一一世紀から一二世紀にかけてのヨーロッパ思想界においても、「真の痛悔」の有効性を強調しようとする人々が存在した史実が指摘されている。すなわち、「神との和解」というのは、個人的に、心のなかで完了することができ、そのためにわざわざ制度的（客観的）教会の介在を必要としないという考え方である。伝統的に少数ではあるが、この考えを教会の神学者の間で支持するものがいた。「真の痛悔」支持者（contritionist）と呼ばれるグループであり、その代表的人物であるペトルス・アベラルドゥス（Petrus Abaelardus, 1079–1142）は、悔悛者の「主体的態度」が、ゆるしの宣言を発する司祭（教会を代表し、キリストになり代わってこの言葉を発する）の言葉以上に、神のゆるしのために重要であることを説いている。人間が自由意志の行使の結果、原罪の堕落に陥ったとはいえ、その善性をより強調したいとする願いでもあり、また、制度的教会の徹底した客観主義に対する主観主義サイドからのアンチテーゼでもあった。

アベラルドゥス以後、トマス・アクィナスとドゥンス・スコトゥス（Duns Scotus, 1265-1308）らが、「真の痛悔」支持者の観点を教会の、法的・制度的・秘跡的権能の軽視につながるとして反対を表明している。すなわち、アベラルドゥスの主張は、信仰の「主観化」であり、神と人をむすぶ客観的媒介が不必要とするような見解につながると批判したのである。[26] 宗教改革者が活動を始め、トリエント公会議が開催された一六世紀初期から中頃までのカトリック教会の「ゆるしの秘跡」を見ると、秘跡の成立要件である教会の客観的立場が強調されていた。しかし、その片隅で、悔悛者の主体的・主観的な態度を重んじることの重要性も一部の神学者の間で議論されている。後者の考え方は、トリエント公会議以後、カトリック教会の中ではほとんど姿を消し、客観的な要件のみが強調され一本化される傾向にあった。そうした変節の背後には、プロテスタント神学者たちによる、客観的教会論に基づく「ゆるしの秘跡」への徹底的な批判にさらされた教会事情が存在していた。

二　ルターの反論とトリエント公会議の決議

マルティン・ルターは、宗教改革の発端となった『九五カ条の命題』や説教などで、「告白には痛悔と告白と償いの三つの部分があるというのは、聖書にもキリスト教の伝統的な博士たちの教えにも基づいていない[27]」とし、ゆるしの秘跡そのものに対する批判をなした。これは一五二〇年六月五日に発布されたルターへの破門勅書『エクスルジェ・ドミネ』（Exurge Domine）の中でルターのもたらした誤謬として言及されている。また、ルターは、「痛悔は罪の糾明と罪を嫌うことによって準備し、それによって自分の罪の重さ、数、害や永遠の幸福を失い、永遠に罰せられることを考え、自分の魂が苦しんだ年月を数えなおすことである。この痛悔によって、人は偽善者となり、もっと悪い罪人となる」と述べた[28]。これは、ルターが、「真の痛悔」だけ認めている証拠であり、なおかつ、そうした痛悔は、人間が日常生活のなかで頻繁になすことは困難であり、まして、それを教会が制度として保持し、信徒によって繰り返し行われるべきとするのはまったくの誤謬であると、教会組織のあり方そのものへの疑問として提出した見解であった。

一二世紀のアベラルドゥスをはじめとする「真の痛悔」主張者（contritionist）が一般に抱いていた主張がルターによって再強調されている。ルターの主張が一二世紀のそれと決定的に違うのは、神と人との和解が信仰上、主観的問題として有効であるとする、制度的教会への批判、ひいては、教皇を頂点とする教会組織の批判として成立している点である。つまり、ゆるしの規定を教皇の自由裁量で変更することへの批判につながっている。ここに、信仰の主観主義《プロテスタンティズム》と客観主義《カトリシズム》の大きな違いが浮き彫りにされている。

カトリック教会は、以上のルターの主張する「ゆるしの秘跡」への疑問にいちはやく反応した。それはトリエント公会議におけるルターの主張の誤謬というかたちで整理されている。一五三七年に召集され、実際は一五四五年トリエントで開幕、各地を転々としたのち、一五六三年に閉幕した第一九回普遍公会議、すなわちトリエント公会議は、宗教改革者によって提示された様々な説を、カトリック的に判断し、限定づけようとした会議であった。改革者らの主張に対して、カトリック教会は、何を許容し、なにを拒絶すべきかを討議した。「ゆるしの秘跡」についてのルターの反論は、トリエント以後の「ゆるしの秘跡」の実践において、ひとつの規範を提示するものとなった。そこでは、「ゆるし」についての起源にある、霊的相談、ガイダンスという性格よりも、法規上の義務に強調点が移り、司祭（教会教役者）への「告白」は強制力を強め、それを欠くことは、個人の救霊すら危うくする重大事であるという印象を与えるものへと変質していった。

トリエント公会議はバーゼル公会議の決議を教会における公的定義として認め、繰り返すとともに、「真の痛悔」について、次の言葉を付け加えている。

完全な痛悔とは、悔悛者の上述した行為のなかでも第一にもたれるべきものであり、犯した罪を心から嘆き嫌悪するもので、将来二度と罪を犯さないという決意を伴うものである。この嘆きの行為は洗礼後、罪に陥った人にとって、罪のゆるしを受けようとするときいつでも必要であった。それは、神の慈しみに信頼すること、そして秘跡をうけるために必要なことをすべて享受したいとの熱望に結びつくとき、罪のゆるしの準備がなされるということである。(29)

ここでは、ルターの主張である、「真の痛悔」は頻繁にはなしえない、という見解に反論して、信仰者はこの秘跡に参与するかぎり、真の痛悔をなし、二度と同じ間違いを犯さないとする覚悟を表明しなければならないことをあえて強調した。しかし、カトリック教会は「真の痛悔」すなわち「完全」な痛悔がなし難いものであることも認め、たとえ「不完全」な痛悔（contritio に対する attritio）であったとしても、ゆるしの秘跡の有効性は保たれるとしている。この点が『こんちりさん』にもはっきりと示されていることは、先に見たとおりである。

アトリチオ（attritio）といわれる不完全な痛悔は、一般に罪の醜さや地獄と刑罰の恐れからうまれる。罪を犯す意志を捨て、ゆるしを受ける望みをもっているならば、この不完全な痛悔によって、人が偽善者やより悪い罪人になることはない。これは神の賜ものであり、聖霊の働きによるものである。（中略）不完全な痛悔だけでは告解の秘跡を受けなければ、罪人は義化されないが、告解の秘跡によって神の恩恵をうけるよう準備する。[30]

このように、ルターの言説の一つひとつに答えていくトリエント公会議の決議は、先にも述べたとおり、ルター派の主張への限定づけ、あるいは拒否としての教会の態度表明であった。ただし、こうしたやりとりのなかでも、トリエント公会議は、「ゆるしの秘跡」における「告白」の免除（省略）は決してありえないとの立場を貫いている。いわゆる「免償」（indulgentia）という、この秘跡の第三要件である「償い」を免除したり短縮する規定は一一世紀以後、ローマ教皇特権として頻繁に実行されたが、第二要件の「告白」はいかなる場合にも免除されていない。これがヨーロッパ・キリスト教における「ゆるしの秘跡」の根幹である。したがって「免罪符」と誤訳が生じたように、ゆるしの秘跡のすべてを行わなくても「罪の赦し」が与えられたとする考えは教理上カトリック教会には存在しない。とにかく、トリエント公会議は、ゆるしの秘跡についての教令（De confessio）として、次の諸項目に最大限の強調をおくこととなった。

告解の秘跡の制定について、全教会は常に次のように解釈してきた。すなわち、洗礼の後に罪を犯した者には、すべての罪を完全に告白することが神の法によって必要であると主が制定した。われわれの主イエス・キリストは、地上から天へ昇る前に、司祭たちを自分の代理者、指導者、裁判者として残した。この代理者に、キリスト信者が陥った大罪は、すべて言及〔口で言い表〕されなければならない。[31]（傍線筆者）。告白する人は良心を十分に糾明した後、すべての致命的な罪（大罪）を告白の時に打ちあけなければならない。たときわめて秘密のものであり、神の十戒の最後の二つの掟〔偽証と他者の家を貪る〕に反するものであっても、全部をあきらかにみとめて述べなければならない。[32]（傍線筆者）。

これらの引用は、トリエント公会議の「ゆるしの秘跡」についての、従来にない強調箇所をしめしたものである。すなわち、すべての「大罪」は、すべて教会教役者に、言葉で言い表さなければならない。さもなければ、いかなる罪のゆるしも与えられないということである。これは明らかに、痛悔の秘跡的効力に疑問をなげかけたルター説へのカトリック教会側からの反論である。冒頭で見た『こんちりさん』の中心部分にある、「真の痛悔」があれば、いずれ「告白」するとの覚悟の上で、「告白」を省略できる、との措置は、このトリエント公会議の決議（一五六三年段階）から決して引き出しえない結論ということになる。また、第四ラテラノ公会議にみられた、信徒は年に少なくとも一度は司祭に恭しく「告白」することという規定は、当初の勧めというニュアンスから、法的強制力をもつものとされていったようである。

かくして、トリエント公会議以後のカトリック教会において、「ゆるしの秘跡」、特に「告白」の強調が繰り返された。日本において、トリエント公会議教令は、時を移さず、持ち込まれたようであり、会議の規定したとりえんとばん『ろーまかてきずむ』は、一五六八年にはすでに日本にもちこまれ、即座に日本語訳が作られるほどの迅速な対応をもって紹介されている。[33]「ゆるしの秘跡」に関する、日本において持ち込まれた教義とは、教会が長い伝統を経て伝えてきたというよりは、むしろ、直前に開催されたトリエント公会議の決議であり、その決議自体が、やはり直前に問題となったプロテスタントへの限定づけ、あるいは反論のゆえに成立したという事情に留意したい。すなわち、日本のキリシタンへの宣教には、時代的な制約、色彩が色濃く反映されていたという事実が確認できるということである。

日本人信徒は、トリエント公会議の決議をどのように受け取ったのであろうか。日本人特有の真面目さで、宣教師から言われたことを忠実に守ろうとする姿勢が目立つ。しかし、日本人にとっても、罪悪感と救霊という概念がまったく新奇なものでなかったことは源信の『往生要集』の記述からも判明する。厭離穢土、欣求浄土をもとめてひたすら易行である念仏に集中することを説いた『往生要集』の「助念の方法」の七事のうちのひとつに「懺悔衆罪」という観念がある。「もし煩悩のためにその心を迷乱して禁戒を毀らんには、応に日を過さずして、懺悔を営み修すべし。大経（涅槃経）の十九に云ふが如し。もし罪を覆へば、罪すなわち増長す。発露懺悔すれば罪即ち消滅す」[34]。この言葉から、犯した罪を隠すのではなく、言い表すことで救いの第一歩を得るという考え方は、ヨーロッパ・キリスト教のみにみられた態度ではなく、日本人にも受け入れやすい素地をもっていたと理解できる。「大罪はすべて言いあらわさなければならない」という言葉を、日本人は自然な感性にさからった強制的含みとして受け取ったというよりは、むしろ、真理として容易にうけいれたと思う。

さらに問うべきは、ヨーロッパ・キリスト教界において一般化されていた規定と、日本における「例外規定」の差がいかにして生じたのか、また、宣教当事者であるイエズス会宣教師たちはそのあたりをどのように納得し、解決をつけていたのかということである。トリエント公会議以後、いかなる場合にも司祭への「告白」がなされなければならず、しかも年に一度は絶対の義務として教えられた。それは、迫害・禁教という司祭数の絶対的な不足の中でどのように解決されたのであろうか。

第三節　一五九〇年代の日本宣教師の逡巡

トリエント公会議以後、「ゆるしの秘跡」に、従来なかったような強調点が加わったことは、日本宣教の場におおきな結果をもたらした。一五八七年（天正一五年）豊臣秀吉の伴天連追放令は、それまで順風満帆の進展をとげていた日本キリスト教界の行方に大きな障害となって立ちはだかった。宣教活動は事実上禁止され、宣教師の追放をうけてキリスト教界の公の活動が不可能となり、キリシタンの姿が町から消えた。しかし、それはキリスト教信仰の消滅を意味していない。むしろ、追放令後の一五九〇年代は、キリシタン人口が減少するどころか、増加傾向にあったという逆説的な結果が認められる。それは、追放令以前の教会の繁栄期に、地方共同体に根付いた地道な努力が共同体の基礎をかためていたためである。一方、追放令を発した当の秀吉の念頭には、キリシタンを根こそぎ排除するという考えはまだなく、追放令によって外国宣教師の活動に牽制球をなげたものの、依然としてキリシタンの活動の多く、特に長崎や大坂に建設された病院活動に対しては寛大な措置がとられていた。したがって、宣教師は一時、平戸に終結し、今後の去就について討議し、一部は海外に逃れる道を選択したが、多くは再び日本の地でひそかに活動することも可能であった。ただし、当然、彼らの行動は制限され、町から町、村から村への頻繁な巡回が容易でなかった事実は察しがつく。

一 「罪のゆるし」を希求する民衆

宣教師が頻繁に巡回しなくとも、キリシタン村落共同体の民間指導者が信徒を束ね、存続を可能とする機構を作り上げていたことは、第一章で述べたとおりである。一五九二年の宣教報告から推計できるキリシタン総人口は二二万五〇〇〇名に達している。これは、一五八〇年頃の一五万人という推計からも大幅な増加である。これに対して、聖体祭儀であるミサを行い、ゆるしの秘跡をとりおこなう（告白を聴くことのできる）司祭は、わずか四三名にすぎなかった。[35] そうした状況の中に、トリエント公会議のある点を強調した「ゆるしの秘跡」の規定がもたらされたのである。信徒は年に一度、司祭に「告白」しなければならない。それをなせずに死を迎えることは重大な結果を招くと。この規定は、一五九〇年当初の日本においてはきわめて困難な状況を生み出した。

先にもみたとおり、トリエント公会議の決議が宣教地の日本に知らされたのは驚くべき速さであった。そのヨーロッパ的な規定のいくつかは、日本の状況とまったく合わない場面を多々うみだした。たとえば、婚姻についての教令が導入された時、日本の婚姻は果たしてキリスト教の基準からみて正式な婚姻と認めうるのか、妾や側室を持つ習慣のある大名などにキリスト教の倫理をどのように実践させるかなどに大きな問題が生じた。トリエントのカテキズムでは、特に「罪」の規定が、信徒の信仰生活に重くのしかかっていたことに注目したい。その証拠は、一五九三年頃に書かれたとされる『病者を扶くる心得』の次の言葉にある。

もるたると云重き罪を犯す者は、いんへるのにおひて、其科の軽重に随ひて、終わことなき苦しみを受くる也。[36]

大罪を帳消しにしてくれる「ゆるしの秘跡」に頻繁に足を運べるのかというと、現実は厳しく、絶対的な司祭数不足と増加を続ける信徒数の不均衡のゆえに、困難をきわめた。信徒の心情からすれば、常に「大罪」を犯したのではないかと良心の呵責を感じながらも、それを解く手段がないことは、想像以上に大きな問題であっただろう。しかも、急病や臨終の床にある人びとにとってその要請は緊急を要する重大事となった。一五九〇年代は、まさに、秀吉の伴天連追放令による日本社会の側から与えられた試練と、ローマからもたらされたカトリック倫理と習慣の引き締めのはざまで日本人が悩み、そしてその解決を模索する宣教師の逡巡が続いた時期であった。とくに「ゆるし」については、「救霊」という面で、特に重要な課題をつきつけたのである。

そうした困難を知る史料として、一五九二年、長崎で開かれた管区会議の決議を見てみよう。一五九二年二月三日（天正一九年一二月二〇日）、各地の責任者一二名が集合し会議を開催した。この会議について、四三章に亘る議事録が残されている。会議招集の目的は、ローマで開催される全イエズス会員の代表者会議に参加する日本からの代議員《プロクラトール》を選出することであった。会議開催冒頭で巡察師ヴァリニャーノの立会いのもと、二人のイタリア人宣教師、フランチェスコ・パシオ（Francesco Pasio）とチェルソ・コンファロニエリ（Celso Confalonieri）が代議員として選出された。両者は有能な宣教師であり、日本語に堪能な働き手であった。しかし、ヴァリニャーノはパシオの日本での活動が余人をもって代え難いと判断し、当時、離日を許すことはできないとして、この選出者の承認を留保した。またコンファロニエリも健康上長旅が困難との理由で自ら辞退を申し出た。その結果、会議はスペイン人ヒル・デ・ラ・マタ（Gil de la Mata）を正式なローマ派遣代議員として選出した。ローマの会議に出席することに加え、マタは、当時、宣教現場でもたれた、日本特有の問題をリストにまとめ、日本の倫理的諸問題として質問状とし、ローマ往復の際、有識者にその回答を得るという任務を託された。この質問状に正式に回答したのが、アルカラ大学の倫理学者ガブリエル・バスケス（Gabriel Vasquez, 1549–1604）であった[37]。日本の現場の宣教師たちが様々な面で苦闘していたことは、九八年日本にもたらされたイスパニアのアルカラ大学で教鞭をとっていたバスケスの、日本宣教師の質問状への回答内容を見ればあきらかである。「ゆるし」についての回答についてはのちに詳細をのべるが、この回答書は、一五八七年以後、事実上非合法化された教会活動と、日本社会に住むキリスト教徒の態度を理解するうえの貴重な史料となっている。

「ゆるしの秘跡」に関して、ヴァリニャーノの報告には、司祭が少ないにもかかわらず、「告白」を求める信徒が多すぎることが、現場の宣教師たちの悩みであったことが記されている。

神父たちはすべての病者の告白を聴くことを続ける義務はない、と知らされることである。ましてや大いなる労苦をともなっての告白を聴くことはためにならぬ。なぜなら、そのような力も不足すれば、またよりおおいなる善の損失なしにはそれは生じないからである。しかしキリスト教徒のいる場所がたいして遠くなく、直に帰れる地に住んでいる教徒の生命が危険に瀕しているときだけ、神父たちは彼らの許へ行って告白を聴くがよい。（中略）しかし病者がこのような霊的危険にあることを知らぬ時は、神父たちはかれらの所へ行く義務があると考えるべきではなく、またかれらの病気が非常に危険で告白を後回しにしなければならぬ時は、神父たちは病者の告白を聴きに行くどころではなく、告白をやめるほうがよい。もしそうして誰かが死んでも、他に仕方がないのだから、神父たちは小心に気を悩ませることもあるまい。しかしこの場合、神父が助けに行くべき最後の必要は何にあるのか、本会議〔日本の宣教会議に集まった代表たち〕は説明を受けたいと願っている[38]。

この文章から、実際に瀕死の病人の告白を聴きに行けず悩んでいた宣教師の姿が浮かびあがる。それは、どうしても司祭に告白するべきと強調したトリエント公会議以後のこの秘跡をめぐる当時の雰囲気をよく示している。ヴァリニャーノは、宣教師たちが「告白」せずに亡くなった病人のことを自分のせいであると自責の念にかられなくてもよいとしている。ただし、ローマからの正式な公認を得ているわけではないので、その判断が絶対的に正しいかどうかは依然として曖昧なままで残っていただろう。その点、ローマに早急に「お伺い」をたてる必要を感じていたにちがいない。もしも、トリエント公会議の教令の中にあった「神との和解」についての「真の痛悔」支持者のような例外的規定を実施できたなら、宣教師はこれほど悩まなかったということである。それは裏返せば、そのような例外規定を公に採用しうるとは公言できなかったからこその悩みであった。実際は必要に応じて「告白」なしのゆるしの可能性を教えたかもしれないが、それはあくまで非公式見解としてであった。そこで、事後承認のかたちで宣教師たちが行っていた例外規定の適応に、一刻も早くお墨付きがほしかったのかもしれない。

ヴァリニャーノをはじめとする多くの宣教師たちの願いとほぼ同じく、マタがヨーロッパにもたらし、アルカラ大学のバスケスが答えた質問状の中に、同種の悩みが吐露されている。

日本において神父は少なく、一方、告解を求める病人は多くいます。しばしば神父が四レグア〔約四里〕ないし八レグアもはなれた場所からよびだされることがあります。そんなときいつでも神父は馳せつけますが、そうすることで病気でない人びとの告解を聴くことができなくなってしまいます。一人の病人のために三〇人の告解を省略しなければならないことが多くあります。そこで、質問ですが、呼び出した人びとが大罪を犯したという意識をかならずしももっているわけではなく、またある場合には、神父が行ってみると病人の具合はさしせまったものではないことがあるからです。そうした遠い道のりをいくのですし、その病人の告白の回数を考えて、神父にとってそれがなんらかの重要なこととは思われない場合、わざわざ赴くことは非常な負担となることを考慮するべきでしょう(39)。

長崎管区会議は、ローマへお伺いをたて、事後承諾を取り付けるという前提で、以上のような状況を考慮して、日本独特と思える一つの案を提出する。

すなわち、できるだけ諸地域に、病者が使者を向けるに適当な誰か賢い者を決めておけば、その者が神父たちを呼ぶ前にこの際どうするのが一番よいかを教えてくれるだろう。病者が大いなる危険にある時、ある時は病者に力をかすべきことを、ある時は神父に促すべきことをかれらが教えるためである(40)。

病人の心の平安のためにも、司祭が良心の呵責にさいなまれないためにも、司祭が到着するまで、病人のそばにいて、適切な準備ができる人間を置いておこうとするものである。もちろん、決定的な解決にはならないが、それでもないよりはましである。これは、第一章で見た、浄土真宗本願寺派の山口県や大分県で見られた「辻本」ないしは「看坊」とよばれる、半僧半俗の民間指導者の役割に重なるように見える。具体的には、臨終の者の枕元に立ち会い、励ましを与え、臨終を迎えたときは読経をあげて専門僧の来訪を準備する役割である。一五九三年に書かれたとされる『病者を扶くる心得』のなかに示された「病者を教化する人」のことである。しかし、そこにはこの代理者が司祭の役割にとって代われるものではないことが明言されている。

病者を教化する人は、左の理〔病者を扶くる法〕を読むか語るかして尋ぬべし。ただし、こんひさん〔告白〕のごとく現はせとの儀にあらずといへる理を知らすべし。故は、それはさせるどうて〔司祭〕のみにあたる事也。今尋ねる事は、こんしゑんしやにかゝる事を晴るくべき合力のため也[41]。

すなわち、司祭不在の臨終の席に、代理者をたてるのはよいが、それは病者の心の平安と慰めのためだけの措置であり、その人物が「ゆるしの秘跡」を行う司祭の代用、ないしは「告白」を聴くことのできる人物として置かれるものでは決してないことが確認されている。司祭の果たす特別な役割はあくまで明確であった。ここでの結論は、一五九三年の段階では、先の司祭不足と信徒数の増加、とくに「ゆるしの秘跡」に群がる信徒の多さという問題については何一つ解決がなされていなかったということである。

この決議文には冊子をつくり、病者も、病者を教化する人も、そのマニュアルによって行動すべきことが提案として示されている[42]。

病者は何をなすべきであり、また看護人をどのようにして役立たせるべきかを狭い紙に印刷しておいて、病者が痛悔を起こして善き死の準備をさせることである。たとえ、聴罪司祭がいないため、罪を告白することが全くできないとしても。こうして司祭なしに死んでも、かれらが魂の平和と救済を得るための何らかの方法を見いだすようにする。この点において神父たちがどうすべきか、より一層安全に報いられるなんらかの教化法をより豊かに示してもらうよう、総会議はわれらの総（会）長に要請する。[43]

ここで、教化する人は司祭ではなく、一般の信徒の代表であるゆえに、こうした統一規格のマニュアルが必要となる。しかも病者が「痛悔」を十分になしえるよう配慮するのがその第一の務めである。しかし、ここでも重要なのは、「痛悔」のみで「告白」を省くということはまだ公式に認められたわけではないということであり、一刻も早くローマ当局、あるいはヨーロッパの権威ある神学者のお墨付きを得たいというところなのであろう。ただし、行間をよむと、そうした例外を宣教師たちはすでに実行してしまっているようなニュアンスが読みとれる。それは緊急の措置として許されると考えた節がある。それを追認の形でイエズス会の総長から許可してもらいたいとの思惑をもって代議員は質問状を託したのだと思う。この間、宣教師たちが、トリエント公会議の教令のなかの「神との和解」の特別なケースについて、それに基づいて拡大解釈の可能性があることを知っていたかどうかは定かではない。しかし、結果的には、トリエント公会議教令にある「神との和解」の成立を実際の現場で説いていたようである。原則的には、そうした特別措置が、彼らの直面する事態の大きさから、許可されるだろうとの確信があったともいえる。しかし、一五九三年の段階では、それを公けに語らない日本宣教師たちにはいくばくかの逡巡の形跡が認められる。

日本の宣教師たちが、自分たちの行動に自信をもったのは、一五九八年、ローマで代議員会議に出席したヒル・デ・ラ・マタが、スペインの諸大学を訪問した後、帰国した時のことである。この時、マタは、ガブリエル・バスケスの見解を携えていた。それは、一五九三年の管区会議において代議員を任命し、ローマに質問状をもたせた日本宣教師らの期待に応えてあまりある内容であった。当時のヨーロッパにおける倫理神学の権威の口から次のようなことが語られている。

ある経験ゆたかな方の判断と、明らかな理由によって、〔こうした場合〕告解〔を聴き〕にいかなくてもよいであろう。ただし、緊急の事態の中で告白できないときに備えて、人びとが完全な痛悔（contritio）を心掛ける習慣を持つよう注意する必要がある。(44)

バスケスは、はっきりと「完全な痛悔」という言葉を用いながら、それが、「告白」を何らかの事情によってなしえない人のための処方であると説いているのである。しかも、それは、バスケスの個人的見解ではなく、経験ある人（この場合、権威ある大学神学者や教会関係者である枢機卿たちをさすと思われる）の判断を仰ぎながら、しかも、これまでにもあった概念の整理ともうけとれるようなニュアンスで語っているのである。ここに、日本宣教師たちは、日本でやむを得ずに行っていた臨時措置に対する、事実上の公認を得たと欣喜雀躍したにちがいない。「完全な痛悔」が「告白」を留保させる可能性が、わずかでもあることを、いまや、堂々と信徒の前で、憚かることなく宣言できるようになったからである。

宣教師たちが「真の痛悔のみでゆるしは成立可能である」と明確に公言した時期は、一五九〇年代の末のことであるが、それを裏付けることができる史料はいくつか散見できる。たとえば、時のイエズス会日本宣教の最高責任者であったペドロ・ゴメス（Pedro Gómez, 1535–1600）に見られる「ゆるしの秘跡」についての発言の変化である。第一の発言は、一五九二年の『説教師規則』（Reglas de los hermanos predicadores）に見られる言葉である。ここで、ゴメスは、全国の布教地に散るイエズス会の宣教師が説教する際、「説教の中で、告解と聖体拝領の頻繁な使用を勧告すること」と語っている。[45] このとき、ゴメスは、ゆるしの秘跡の重要性に言及したのみで、その内容については何も語っていない。ところが、一五九七年、同じくイエズス会宣教師の説教について述べた『説教師助言』（Avizos para os Pregadores em Japão do Padre Pedro Gómez）において、「彼らに完全な痛悔の方法を教え、彼らがどこにいても説得され、完全な痛悔というこの霊的薬をたびたび用いること。なぜなら、告白を聴くべきパードレがしばしばいないからである」と述べている。[46] 先に、九〇年代は宣教師の間で、次第に「告白」への特別措置が非公式に実施されはじめていただろうと予想したが、九七年の段階では、それがイエズス会宣教師間ではほとんど常識となって実施されていたことがこの文面から読み取れる。つまり、九二年の段階で、まだ口にすることさえ憚られた内容が、九七年にはしっかりと伝えられている。しかも、「完全な痛悔」についてのヨーロッパ神学者の見解を受け取る以前に、このことを日本布教の責任者ゴメスが強調している点が重要である。これは明らかに現場の要請に基づくものである。ゴメスもヨーロッパからの返答を心待ちにしていた一人であったようである。

日本にいた宣教師たちは、バスケスの解答をみて心から安堵したことであろう。そして、次の行動に移るのにほとんど時間を要さなかった。これまで実際に行っていたとはいえ、公認のとれていない特別措置にある意味で神経質になっていたが、これからはできる限り広汎にこの公認の事実を知らせなければならない。そこでとられたのが、「完全な痛悔」が告白を留保させることを記した書の作成と印刷である。刊行が決定したのはおそらく一五九八年から一六〇〇年の間の時期と推測される。なぜなら、別の印刷物に、こうした変化を認めた結果の修正がみとめられるためである。それは、『どちりなきりしたん』の文面である。

二　『こんちりさんのりやく』の頒布の証拠――教理書の語句変化

『どちりな』は、ヴァリニャーノが第二回の巡察のため天正遣欧使節をともなって帰国した九〇年、同時にもたらした可動式活版印刷機によって作成された最初期の「キリシタン版」の一つである。それは一五九二年、ローマ字本として天草の印刷所から世にだされた。その改訂版として、一六〇〇年には国字本が作成されている。その二つの版の、「ゆるしの秘跡」の解説項目を比較すると、重要な、おそらくキリシタン教理史上の革命とも言える修正がほどこされた痕跡を認めることができる。

（天正版ローマ字本　一五九二年）

科はでうすに対し奉りて狼藉なることによて、それを悔いかなしび、以後二度おかすまじきと思ひ定め、**やがて**こんひさんを申すべき覚悟をもて科を悔ひ、悲しむこと、是こんちりさんとて、科をゆるさるゝ道也[47]。

（太字筆者）

（慶長版ローマ字本　一六〇〇年）

科はデウスに対し奉りての狼藉なるによって、そ□を悔ひ悲しみ、以後再び犯すまじきと思ひ定め、コンヒサンを申すか、せめて**時分を以て**コンヒサンをもうすべき□く悟をなし、科を悔ひかなしむ事□れコンチリサンとて科を赦さるる道なり[48]（太字筆者）

カタカナ表記や助詞の使い方には若干の違いがみとめられるものの、二つの印刷物の内容はほぼ同内容とみてよい。しかしながら、注目したいのは、「やがて」と「時分を以て」という二つの副詞の言い換えである。宣教師たちが作成した『日葡辞書』をひも解くとその違いが明確である。「やがて」とは、室町期の日本語の用法として、「しばらくして後に」という意味はなく、「すぐに」という意味を持つ副詞とされている。[49]「時分を以て」は、「やがて時がゆるせば」の意味をもっている。すなわち、この二つの副詞には、時間的な間隔の差が示されているのである。つまり、天正版ローマ字本（一五九二年）は、痛悔と告白の間に時間差はほとんどなく、同時と取りうるが、慶長版ローマ字本（一六〇〇年）からすれば、痛悔と告白には時間的隔たりがみとめられ、別の機会に執り行うことが可能だと読める。すなわち、天正版ローマ字本（一五九二年）は、トリエント公会議の規定を忠実に反映させている一方で、慶長版ローマ字本（一六〇〇年）は「痛悔」のみの条件付き「ゆるし」の成立が存在することを示唆しているかのようである。この副詞の変化は、それが印刷に付され広く普及するという観点から、一五九八年のヨーロッパからのお墨付きなしにはありえなかったことと考えられる。この二つの副詞の変化に込められた経緯こそ、一五九〇年代の宣教師の悩みと逡巡を含意したものである。一六〇〇年版の『どちりな』の示す内容は『こんちりさん』の内容に重なる。すなわち、すでに誰も悩みや躊躇なく、だれも疑問に思わず、『こんちりさん』で説かれた内容が流布していた証拠と私は見ている。そして、その推定は、慶長版ローマ字本の次の文章の挿入によって決定的な事実として提示できるのである。

弟　然ればインヘルノの苦しみを恐れ、或は科より出づるその外の禍を□《お》それて後悔し、再び□《犯》すまじきと思ひ定むる事はよき後悔にあらず、御赦しをも蒙るまじきや？

師　それはアチリサンと云いてよき事なれども、それのみにて科を赦し給ふ事なし。但しその上にコンヒサンを勧めば、右後悔の不足をコンチリサンにて達するが故に、ご赦免を蒙るべし。然れども**真実コンチリサンの後悔は未だコンヒサンをせざる上にも科の御赦しを蒙るなり。但しこれも時節至りてコンヒサンをすべき覚悟なくんば叶ふべからず。**（太字筆者）

（中略）

二つには、自他ともに科を後悔せん□《と》きは、□《他》事にかかはらず、ただデウスを背□《き》奉り□《し》事を専ら悔□《み》、□《コ》□《ン》□《チ》リサンを□《お》こさんと嘆くべきこ□《と》なり。その故は**コンチリサンあるにおいて□《は》、差合ふこ□《と》ありてコンヒサンをする事叶はずといふとも、□《と》がのご赦免に与るべければな□《り》。**[50]（太字筆者）

『こんちりさん』が印刷に付されようとした時期は、一五九八年八月五日に来日した司教ルイス・セルケイラ（Luis Cerqueira, 1552–1614）が、日本教会を再興し、いつ迫害が再発しても動揺しない堅固な教会づくりを志向していた時にあたる。実際、『こんちりさん』の成立にセルケイラ司教の果たした役割は重要であったと思える。司教として認可を与えたのはセルケイラ司教に他ならないからである。研究者のなかには『こんちりさん』の作者をセルケイラだと考えているものもいる。しかし、管見によれば、『こんちりさんのりやく』の原文は日本宣教師たちの長い間の労苦と逡巡の成果である。もちろん、何らかの欧文冊子の要約としてセルケイラ司教が日本に持ち込んだものを、『こんちりさん』の定本としたという仮説も成り立つ。さらに、先の一五九七年におけるペドロ・ゴメスの発言以前に、ヨーロッパの冊子が日本に持ち込まれたという可能性も完全に否定できるわけではない。しかし、『こんちりさん』の内容は、追放令後の日本宣教の状況なしでは語りえず、それはきわめて特殊例に属していることから、ヨーロッパにおいて同種の冊子が存在したという仮説はほとんど有りえないと考える。事実、「完全な痛悔」のみで「告白」を免除するという考えはヨーロッパにおいては、たとえあったとしても、実施する必要のないものであり、それはやはり禁教下の日本における適用という点にこそ意味をもつものだからである。

『こんちりさん』は、セルケイラ司教の認可を受け、配布されたとはいえ、その成立に深くかかわったのは、当時のイエズス会の日本宣教最高責任者ペドロ・ゴメスであったと私は考えている。それは、先に述べたとおり、セルケイラ司教の来日に先立って、ゴメスは『こんちりさん』の内容を先取りするような「真の痛悔」について、宣教師たちに訓話をなしているためである。しかもその発言は、一五九二年頃からみられる日本宣教師たちの現場の悩みに直接答えるものであった。「真の痛悔」の概念は、宣教師不足に悩む日本教会と、トリエント公会議の「告白」はけっして省略することができないという強調の間の策として、「魂の救い」を第一義に考えた宣教師が、すでに日本の現場で実践していたことへの公式認可であったと考えるのが妥当であろう。それについて、長崎管区会議はローマからの承認を必要と考えた経緯はすでに述べた。つまり、ペドロ・ゴメスらにとって、例外的な規定ではあるが、そうしたことが実践できそうな手ごたえをもったのは九〇年代末になってからであった。その後、バスケスの解答やセルケイラ司教の来日があった。すなわち、『こんちりさん』の内容は、ペドロ・ゴメスらが、セルケイラの来日する以前にすでに持っていた疑問への解答であり、それは八七年の伴天連追放令後、キリスト教会が公の場から姿を消さざるを得なかったが、同時にサバイバルの方策をも講じなければならない、過酷な試練の期間であった一五九〇年代の、日本の具体的な状況から導き出された結論であったということなのである。

『こんちりさん』を多くの人が待ち望み、それを回覧したことは確実である。一六〇二年の薩摩の布教にそうした熱望の痕跡をみることができる。『こんちりさん』と同内容の概念が、一六〇三年の慶長版の印刷に先立つ時期に人びとの間に浸透していたことを示している。

肥後から〔薩摩に〕行ったキリシタンたちが住んでいるところからはなれた異教徒たちの或る村落に、五、六人ばかりのキリシタンが住んでいた。彼らの一人が重い病気に罹りおそらくもう生きることはできないとすべての人が思うまでになった。（中略）しかし、告白することのできる聴罪師がいないために、デウスがおゆるしになるかどうか疑わしいと〔皆が〕言った。かのキリシタンは答えた。聴罪師のような方はおられないが、己の罪を心から悔い、真の痛悔をするならば、デウスはいと慈悲深くあらせられるので、御身を赦し給うであろうと。(51)

さらに、『こんちりさん』と思われる冊子〔「痛悔についての小冊子」〕が九州の一部〔豊後大分郡高田庄　府内より二里の距離にあるキリスト教地域〕で知られ、人びとがその入手に奔走している様子が一五九九年のグレゴリオ・セスペデスの手紙に記録されている。

他の人びとは、いくつかの遺物や、祝別されたロザリヨ、何冊かの教理書、痛悔についての小冊子を求めて、三里、五里の道のりをやってくるのであった。野津では私〔グレゴリオ・セスペデス〕が出立しようとしていたとき、一人のキリシタンが私のもとに現れて次のような考えを述べた。（中略）告白のための小冊子を是非とも与えてくださるように、と。（中略）私はかれに、ここには持っていないが、高田にあるかもしれない、と答えた。彼は非常によろこんで、私とともに歩いて高田に行く決心をしたが、ここから高田までは五里以上も隔たっており、私がそれを送るといってどのように彼の意見を変えようとしても、彼は決して聞き入れようとしなかった。結局、彼は私を伴って高田へ行き、書物の束を手にして大変満足そうに帰ったのである。(52)

かくして、キリスト教が公から退かなければならなかった当時の日本教会において、『こんちりさん』の内容が、人びとにとって大きな救いとなっていた事実が確認できた。そして印刷本としてさらに多くの人びとの手に渡っていった。

また、キリシタンたちに「告白」の機会を与え準備していた重要な役割を果たしたものとして、第一章で扱った「コンフラリヤ」が機能したことが次の史料からわかる。これは、有馬地方の一五九六年頃の記述であり、イエズス会系の「コンフラリヤ」が「潜伏型コンフラリヤ」として組織され、民衆信徒を束ねていたことを証明する。

聖母信心会(Confraria de Nossa Senhora)はキリシタンたちに大いなる成果をもたらしたが、とりわけ、告白の秘蹟によるものであった。なぜならカトリック信仰の主要なそれぞれの奥義を理解していない者に対しては、誰もその〔告白〕を認められていなかったからである。そこで、司祭が村々を巡回している間に司祭や同宿たちは、〔奥義を〕まだ知らない人々に教える役割を果たした。(53)

こうして、潜伏した共同体は、「コンフラリヤ」による社会的絆を保ち、心の問題としての「ゆるしの秘跡」

を大切にすることで日常生活と信仰生活双方のサバイバルの道を切り開いていたのである。

三　大浦天主堂の信徒発見——聴罪師到来を待ちわびた浦上信徒

一八六五年三月一七日の午後、『こんちりさん』にまつわる大きな出来事がおこった。その前年、パリ外国宣教会のプチジャン神父らが建立した長崎大浦天主堂に、浦上村の潜伏キリシタンの信徒約一五名が「サンタ・マリアの御像」があると聞き知ってやってきたからである。日本のキリスト教史上名高い潜伏キリシタン「信徒発見」の出来事である。この一件については、片岡弥吉氏がその著『日本キリシタン殉教史』に詳しく触れているので、ここでは『こんちりさん』に関連した特記事項のみを扱うこととする。(54) 浦上の信徒たちは江戸幕府の禁教令下を生き抜いてきた正真正銘の「キリシタン」であり、一六世紀のキリシタンの末裔であった。二五〇年を優に超える月日を、信徒のみで生き抜いてきたその信仰は世界的に驚嘆の的であり、なぜ、かくも長く、孤独のうちに彼らはキリシタンであり続けることができたかを問うものも少なくない。

私は、この浦上潜伏キリシタンたちが、大浦天主堂に何をしに現れたのかが重要な考察点であると考えている。その理解のためには、一七世紀のキリシタンたちの思いを想起せずにはおれない。それは、一六五七年（明暦三年）、大村の郡村を中心に起こったキリシタン大量検挙事件である「郡崩れ」の頃、信徒のただ中でジワンと呼ばれる司祭につき従っていた伝道士《カテキスタ》、バスチャンの事績である。検挙を逃れ、潜伏活動を続けキリシタン信徒たちに多くの心の支えをもたらしたこの伝道士もやがて捕えられ、三年三か月という牢獄生活の拷問の果てに処刑された。しかし、バスチャンは迫害下、潜伏するキリシタン同朋の苦境を予想しながら、数々の伝承を残したとされている。その一つは、潜伏するかれらが、常にローマ教会との絆を保つよう、キリスト教暦（日繰り）を与えたことであった。これによって信徒たちは、いつ降誕祭すなわち「お大夜《クリスマス》」や復活祭を祝えばよいか、日曜日（ドミンゴ）の存在すらわかっていた。[55]

いまひとつの重要事とは、外海地方に伝承として残された、バスチャン処刑直前に口にした「予言」の内容である。「お前たちを七代までは、わが子とみなすがそれからあとはアニマの助かりが困難になる」「コンヘソーロが大きな黒船にのってやって来る。毎週でもコンヒサンができる」「どこでも大声でキリシタンの歌をうたって歩ける時代が来る」「道でゼンチョ（異教徒）に出会うと、先方が道をゆずるようになる」[56]。これらの予言は、信徒らにとって、やがて迫害が終わりを告げ、信仰の自由を謳歌できる時が必ずやってくるという慰めの心あふれる内容であった。このうち、第二のコンヘソーロの再来が、潜伏キリシタン信徒たちの最も待ち望む内容となった。コンヘソーロ（告白を聴く司祭）の到来がなぜ彼らの最大関心事となったかは、『こんちりさん』の内容から言うまでもないだろう。大浦天主堂を訪ねた信徒たちは、そこで対応したプチジャン神父に三つの質問をなげかけた。すなわち、聖母マリア像はどこにあるのか。そしてこの異邦人は独身であるか。ローマにおられるお頭様（教皇）の名はなんというか。プチジャンがこの三つの質問に答えると、信徒のひとりイサベリナゆりが「ワレラノムネ、アナタノムネトオナジ」と語ったという。[57] すなわち、彼らは、カトリックの司祭、しかも、「告白」を聴くことのできる者（コンヘソーロ）の到来を七代、すなわち二五〇年以上も待ち続けたのである。それは、「いずれコンヘソーロに告白をするとの覚悟がある場合、真の痛悔のみでも神と和解は成立する」との『こんちりさん』の内容そのものであった。先に、五島・外海地域の潜伏信徒たちのあいだに、筆写であるか、口伝であるかの区別はあるにせよ、こんちりさんのオラシヨが確実に伝えられていたという事実が実証的に確認できると述べた。大浦天主堂での、浦上信徒発見の出来事の背景には、『こんちりさん』の思想がオラシヨの形で連綿と受け継がれていたのである。この『こんちりさん』の思想なくして、彼らのカトリック教会との絆の保存はきわめて困難であったことがわかる。信徒発見の出来事のうちに、潜伏キリシタン信徒にとって「コンチリサン」がどれほど大きな支えとなっていたかが判明する。それは、外来の思想を好奇によってのみ受け入れることとはちがい、彼らの心の支え、決して絶望することなく、希望しながら具体的な生きる指針となりえた、真の思想となっていたのである。

第四節　その他の注目すべき教義思想内容

『こんちりさんのりやく』には、補足的にいくつかの教義解説が加えられている。それらの内容はさらに考究を深める余地を残すものであり、当時の民衆信徒のキリスト教教義理解を知るうえで重要な手がかりを与えるものである。ここではその概略を示すにとどめる。

一　「コンチリサン」の定義の繰り返し

各箇条の内容をつぶさに分析すると、各箇条には、かならず「コンチリサン」の定義が執拗に繰り返されているのがわかる。また、第一と第二の箇条は、構造的に並行している。その並行記述のなかに、「ゆるしの秘跡」の三つの要件が繰り返し説かれている。第一は「コンチリサン」の実践面での解説であり、第二はその成立要件、そして第三にその保証（コンチリサンのもたらすもの）という構成になっている。さらに見れば、「コンチリサン」

の実践面にも、こんちりさんのすすめの部分（なぜ実践が必要か）と、具体的な実践方法（糾明と忘れた罪をもゆるしてもらう）が示されている。コンチリサンの成立要件とは、「ヒイデス」（信仰）であり、また「悔み」「嘆き悲しみ」「二度とおこさないという覚悟」など、個人的、内面的な態度に及んでいる。「コンチリサン」の保障とは、功徳であり、人間の側からの参与（自由意志）の可能性である。このあたりは、自由意志による倫理的生活実践を説いたイエズス会のもつ神学思想に呼応している。

第三箇条にしめされる四つの「観ずべきこと」（深くおもいめぐらして内証すべきこと）とは、神の慈悲、人間の忘恩、イエス・キリストの功徳、そしてマリアの仲介の必要性である。これらの内容は、順序的に神学的人間論の解説順序に符号する。すなわち、創造論、原罪論、恩恵論、そしてマリア論である。この順序は正統神学論を踏まえた内容といえる。

以上の内容を考え併せると同時に、これらの教義を受け入れた一六、一七世紀当時の日本人側の考察にいたらなければならないだろう。まず、この冊子を受け取った多くは民衆キリシタンである。「民衆」とは、この場合、修行僧や専門僧職にある「僧伽《そうぎゃ》」の反対語にあたる。すなわち「俗人」を意味する。この冊子を受け入れた「民衆」の世界観、人間観が、この冊子の内容から透けてみえてくる。とくにその「救済観」と「いんへるの」（地獄）の観念の強さが強く印象づけられる。これは、この時代のもつ精神的背景を考慮することなくして解明されない、民衆一人ひとりの生への真摯な問題を提起する。この当時、宣教師たちは「四終」という概念を常に意識させようとした。「四終」とは、死、審判、地獄、終末という、自己の終わりとこの世の終わりに思いいたらせ倫理的な勧告をなそうとするものである。これは、先にもふれた、日本思想史上の六道絵などの思想に類似している。源信の『往生要集』以来の地獄観を持っていた日本人は、魂が不滅であり、この世が終われば次の世において、この世の行為の責任を問われるというキリスト教倫理（来世賞罰）観念を、その土台に重ねた。カトリック教会のもつ「ゆるしの秘跡」に人びとが殺到したとの記述には、こうした倫理教育的背景があることはまちがいない。事実、大罪を犯し、その赦免をうけずに死んだ魂は救われないとされていたからである。

二　日本的特徴

『こんちりさん』にはいくつかの日本固有のものというべき部分がある。それは、『こんちりさん』が、ヨーロッパに存在していた教理書の単なる翻訳版ではないことの有力な証拠となる。たとえば、「神仏といふわ、何れも我等にひとしき人間なれば、ぜんぜ後生を量らい善悪の賞罰をあとうる事は、かつてかなわずといふこと」という言葉である。これは、歴史的な釈迦の存在をはじめ、五劫思惟して阿弥陀如来となった法蔵菩薩の逸話などを宣教師が聴きおよび、それら始祖はもともとわれわれと同じ人間であったと批判し、寓意的逸話を実際の歴史事実として論破しようとしたことの忠実な写しとみられる。つまり、もともと有限であり限界のある人間に、同じ人間を救済する力などないと反論したことと軌を一にする論法であり、これはヨーロッパの神学書にはありえない内容を含んでいるためである。事実、ヨーロッパの教理問答《カテキズム》だけでは飽き足らず、日本における独自の教理問答を作成しようとし、日本的経験をふまえた内容をもりこんだアレッサンドロ・ヴァリニャーノは、日本の神道と仏教を論駁する際、この人間の人間による救済の無効を繰り返し説いた。また、後に棄教し反キリシタン思想の先頭に立った不干斎ハビアンがまだキリスト教徒であった折に著した『妙貞問答』も、日本的な特殊問題として、ヴァリニャーノと同じ論法を用いていた(58)。

三　教理原則との齟齬（所詮でうす人の科をゆるしたまう）

『こんちりさん』には、キリスト教教義を概説している箇所がみうけられるが、そこに従来の教義理解と整合性を持たないユニークな記述があることに注目したい。たとえば、第一箇条の第三の心得を説明する箇所の次のことばがそれにあたる。それはクレド（信経）の中のキリストの来臨についての記述である。

> 又世の終わりに一切人間をもとの色身によみがゑしたまいて、御身ぢきに天下りたまいて、一人づゝの善悪を糺しあつて、苦楽をそれぞれにあてをこなわるべきといふこと、所詮でうす人の科をゆるしたまいて、がらさをあたゑ下され、あにまをたすけたもふ事(59)

この箇所は、イエス・キリストの再臨を描写するとともに、世の終わりの公審判の際、人それぞれの、この世でなした善悪に応じて裁きを行う正義の神《デウス》の到来が語られている。これは、『ドチリイナ・キリシタン』にも、いずれの教理問答にも必ず言及される箇所である。しかし、問題は、「所詮でうす人の科」以下の文章である。現代語に訳すれば、「結局、神は人の罪をゆるされ、恩恵を与えてくださり、魂を救ってくださる」となる。明らかに、裁きを行い、悪を行う人間が限定的に救われないとする前の文章と、「所詮」以下の「いずれにしても救ってくださる」という文章に論理矛盾がみられる。「所詮」を挿入することで生じた矛盾ともいえる記述である。この「所詮」以下の文は、『こんちりさん』にのみ見いだすことのできるものである。『こんちりさん』の思想根底にながれている、「いかにしても人を救う神」という文脈が、従来の信経の上に、独自の観点を付け加えたとしか思えない箇所である。神の慈悲深さを説くことは、迫害の真っただ中にあった民衆への慰めの書としての『こんちりさん』の使命であった。この書は、裁きの恐ろしさ、苦悩を描くことを最終目的としたのではない。人は皆、神に立ち返ることで救われることを強調しようとしたのである。それは、迫害されていた民衆キリシタンにとっての曙光を与える書となる所以でもあった。そのことが、「所詮」以下の文章を挿入した理由と思われる。来世の賞罰の区別を説きながら、「結局は、人間すべてが救いに与るのである」という結論は、本覚思想に見られる救済観（すべての衆生は本来仏性を有する）に通じるものがあり、やはり日本人の心情としての付加であるといえるのではないだろうか。

また、『こんちりさん』に繰り返し述べられていることに、「広大無辺の御主」の御大切（愛）と「罪科の色品つくしてそむき奉るわが身」という言葉がある。これは、神の恵みの絶対的な力と、人間の非力さのコントラストを示すものである。このコントラストは、日本人にとってもなじみ深いものであったと言える。親鸞は、阿弥陀如来の絶対的慈しみが、穢れの身である人間におよぶというダイナミズムを説明するために、人間を主語とするのではなく、常に人間を受け身形で描写した。「受身」形で人間を説くところに、絶対神を崇める一神教的境地が強調される。宗教改革の嚆矢、ルターにおける「神の義」についての深い洞察も、やはり「受身形の義」（passive righteousness）であり、人間側の主体的行為の功徳など何ら価値がなく、ひたすら神の側の行為が人間に及ぶことを強調するのに似ている。

『こんちりさん』には、救いについて、プロテスタント的でアウグスチヌス主義的な表現が存在するかと思えば、カトリック的な恩恵論的展開を示す場面もある。たとえば、でうすの御力をそゑたもふ時わ、何にてもあれ、ならずといふ事なし。又此御合力いかにもたくさんましませば、我等がかたより受け奉りたくおもうにおいてわ、でうすわ御子ぜすゝの御功徳に対したまいて、人にほどこしあたゑたまわんと、つねに待ちたもうもの也(60)。

かるがゆへに、ぜすゝの御合力を頼み奉る真実のこんちりさんの条にいたるべき事、われが自由なるを知れ(61)。

これらの文章は、いずれも、私たちの側のアプローチが自由な意志に基づくものであることを示す。自由意志論は、ザビエルの初期宣教以来、常に日本人にとって難解で質問の種となった因縁の概念である。善にして愛といわれる御主が、どうして、わたしたちの滅びへの可能性を残しておかれたのかとの質問を、日本人は執拗に繰り返した。さらに、私たちを滅びに至らしめる「悪」の業を、なぜ善なる神が黙認しておられるのかという質問もたびたび生じた。これに対して、宣教師たちは、人間の側に自由意志の余地があるとしか答えることができなかった。すなわち、私たち人間に自由がなければ、神を自発的に受け入れ、愛したことにはならないとしか説明できなかったのである。家永三郎が仏教とキリスト教の間にもたれた宗論を検討したとき、日本人が宣教師たちの応答に心から納得したかどうかについては明らかではない、と言っているのはこのことであろう。いずれにせよ、「コンチリサン」にいたることは、人間の「自由」に基づく行為であるというのが、強調されているのである。

四 イエズス会系の特徴

日本人キリシタンの指導にあたったのはイエズス会をはじめフランシスコ会やドミニコ会、アウグスチノ会の宣教師であった。なかでも、宣教当初から日本社会に深い関わりを持ち続け、質・量的にも圧倒的な力をもったのはイエズス会である。したがって、イエズス会の思想、特に、会の創設者イグナチオ・デ・ロヨラの『霊操』の影響と見られる箇所も随所に指摘できる。たとえば、次のような章句にはそれが明らかである。

されば、此頼もしくおもう心わ、平生も肝要なりといゑども、とりわけ最期にのぞんで肝要なり。其のゆゑわ、天狗のたばかりわ、存命のあいだでうすの御慈悲を深甚に頼ませて科をすゝめしごとく、一息裁断のみぎりわ、深くみせつる御慈悲を、いかにも浅くおもわせて、頼もしき心をうしなわせんとするもの也。(62)

『霊操』の巻末にある諸規則のうち、「疑悩についての規則」に、人間の魂が「敏感」であるときと、「鈍感」である場合を敵は見分け、それぞれの心の状態に応じて攻撃の仕方を変えるというくだりがある。(63) 人間の敵である悪魔は、人間をなんとしても絶望させようと謀る。そのために巧妙な手口を使う。生前、健康な人に対しては、どのような大きな罪も、それほど致命的でないと感じさせ、心を弛緩させ、救霊の努力を怠らせる。臨終の床にある、気弱になった人間に対しては、どんな些細な罪でも、きわめて重大なものと思いこませ、ゆるされることは決してないと脅迫し絶望にいたらせるのである。こうした悪の力の手口を生前からよく知って、謙虚に罪に対して対処するよう、イグナチオの書は説いている。

五　聖母への信頼

「真の痛悔」は、人間の思考、反省から生じることは容易いことではないとして現実的な省察がなされた。それゆえ、その困難を克服するため、『こんちりさん』では、「真の痛悔」を人間がみずからなしうるように、御母聖マリアの助力を願う心が勧められている。私たち人間の側からは「真の痛悔」を起こす心には至り難くとも、信仰して聖母に頼み、その取次を願い、聖母にそうした心を起こさせてくださるよう祈ることが勧められる。

此訴訟の御取次ぎにわ、御母さんた丸やを頼み奉るべし。
此御憐みの御母わ、則悪人の御取次にてまします。でうすも又、此御とりあわせをよく聞しめしたもふもの也。又でうすを除き奉りてわ、此御花ほど我等があにまのたすかりを嘆きたもふ御かたわ別になし(64)。

六　異教徒の救いを願うキリシタン

次に、一六世紀当時の世界を見回しても決してみつけだすことのできない、驚くべき言及を指摘したいと思う。

きりしたんおしゑを聴聞したらんぜんちよ、ばうちいすもの望みを深しといへども、援け手なきゆへ力およばざるときわ、仕合せあらば、ばうちいすもを受くるべしとの定めをもつて、右こんちりさんをなすにおいてわ、過ぎし罪科をことごとく御ゆるしありて、たすけたもふべきもの也(65)。

キリスト教徒ではなく、洗礼を受ける機会のなかった異教徒でも、洗礼の望みがあり「真の痛悔」をなせば、すべての罪は赦され、救いにいたることを宣言したものである。言い換えれば、神の慈悲は、たとえキリスト者でなくとも、その心があり心からの痛悔によって達成されると『こんちりさん』は宣言するのである。はたして、キリスト者でないものが、神を認識し、その前で自己の至らなさを、神のゆえに嘆くなどということが可能なのであろうか。なぜなら、これまでに示したように、真の痛悔の成立要件は、ひとえに「信仰」にかかっているためである。しかし洗礼を受ける望みをもちながら単独で生きる者はいたであろう。おそらく、これらは、「ぜんちよ」異教徒として、自分の周囲に多くの親戚縁者をかかえた日本人特有の状況を反映したものである。キリシタン教理を耳にする機会があり、入信したいと思うことが多少はあっても、洗礼をうけるにいたらない日本人は、キリシタンのまわりに多数存在していたことだろう。『こんちりさん』が出版された一六〇三年当時、秀吉と江戸幕府の禁教の挟間にある小康状態を享受できた時期がその背景にある。こうした時期に、キリシタンたちは、いつ生じるともしれない迫害に対する準備を整えながら、異教徒と共存していた。しかもその異教徒のほとんどが親戚縁者、友人知人の類であった。そうした人びとの「救霊」について、キリシタンたちが配慮せずにはおれなかったという事情が示されている。「真の痛悔」が洗礼をいまだにうけないでいる人びとにも有効であるということは、逆に言えば、キリシタンたちにとって、この新しいシステムがいかに大きな慰めと力を与えるものであったかを物語るものである。

七　「略」か「利益」か

最後に、この冊子の「表題」についての議論に言及したい。『こんちりさん』の「りやく」は、「略」なのか「利益」なのかという議論である。写本はすべて「りやく」とし、小文字を用いていない。したがって、どちらにも解しうる。「略」を採用した場合、それは何らかの「抄」と考えられることから、それはヨーロッパにあった原本の簡略版の翻訳書を意味したのではないかという推測が成り立つのである。しかし、この点については、

『こんちりさん』本文に、日本特有の思考が混在していることから、それをヨーロッパの何らかの書の要約版と考えることが難しいことはすでに述べた。そうでなければ、「略」を採用した場合、何の略なのかという疑問がのこる。この書はそれ自体で完結した一つの統一概念を示している。省略されている内容の説明ではないと考えられる。あるいは「ゆるしの秘跡」の成立要件の一つである「告白」をいずれ行うという覚悟で略してよいという意味の「略」であるならば、それは「コンチリサン」の略ではなく、「コンフェッシオ」の略となるはずである。あるいは、秘跡《サクラメンタ》の略とされるべきところであろうか。「略」が、コンチリサンの教えを簡潔に略しまとめた、巻末の「オラシヨ」をさして言われたとも考えられる。

一方、宗教用語でいう「利益《りやく》」という意味を込めているとするとどうであろうか。「利益」とは、「法力によって恩恵を与えること」「自ら益することを功徳、他を益すること」「神仏の力によって授かる利福」などの意味があり、これまでの『こんちりさん』の内容から判断すれば、「略」よりは、より一層、民衆の心情に近い表現であるといえる。

日本の宣教師、特にトリエント公会議後に宣教を軌道に乗せ、伴天連追放令の困難に直面しながら、一五九〇年代、厳しい制約をうけながらも、なお地道な活動を継続していた宣教師たちにとって、「真の痛悔」を公に口にできるまでには紆余曲折があり、時間を要した。「告白」を保留する「ゆるし」は、一五九〇年代の初期から未だ公認はされていないが一部事実となっていたのかもしれない。しかし、それはヨーロッパ教会、世界に広がる教会の中の日本教会を考える場合、単独でそうした特例を実施するわけにはいかなかったという事情がある。内容からも、それが単なるヨーロッパ教理書の翻訳でありえないことは明らかである。

結論として、私は『こんちりさん』が、ペドロ・ゴメスをはじめ追放令以後日本の宣教に苦労した宣教師たちの最も詳細に検討された工夫の結果だと考えている。そして、「りやく」には「利益」の文字をあてたい。したがって、この書が、ヨーロッパの類似本の翻訳、あるいは、その簡略版であるとの意で「略」とされたとする説にはどうしても賛同することができない。この議論の成否の判定は、同内容の教理書がヨーロッパにおいて原文で発見されるか、類似の内容本が存在していると判明したとき、あらためて考慮したいと思う。いずれにせよ、トリエント公会議の規定を文字通り遵守すべきと考え、宣教地の実状はその実施に大きな困難を感じ懊悩し続けた宣教師たちにとって、またその指導をうけるキリシタン信徒たちにとって、『こんちりさん』の内容は、ただ単に教義上の特例行使ないしは緩和であるばかりでなく、まことの心の平安と救いをもたらしていたという事実を重く見たいと思う。

むすび

『こんちりさん』は、キリシタン禁制の世にあって、二七〇年間潜伏し続けた信徒たちの心のよりどころになった。潜伏キリシタンたちにとって、幕府の信仰弾圧に直面する際、最も大きな罪意識は「絵踏」など、為政者が迫る信仰否定（あるいは虚偽申告）による瀆聖行為であった。その罪意識を癒し、倒れた信徒を立ちあがらせる「秘跡」としての「ゆるし」を宣言する聴罪師《コンフエソーロ》は不在である。そうした信徒にとって、『こんちりさん』に示された内容がどれほどの安堵と勇気をあたえたことであろうか。「その罪のゆるしをもとめるために、絵踏をしたあと、家に帰ってコンチリサン〔のオラシヨ〕をとなえた。寺詣のときもおなじであった」と片岡弥吉氏の指摘するとおりである。彼らが指導者不在の長い潜伏の時代、なんども挫折に直面しながら、再び立ち上がる勇気を与えたものは、「ゆるし」を実感させる「コンチリサン」のオラショの存在にほかならない。その意味でも、『こんちりさん』の書は、日本キリスト教史にとって、そして全世界のキリスト教史上においても、きわめて独自の輝きを放っているように思う。

最後に、潜伏を続けたキリシタンが二五〇年以上唱え続けた「オラショ」の一つの形を掲載する。それは、先にふれたとおり、五島、外海などを中心に、潜伏キリシタンたちの記憶に、ほぼ改編なくとどまり続けた言葉である。それは、紛れもなく、私たちが写本の形で目にする『こんちりさん』の要約なのである。「コンチリサン」の内容を常に思いおこさせる装置として機能したという点で、キリシタンのつたえるオラシヨのなかでも特に重要な意味をもつものである。文面はきわめて日本的な雰囲気をただよわせつつ、日本の風土に生きたキリシタン民衆の心を明らかにしたものである。このオラショをはじめ『こんちりさん』全体が、彼らの精神的支柱であったことは疑うことができない。

万事かなゐたまへ。始め終りをましまさんでうすの御前にて、はがりなき無憓の身として、罷出べき功力なしとわいへども、はがりなき御慈悲に頼みをかけ、諸悪の綱にからめられながら、たゞいま御前にいで奉る也。

さても御身わ、始め終りなき無辺広大の御主に、きわまる御善徳の源様にてましますに、我等にあたゐ下されしあつき御恩のかず〳〵、まことに際限なければ、万事にこゐて深く御大切に存じ奉りし事こそ本儀なるべき、さわなくしてかへりて罪科のつみとがの色品をつくしてそむき奉るわが身なれば、いまさら其御赦免かうむり奉るべき身にわあらずとわきまへ奉る也。

われかつておかせし科をも陳ぢ奉らじ。たゞ罪科のはなはだ重く、しかも数かぎりなき事を白状し奉る也。しかるとい《(り)》へども、御慈悲わわが科よりも深き御子ぜすゝ―きりしとの、流したもふ御血の御奇特わ、わが罪科よりもなを広大にましますとわきまへ奉る也。

しかるとき、御主直きの御ことばにわ、「罪人、わが科を悔やみかなしみ奉るにおいてわ、何どきにてもゆるしたまわん」との御約束なれば、いま思召いだしたまへて、われに罪科をゆるしたまへば、過ぎし科もいま心の底より、ふかき《(く)》悔みかなしみ奉る。

深く御誦じ奉りし事、あながち後生にておくべき苦患におそれての事にもあらずとわきまゑ奉る。たゞひとゑに御大切にわもやうされ、御威光、御善徳ばかりましまさん御身をそむき奉りし事をかなしみ申もの也。

しかれども、罪人いまよりわが進退を改め、二たびもるたる科をおかせして、かつてでうすの御内証をそむく事あるまじきと、堅くおもい定め申もの也。

いま憐みの御まなじりを、罪人なる我等にめぐらせたまゑ。わが科のかわりとして、御ばつ所にはかりなき御奇特をさゝげ奉れば、これをもつてわれに御勘気をゆるしたまへ。

ぜすゝの流したもふ御地の御奇特と、御身の御深き憐みに頼みをかけ奉りて、おかせし科の御ゆるしをこい奉ば、又此訴訟の御取次にわ、御母さんた―丸やさまを頼み奉れば、御とりあわせをでうす様も聞しめし入りたまゑて、これをもつて、われに御勘気をゆるしたまへ。

われ此功力にわおよばざれども、御子一分に二たび召しくわゑさせたまへ、と謹んで頼み奉る。あんめん——ぜす、[66]。

第五章　戦国民衆宗教社会の主神崇拝的信仰

――キリシタンと真宗の異宗派観――

本章においては、戦国日本社会で、新たな宗教勢力として登場したキリシタンの全国的発展を可能にしたキリシタン側にみとめることのできる発展の要因、すなわち内的要因は何かを見ていきたい。キリシタンは、一時的とはいえ、全人口の少なくとも一〇分の一ちかくの「民心」掌握に成功した集団であった。しかも、半世紀というきわめて短い期間においてその教勢を獲得した。その外的要因としての組織論の考察は第一章の課題であった。ここで考察するのは、この新しい信仰とその集団が、民の要請に応える何を提示できたのかということである。それは取りも直さず既存の宗教形態にはない、何らかの新しい要因を付け加えると期待されたからであろう。それは、裏返せば、従来の信仰形態に、民衆が飽き足りない何かを感じていた証拠であるかもしれない。一六世紀において、キリシタン運動の示した結果は、これまでも多く論じられてきたが、その興隆原因の考察については満足を得る答えがでているとはいえない。そうした研究史的なもの足りなさを考慮しつつ、民心を掌握した要因を、宗教社会的時代背景から説き起こしたいと思う。

考察の方法として、キリシタンの民衆への浸透の内的要因を理解する上で、やはりこの時期に急成長をとげた浄土真宗との類比を考慮する。この、起源も内容も全く異なる二つの宗派の興隆を、同じ時期、同じ場所で可能にさせた社会的基盤に注目することは、戦国日本において民衆が何を求めていたのかを立体的に理解するために有効となるだろう。どちらの宗派に対しても、民衆がなんらかの魅力を感じ、従来の不足を補う何かを見いだしたため、この二つの宗派が急速かつ広範囲に受け入れられた。その民心掌握の核心的内容を見極めることによって、一六世紀日本キリスト教の他宗教および民間信仰に対する態度と観念の特異性を浮き彫りにしたいと考えている。

第一節　「主神崇拝」という宗教理念による統合

一　キリシタンと本願寺に共通してみられる「主神崇拝」的信仰

二つの宗派の共通する宗教性のキーワードをあげるとすれば、「主神崇拝的結合」が最も適しているのではないだろうか。それは「一神教」的という言い方に似ている。しかし、その語の使用にはより細心の注意が必要だろう。なぜなら、「モノテイズム」という用語は、ユダヤ・キリスト教ならびにイスラム教の宗教文脈における、「人」格と対峙された「神」格を明確に把握するためのものだからである。したがって、「阿弥陀仏」を、この「神」格と同定することにはすくなからず反論が予想される。しかし、本書において追い続けているテーマは、人間が、ある一つの対象に信仰を収斂させていく、その心情であり、その観点からすれば、キリシタンも真宗もともに、「唯一のデウス」「阿弥陀一仏」に収斂された信仰形態だということで「主神崇拝」的と言える。あるいは、より適切には、有元正雄氏が示した「複合的多神崇拝」という概念に対する「主神崇拝」ということになろうか。有元氏の定義は以下のようになる。

主神崇拝においては神の権能は強大であり、しばしばその神の前に立つ人間を相対化し人間の平等を宣言し、もって身分制や男女の差別を解消する。また神に対してその都度のあれやこれやの細分化された救済要求でなく、神を通しての全面的な救済要求であるため、主神の精神（神意）の遵守が必要となり倫理的宗教として発展する。そしてさらに主神の意志に従うことを救済の条件とするが故に、各種の儀礼を伴う呪術的行為が消滅し合理的宗教として発展するのである。[1]

ここに示された内容は、キリシタンばかりでなく浄土真宗本願寺派にも共通するものである。主神崇拝的思惟は、単に民の意識の統一というだけでなく、目的を、この世的なものだけではなく、あの世的なものへ結びつけるがゆえに、この世の数多ある思想とは違った意味で精神的な強い連帯を可能とする。このような絆をもたらす教えによって連帯し、かつ、日本社会において堅固な足場を固めた二つの派が、自分以外の既存伝統宗教あるいは民間信仰に対してどのような態度をとったかは、興味深い考察点である。「主神崇拝」に対し、有元氏は、日本の伝統的な宗教や信仰（民間信仰）を「複合的多神崇拝」として「その神の権能は分化・細分化されているが故に小さく強力な神威を伴わない。（中略）いうなれば永い間民衆を呪縛してきた呪術・迷信等から解放せず、民衆として伝統的な世俗的および宗教的生活に静置させる」ものだとしている。[2] すなわち、一六世紀に「主神崇拝」の代表としてのキリシタンや真宗が民心を掌握できたとすれば、それは言い換えれば、民が「複合的多神崇拝」よりも「主神崇拝」をより待望したか、好んだかのいずれかであろう。そこに、第一章で考察したように、社会的変動に対する「一致団結」の必要性が宗教的結合へと向かわせたと予想される。

ひたすら阿弥陀仏の名を呼び求める行為（称名）、阿弥陀仏のみへの信仰、および、唯一の神デウスを信仰するユダヤ・キリスト教的一神教は、「唯一」の信仰対象以外許容しないとする態度においてきわめて類似している。ここで浄土真宗（本願寺派）の「阿弥陀信仰」は、「阿弥陀一仏」、すなわち「阿弥陀仏」以外に信仰する対象としての「仏」はないという立場と、「一向専修念仏」、すなわち、阿弥陀の名による救いのみを信じてその名を呼びもとめるという行為は、キリスト教的な明確な一神教を指し示していなくとも、唯一の信仰対象を据えるという点ではあくまで「主神崇拝的信仰」と捉えてさしつかえないと私は考えている。事実、浄土真宗の開祖親鸞は、阿弥陀如来を「無量光」「無辺光」「無対光」「純粋光」「歓喜光」「智慧光」「無碍光」「難思光」など、絶対普遍をあらわす言葉を尽くして、その絶対的で超越的な唯一の信仰対象として表現されているからである。しかもその本質は、衆生の救いのみを悲願する「慈悲」そのものの仏陀である。親鸞にとって、阿弥陀如来以外に信仰の対象は存在しない。それは、一五世紀、本願寺派の発展をもたらした蓮如においても同じであった。

この唯一の「神格」に対する信仰とその信仰をもつ人びとの結束は、従来の日本社会には存在しなかった独自の境地を示しているように思える。唯一の「神格」における結合は、人々に心の連帯を強く意識させた。主神崇拝的信仰以外に、こうした「心の連帯」にもとづく堅固な心情を形成する要因は見いだし難い。一六世紀の宗教・社会史の特徴は、その連帯が「民衆のレベル」で強力に達成された、下から上への力関係のベクトルを可能にした点にあったことである。すなわち、堅固な組織論を支えたものとしての宗教イデオロギーの核に、結束を強化させうる要因としての「主神崇拝的信仰」の役割がきわめて重大であったことを私は指摘したいのである。

戦国真宗史の研究者草野顕之氏は、『戦国期本願寺教団史の研究』の中で、「蓮如の何が人々をして蓮如のもとへ結集を促したか」と問い、真宗本願寺派の戦国期における興隆（教団拡大）を可能にした第一の要因として、「蓮如が阿弥陀仏の救済を阿弥陀仏の別称である『無碍光如来』の徳に引き付けて説いたからにほかならない」と答えている。さらに、『無碍光』の徳は『人法』（人の作った法＝倫理や道徳などの既成概念）に遮られることがないとし、旧来の宗教秩序を脱却する行動に駆り立てる一因になったからであるとしている。

『無碍光』とは何者にも遮られることのない救済の光という義であるが、その救済の光を遮ろうとするものを蓮如は、一つには人間の『アサマシキ罪業』であると規定した。かかる視点から蓮如は、『タタアキナヒヲモシ、奉公ヲモセヨ、猟スナドリヲモセヨ』と語り、また「アキナヰヲスルモノハアキナヰシナカラ、奉公ヲスルモノハ奉公シナカラ、サラニソノスカタヲアラタメスシテ」阿弥陀如来の救済をうけられるのが『無碍光』の徳である。(3)

真宗をうけいれた日本人が『無碍光』に期待していたことは、民衆キリシタンが『全能のデウス』にもとめていたことと同じにみえる。絶対唯一で全能の創造者デウスに期待されたものは、既存の日本伝統宗教でははっきりと達成されない何かであったにちがいない。キリシタンの信仰は、デウスの前の万民平等を説き、この世と次の世をむすぶ生き方として、そのデウスへの忠誠が試され、それによって裁きをうけることとする。つまり、絶対的・超越的な、目に見えない存在であるデウスが、パーソナルな存在として個々の人間の生き方に直接関与することを信じることで、すべてが「デウスの御旨」のうちに成就するとする信仰である。一六世紀の日本人は、真宗による「阿弥陀仏」同様、このオールマイティの「神格」に出会い、かつ「主神崇拝」のあり方に衝撃をうけつつも、感謝をこめて従っていくことができたのだと思う。

先に、二つの宗派の発展の外的要因、すなわち気候変動による共同サバイバルの工夫の必要性とその結果生じた惣村結合の精神的支柱としての「主神崇拝」の存在、および、具体的な形としての組織について言及した。(4)ここでは、その内的要因として、民衆および地域社会に対する宗教の役割の大規模な変化として、「複合的崇拝」形態（民間信仰）を凌駕する、「主神崇拝」のあり方を見ていくこととする。

その際、具体的な問いは、二つの宗派が、すでに存在する日本宗教および「民間信仰」に対し、「主神崇拝」の立場からどのような態度をとったのか。その行動の根拠は何であったかである。特に、新勢力として発展した「キリシタン」集団を形成したヨーロッパ人イエズス会宣教師のもたらした教えが、既存の日本の諸宗教（伝統的な神道および仏教）ならびに「民間信仰」に対してどのような態度をとったのかを中心に見ていくこととする。

二　主神崇拝的信仰の徹底――他宗教（派）に対する二つの態度

二つの新しい勢力の、主神崇拝的信仰の性格は日本社会においてどのような姿を具体的に現していったのであろうか。また、自らの信仰とは異なった他者にどのような態度をとったであろうか。その際、他者として位置づけられるのは、日本の諸宗教における二つのカテゴリーである「伝統宗教」と「民間信仰」である。

既存の「伝統宗教」とは、神道と、いわゆる八宗（すなわち三論、成実、法相、倶舎、華厳、律、および天台、真言）と呼ばれる仏教に対する態度である。日本伝統宗教の立場から見れば、キリシタンは外来の邪教であり、本願寺派は、神道からも、従来の仏教（八宗）からも批判され、正統の仏教ではない「異端的」宗派と見なされている。[5] 本願寺派についてみるならば、本願寺第三代宗主覚如の息子で、一四世紀に生き、本願寺の思想を広めることに功績のあった存覚が、『破邪顕正抄』、すなわち、本願寺派の教えが邪教であるとする旧勢力への反論集を著している。

存覚の書は、当時、真宗に対して権門寺社側からどのような批判がなされていたかを知るうえで興味深い内容となっている。第一に「一向専修念仏」は仏法に則ったものではなく、念仏のみという姿勢には大いに疑問がもたれた。また「神明を軽んずる」という批判も真宗にむけられていたようである。さらに、真宗は、「触穢をはばからず、日の吉凶をみず」、「仏前には、動物のあらゆる肉を備えたりしている」などの中傷がむけられたようである。要するに、伝統仏教側には、いずれの点においても型破りな真宗の礼拝形態への批判があったようである。(6)

第二は、民間に浸透する神仏信仰、すなわち「民間信仰」である。これは第一のカテゴリーにおける神道や仏教の諸要素をとりいれてはいるものの、その根拠は各地に根づく伝承や慣習に基づくもので、「伝統宗教」とは全く異なった形態の民間信心である。

「伝統宗教」および「民間信仰」への批判と態度を、それぞれ見ていくことで、キリシタンおよび真宗のどのあたりに民心を掌握する「新しさ」があったかをみていこうと思う。

第二節　キリシタンの場合

日本におけるキリスト教の場合、唯一神デウス以外の神々、仏については「偶像であり、悪魔の創造物として忌避」する態度を一貫して示した。その意味では、キリシタンにとって、前述の「伝統宗教」と「民間宗教」それぞれに対する態度の差はみられない。既存伝統宗教および民間信仰に対する基本的態度は、すべて偶像、偶像礼拝とみなし、かつ悪魔の産物と規定する。その結果、徹底的な排除ないしは破壊が正当化された。

一　キリシタンによって行われた「偶像破壊」行為

破壊行為は、イエズス会の初期宣教期（一五五〇年代）には決して生じていない。おそらく、全く異質の世界に入り込んだキリスト教側には積極的な行動を起こす余裕も力もなかったのだろう。しかし、一五六〇年頃から様相が次第に変化しはじめ、各地においてキリシタン宣教師および信徒らのネガティブな行動が記録されるようになる。一五七〇年代、すなわち、ポルトガル人フランシスコ・カブラルが日本の布教長として指導した時期、他宗への敵対行為がきわめて頻繁に報告されるようになった。これは、カブラルが徹底して「上からの宣教」（領主の改宗に力を注ぎ、その後、民衆の集団改宗へと導く方法）を推し進めるにあたって、ヨーロッパ中世初期の宣教方法を踏襲しようとしたためと考えられる。そのままとはいえないまでも、同じメンタリティーが発揮されたことは確かである。

六世紀末から七世紀初頭にかけてのヨーロッパにおけるキリスト教宣教がベネディクト会修道士の手によってブリテン島（イングランド）に移入されたとき、宣教師たちはイングランドに残るローマの神殿群をことごとく破壊し尽くそうとした。それがとりもなおさず「異教」崇拝すなわち偶像崇拝の根絶と、それらに対するキリスト教の勝利を意味した。しかし、ブリテン島の民は日常風景の中に異教の神殿を溶け込ませていたため、大陸から、正統信仰を「クレド」（信仰箇条）として持ち込もうとした宣教師たちの、異教に対する破壊行為に大いに心を痛めたようである。その苦悩にはじめて気がついたのが教皇グレゴリウス一世（c. 540-604, 在位 590-604）であった。この教皇は、ブリテン島宣教の嚆矢として聖アウグスチヌスをカンタベリーの司教に任命した人物であり、宣教が平和裡に遂行されることを心から望み、民の支持を得るために熟慮していた。そして、大陸から派遺した司教メリトゥスを通じて、カンタベリーのアウグスチヌスに訓令を与えた。

アウグスチヌスに伝えてください。神殿内の偶像はともかく、神々の神殿は決して破壊してはならないということを。そして勧めてください。聖水で神殿の内部を浄めた後、祭壇をしつらえ、そこに聖人たちの遺物を安置してください。なぜなら、これらの神殿は非常にすばらしく建造されているものですから、その場所は、悪魔への礼拝の場から、真の神に仕える場所へと変わるはずなのです。このように、自分たちの礼拝の場が破壊されないのを見るなら、人々は信仰上の過ちに気づき、その礼拝場所に親近感をいだき、真の神を知り、崇拝するようになるのです(7)。

ここに語られているブリテン島の七世紀初頭の事例は、本書の考察の主な対象である一六世紀の日本宣教の状況によく似ている。教皇グレゴリウスは、偶像自体は取り去っても、その礼拝の場は民の心に深い郷愁や愛着を醸しだす場であり、民の心の中心といってもいい空間である。そこでおこなわれている「偶像崇拝」すなわち「悪魔」への礼拝さえ行わなければ、その空間は他のいかなる場所よりも、真の神を礼拝するに相応しい場所となる。ただし、その過程において、「聖水」が用いられることは重要である。後に、キリシタンの事例で見るように、「聖水」は悪魔払い、病気の治癒にもちいられる聖なる力の「しるし」であり、聖水が、キリスト教とは全く異質の宗教環境に入っていくときの宣教師の精神的武器であったことは、七世紀と一六世紀、そしてイングランドと日本ではまったく異なるところがない。ここに、キリスト教宣教師の「異教観」「悪魔観」がよく示されている。教皇グレゴリウスの訓令に従った宣教師らは、次第にイングランドの土着の民から信頼を得るようになった。

このことは、イングランド初期教会についての詳しい報告をなした修道士ベーダの著作に詳しい[8]。

一六世紀の日本のケースでは、そうした民心掌握への配慮が一切なされていなかったかのような、大胆で積極的な「排斥」および「破壊」行為が推進された。それはひとえに、ローマ教会が機構化し、大きな組織となって、トリエント公会議を通じて普遍の教義を宣布しようとした時期の、当然の結果といえるのかもしれない。実際の破壊行為には決して着手しなかったものの、メンタリティーの面では、フランシスコ・ザビエルさえ例外ではなかった[9]。いずれにせよ、一六世紀の日本宣教師にとって、他宗教との「共存」の配慮がなされた形跡は全くないのである。

しかし、こうしたイエズス会宣教師の指導によるキリシタン信徒の実際の破壊行為も、やがて終焉をむかえる。一五八七年の豊臣秀吉による伴天連追放令（天正一五年六月一九日附「定」）には、「其国郡之者を近附門徒になし神社仏閣を打破らせ前代未聞候」のように明記され、神社仏閣の破壊につながる扇動をおこした張本人としての宣教師（伴天連）が譴責され、追放の原因とされたからである。キリシタンはそうした暴挙が批判されるとともに、公の場での活動の機会も失っていく。秀吉の目には、キリシタンとは御しがたい暴徒となりうる民であり、日本の心の破壊者であると映っていた[10]。

（1）「破壊」の事例

破壊は公然とおこなわれた。しかも宣教師たちは、ヨーロッパ中世初期の宣教イメージのように、日本宣教の端緒を、同じような文学的表現をもって語っている。そこには、現代人の目からは多分に違和感を与える、異教を粉砕する勝利についての誇らしささえ滲みでている。以下の事例は多数の類似記録の中のごく一部の破壊の記

録である。（ ）内人名は間接的ではあるが破壊に関与した宣教師

○一五五八年―平戸　籠手田。ガスパル・ヴィレラ、平戸領民の集団改宗（約一三〇〇名）[11]。

○一五七四年―大村　大村純忠〈バルトロメウ〉（フランシスコ・カブラル）。

大村領民の集団改宗（約四万人）　四八のうち一三集落で「神社仏閣の破壊」

一五八五年までに、キリスト教の教会増加（八七か所）[12]

○一五七八年―日向　大友宗麟〈フランシスコ〉　臼杵のジアン（フランシスコ・カブラル）。横岳の薬師の破壊[13]。

○一五七八年―日向　大友義統〈コンスタンティーノ〉。

（一五七八年　天正六年一一月一二日、耳川の戦いにて、宗麟が島津義久に敗北する以前の出来事[14]）

○一五七九年―有馬　有馬晴信〈プロタジオ〉（アレッサンドロ・ヴァリニャーノ）。

有馬領民の集団改宗と破壊行為　ヴァリニャーノの黙認[15]。

○一五八一年―豊後　大友宗麟〈フランシスコ〉（フランシスコ・カブラル）。

「Manpoji-temple」（万宝寺？）　宇佐神宮の一部破壊[16]。

○一五八一年―二重堀（尾張）　小牧近郊の二重堀における新たな改宗者の獲得。これはおそらく一向宗（真宗）と神道神社を含む[17]。

○一五八三年津久見（豊後）　大友宗麟〈フランシスコ〉（一人のイエズス会イルマン）。

三か所の仏寺の焼失[18]。

○一五八三年―高槻（摂津）　高山右近〈ユスト〉（一人のイエズス会神父とイルマン・ヴィセンテ）。一二三〇人の

改宗者が神社仏閣を焼き討つ。忍頂寺"Ninchoji""Ninjoji")を教会に転用[19]。

○一五八五年―府内近郊の高田庄(豊後)(ルイス・フロイス)。高田のキリスト教徒が専想寺(浄土真宗)を焼き討つ[20]。

(2) 破壊のパターン――イベリア半島の「レコンキスタ」メンタリティー

いくつかの代表的な例をとりあげて眺めてみると、キリシタンがたずさわった「破壊行為」には一つの共通パターンが浮かび上がる。

まず、日本の伝統宗教に対する敵対行為は、日本社会においてキリシタンが少数派にとどまるかぎりにおいて決して生じなかった。次第に、地方領主あるいは支配者が個人的な動機によってキリシタンになるか、キリシタン協力者あるいは保護者となることによって、キリシタンの発言力が強くなる基盤がつくられる。そして、キリシタン領主あるいは協力者は、自領にイエズス会を招聘し、家臣ならびに領民にキリシタンの教えを宣布することを許可することで、キリシタンは公認され、自由を得ることになる。そうしたキリシタン領主の保護下に、民衆の間で改宗者が増大する。その多くは「集団改宗」という、ある意味で半強制的な手段を用いてキリスト教地域が現れる。結果として、キリシタンはその地域においてもっとも大きな宗派の一つとなる。そのとき、はじめて、既存の古い宗教への対立姿勢が強化される。最後に、新たに改宗した人々は自発的に、既存の宗教に対する破壊行為に従事するようになる。その理由は、自分たちの改宗が偽らざるものであり真実であることを証明するためであった。そうした行為は、先祖崇拝などと結びついた神道や仏教との関係を悪化させていった。

「破壊」行為は、キリシタンにとって「信仰告白」あるいは「信仰宣言」の機能を果たしていた。すなわち、もはや自分は従来の信仰（迷信）にとらわれておらず、真にキリスト教を受け入れた「証」としての行動だったのである。フロイスによれば、宣教師たちが、直接「破壊」を奨励したわけではないとしている。キリシタン民衆の自発的行動であり、キリスト教の「唯一・絶対」の神への信仰は、こうした行為を生み出さずにはおれなかったというのが事実であり、それは宣教師たちの説教を聞くことによって生じた民の自発的な行動のあらわれであった。清水紘一氏は次のように説明する。

キリシタン宗門の世界観を説明し、日本の伝統宗教の世界観を批判したあと教理の説明を行っており、日本宗教との相違を鮮明にし、対決色を厳しくうちだした。この布教姿勢は、霊魂の救済を最高善とするイエズス会の基本姿勢にもとづく。故に司祭等は宣教のため来日した目的を『ただ日本人の霊魂と心を盗むためにやってきたのであり、悪魔の手からこれらを奪って創造主の手にゆだねるためである』〔一五八〇年の年報〕と主張しており、伝統宗教との妥協的共存はあり得なかったことが知られる(21)。

ここに、「盗まれた」ものを「奪還する」という思想がみられるが、ここに、七世紀のヨーロッパ初期宣教にはなかった、一五世紀ないし一六世紀特有のメンタリティーが加わっているように思う。八世紀以来、イベリア半島で繰り広げられた「失地回復運動」（レコンキスタ）によってねりあげられたメンタリティーである。一四九二年のカスティリャ・アラゴン両王国の合併とその結果のキリスト教王国のイスラム教に対する勝利は、一六世紀のイベリア半島のキリスト教徒に大きな精神的支柱を与えた。その間、イスラム教あるいはユダヤ教からキリスト教へと改宗した人々に対して完全な信頼がもたれるまでには百数十年という時間が必要であった。その間、新改宗者たちは、その改宗が本物かどうか常に疑いの目でみられた。そうした世界にあって、すでに「捨てた」と宣言した信仰への寛容や優柔不断な態度は禁物であった。新改宗者たちは「信仰」を積極的に、あるときは、もともと所属していた信仰への敵対行為によって「不信」を過度に示す以外、信仰表明の道はなかった。そうしたことから、一六世紀のイベリア半島には、それまでのキリスト教史上にはなかった、厳格さ、はげしさ、苛酷さが付随したように思う。異端審問の過酷さをここで詳述するわけにはいかないが、そうした否定の強調による肯定の提示というメンタリティーがあったことは事実である。日本宣教を志したイベリア半島出身の多くの宣教師は、ポルトガルおよびイスパニアのそうした風土を多かれ少なかれひきずっていた人々である。一六世紀イベリア半島の「レコンキスタ」の対他宗教メンタリティーが、イベリア半島出身の宣教師らを通して、日本諸宗教の現場に持ち込まれたとしても不思議ではない。

二　ヨーロッパの伝統的な「反異教」観の根拠

他宗教・宗派に対してなされた破壊行為について、キリスト教徒側の基本的な態度というものを考えてみたい。キリスト教徒であるヨーロッパ出身のイエズス会宣教師たちには、ある確信が共有されていたことは疑えない。すなわち、キリスト教こそ（キリスト教だけが）「救い」への「唯一の・普遍な道」であるという確信である。キリスト教のみが普遍的な価値、すなわち人間の「救い」に至る方法を認知していると。その結果、宣教師たちは、日本の宗教ならびに地域の伝統に、何らかの普遍的価値が存在するなどということは考えてもみないのであった。普遍的な価値を示すことのできない日本の宗教は、キリスト教の真理によって打ち破られなければならない「悪」と結論づけられた。キリスト教と日本の伝統宗教の共存などが決して考慮されないことは言うまでもない。

キリスト教とはそもそもユダヤ教内で生まれた。すなわち、唯一・絶対的な神の啓示に基礎を置く宗教を共有している。ユダヤ教は、いかなる共通した宗教的体験ないしは信仰を有しない宗教（すなわち異教）に対しては排他的で妥協の余地なき否定の態度を貫く。キリスト教は本質的にこの厳格なスタンスを共有あるいは受け継いでいる。『ローマ帝国衰亡史』の中で、エドワード・ギボンは、キリスト教がいかにして帝国内で使信を発することができたのかを考察した際、キリスト教の義務について言及した。第一の義務とは、「偶像崇拝」の罪に汚されることなく、純粋な信仰を保っていること。すなわち、「偶像崇拝」の息づかいから、福音の純粋性を守ること。この目的のために、キリスト者たるもの偶像崇拝を忌みきらうための「このうえなき熱心さ」と「嫌悪」を示すべきであると。キリスト教の示す偶像への否定的な局面は次第に、キリスト教信仰の本質的な核の部分を形成するようになった。初代教会以後、キリスト者は常に異教信仰と「偶像」とみなされるものへの礼拝を、意識的に拒絶してきた。なぜなら、そうした行為は「悪魔崇拝」に結びつくことにほかならないと考えられたからである。

キリスト教がパレスチナを起源としてローマ帝国内に拡大していくとき、とくにイベリア半島では、異教世界との対峙として常に「偶像崇拝」「悪魔崇拝」の比喩が用いられている。西ローマ帝国の崩壊と諸族により秩序再編成の途上、イベリア半島の異教徒の改宗を進めようとした司教ポレミウスは、ブラガのマルティヌスに「昔から異教徒たちの迷信に依然として束縛されていて、神ではなくもろもろの悪霊を尊崇礼拝しているような田舎者たちを正すために、もろもろの偶像の起源とそれらのもたらす罪悪とについて何か書き送ってほしい」と懇願した。その要請に対するマルティヌスの返答には、「そのためにまた神は、哀れな人間たちが悪魔とその手下の悪しき天使たちによって愚弄され、自らの創造主を忘れて神の代わりにもろもろの悪霊を崇拝しているのを見て自らの子を遣わされた」という内容が示された。その対処法として勧められたことは「もろもろの偶像と悪しき行いとを捨て去り、悪魔の支配から離れて自らの創造主の礼拝に立ち戻れ」。「異教徒たちのこのような祭礼はすべて、悪霊たちのたくらみによって案出されたものである」。「すべての民に神の子の復活を宣べ伝え、父と子と聖霊の名において『罪のゆるし』となる洗礼を授け、洗礼を受けた者たちに、偶像崇拝や殺人や窃盗、偽証や放蕩というようなもろもろの悪しき行いから離れるように説き、また、自分にしてほしくないことも他人に行わないように」と訓令がだされた(22)。

これは、キリスト教宣教の、異教についての記述のほんの一例にすぎないが、宣教師らは、いかなる地域にあっても、同じ文学的表現を用いて異教世界を語っている。ローマの異教世界に慣れきった人々の礼拝は、すべて「偶像」「悪霊」に対するものであり、キリスト教徒にとって、キリストの啓示された「神」のみが唯一礼拝の対象として強調されていること、民衆はそのとおりに教育され改宗されていったことを、ブラガのマルティヌスの書簡が示している。

（1）「偶像崇拝」としての日本諸宗教の理解

日本におけるイエズス会宣教師たちは無批判のうちに、以上見てきたような伝統的ヨーロッパの反異教観を共有し支持していた。彼らの目に、日本の地域的な伝統や宗教は、異教世界に存在している排斥すべき「偶像崇拝」としか見えず、それゆえ、先の共有された確信の上に、決して容認してはならぬものと映っていた。複数のイエズス会の宣教報告によると、「日本の偶像」は二つの側面をもっていると示されていた。一つは「カミ」すなわち神道への礼拝である。もう一つは、「ホトケ」すなわち仏陀への礼拝であると(23)。

フランシスコ・ザビエルは、明らかに「阿弥陀」を「偶像」と見なした。多作家であり、『日本史』の著者として知られるルイス・フロイスは、日本の宗教事情をつぶさに調べ、その『日本史』のなかに日本仏教諸派の紹介を大きくとりあげようとした（ただし目次のみで内容が伝えられていない）。これらの日本についての報告書を読むヨーロッパの読者にとって、日本人とは、迷信と偶像崇拝に満ちあふれている民族だという印象が強くもたれたことだろう。匿名の作者（おそらく、コスメ・デ・トルレスと思われる。）による、『日本において存在している誤謬の概要』（Sumario dos erros en que os tentios do Japão）と題された文書も存在している。[24] そこには、「神」と呼ばれる、日本古来の信仰をあつめている「人間」、太陽や月が崇拝対象とされていることが批判されている。「天照」という「神」は太陽の子であり、また大陸起源の「釈迦」や「阿弥陀」を崇拝対象として生まれた仏教などが、悉く「誤謬」として列挙されている。それらの根本的誤謬はあきらかに「偶像崇拝」に連なる誤謬に導くことであると述べられている。

(2)「良心問題」としての「偶像崇拝」の忌避

既存の日本宗教は「偶像崇拝」であり、「悪魔崇拝」であると規定した宣教師たちの教えを受けたキリシタンたちは、先祖から受け継いだ宗教や信仰、村落共同体レベルの集団の中で伝えられた信仰形態などを否定するにいたった。しかし、まだ、キリシタンが多数を占めずにいる地域で、キリシタン以外の民衆と肩を並べて生きていた時は、日本社会に生きる人間として、その拒絶を徹底することは時として困難がともなう。自分が「偶像崇拝」を拒絶しようとしても、周辺社会の手前上、それが難しい場合、何とか事なきを得なければならないためである。たとえ、積極的に偶像崇拝の体裁をとらなかったとしても、日常生活の中には、そうした機会が少なくない。なにが「偶像崇拝」と同等の行為になるのかに、日本人キリシタンたちは常に神経をとがせていたようである。そうした状況の下に生じたのが「良心問題」としての「偶像崇拝」あるいは「偶像」に対する態度であった。浅見雅一氏は近著で、ヨーロッパのキリスト教における「偶像崇拝」の問題を、キリシタンの「良心問題」として徹底的に追究しておられる(25)。特に「日本における偶像崇拝」の項で、日本宣教師たちの質問に対して、インド在住のイエズス会士フランシスコ・ロドリゲスがもたらした回答（『事例集』）についての考察（第六事例）が、日本事情をよく示すものである。この諮問への回答は一五七〇年頃（日本から諮問が送付されたのは一五六八年以前）に成立したものとされ、初期宣教時代の日本で蓄積された経験が土台となっている。キリシタンが、異教の両親や君主に連れられて偶像寺院に詣でた場合、周囲の手前、偶像に手を合わせたようなそぶりはするが、心の中では、真の神を拝もうとし、その偶像には礼拝していないという場合、これは忌避すべき「偶像崇拝」の行為に当たるかとの質問に対し、フランシスコ・ロドリゲスは答える。

偶像崇拝だけでなく、偶像崇拝を隠すことも大変な重罪である。そして、使徒たちの教えに従って、われわれは悪だけでなく悪の外観を呈している事柄を避けなければならない。（中略）しかし、偶像崇拝の意思を持たないとしても、そうしたキリシタンが偶像崇拝の意思を持っていないことを周囲の人々に語らないのであれば、その奉仕への順応ゆえに、偽装された偶像崇拝の躓きと見なし得るのである(26)。

つまり、インドの異教世界での経験を積んだ宣教師ロドリゲスは、心の中においても、外見だけにせよ、いかなる「偶像」への礼拝行為に、参与してはならないと結論づけていることは明らかである。しかし、すべての場合が同等に重大な違反であり処罰の対象とするのかといえば、そうではなく、日本の状況にあわせた議論が必要であるとしている。とりわけ、日本は、まだキリスト教信仰の浸透に日が浅い場所であり、ヨーロッパやその他のキリスト教世界のように、「破門」などの制裁措置をもって厳しく取り扱うことは控えなければならないとも言われる。フランシスコ・ロドリゲスの場合、異教徒である主人や親への随伴によって、無礼であるとみなされないように行動すべきであると説いた。外見的に偶像崇拝に相当するような行為をしたとしても、それは偶像崇拝ではなく、異教徒である主人や親への奉仕と見なされ得るという解釈の余地をもって、少数派キリシタンの心の葛藤に解決を与えようとしているのである。

パードレ達は、異教徒である両親と共に偶像寺院に行き、偶像の前で両親が行うように跪き、あたかも偶像崇拝しているかのようなキリシタンをいかに扱うべきであろうか。そして、異教徒である主人に随伴して同じ事を行う家臣についても、彼らが心中は偶像を崇拝しているのではなく、むしろ真の神を崇拝しているのであれば、同じ事を質問することが可能である。(27)

フランシスコ・ロドリゲスのケースは一五七〇年前後の日本宣教師たちの頭を悩ませた問題であったが、そこには、「良心問題」としての「偶像崇拝」と、日本社会の中での日本宗教の礼拝形態とキリシタンたちの心の葛藤という根深い問題が意識されている。偶像をとりはらう断固とした態度に終始したとしても、キリシタンの周辺には依然として日本宗教が人々の生活習慣、伝統の中に深く根を下ろしているという現実があった。

キリシタンにとっての「良心問題」としての他宗教との関わりが大きな問題であったことは、一五九〇年代に、今一度宣教師たちがヨーロッパの権威、神学者らに、同様の質問事項を送っていることからもわかる。一五九八年、スペインの神学者ガブリエル・バスケスからもたらされた「偶像崇拝」についての良心問題への回答がその証拠である。一五九三年の日本イエズス会協議会において、ローマに派遣されるプロクラトールを決定すべく、教義の結果、ヒル・デ・ラ・マタが選ばれた。日本宣教師は、渡航するマタに一連の質問事項を託し、ヨーロッパにおける教会権威者ならびに神学者たちに、日本の現場におけるさまざまな良心上の質問をした。このときも、「偶像」への礼拝の問題が、フランシスコ・ロドリゲスの場合と同じように提出されている。そこで示された解決というのは、「偶像崇拝」は決して許容されないとする原則に則りながらも、日本の事情を最大限考慮するものであり、ヨーロッパの神学者たちの柔軟な姿勢を垣間見る思いがする。良心と罪の問題を徹底してテーマ化し、「良心例学」（casus conscientiae）によって個々人の具体的状況を徹底して吟味することから近代倫理神学を生み出したイエズス会の特徴がここにはっきりと示されている。

偶像に向かってする行為はすべて不当なものです。とはいうものの、これはそのような行為が偶像の礼拝のしるしを明らかに表している場合のことだと私個人は考えています。もしも、すべての人が正しい意向を知っているなら［その人が正真正銘のキリスト者であると皆が知っているなら］そのときは罪はない。なぜならそこでは偽りの宗教を告白していることにはならないからです(28)。

バスケスの回答は、ヨーロッパ神学者らしく、キリスト教の原則を遵守したうえで、日本のキリスト教徒への同情と共感にあふれたものとなっている。キリスト者にとって偶像崇拝は決して犯してはならない大罪の一つである。しかし、日本のキリスト教徒の置かれた状況は、その原則一辺倒では対処できない場合を、宣教師の質問状から神学者バスケスは洞察したのであろう。心から、あるいは他人に誤解を与えないかぎり、日本人は日本の風習に従うことへの寛容な判断が見られる。ここに「良心問題」として取り上げること自体、ヨーロッパ・キリスト教世界には想像もできない、宣教地の苦労が見え隠れする。

三　民間信仰への態度――「悪魔払い」「聖水」「病気の治癒」

キリシタンによって破壊の対象となったのは伝統的な日本宗教ばかりではない。民間信仰・信心の類も同じような破壊あるいは拒絶を被っている(29)。宣教師にとって、既存の民間信仰はすべて悪魔崇拝（偶像崇拝）に見えたことは、バルタザール・ガーゴの次の証言から知ることができる。

当国〔豊後〕において悪魔が崇拝せらるる方法は無限にして昔荒地に蒔きたるものを今この盲目なる異教徒より収穫せり。我等その欺瞞を暴露すれども彼らは依然信じて止まず。彼等は悪魔の悪しきを知れども、一方には恐怖のためにこれを聖者として崇拝し、力の限り金銭を費消す。悪魔が古人の姿を借用する時、諸人は病気および労苦はその時代より来るものと考えてこれを崇拝す(30)。

この証言は、当時の日本における民間宗教の土壌について興味深い観察を示していると同時に、一般に「民間信仰」というものについての宣教師側の態度を明らかにしている点できわめて重要である。第一に、日本人は「悪魔」への恐怖のゆえに、それを聖者と崇拝し、第二に、悪魔は古人の姿によって尊崇されていると指摘することで、日本人の一般的な民間宗教観および環境を指し示す。これは、具体的に何をさしていわれたのかを考慮することは意味のあることであろう。最も可能性がある解釈は、氏神、荒神、祟神などの民間信仰一般を指し示しているということである。

（1）「民間信仰」の定義

民俗学者桜井徳太郎は、こうした民間信仰の存在が、日本社会に与えた影響の大きさを説いている。その中には、一般的には「迷信」とさえカテゴライズされるものが含まれる。具体的には「祟り神」「荒神」「流行神」「物忌み」「怨霊信仰」など、民衆の恐怖心、禁忌の観念が「手をあわせて信心し、その怒りをなだめる」という行為としてあらわれたものである。その信仰の対象は、先祖の霊であり、また義憤のうちに亡くなった土地の英雄・豪傑であり、人びとが日常生活で忘れがちなものであるが、常に思い起こして祈るべき対象である。「なだめ」「なぐさめ」そして礼拝しなければ罰が下されるという恐怖心を基礎にした形をとり、民間の忌避、禁忌の習慣を遵守させるものとして無数の形態をもつものである。日本人は、ことさら、「祟り」をおそれ、常に「なだめを必要とする神々」を意識していたことが、柳田國男などの民俗学者たちによって指摘されている。(31)

民間信仰については、仏教などの伝統宗教とはカテゴリーを異にするため、キリシタンの対応にも区別をもうけて考察する必要がある。「民間信仰」と「宗教」の違いとして、民俗学の桜井徳太郎は、①教祖を有しない。②狭い地域に限定される。③村や町などの地域社会共同体に浸透することをあげている。そして、それらの内容は、まったく接触のない地域において共通点を多く見いだせることから、元来、人間の自然崇拝、あるいは原始的信仰《アニミズム》に基礎をおくものと考えられている。つまり、民間信仰とは「地域社会住民の間に、長く伝承されてきた信仰現象の全体」であり[32]、「宗教信仰がどちらかといえば個人にかかわるものであるがゆえに、きわめて教説的カラーが強いのに対して、民間信仰は習俗的であり行事的である」[33]とされる。したがって、都市の個人を対象にするというよりは、民衆のなかに分け入り、地方においてネットワークを形成しようとしたキリシタン集団（後に見る戦国期の浄土真宗本願寺派も同様に）は、既存の日本宗教と同時に、絶えず、このような民間信仰の対象との対峙を余儀なくされていたことであろう。というよりは、そもそも、日本人である以上、地域的な民間信仰と疎遠であり隔離されていた人々など存在しなかったともいえるのである。そのため、キリスト教宣教師らは、日本人の集団意識とともに、日常生活に浸透した「民間信仰」についても拒絶ないしは否定の論理を用いなければならなかったのである。

では、一六世紀当時、どの程度、そしてどのような「民間信仰」が想定されるのであろうか。桜井徳太郎は、四国の西部宇和地帯の民俗学的調査から、伝統的な日本の民間信仰の類型を浮かび上がらせている。四国の宇和地帯という限られた事例ではあるが、この地域に見られる信仰形態は、中世以後あまり変化を被らない限定された地域の実例であるため、日本の中世期の民間信仰を推測する上でのモデルとして、貴重なデータを提供している。その類型から、キリシタンが直面したであろう一六世紀の民間信仰のなんらかが推測できるように思う。

民間信仰の代表とされるものには、「ハヤリ神」「ムラ祈祷」「福神信仰」「自然崇拝」「精霊信仰」など様々な形態があるが、先の宣教師の引用に関していえば、「憑き神信仰」「荒神信仰」「流行神」そして「祀り神」や「御霊神」などが想定されていたようである。

「憑き神信仰」とは、憑かれた人間が苦しみ悩むあまり、ミコとかオガミヤの祈祷をうけ、その憑きを落としてもらう呪法が行なわれるが、神に祀り上げることによってその脅威から逃れようとする方式はみられない。それに対して、そういう怪異現象を惹きおこすものの根源的霊力を積極的に神として祀り崇め、それによって怪異を避けようとする傾向も各地に残るという。神として祀るというよりも、むしろそういう存在や現象は、神そのものの神霊の出現ないし行動であるから、それを慰霊しようとする気持ちが強く出る。このような性質を、宇和地帯では「憑き神様」とよんでいる[34]。

また、「お荒神様」と呼ばれる神様を祭る講団体が南宇和郡には存在するという。三宝荒神とよばれるもので竈のおかれるカマヤに棚を吊り、そこに安置した小さい木宮のなかに火難除けの祈祷札とともに祀られる神である。火災の恐ろしさをなだめる神である。さらに三法荒神は家の屋敷地や田畑などの屋外に鎮守し、屋敷や土地を守護する別名「屋敷荒神」「地主荒神」とも称される。

疫病などを封じ込めるための「流行神《ハヤリガミ》」も民衆の日常においては重要な役割を果たしていた。日本の農村、山村、漁村で広くみられる現象であり、疱瘡、チフス、コレラ、感冒などの流行病が村などにはいってくると、それは、悪病をつかさどる厄病神の神怒に触れ、その祟りを受けたため起こるものとされた。現在でも時折、村落入り口の街道脇に厄除けの祠を見いだすことがあるが、それらは、そこから村落へこうした災厄が入り込まないようにするための村祈祷の結果であろう。

家人の念頭から全く消え去っていた神が、急に出現して災厄をおよぼすという考え方も各地に存在する。その示現を受けた人々が、この祟り神を祀りこめることによってわが身や家の災難を逃れようとする。塔碑などをとりだしてきて先祖神に擬して祀ることが多いとされる[35]。

「御霊神《ごりようしん》」は、和霊様、新田様、一条宮様などの固有の名をもつ神々と、精霊様、五輪様、長袖様、若宮様など固有の名称をもたない神々が、なにかと人に祟る性格をもつために、その反応を恐れる人々によって慰撫供養され祀られる神々のこととされる。

桜井徳太郎は宇和地帯を中心にデータを集め、何かとこの地方には祟る神、憑きものの存在が多いと結論づけた。先の宣教師報告は、まさにそうした類型で示されたと同様の日本人の「民間信仰」についての驚きと、それへの対抗策を講じなければならない焦りがみえる。先の宣教師たちの報告は、豊後を中心とした九州の北半分の地域の民間信仰の描写であった。特に豊後一帯と、桜井氏が調査をおこなった宇和地帯は、豊後水道で隔てられているとはいえ、民俗学的にはかなり似通った地域であったと予想される。あるいは、宇和地帯に残る民間信仰の形態は、日本の歴史的なモデルと考えてもいいかもしれない。

歴史的に明白なことは、一六世紀の民衆にとって、恐れや祟りの原因はすべて「信仰」の対象とされ、宥められ、祀られ、慰撫されなければならないと考えられていたことである。たとえば、農村の民は、収穫を祈願し、五穀豊穣、家内安全を祈りながら、一方で、こうした様々なネガティブな要因に「信仰」対象を見いだし、心の平安を得ていた。ただし、宥め、慰撫すべき「神々」が、村をとり囲んでいるため、すべての対象への礼拝を滞りなく存続することは、村民にとって、疲労困憊を伴うものであった。さらに、第一章でも述べたとおり、一五世紀以後の惣村結合を達成しようとする農村部にとって、そうした「神々」への慰撫や礼拝をことごとく履行するだけの余裕はなかったであろう。むしろ、直面する大きな障害に対し、一気呵成にオールマイティの解決策を求める心情が育っていたのではないだろうか。

キリスト教宣教師らがもたらした「唯一・全能のデウス」という「主神崇拝」の前には、こうした諸々の信仰対象、ないしは慰撫対象はことごとく意味を失う。個々の祈祷の必要がなくなるというメリットがある。「全能のデウス」はあらゆる民間宗教的要素を包摂し、解決し、かつ昇華する。「デウス」への祈りが、一度に、厄を祓い、疾病を鎮圧し、土地を守り、人々を至福へと導く、オールマイティの役割を保証する。これまで、心が引き裂かれるかのように、ばらばらに数多くの「神々」に相対していた民は、ここに唯一の「礼拝」ポイントをもち、心を集中させることによって、すべてが解決に導かれることに安堵し胸をなでおろすことが多かったのであろう。すなわち「一神教」あるいは「主神崇拝」のもつ最大の強みがここにある。こうした民心の「集中力」、収斂した行動様式を生み出すということになるのは、「唯一の神」への礼拝の形態をおいて他にはありえない。もはや農村部の民衆は、多くの祀りに時間を割く必要がなくなり、直面している、焦眉の急を告げるサバイバルの方策に集中できるようになった。「デウス」のみですべてが解決すると教えられることによって、先祖代々守り続けられた「民間信仰」と決別することができたのである。それは、信仰上の理由と同時に実際的な要請に応じた結果でもあった。この「デウス」の一神教の権威による民間信仰の破棄は、同様に、浄土真宗本願寺派の「阿弥陀仏」を一仏、無碍光とする「主神崇拝」的信仰においてもみられる態度である。その点については、後に見ることとする。

(2)　民間信仰への対処

日本の諸宗教および民間信仰を「悪魔崇拝」とみて断じたキリスト教宣教師の行動を追っていくと、ひとつ、興味深い行動様式に遭遇する。彼らが、異教的、悪魔的と呼んだ、民衆の様々な行動が、多くの場合、病気の治癒および「悪魔祓い《エクソシズム》」という行為に結びつき、さらには、その妙薬としての「聖水」の使用につながるという事実パターンである。いくつかの例を示そう。

井田と呼ばれる地方にアントニオというキリシタンがいた。憑依したある婦人に対し、十字を切り、聖水を注ぎ、一同でパーテル・ノステル（主の祈り）を唱え、「ゼスス・マリア」と言わせようとすると、婦人は敵の声のごとき怒声をもってこれを唱えたという。[36] ここには、カトリック教会の「祓魔」のプロセスである「十字のしるし」「聖水」「祈祷（射祷）」が確認できる。つまり、宣教師たちは、文字通り、儀典書に準拠した「悪魔祓い」の儀をとりおこなったとしかみえない状況の中にいる。

また、ある宣教師は、日本で帰依する者は、貧しい病人（すなわち重い皮膚病を含む病穢をもつと差別された人々）や、極貧のもの（いわゆる「乞食《こつじき》」と称された人々）、悪魔に憑かれた者、その他病にあるものであったと言う。その回復の有様にデウスは賛美される結果になったというが、その際、薬による治癒ではなく、「聖水」が用いられ、さらに祝別されたパン（すなわち聖体）がもちいられたと報告している。「聖水」は人々に、「救い」を確信させる「しるし」であり、大きな効能があるゆえに、人々は、それが異教徒であるとキリシタンであるとにかかわらず、遠方から人を遣わしてでも「聖水」を求めたとある。一説には、「熱病に効果あり」と喧伝されてもいたようである。

当地において彼らに与ふる肉体の薬は聖水なり。この水は当国において非常に喜ばれ、十レグア、十二レグア〔四〇キロから四五キロ〕の各地より来たりてこれを求む。当地においてもっとも普通の病なる眼病はこの水によりて快復せり。当国の貧民の大部分はキリシタンとなり、しばしば当所に来たりて祈祷を習ひ、しかる後、行きて施を求む。[37]

一五七〇年代に布教長の任にあった、フランシスコ・カブラルは次のように報告している。

他にも、これに類したること、臼杵、高田、および府内の市において多く起こり、これがため数百の人帰依し、多数の悪魔人体を去りたり。また熱病にかかりたる者は通常会堂に来たりて聖水（agoa santa）を飲み、健康を回復せり。予も数人をみたるが、かくのごときことは皆デウスの少なからざる光栄と悪魔の恥辱となれり。もしこのままに進めば、日本の偶像崇拝を亡ぼすこと甚だ速なるべきを確信す[38]。

聖書の「悪魔祓い」と「病気の治癒」は、メシア（救い主）に神から付与された特権であり、地上のイエスにおいて現実となり、使徒をはじめとする弟子たちが、「宣教」活動を司る際の常套手段とした行為であった。宣教師の報告は、初期教会以来の伝統であった「悪魔憑き」「悪魔祓い」の文学表現を意識した行為として読むべきであろう。特に、七世紀のブリテン島宣教事情を詳細に伝えたベーダの歴史などは、戦国日本の宣教プロセスと重なるところが多い。「奇跡的治癒」の話も、ある程度は、宣教の進展と勝利を誇張する、一種の文学的誇張表現であったと思われる。奇跡の効果が実際にあったかどうかというより、そうした表現によって宣教の進展を語ろうとする態度のほうが重要である。「聖水」は、奇跡をおこしても、おこさなくとも、人々にとってはありがたい、何らかの「神的」な次元に結びつく象徴と捉えられていたことは明らかである。「聖水」の社会的機能が、戦国日本においても大いに発揮されていたことが大きなポイントとなっている。ただし、「聖水」による奇跡的な治癒や、悪魔祓いの話は、一五六〇年代以前の日本宣教報告にはしばしば現れるが、その後、七〇年代、八〇年代となると急激にその数を減らす。これは、単純に、奇跡治癒や悪魔祓いのケースが減少したということよりも、むしろ、そうした文学表現をもって語らなくとも、宣教の着実な進展が描写できる他の代替事項、たとえば、大名の突然の回心と受洗などが、数多く見いだされたためであろう。日本初期宣教時代は、古代ローマの初代教会同様、「奇跡」が多くおこなわれたが、（カブラルが宣教を指導する一五七〇年代には）そのような超自然の力に頼ることはできず、自分（カブラル）たちの方針を確固たるものとしなければならないとした、フランシスコ・カブラルの同僚宣教師たちへの訓戒を思い起こす。

ここで重要に思うことは、「聖水」の出来事やエクソシズムがいかに効果があり、実践され、戦国日本のなかで威力があったとか、ヨーロッパ的伝統に沿って行われたかを問うことではない。むしろ、「聖水」という、まったく日本の宗教伝統とはかけ離れた事柄に、「妙薬」としての意味を見いだし、受け入れる、日本人側の心情の問題、ないしは「聖水」や「悪魔祓い」に人々が群がった、その社会性のほうがより重要である。フロイスは、臼杵のジアンと名乗る高貴な人物が「悪魔祓い」として活躍したことを伝えており、宣教師は、その行動が「天台宗の坊主のみが悪魔に対して行ふ儀式を行ひたり」とし、そうした伝統が日本の伝統の中にあったことをみとめている。このジアンは、大友の日向出兵に際して「ロソダキの薬師」などの神社仏閣の破壊を挙行した人物でもある。しかし、キリシタンのそうした行為に、日本人は少なからず集まったという事実が重要である。「聖水」「悪魔払い」「治癒」という一連の行為が、西洋キリスト教の伝統のなかで培われたものであるにもかかわらず、日本の宗教伝統のうちに「接続」していた事実をはっきりと捉えることができる。この点で、キリシタンの「一神教」のアプローチは、人々の日常生活の中に、深く刻印を刻んでいたと考えることができるのである。

「民間宗教」に対する否定的態度は、初期宣教師文書に頻繁に登場する「聖水」による清め、病者の治癒などが、その特徴をよく現している。イエズス会宣教の初期においてこうした「祟り」や「禁忌」などのすべてのネガティブな要素を排除する宣教報告が数多く見られる。その根底には、祟りをおそれてはならない、なぜなら、裁きをくだすのはデウスのみであり、デウスは愛の神であるという信念があったと思われる。一つひとつの対象に、それぞれ「鎮撫」をなさねばならない諸神が存在することは、人びとの日常生活をあらゆる面で束縛する。しかし、キリスト教の教えは、様々な事に心が裂かれるのではなく、唯一の信仰対象のみでよいとした。この点に、信心における明快さを得させ、様々な神々を常に意識しなければならないという複雑さをとりさる効果があったように思える。民衆にとっては「安心《あんじん》」の根拠となり、やがては集団の結束を獲得させた。もちろんキリシタンの場合、同様の理論が、伝統宗教に対しても一貫して向けられた。結果として、キリシタンの「民間宗教」および、他宗教への態度が決定する。偶像として、すべてに敵対し破壊を慣行していく。既存宗教に対する破壊行為、「神社仏閣の破壊」については秀吉も禁教の重大な理由として掲げている。キリシタンに対する徹底殲滅の原因は、キリシタンのもつ、排他的、不寛容な態度が原因していると言えるのである。

第三節　本願寺派の場合

キリシタンと浄土真宗の類似は、社会背景への対応の仕方や組織のありかたにとどまらない。両宗派の「神概念」の理解の仕方にも共通要素があり、やはりここでも「主神崇拝」を貫こうとする態度の共通性が見いだせる。真宗の場合、「阿弥陀一仏」への帰依、すなわち阿弥陀如来だけが絶対的な救済力の根源であるという点では、キリシタンの「デウス」への信仰と帰依に重なる。

一　弥陀一仏の信

「弥陀一仏」のみへの信は、蓮如の文章の随所に繰り返されるテーマである。たとえば次の箇所はその代表的なものである。

もろ〳〵の雑行をすてゝともうすは、弥陀如来一仏をたのみ、余仏余菩薩にこころをかけず、また余の功徳善根にもこころをいれず、一向に弥陀に帰し、一心に本願をたのめば、不思議の願力をもてのゆゑに、弥陀にたすけられぬる身とこころえて、この仏恩をかたじけなさに、行住坐臥に念仏もうすばかりなり(39)。

ここで蓮如は、伝統仏教の様々な修行や自力的手段のみならず、他の神や仏への礼拝は、すべて阿弥陀への礼拝でこと足りると語る。そのために阿弥陀の本願だけを念じていれば、救いは自ずと到来するとしている。この「主神崇拝」という観点による民心の統一は、他のいかなる礼拝も「偶像崇拝」として拒絶し、とくに「民間信仰」への散漫な心ではなく、焦点をもった信仰対象をもつようにするキリスト教の立場に似ている。本願寺においても、キリシタン同様、「民間信仰」のあらゆる場面に存在する様々な信心の対象は、阿弥陀一仏という唯一のポイントをもつことによって分散を回避し、一点集中によって解決をあたえられると説いているようにみえる。この教えは、「民間信仰」の神々に対して徹底した無関心の態度となって現れる。すなわち、阿弥陀如来のみに信頼していれば、祟りや怨霊の罰は恐れるに足りないという信念があるものと思われる。その結果、真宗門徒は、祟りや先祖伝来の「民間信仰」を無視するか、少なくともそれに拘泥しないという態度を示すこととなった。それを揶揄する言葉として、近世に生じた言い回しではあろうが、「真宗門徒物（忌み）知らず」といい、一六世紀以後、真宗の外面的特徴として指摘される傾向があった。浄土真宗の門徒は、伝統的な信仰習慣や態度をまったく気にかけず、知らないかのようにふるまうと、周辺の非真宗門徒から見られていた結果である。キリシタンにとっても、本願寺門徒にとっても、「民間信仰」は、単なる迷信であり、取るべき価値のないものとして考えられた。事実、親鸞や蓮如の思想には、その信念が繰り返されて出てくるのであり、それが真宗のスタンダードであると考えられる。

蓮如は、阿弥陀一仏のみに頼み、念仏のみで完結し、諸々の「民間信仰」を必要としないことを、信仰者の態度として、親鸞に範をとりながら、『般舟三昧経』の一部を引いて次のように説く。

> 優婆夷この三昧をききてまなばんと欲せんものは、みずから仏に帰命し、法を帰命せよ、比丘僧に帰命せよ、余道につかうることをえざれ、天を拝することをえざれ、鬼神をまつることをえざれ、吉良日をみることをえざれといえり。かくのごとくの経文どもこれありといえども、この分をいだすなり。ことに念仏行者はかれらにつかうべからざるようにみえたり。よくよくこころうべし。あなかしこ、あなかしこ。[40]

蓮如はさらに、御文において、以上の言葉を解釈する。

> 物忌トイフ事ハ、我流ニハ仏法ニツイテモノイマハヌ、トイヘル事ナリ。他宗ニモ公方ニモ対シテハ、ナトカモノヲイマサラムヤ、他宗他門ニムカヒテハモトヨリイムヘキ事勿論ナリ。又ヨソノ人ノ物イムトイヒテ

ソシル事アルヘカラス。シカリトイヘトモ、仏法ヲ修行セン人ハ、念仏者ニカキラス、物サノミイムヘカラス、トアキラカニ諸経ノ文ニモアマタミエタリ。マツ涅槃経ニノタマハク、如来法中无有選択吉日良辰トイヘリ。此文ノコ、ロハ、如来ノ法ノ中ニ吉日良辰ヲヱラフ事ナシトナリ。又般舟経ニノタマハク、優婆夷聞是三昧欲学者乃至自帰命仏帰命法、帰命比丘僧不得事余道不得拝於天不得祠鬼神不得視吉良日イヘリ。コノ文ノコ、ロハ、優婆夷コノ三昧ヲキ、テマナハント欲センモノハ、ミツカラ仏ニ帰命シ、法ニ帰命セヨ、比丘僧ニ帰命セヨ、余道ニツカフル事ヲエサレ、天ヲ拝スル事ヲエサレ、トイヘリ。カクノコトクノ経文トモコレアリトイヘトモ、コノ分ヲ出スナリ。コトニ念仏行者ハカレラニツカフヘカラサルヤウニミエタリ。ヨク〳〵コ、ロウヘシ。アナカシコ〳〵(41)。

つまり、阿弥陀一仏を念じている門徒には、日取りの吉凶、荒神や流行神への恐れ、先祖霊などへの配慮は一切必要ないことをあらためて説いているのである。戦国の世が深まるにつれ、今日一日の平安のためにもなんら寄る辺のない民の心に、徹底した依拠の心をおこさせる「主神崇拝」のもたらした役割は強調してもしすぎることはないであろう。

二　真宗にみる「弥陀一仏」の主張と他宗教の崇拝対象の共存

「阿弥陀」のみによる「主神崇拝」は、キリシタン同様、本願寺派においては、とりわけ「民間信仰」の忌避に対しては、疑う余地がないほど徹底されていた。ただし、本願寺派にはキリシタンにない、他宗教の（すくなくとも日本の伝統仏教および神道に対して）ある留保が存在していることに一言ふれておく必要があろう。あくまで、「弥陀一仏」と主張しながら、日本人の置かれた宗教環境を配慮してか、「伝統宗教」と「民間信仰」を峻別し、伝統宗教については、いくぶん、その接近の余地を認めるくだりが存在する。存覚の『諸神本懐集』および『破邪顕正抄』がそれに当たる。

一三世紀に生きた本願寺教団第三世覚如の長男として生まれ、越前・三河・信濃を順化した存覚（一二九〇年―一三七三年）は、初期本願寺教団の教学を組織したとする功績が認められ、蓮如の思想形成に大きな影響をもった人物である。しかし、父覚如によって義絶された理由として、東国門徒と覚如の不和ならびに同門徒の存覚支持が背景にあったのではないかといわれている。この存覚には、真宗本願寺派の主流とはならなかったものの、当時の布教状況としては独特な解釈がはかられていたようである。

「阿弥陀一仏」への礼拝、すなわち「主神崇拝」的信仰が本願寺派の基本であることは疑いもない。しかし、神道や仏教諸派の伝統的宗教ばかりでなく、「民間信仰」に民衆の心が大いに傾倒していた事実は、新勢力にとっては決して軽視することのできない難題であった。キリシタンについては、「デウス」のみの一神教の立場から、他者を徹底排除、破壊の対象としたことはすでにみたが、蓮如が再興した浄土真宗本願寺派には、「弥陀一仏」を根幹に据えながらも、他の日本の崇拝対象への寛容な姿勢が示されている。たとえば、日本の神祇についての立場を明らかにしようとしたのが『諸神本懐集』（元亨二年・一三二四年）である。そこで説かれていることとは、真宗門徒にとって、避けるべき「神」と容認されるべき「神」がはっきり区別され、後者には、日本古来の「本地垂迹」論が導入され、阿弥陀への礼拝と他の信仰が両立すると説かれる。

存覚によれば、真宗における神祇に対する二つの立場が考えられていた。第一は、「権者の神」、すなわち、伊弉諾・伊弉冉の二尊および天照大神などである。これらは、本地阿弥陀の垂迹として理解される。

天照大神ハ日天子観音ノ垂迹、素盞烏尊ハ月天子勢至ノ垂迹ナリ。コノ二菩薩ハ弥陀如来ノ悲智ノ二門ナレハ、コノ両社モハラ弥陀如来ノ分身ナリ。コノ両社ステニシカナリ。以下ノ諸社マタ弥陀ノ善功方便ニアラストイフコトアルヘカラス。(42)

天照大神の本地は観音菩薩であり、素戔嗚尊は勢至菩薩が「神」として現れたものであれ、これら二神は観音・勢至という弥陀の分身である。なかでも熊野神は阿弥陀の化現したもので最高神である。

ソノ本地サマ〳〵ニコトナレトモミナ弥陀一仏ノ智恵ニオサマラストイフコトナシ。カルカユヘニ弥陀ニ帰シタテマツレハ、モロ〳〵ノ仏菩薩ニ帰シタテマツルコトハリアリ。コノコトハリアルカユヘニ、ソノ垂迹タル神明ニハ別シテツカフマツラネトモ、オノツカラコレニ帰スル道理アルナリ。(43)

第二は、「実社の邪神」であり、悪霊・死霊などの悪鬼神、すなわち、先にキリシタンの拒絶対象となった「民間信仰」をさしていると思われる。

存覚は言う。「実社の神という邪神というものがあり、信じてはならないのは、霊・死霊などの神である。これは、本地の阿弥陀如来の垂迹ではない。人の形や獣の形をとり、祟りによって脅迫する。それを宥めるために『神』と尊ぶことを要求するものである」(44)。実社の神とは、「民間信仰」の対象となる、祟り神、流行神などであることはこの言葉から明らかである。真宗はそうした「民間信仰」を、阿弥陀一仏の名によって悉く拒否する。あるいは、より適切な言葉を用いるなら、そうした「民間信仰」は、阿弥陀一仏のみへの帰依で不要になるということである。

存覚はさらに続けて、

世の中に、こうした邪神を尊ぶことは正義ではないといわれる。世間が崇める「神」には、こうした類が多い。たとえ祟らないとしても、先祖を奉って社などを造ることもある。これらも『実社の神』という。そもそも、一般の無知なものは、内心では貪欲をもっているので、少しでもお供えをしなければ、祟りがある。これを信じていれば、生きるものも死に、これに帰依すれば、永遠に悪道に邁進することになる。こんなものに仕えて何の得があろう。(45)

やはり、「民間信仰」への民の散心を戒めた言葉といえる。

何よりも「阿弥陀」への帰依が重要である。阿弥陀こそオールマイティに人々を救うことは、次のように示される。

実社の神に仕えるなどという悪は決してあってはならぬこと。ただひたすら、阿弥陀一仏に帰依して浄土に生まれることを願えば、あらゆる神の光明が、昼夜を問わず常に護ってくださるゆえ、あらゆる災禍もなく、願いも叶うというものである。権社の神は、率先して援護をなしてくださる。それは、人類を救おうとされた阿弥陀の悲願に適うものである。実社の神は恐れをいだかせて悩みを起こさせる。あらゆる悪鬼神には何ら頼むべきものがないためである。(46)

この言葉のなかに含まれる「権社の神」こそ、伝統宗教としての神道や仏教諸派であり、この点において、存覚の説く真宗の阿弥陀一仏は、徹底的な「単神崇拝」ではなく、ゆるやかな「主神崇拝」のニュアンスをもっているといえる。この点に日本の宗教事情の要点が見えてくる。

存覚は、同様の思想を『六要鈔』の中でも強調する。

これらみな邪神につかうることは損なうありて益なしをいましむ。権社においてはこのかぎりにあらざるか。なかんずくわが朝、これ神国なり。王城鎮守諸国擁衛諸大明神、その本地をたずねれば往古より如来法身大士、相同じべからずと。(47)

しかし、裏を返せば、諸神につかえなくとも、本地である「阿弥陀」の人間の救済は全能なのであって、やはり、阿弥陀への帰依、念仏のみが真宗門徒の心の平安と実生活の安寧を約束するものであることが再度強調される。(48)

存覚は本地垂迹思想による、真宗の「弥陀一仏」と諸神の礼拝の両立を、天台宗の、本地である仏は真如法性であり、それに対する権現は応化身、応身、あるいは方便だとする思想から得たとされる。元来、外来宗教であった仏教が日本宗教と結びつくことに成功したのは、ひとえにこの本地垂迹思想のゆえにほかならない。(49)

三　神祇不拝と神祇不捨の立場の緊張

存覚の思想の中には、伝統的な日本宗教に対する尊敬を保持する装置が機能していた。それは、存覚のみの特殊な考えなのだろうか。逸脱だろうか。それとも、親鸞や蓮如にも同様の見解を見いだしうるのだろうか。

存覚は、「伝統宗教」の諸神・諸仏を、本地垂迹の観点から、すべて「阿弥陀」という本地の垂迹とみた。その結果、「神祇不捨」の立場を表明したものである。しかし、親鸞はもちろんのこと、その教えの復興を悲願とした蓮如にとっては「神祇不拝」の態度が貫かれていたことは明らかである。そうであれば、「神祇不捨」は、義絶をうけた存覚の修正または逸脱とも解釈できるのであるが、実は、親鸞や蓮如の思想の中にも、存覚と同じような「神祇不捨」という面が全くないわけではない。他宗教に対して、ある意味で柔軟な姿勢は、キリシタンのそれと比してどのような特徴と背景をもつのであろうか。

まず、親鸞と蓮如の「神祇不拝」の強調は、いくつかのテキストからあきらかである。そこでは、本願寺の中心思想である「阿弥陀一仏」という原則が強調されている。

五濁増すのしるしには　　この世の道俗ことごとく
外儀は仏教のすがたにて　　内心外道を帰敬せり
かなしきかなや道俗の　　良時吉日えらばしめ
天神地祇をあがめつつ　　卜占祭祀つとめとす(50)

さらに、親鸞は『一念多念文意』のなかで次のように説く。

一念多念ノアラソヒヲナスヒトオハ、異学・別解ノヒトトマフスナリ。異学トイフハ、聖道・外道ニオモムキテ、余行ヲ修シ、余仏ヲ念ス。吉日良辰ヲエラヒ、占相祭祀ヲコノムナリ、コレハ外道ナリ。コレラハヒトヘニ自力ヲタノムモノナリ。(51)

これは先にも引用したとおり、念仏の「絶対他力」という原則によれば、「一念」以外にありえず、道を踏み外した行為ということである。いずれにせよ、ここで親鸞が拒絶しているのは、存覚において「実社の邪神」と分類されるものである。すなわち、阿弥陀の本地の垂迹となっていないようなあまたの「民間信仰」ということであろう。親鸞には、伝統宗教などの他宗・他門を誹謗することについては戒めの思想があるが、この点は、蓮如がさらに発展させている。

蓮如は、基本的に「神祇不拝」、すなわち他宗への礼拝を禁じ、念仏を奨励する態度（御文、文明五年九月日）を強調している。しかし、親鸞よりもより明確に、他宗を誹謗せず、「神祇不捨」と見なされる立場（御文、文明六年正月十一日）も存在する。


諸法諸宗トモニコレヲ誹謗スヘカラス。

諸神諸仏菩薩ヲカロシムヘカラス。

信心ヲトリテ報土往生ヲトクヘキ事。

（中略）

一当流ノナカニオイテ、諸法諸宗ヲ誹謗スルコトシカルヘカラス。イツレモ釈迦一代ノ説教ナレハ、如説ニ修行セハ、ソノ益アルヘシ。サリナカラ、末代ワレラコトキノ在家止住ノ身ハ聖道諸宗ノ教ニオヨハネハ、ソレヲ我タノマス信セヌハカリナリ。一諸仏菩薩ト申ハ、ソレ弥陀如来ノミナ分身ナレハ、十方諸仏ノタメニハ、本師本仏ナルカユヘニ、阿弥陀一仏ニ帰シタテマツレハ、スナハチ諸仏菩薩ニ帰スルイハレアルカユヘニ、阿弥陀一体ノウチニ諸仏菩薩ハミナコト〳〵クコモレルナリ。(52)

すなわち、真宗は「民間信仰」に対してはキリシタン同様、否定的な態度を貫いたものの、ある一部の「伝統信仰」に対しては、徹底的な否定ではなく、ある程度の寛容を示すのである。真宗はそうした寛容的態度を「本地垂迹理論」によって説明する。本地は阿弥陀、垂迹は諸神諸仏という理論による。しかし、基本的には、「民間宗教」にたいする否定的態度は、キリシタン同様、一貫した姿勢を維持している。本願寺派には、伝統宗教についてだけ、解釈によっては、「阿弥陀」の現れであるとの論法が採用された点が認められるが、それは本願寺派の教えの主流というよりは、日本社会において、他からの批判を緩和する方便といった印象をぬぐいきれないものである。実際、日本人は、本願寺門徒であっても、熊野神社、出雲大社、それに伊勢神宮に詣でたものがいたことが指摘されているが、本地垂迹論を導入してでも、阿弥陀一仏崇拝と諸神・諸仏への態度を両立させなければ日本の宗教環境の中では存続していくことがかなわなかったというのが理由であろう。しかし、あくまで阿弥陀仏が「本地」であるという点で、主神崇拝の観点は変更されていない。

キリシタンは、伝統宗教と「民間宗教」の差別を全く考慮せず、すべては「偶像崇拝」として斥けた。ところが、同じように民衆に強い浸透力をもっていた真宗本願寺は（親鸞や蓮如の思想では決して容認されないことだが）、以上のように、本地垂迹説を巧みに使い、伝統宗教（存覚のいう「権社の神」、すなわち、衆生を仏道にひき入れ、念仏を勧めることを目的とする諸霊神など）については、寛容を示している。この二つの宗派の他宗・他門への態度の違いは決定的であり、一方は為政者によって危険とはみなされつつも存続をゆるされ、他方は徹底的殲滅の対象とされる命運を分けたものと思われる。

一六世紀の日本民衆社会でうけいれられた背景には、先にも述べたとおり、危機的状況に対する、民衆、とくに農村部に生きる人々のサバイバルの必要性という理由が大きい。もはや、「民間信仰」の様々な神々に心を分散させている余裕はない。ただひたすら「生きよう」とする人々にとって、心の結集力が必要であった。農村の「サバイバル」を目指した結束を、単なる地域共同体ではなく、より堅固で普遍的な運命共同体に変容させた要因として、私は、「宗教的イデオロギー」を考慮すべきであると考えている。ある一つの「宗教的イデオロギー」によって結びついた民衆（農民）の連帯は、きわめて強力なエネルギーを持つことが可能である。そのことは、新しい権力を創出しようとした為政者たちが、まずその民衆の宗教イデオロギーを分断することに全力を注いだ事実から判明する。(53) 信長をはじめ天下統一を目指す有力者にとって、地域支配を確立する上で、最も手におえない存在として立ちはだかったのは「一向一揆」という宗教イデオロギーに結びついた集団であり、その殲滅のプロセスを見れば、信長がどれほど本気であったか容易に理解できる。天下統一をめざし、社会にある様々な連帯を解体していこうとする天下人にとって、宗教的連帯をもって結束する団体ほど手の焼ける存在は他になかった。一向一揆の解体に最大限の労力が費やされたことは否定できない事実である。この宗教的イデオロギーの結束によって台頭した勢力として、秀吉は「寺内」をキーワードとして理解される本願寺派とキリシタンの類似性に注目したのであった。

「主神崇拝」あるいは一神教的思惟が、真宗、キリシタンの二つの派を、従来の日本社会にない特異な宗教的存在になることを可能とし、かつ、サバイバルを必要とする民衆にとってきわめて簡潔でわかりやすい宗教として、うけいれられたことが結論できる。

むすび

「主神崇拝」とひとまとめにできるとしても、キリシタンには、日本の伝統宗教や「民間信仰」に対する寛容は決して実施されず、「真宗本願寺派」は、他宗派を退けつつも、寛容な道を残していた。ゆえに、天下統一を目論む為政者によって、前者は徹底した根絶に遭遇し、後者は、勢力を分断されたものの、日本宗教としての存続が容認された。ここに、キリシタンの特徴がよりはっきりと見てとれるだろう。

本願寺派およびキリシタンは「主神崇拝」的信仰を遂行する点では同じ姿勢を貫いた。特に、「民間信仰」に対する否定的態度をみるとき、その民衆に与えた強いインパクトが読み取れる。それらにとってかわる唯一仏ないしは、唯一のデウスに対する信仰の導入は、民衆の生活の隅々にまで浸透する習慣を不要のものとし、民をして新しい境地での一致を見いださせる効果があった。したがって、複雑に入り組んだ「民間信仰」をすべてとりはらい、信心のポイントを一つに絞り、信仰の形態を簡潔にしたという点で、両教は、民衆への浸透を加速させた。その結果、民衆をまとめる要となることができたのである。

結語

本書を終わるにあたり、序章で提起した問い、すなわち、「なぜキリシタンは戦国日本において興隆したのか」についての答えをまとめてみたい。

キリシタン興隆についての組織論的な理由は、第一章で詳しく論じたとおり、日本史上にない、強力な結合力、絆を獲得する新しい方法がまさに希求されていた時代だったということである。キリシタンは、真宗本願寺派同様、この民衆の要請に見事にこたえることができた。一六世紀の日本人、特に民衆は、集合的なサバイバルの工夫を希求していた結果、民の社会的結束を強める新しい組織づくりを必要とした。それは、さらに、この世だけではなく、あの世への永遠の連帯という無二の絆の力をもたせる、宗教によって成就された。その意味で、「主神崇拝」を主とする宗教の力は、これまでに「民間信仰」や、様々な習慣によって、バラバラにされた民の心を、全く新しく結合させることに成功する。その代表例が浄土真宗本願寺派でありキリシタンであった。

その際、真宗本願寺とキリシタンの示す宗教の実践面での強調には大きな違いがみられた。「救わるる」という受動的かつ、すでにすべての凡夫がその救いを達成していると考える浄土真宗と、あくまで「魂の不滅」を説きながら、人間の修養面での努力とそれを決断させる意志を強調したキリシタンの立場は根本的な違いをみせた。また、日本の伝統宗教との間に齟齬を生じさせない工夫が真宗には存在したのに対し、キリシタンはあくまで「単神崇拝」的態度を貫き、他者を「偶像崇拝」と規定して破棄行為すら正当化したために、我が国の宗教風土のなかで存続する道を絶たれたのである。

「魂の不滅」論によって、日本人にもたらされた、新しい思想とはなんであったか。それは、倫理道徳的向上を日常生活のなかで実践しようとする民の琴線にふれる重要な考えであった。日本における三世（前世・現世・来世）という循環ではなく、人間とは理性的存在であり、行く道を自分の知性・理性・意志を通して積極的に選択する存在であることが「アニマ」という言葉によって示された。その魂は、現世と来世の直線的延長線上で不退転の前進を続ける。宗教思想としては珍しく、キリスト教カトリックは、この点で徹底した現実主義である。現実の目の前の生活の改善の意欲が、永遠のあり方を規定する。したがって、徹底した倫理主義と人々の目には映ったであろう。折しも、戦国の混乱時代にあって、あらためて倫理的向上心とそれにもとづく生活改善の強調は、そのように生きようとする人々の熱烈な支持を得たと思われる。そうした強調が、伝統的な宗教にはほとんどみられなかったといえるのではないだろうか。「すでに救われた」という考え、人間はそもそも仏性をもつという考えからは、よりよく生きようとする倫理観が生じにくいのは本論で詳述したとおりである。宣教師は、恩寵論の枠組みをあえて避けながら、より具体的に人々の生き方に密接にむすびつく方策を説いた。それが日本における「魂の不滅」の強調に結びつく。形而上学的あるいは彼岸的根拠をもつ宗教思想が、ここに現実を生き抜かせる現実的知恵となって受け取られた。

また、一六世紀の民衆心情の特徴を示し、かつキリスト教の一神教的な思惟から導き出された思想として、「罪」と「ゆるし」の概念を考えた。人々にとっての最大関心事は、「救い」であり、「滅びることのない」個という思想であった。コンフラリヤの規則に数多く見いだされた「免償」への強迫観念にも似た固執には、死の恐れの裏に、「ゆるされない自分」への不安が見え隠れする。この「ゆるし」をめぐって展開された「免償」の獲得の規定とともに、「ゆるしの秘跡」を特例化してまでも、カトリック信仰に結びつこうとする民の心の力を「こんちりさんのりやく」に見いだすことができると思う。民衆心情の解明にとって、これほど重要な第一次史料の存在は稀である。従来のキリシタン研究者たちによって、発掘され、紹介されたが、なかなか内容を扱うことのできなかった、コンフラリヤの規則や「こんちりさんのりやく」に、その背景をヨーロッパの起源から説き起こし、さらに日本の特殊例を考慮にいれた結果、「下からの歴史」、マクロな視点につながるミクロの視点、そして民衆の社会的結合のあり方を見ることができるように思う。

迫害されたキリシタンが存続できた理由は「こんちりさんのりやく」から導きだすことができる。「ゆるし」の教会典礼（秘跡）としての存在は、先に考察された「魂不滅」の教説から導き出される「永遠の命」「来世の賞罰」「現世の倫理的な生活」との関連から理解でき、キリスト教のもつ「罪」概念とその贖罪行為の必要性から導きだされる。しかし、迫害、禁教といった日本固有の事情の下、客観的教会の目に見える形であった司祭《パードレ》の不在によるローマ教会との断絶後、そうした機能は、現実に目前に存在しない教会との連携を常に意識させる装置（オラショ）へと変化していく。その際、一五九〇年代のイエズス会宣教師らが日本においてのみ実施した特例の試行が大いに役立つこととなった。すなわち、追放令が試行された後、司祭不足という現実に直面しても「心のなかで完全な痛悔（こんちりさん）を果たす」という主観的な側面（信徒の心の中のみの行為）をもつかぎり、教会との絆が回復され、放棄されるものではないとする特例が、潜伏キリシタン存続の鍵を握る要因となったのである。

潜伏と信仰堅持を可能にしたのは、第一章で考察した、専門教職者不在の信徒自主運営組織としての共同体のあり方であり、潜伏キリシタンの機能はその延長上にあったということである。具体的には、奉行所で「踏み絵」を実行し、信仰を否定する行為をしたとしても、帰宅後、自宅において「こんちりさん」のオラショをひとり唱えることによってゆるされ、共同体との心の和の回復をはかることが可能となった。一八六五年の浦上潜伏信徒発見の際、そうした装置の機能のゆえに結び付けられた民が、ローマ教会への帰順を容易になしうる力を内包していた。そこには、ヨーロッパのキリスト教教義を理念のみとしてではなく、生きる指針として現実に生きた日本人の姿が浮かび上がる。『こんちりさんのりやく』は、日本の特別な事情のもとに編み出され、そして世界史に類例をみない二五〇年間の「潜伏共同体」の存続と構成員の心を支えた奇書としてきわめて重要な歴史的証言物であった。

さらに、本書は、主神崇拝的信仰が日本の伝統観念に与えた負の影響にも目を向けた。キリスト教の、絶対にゆるされざる「偶像崇拝」としての他宗教との接触のあり方が問われるべきであり、その解明をなそうとした。一六世紀の民衆の側にたてば、新たに自分たちの強い絆を保障するキリシタンや真宗信仰のなかに、他に代え難い利点を見いだしたことは確かである。一般に、日本人は「八百万の神」の信仰をもつとされ、村落部においては、「祟神」「物忌み神」「流行神」などの民間信仰を盛んとする事例を各地に散見できるが、キリスト教および浄土真宗はこうした諸神礼拝の複数対象による求心力散漫を徹底して排除し、信仰対象を唯一の「デウス」ないしは「阿弥陀」に民心を集中させることに努めた。

しかしながら、真宗本願寺派にあっては、存覚が『諸神本懐集』で示したような、他宗教・宗派への協調的ともいえる修正論（本地垂迹理論による阿弥陀の中心性と諸仏・諸神の従属性）を指摘できる。それは、「内的変化」を許容し土着信仰と混交することを決してゆるさなかったキリシタンとは異なった態度といえる。両派は主神崇拝的な信仰の基盤を共有しながら、そうした差異を生じさせている。この事実から、日本的宗教心情のひとつの形が浮かび上がった。

最後にキリシタン興隆の原因として以下の諸点をまとめておこう。民は集合的なサバイバルを実現させる装置をもとめていた。そのまったただ中でキリシタンは宣教を展開した。民心の結合のために、宗教イデオロギーほど堅固な基盤を与えるものはない。それは主神崇拝の形で示されたので、複合的多神崇拝による心の分散を阻止できた。この結合は「魂の不滅」の理論によって、この世ばかりでなく来世をも保証した。この絆は民衆信徒の運営になるがゆえに、専門指導者不在のなかでも存続可能であり、潜伏時の対応も保ちうる機能をそなえていた。

これらの諸点は、並行現象としての真宗にも認めうるものである。すなわち、単にキリシタンのみへの期待ではなく、より大きな領域に亘る、一六世紀の日本人にとっての共通の要求を代弁していたのである。

一六世紀の日本伝統社会の中に移入を意図されたキリスト教の背景に存在した文化要素は、ヨーロッパにおいてさえも進取の気性に富んだ「ルネサンス・ヒューマニズム」であったという事実は重要である。イエズス会宣教師は、宗教家としてキリスト教を日本にもたらすことを第一目的としたのは当然ではあるが、より重要なことは、彼ら自身がヨーロッパ学芸の伝統のなかに育ち、当時のヨーロッパ最先端の文化を吸収した知識教養人だったという事実である。しかも、彼らの吸収した教養や文化は、中世から育まれたヨーロッパの文化土壌にしっかりと立脚している。その点、狭い意味での宗教家としてだけではなく、宗教以外のヨーロッパ文化要素の媒介者としての役割を担っていた。特に、一三世紀以来のパリ大学の教育方法とスコラ学の伝統を、一五世紀以後に生じたウマニスタ（umanistas）の学術方法論に巧みに合流させたという点で、当時のイエズス会はヨーロッパ学芸の最先端な部分の紹介者でもあった。日本にキリスト教を初めて伝えたフランシスコ・ザビエルがパリ大学のマギステル（哲学科目教授資格取得者）であったという点で時代の申し子であったことをはじめとして、一五七九年来日したアレッサンドロ・ヴァリニャーノも、イタリア・ルネサンスの拠点の一つで、イタリア有数の歴史と伝統をもつパドヴァ大学で法学を学び、ローマ学院では、後にグレゴリウス暦の算出や対数論において歴史的業績を残した当代きっての優秀な教授陣に薫陶を受けた正真正銘の「ルネサンス人」であったことを忘れてはならない。これらの人物は「ヨーロッパ・ルネサンス」と「戦国日本」の邂逅を可能にした仲介者として、まさに超領域文化交流の使者であった。日本の伝統宗教とキリスト教のヨーロッパ式討議法をはじめ、ヨーロッパ学芸カリキュラムに則った教育機関の設置や、当時ヨーロッパで活発に行われた印刷布教の日本における実現のための活版印刷機の導入など、いずれもヨーロッパにおいてさえ「旬」の出来事であった。特に印刷出版の組織化は、現代のインフォメーション・テクノロジー革命に匹敵するような大変革であり、それがそのまま日本に持ち込まれた事実の意義は少なくない。かくして、ザビエルやヴァリニャーノを介して、一六世紀の日本人は無意識のうちにヨーロッパから南北アメリカ大陸およびアジア全域をとりこんだ「世界標準」のなかに組み入れられた。その邂逅の歴史を、単に「東西文化交流史」という、どちらかといえば、外国史に軸足をおく考察としてではなく、その結果生じた舞台に注目しつつ、日本史の出来事としてとりあげようとするのが本書の中心課題であった。そのためにも、まず、「キリシタン」をめぐる諸論の現在地を俯瞰しておく必要を感じる。

一　キリシタン史と一般史の接点

これまで「キリシタン」をテーマとした研究の蓄積は膨大なものとなっている。そうした研究の森、書物の山を渉猟しながら、現在、「キリシタン」という「日本人」「運動」「現象」をとらえるために留意すべき諸点を以下にまとめておきたい。多くの成果が生み出されている一方で、日本史の主流からすれば依然として傍流、あるいは、特別課題の如く別枠で考えられる「キリシタン史」のもつ可能性と限界を同時にみつめ、このジャンルの歴史叙述が日本史ならびに世界史上にもつ意義を問いたいと思う。

(1) 日欧交渉の世紀間格差の考慮

まず、一六、一七世紀日本のキリシタンの歴史、すなわち日本と諸外国の交渉の歴史を考えるとき、一九、二〇世紀における日本と欧米との接触文脈のイメージを持ち込んではならないということに注意したい。日本史上、一六世紀のいわゆる「大航海時代」の対外交渉と、一九世紀の開国および明治新政府時代のそれは、共に、日本社会を対外勢力との接触によって大きく変貌させる原動力になったという点においてきわめて重要である。いずれも、当時の「世界標準」を牽引した諸外国との接触が、固有の伝統文化内でのみ思考することに慣れた日本人に新たな時代シフトを意識させる出来事となった。ただし、明治新政府が、ヨーロッパ列強と肩を並べる国家形成を標榜し、当時の欧米一流人を「お雇い外国人」として招聘することによって、徹底した受動的学びの姿勢を貫いたのとは異なり、一六世紀の接触は、圧倒的な力で迫る外国勢力に追随するのではなく、むしろ、日本側にも受容に当たって、かなり自由な取捨選択の余裕が認められる。つまり、外部からの刺激に対し、当時の日本人は拒否権も十分に発動できたということであり、本質的には対等で自由な交流が実現した。したがって、ヨーロッパ列強諸国が経済力と圧倒的軍事力をもって世界的に展開した「帝国主義」「ヨーロッパ優位」といった一九世紀後半の概念をもって、そのフィルター越しに一六、一七世紀の日本史を見ることは大きな誤解を招くことになる。そしてなにより、一六世紀の日本を相手としたヨーロッパ人に帝国主義的な「オリエンタリズム」を投影することはまちがいだということである。すくなくとも、当時のヨーロッパ人にとって、日本は「未知」の領域であり「幻想」の対象ではあったとしても、「劣勢」の対象としての把握は生じていない。たとえば、一六、一七世紀のキリシタンに多くの題材をとった遠藤周作の著作に描かれた「キリシタン時代」および白人と黄色人種というモチーフは、一九世紀の帝国主義時代のプリズムを通して見た、一六世紀の歴史だったということを意識しなければならない。一六世紀キリシタンの史実は、その世紀のコンテキストのなかで考察されてはじめて真相に迫ることができるのである。

(2) コンテキストへ入る努力

ヨーロッパの文献批評学の手法によって徹底した進展をとげた現代の聖書学の方法論をヒントに、史料を扱う際の重要な洞察を考えてみたい。すなわち、書かれたテキストの語彙や構造分析に加え、そのテキストを構成する資料群(成立過程)の分析や、背景分析などが発展してきた。様々に重要視されている概念の中で、歴史学に有効と思える方法は「生活の座」(Sitz im Leben)という考えの適用であろう。すなわち、書かれたテキストの字義の探究のみではなく、そのテキストがどのように用いられたか、またそれを用いようとした人びとの現実の「生活の場」への配慮が徹底してなされなければならないという視点である。祭儀を扱う資料のなかには、その祭儀そのものを成立させた人びとの生活と集団意識と行動が反映されていることを読み解こうとする態度である。そうした「生活の座」を明らかにしていくことで、テキストを書き、そして残した作者らの意図がより明確に理解されるとしたアプローチである。

言葉のニュアンスは多少異なるというものの、私たちが一六世紀の「キリシタン」という歴史事項を扱おうとする際、キリシタンは紛れもなく一つの「人間集団」であったことを改めて思い起こす必要があるだろう。キリスト教は純粋に教義や思想として日本に導入されたこともさることながら、そこに成立した集団(Christiandade, Christianitas)の各構成員の「心情」に思い至るべきことは言うまでもない。個としての「集団」には、それなりの意志、行動原理というものが見て取れる。ヨーロッパの歴史叙述の伝統を自然と身につけているイエズス会宣教師らが描写する出来事のなかには、こうした人間集団の生活の場が垣間見られる。別の言い方をすれば、一六世紀のキリシタンの理解は、一六世紀のコンテキストのなかで、それ自体として把握されなければならないのであり、そこに、後世に付け加えられた様々な解釈や判断を、無批判に持ち込むことだけでは史実がみえてこない。そのための作業は困難を伴うが、決して無視することのできないプロセスである。以下、日本史の中の「キリシタン」という歴史事項を、一六、一七世紀のコンテキストの中で考える際、特に留意すべき諸点をまとめてみたい。

とかくキリシタン史は、日本史とは別次元に論じられることが多かった。そのことは、和辻哲郎が述べたように、「江戸時代以来、日本の一六世紀の歴史として記されているところだけを読んでいると、キリシタンの運動はいかにも一時的な、挿話的なものに見える。その歴史のなかにキリシタンの運動が根をおろしていた土壌についての把握がほとんどない」と嘆かざるを得ない状況があった。宣教師文書を、しかも海外の諸文書館に保存されていた外国語史料による、日本史の復元は、ある意味で困難をともなう。どうしても、現地コンテキストの観点が見失われたことは否定できない。さらに、日本報告書を認めたヨーロッパ宣教師らは、自文化内で許容される「文学的表現」を多用している（たとえば、本書第五章で述べたとおり、一六世紀の初期日本宣教に、七世紀のブリテン島宣教のイメージを重ねるなど）。これは、キリシタン史にかぎられたことではなく、一九世紀から二〇世紀にかけての歴史学においても類例を少なからず見いだすものである。そうした、記述を通して史実に迫るためには、常に、その時代特有の「コンテキスト」へもどる努力をしなければならない。

一九七〇年代、いわゆる社会史としての「新しい歴史叙述」が注目されたとき、歴史研究者の視点は大きな変貌をとげた。ランケらに起源をもつ、伝統的史学の史料実証という方法を遵守しながらも、歴史学史料についての考えが大きく変わってきた。その結果、伝統史学が提示した様々なテーゼへの修正論が活発に論議されるようになった。「コンテキスト」尊重という立場から、社会史研究者がなした貢献は少なくない。たとえば、古代キリスト教史の権威として知られるプリンストン大学の歴史学者ピーター・ブラウン（Peter Brown）は、三世紀のローマ帝国を叙述する際、一八世紀から一九世紀にかけての古典的な歴史家たちがつくりあげた、なかば「幻想」ともいえる「ローマ帝国の三世紀危機説」に対し疑問を投げかけた。独自の史料調査の結果、三世紀はむしろ充実、成熟の時代であったことを、エヴァンズ・プリチャードらの人類学的方法をとりいれて叙述しようとしたのである。[1] それは、まさしく、人々の生きる現場のコンテキストを大切にするという態度によって、歴史のコンテキストに入っていく作業の重要性を示している。

人類学者プリチャードは、アフリカのコンゴ河水源地域に住む「アザンデ人」の現地調査にもとづき、一九世紀初頭の人類学者たちが提唱し解説した、アフリカ現住民の宗教観念が、原始的で稚拙なものであるという偏見を一掃する。そうした偏見は一九世紀の現地に足を踏み入れたことのない人類学者たち（ヴィクトリア朝の人類学者）の、文字どおりの机上の空論にもとづくものであることを入念な現地調査から導き出したのである。人類学者たちが他人（宣教師、行政官、冒険家）の報告書のみによって間接的に描き出したアフリカの未熟な宗教現象という印象は、伝聞による未検証の曖昧な見解を多く含んでいることを、プリチャードは現地調査で気づき、覆した。「未開人」と人類学者たちが呼んだ人々には、いわゆる高等宗教における一神教や神概念に匹敵する深遠な思惟が存在していたことをエヴァンズ・プリチャードは解明する。

〔一九世紀の〕人類学者たちの未開宗教に関する諸理論は最も有力であったが、彼らの中で誰一人として未開民族に接近した者がいなかったということは驚くべきことである。これはあたかも化学者が実験室に入る必要などけっしてないと考えているようなものである。その結果として人類学者たちはヨーロッパの探検家、宣教師、行政官、商人などが彼らに語った事柄からその知識を得なければならなかった。(2)

多種多様な未開民族の宗教観念や儀礼・慣行を研究することは、宗教一般の本質について、またわれわれ自身の宗教を含むいわゆる高等宗教、ないし歴史的に実在した宗教、ないし啓示宗教について、ある種の結論に到達する助けになるだろう。(3)

ピーター・ブラウンはプリチャードの方法を、古代ローマ帝国の住民にあてはめて考えることを試みた。頻繁に描写される「悪魔払い」や「妖術」は、混乱や無秩序のしるしではなく、より積極的になにか成熟した社会の根本のエネルギーを示すものではないかと。それゆえ、悪の力に対する「聖なる人の力」が軽蔑されることなく、考察の対象として重視される。そこから、遺物に群がる社会の民の「心性」を浮かび上がらせ、ひいては社会を論じるという手法をとるのである。これまでに顧みられなかった「とるにたりない」「ささいな」現象に注目した結果、ブラウンは、本当の意味での「古代ローマの宗教」を再解釈できたのである。つまり宗教に群る人々の姿を客観的に捉えることができた。その意味で、人間社会の細部に拘ることによって、本当の歴史、歴史に生きた人間をみつめていたといえる。いまでは、ブラウンのような社会史、宗教史的考察が例外なく尊重されるようになった。

ブラウンは、一六世紀の「キリシタン現象」の考察にも応用できるような提言をなしている。

近代の人類学では、宗教信条を、あたかも真空状態のなかに存在するものであるかのように扱うことは拒否されます。宗教理念は、社会の中で作用している、そのあり方によって判断されるべきです。(4)

まったく同じ態度が、日本のキリシタン史研究に求められるべきである。キリシタンは日本人であり、日本社会の民衆として、日本の社会を生きていた「生身」(「からだ」としての側面)の人間であったことを決して忘れてはならないと思う。同時に、コンテキストの中のキリシタン、伝統宗教と民間宗教の様々なシステムや規律に拘束されていた日本人(「きずな」の側面)であり、ヨーロッパの宣教師によって、その人生の転換を図った日本人であったこと。これは、歴史学、社会学、人類学の見地から考察されるべき対象であり、特に「信仰」という、個々人の「心性」の側面は、間接的にではあるが、その「社会的結合」の側面から遡行的アプローチによって明らかになる。それが、本書を貫くひとつの姿勢でもある。

(3) 江戸時代の幕府側史観によって構築された「キリシタン」観の問題

歴史研究者は、実際の出来事の目撃者ではない。したがって、どのような証拠を集めようと、彼らが真実の史実に至ることはほとんど不可能の業といっていい。多くのリサーチと史料分析の結果みいだされたものは、「かぎりなく史実に近い蓋然的事実」だけである。だからといって、歴史学を悲観的に見つめる必要がないのは、法廷弁論の結果、証拠に基づいて導き出される、事件の「真相」すらも、実は、この歴史学の手法とまったく同じことを行っているにすぎないからである。

ここでは、そうした観点を大切にしながら、キリシタンの現象を、コンテキストに入って考えることを阻む、いくつかの障害としての、歴史的に為政者がつくりあげた「カモフラージュ」としての史観について考えてみたい。

秀吉の伴天連追放令（天正一五年）および徳川幕府の禁教令（慶長一九年）により、日本におけるキリスト教は「御禁制」の「邪宗」のイメージをもって語り伝えられた。「キリシタン」（吉利支丹）の表記も、やがて「切支丹」となり、ついには「切死丹」などとネガティブに変容していく。キリシタンを禁制した当人たちの行動にも大きなイメージの変化をもたらした。徳川幕府三代将軍家光自身は実際にキリスト教徒を見たことがなかったといわれる。祖父家康、父秀忠の代にはキリシタン大名として立派に活躍した人物が現実に存在していたのとは大きな違いであった。彼にとって「キリシタン」とは、貧者の群れであり、国家転覆を密かに目論む亡国の徒というネガティブイメージばかりが膨れあがっていた。目に見えぬ「敵対者」は人びとの心のなかで恐怖心を煽った。度重なる「高札」の改訂は、民心に、「キリシタン」は、容認されえない邪教とする心情を培うのに決定的に役だった。江戸期のそうしたイメージ作りは、戦国末期から近世にかけての歴史観を規定した。すなわち、一六、一七世紀に実際に生じたのとはおおよそかけ離れた歴史の塗り替え作業が江戸幕府によって繰り返されたためである。

たとえば、大友宗麟が君臨した一六世紀中期の豊後は、江戸時代の史観、フィルターを通してのみ回顧され、きわめてネガティブなイメージを与えられることとなった。邪宗キリシタンを信奉した豊後の大友家が滅亡したのは必定とする歴史観が醸成された結果、一六世紀後半の大友時代の豊後には何ら見るべき政治・文化・経済活動はなく、ただ無能、無策の元守護大名家が存在したにすぎないとするイメージが培われた。確かに大友宗麟の嫡子義統への評価は一般的に低く、実際にその評価を正当づける証拠は多い。しかし、一六世紀後半の大友義鎮すなわち宗麟の支配する豊後は、領域的にも実質的にも九州にあって随一の繁栄を誇り、宗麟自身は、最盛期には六か国の守護を任じた九州最有力の大名であったことを忘れるわけにはいかない。しかし、江戸開幕以後、キリシタン大名大友の領国として、徹底的な解体を被り、江戸期には諸藩の分断の地となり、独自の文化発信が行われない地域としてとり残された。その一方で、九州において有力となったのは肥後細川藩であり、初代忠興、二代忠利の対幕府政策が功を奏し、繁栄をとげた。明治新政府が全国に覇を唱えた際、維新の中心的実行者であった島津家とともに、細川家の肥後熊本は、商業、通信、教育、あらゆる面で九州の中心地となっていった。その陰で、一六世紀における豊後の繁栄はまったく忘却の彼方に追いやられ、大分県はあらゆる意味で九州の第一線から後退していた。一六世紀の大友豊後を江戸時代の幕藩体制下に築かれた特別な史観のフィルターを通して眺めるかぎり、歴史の事実とはほど遠いイメージが生じる。その上で、真実に限りなくちかい蓋然的な「キリシタン」の現象の実像が把握されるとは思えない。

江戸の史観によってイメージを矮小化された例として、特徴的な地域は他にもある。加賀百万石の城下町というイメージである。今なお、石川県の住民のほとんどが浄土真宗の篤信の門徒として生きており、その中心地は依然として真宗地帯の真ん中に位置する金沢である。しかし、藤木久志氏が指摘するように、真宗、一向宗の一揆の伝統をもつ当地には「一揆・徒党は郷土の恥」とする風潮があり、一向宗の拠点金沢のイメージは、前田家の城下町とする江戸時代以後のイメージによって意図的に塗りかえられ、カモフラージュされている(5)。これでは、真の金沢の歴史、加賀の歴史、一向一揆の真実に迫る「物語」を語る可能性はかぎりなくせばめられる。「百万石文化への疑問」ないしは「地元からの一向一揆論」が構築されることが求められているという。状況はキリシタンの豊後大友家に似ている。

江戸時代に形成された史観によって一六世紀を見てはいけないというのはそういう意味である。私たちは史料実証を駆使しながら、一六世紀の実像に限りなく肉薄する努力をなすべきであろう。江戸時代を通じて形成された史観を意識化することによって、そのフィルターを通してではなく、一六世紀の現実の場を強く意識し、解明しようとする態度が必要と思われる。

(4)　地域限定的考察（とくに県単位）では把握できない広域現象としての「キリシタン」

日本の歴史叙述は単一の視点を持っているわけではない。いわゆる「日本史」と位置づけられ、全国的な繋がりや日本全体の史的意義を説き起こす試みがある一方で、「地域史」「地方史」というジャンルに分類され、地元に密着した研究者の、他所の研究者には行えないような緻密かつ詳細な地域限定によって、地域の歴史的変遷を叙述する方法がある。昨今では史学研究としての地域史の重要性が一層強調され成果を示している。

キリシタンという歴史事象を取り扱う時、地域史の微視的《ミクロ》の観点と、巨視的《マクロ》な観点の双方が必要となる。なぜなら、キリシタンの現象は、一領国に限定されるわけではなく、複合的広領域に亘るネットワークによって展開したためである。領国の単独統治が基本の世にあって、さらに、諸領国を一括的にコントロールしようとする天下人にとって、超領国的連帯を持つキリシタンは真に厄介な存在であったにちがいない。したがって、地域史とみられる様々な局面において、複数の地域をまたがった考察がなされなければキリシタンの史実を正しく捉えることはできない。なぜなら、キリシタンを受け入れた民衆は、地域共同体単位で生活している場合が多いという反面、宣教師を通じてキリシタンは地域の境界を越え、全国的なつながりをもって広域な共存を示すためである。

たとえば、九州の地図を広げながら、「キリシタン」を考えようとするとき、各県ごとに独立分割する地域史ではその事象をとらえきれないことに気づく。長崎のキリシタンについては、長崎の地方史研究者による史料を用い、大分については大分地方史の恩恵を被ることとなる。しかし、島原半島および天草から肥後、豊後にいたるキリシタンが多数存在した地域を県単位で分断することは、常に拡大を示しつづけたキリシタン運動の真意を見失わせる危険がある。鏡面のように穏やかになることの多い島原湾は陸路を行くよりはるかに容易に、海路往来で沿岸各地を結んでいた。島原・天草の騒乱のとき、海を隔てた多くの民衆が、何ら困難なく結束できたと同じように、平穏時のキリシタンもこの海を頻繁に往来したことであろう。その海上交流に支えられていた島原半島と天草諸島の民衆の動向を切り離して考えることは不自然である。また、熊本と大分をまったく異次元にとらえることは、多くの熊本藩領（飛び地）の存在をゆるした幕藩体制確立期のキリシタン政策を考えるうえで大きな障壁となっている。しかし、現状では、九州地方のキリシタン研究はおおむね各地の地方史研究者の業績に頼らざるを得ないことから、総合的な九州キリシタンの考察が難しくなっているのではないかと感じる。各県ごとに分断する考察の仕方は、九州ばかりでなく、瀬戸内海を通じて、堺から畿内へとルートを確保していたキリシタンの歴史解明にとって難点を残すことにもなりかねない。

キリシタン研究で今求められることは、地域史・地方史の研究業績を基礎・根幹としながら、地域限定的考察という枠を超え出ることである。これまでの地域史、地方史家の、長年に亘る地道で地元に立脚した研究を最大限に利用するとともに、地域史の特徴としての県単位、藩単位の限定的な考察ではなく、領域をこえた複合的視野をもつことが必要である。そのため、筆者は、諸県の境界を越えて連携するキリシタン現象を考察する方法として、本書では論じることができなかったが、「キリシタン・ベルト論」を提唱しようと考えている。豊後府内から熊本の高瀬（現玉名）をへて島原半島、あるいは天草諸島をむすび、さらには茂木を通じて長崎につながるルート上にキリシタンは教勢を伸ばした。そのほとんどの地域が大友宗麟と、直接・間接のつながりをもつ地域であり、その庇護のもとに、宣教師が移り住み、民衆教化を実現させていた。それが「ベルト」状に九州を横断する。北に龍造寺氏、南には島津氏が、大友氏同様に肥後領を巡って争奪戦を繰り広げることになるが、大友以外は反キリシタン勢力として、領国内にキリシタンの発展をゆるさなかったために、キリシタン地域が「ベルト」状に孤立しているのである。一五八〇年の長崎教会領も、このベルトを結び、単独では孤立していた長崎が、名実ともにキリシタンネットワークの中心となるように仕向けた、ヴァリニャーノを筆頭とするイエズス会宣教師の施策の結果でもあった。この問題は、大きなテーマとして解明の余地を残している。本書では扱いきれなかったため、場をあらためて叙述したいと思っている。

二　キリシタン研究の今後の課題――思想史学・宗教社会史的考察

従来、キリシタン史といえば、日本史のなかの特殊問題、傍流と考えられていた。一九二〇年代以後、新村出や姉崎正治らを筆頭とする数多くの研究者の努力により、言語学、歴史学の分野では独自の展開を遂げてきた。しかし、肝心の「教義理解」については深化を遂げるにいたっていない。一六世紀ヨーロッパ知識人としてのイエズス会宣教師は、何をさしおいても、第一に、宗教人であったことを忘れるわけにはいかない。もちろん、当時の最先端のヨーロッパ技術・文物を多くもたらしたのも彼らであった。東西交渉史はうわべのみの文化、文物の好奇的な導入にとどまらず、思想および教えそのものを移入した。その点で、キリシタンの研究で、なお探究の余地をのこす思想史、教義史の分野に深く分け入る必要があるだろう。キリシタン研究の碩学、故海老沢有道氏は、晩年、キリシタン教理史の研究を推し進め、キリシタンを思想面から見極める努力をなされていた。キリシタンの教理理解は、単に一六世紀のカトリック神学の理解に終始するものではなく、それらが実際に展開された日本の精神風土、日本人の思想の解明にとっても重要な諸問題を提起する。

(1)「接続された歴史」の可能性——一国史・一文化限定の歴史叙述問題の克服

わが国の歴史学ならびに歴史教育の近代化は、一八八七年、近代史学の父と称されるベルリン大学のレオポルド・ランケ(Leopold von Ranke, 1795–1886)の高弟ルードヴィッヒ・リース(Ludwig Riess, 1861–1928, 滞日1887–1902)の招聘と帝国大学雇用によるヨーロッパ近代歴史学の導入によって始まった。東京帝国大学の史学科および史料編纂掛の存在は、わが国における近代実証主義史学、アカデミズム史学の嚆矢となった。ヨーロッパ近代史学の叙述の特徴は、自国史と世界史を区別せず一本化を基軸に、古代・中世・近代・現代の時代区分をもつことであった。その徹底した史料実証の姿勢は、現在でも史学研究の根本的な基礎となっている。しかし、ヨーロッパ中心史観が貫かれている点では多くの問題を内包している。リース来日の際、新たに企画された日本の史学教育において、その基本を踏襲しながら、日本史と世界史の二本立てを採用し、さらに日本文化に影響を与え続けた中国史を中心とする東洋史がおかれた。この区分を日本で歴史教育を受けたものは当然のことのように受け取っている。しかし、各国の歴史教科書を比較検討した中村哲氏が指摘するように、歴史叙述は、当然ながら、各国によって多様性が豊富であり、時代区分や史観に、世界共通で普遍的・絶対的なものなどほとんどなく、すべては、歴史の流れを理解するための、便宜的な区分にすぎない[6]。現代世界の歴史をみるとき、このヨーロッパ中心史観やわが国における「日本史」「東洋史」「西洋史」の三区分では捉えきれない地域、歴史現象のほうが多数を占めている。例えば、南アフリカという地域と英国の関係、アルゼンチンを含めた南米史、さらにはアメリカ原住民（アメリカ・インディアン）についての歴史叙述はどの枠内で論じるべきか考えるとき、日本の史学区分の弊に気づくのである。

そうした意味から、一六、一七世紀の日本とヨーロッパの交流史、東西文化交渉史を扱う際にも、同様の限界と困難が生じる。「新しい歴史学」のなかでの、「海外史」というカテゴリーは、植民地経営を念頭に置くかぎり、わが国には通用しない。それはあくまで、ポルトガルやイスパニアの観点の話となる。また、「キリシタン」は確かに日本の国内現象にちがいない。しかし、そのもって来る文化、交易手段などはすべて日本国内で独立・完結的に論じることはもちろんできるわけではなく、そこには、日本史を、東アジア全域の広角的な視野にいれ、さらに当時の世界史の連続性を意識しなければ成立しない叙述対象が浮かび上がるのである。近年になってようやく、日本を列島ととらえ、その位置するアジア全域を考察対象にしようとするなどの試みがはじめられたばかりである(7)。

一国、一文化の枠は、やはり史学研究発展のための便宜上の手段であり、今後はその限界を、一気呵成というよりは、徐々に克服する努力がなされなければならないだろう。その意味で筆者が今、最も注目しているのが、「接続された歴史」（Connected History）や「同時代史」叙述など、広角の歴史視野の導入である。

地域を越えた文化交流史の新たな考察の枠組みが模索されるなか、「接続された歴史」という考え方が提唱され、歴史学のなかに新風が吹きはじめていることは、日・東・西の三史区分の狭間で光のあたらない東西文化交流史、キリシタン史の行き先に曙光を見いだす思いがする。パリ高等社会科学院のセルジュ・グルジャンスキ（Serge Grujinski）や、カリフォルニア大学のサンジャイ・スブラマニヤム（Sanjay Subrahmanyam）らが積極的に提唱している、「地域」と「歴史」の新たな見方は、複数文化間の超領域交流を学術的に主題化するため

の不可欠な方向をさし示しているように思える。(8)

スブラマニヤムの「接続の歴史」にインスピレーションを与え、ハーバード大学で西アジアの広範な地域を研究対象としていた故ジョセフ・フレッチャー（Joseph Fletcher Jr.）は、ユーラシア（ヨーロッパとアジアの双方を視野におく呼称としてこれ以上に適切なものはない）には、各地域を個別に扱うだけでは論じきれない、共通現象が発生していたとする。フレッチャーは「近世」（Early Modern）とよばれる世界に、「人口増加」「文明進展の加速度」「都市の成長」「都市商人階級の成長」「宗教改革」「不穏な農村部」「遊牧生活の衰退」という並行現象が、広くあらゆる地域で見られると指摘する。西暦一五〇〇年の段階で、ユーラシアの各地の文化が個別に成立していたが、一九世紀中頃に、すっかり交差するようになった。フレチャーの問いは、その交差がいつ開始されたのか、どのような展開をもったのかについてであり、それは、総合的な視野に立脚しなければ真の理解への到達はおぼつかないことを示唆する。まして、「一国家」限定、「一地域」限定の考察では解釈を大きく誤る危険がある。その意味でも、文化交流史のなかに「接続された歴史」という観点が不可欠になっているように思う。(9)

「接続された歴史」の方法は、類似項目の単純比較を旨とする単なる比較史ではなく、ましてや、二つの文化の一方向的な単純交流史でもない。また「一国史」、「国民国家」という枠組みを前提とするものでもなければ、ミクロストリア的アプローチで地域限定の課題を設定するものでもない。むしろそれをすべて越えたグローバルな視点の提唱である。異なる文化、地域の歴史的事実を単に繋ぎあわせるのではなく、接続された歴史事象の間には、コンセント接続による電気交流のような双方向的流れが生み出されていることを確認する作業である。つまり、接続された両者は、接続する要因によって、有機的かつ密接に相互変化を起こすというイメージである。「接続された歴史」、それは、従来の交流史にあった、まったく関わりのない複数事物の比較や、一方向の文化影響の流れを考慮するだけのものではない。イメージとしては、二つ以上の地域の歴史が、プラグとコンセントのように、機能的に結びつき、通電の際のショートのように、双方向的な流れの結果成立する歴史事象をとりあつかうものである。たとえば、スブラマニヤムが実験的に示しているように、ポルトガルの世界進出にともない、ヨーロッパ人がアフリカ・インド・東南アジアに赴くとき、ヨーロッパ人のもつ「千年王国」という終末論的な概念が、同時にイスラム圏にも存在する終末論的世界観に接続した事例をあげる。ヨーロッパ人の持つ終末論的世界観がイスラム圏で容易に理解された背景には、同じような終末観がイスラム圏にもすでに存在し、類比を用いて理解を助けたからである。ここに、「終末論」という接続因子が二つのまったく異なる文化圏の歴史をつなぐ役割を果たしたのである。

グルジャンスキも同様に、フェリペ二世統治下の世界各地を統合した「カトリック王国」という概念の下、多くの文化的混淆（Cultural Hybridization）が有機的に生じたプロセスを「接続された」概念として説明している。つまり、従来の歴史学では説明することのできなかった、グローバルな連続性を意識し主題化することを可能なかぎり求めようとした姿勢なのである。それは、一地域・一国家・一民族史という限定の枠組みをとりはらったときにはじめて可能となる新しい沃野の視点であり、文化交流史の大枠に新たなエネルギーを与える方法論である。

セルジュ・グルジャンスキは「メスチソ・マインド」（Mestizo Mind）あるいは「文化的ハイブリッド化」などの概念をもちだし、接触の際の複雑・多元的な双方向的結合状態を描写し歴史的な主題にしようとしている。ハイブリッド（混成）とは、二つの対象が一致するとき、お互いの長所と短所を弁証法的な統合によって変容させながら、よりよい第三の品種をうみだすことであるが、そうした比喩は複数文化の交流にも適用できると考えているのである。[10]つまり、単独に成立する文化など存在せず、あらゆる文化は「混交」の結果であるとし、その状況を起源にさかのぼり、二つの双方向的交わりから論じようとするのが「接続の歴史」の考え方であると私は理解している。さらに、「接続された歴史」は、広大な領域にまたがる「同時発生性」「同時代性」という概念をも視野にいれている。地球上のまったく異なる地域において、まったく関係なく発生したかに見える複数の現象の間に、なんらかの同一原因が存在し、特定できるのではないかというアプローチである。たとえば、世界規模の気候変動が、二つの地域に類似現象を発生させる可能性が考えられている。本書第一章で論じた、民衆信徒の組織づくりは、周辺の悪条件を克服しようとする工夫の結果であり、ヨーロッパにおいても日本においても同じように観察される事実であった。それゆえの作用・反作用が結果として、その後のそれぞれの歴史をつくっていった。そういった観点からの歴史叙述もありえるのだと思う。

「接続された歴史」は、ヨーロッパに発生し、その受容を大きなテーマとしてもつ「キリシタン史」「東西交渉史」の研究には有効な方法論であり、こうした、連続性を考慮することなしに、一六、一七世紀の全地球規模の十分な考察はなしえないと思われる。本書が対象とした日本とヨーロッパ、日本文化とヨーロッパ文化の接触にも、多くの「接続」要因を見いだすことができる。一六世紀のヨーロッパの思想ならびに文物は、日本人および日本文化にとって、まったく新奇で目新しいものであったにもかかわらず、決して受け入れ不可能なものではなかった。むしろ、短期間のうちに多くの日本人はそれを選択し、自らの生き方として取り入れた事実をみれば、日本側にそれを類比的に理解させるなにがしかの受容構造が存在していたことを示している。すなわち、キリシタンの事象を「接続された歴史」という観点から取り扱うことによって受容側の日本人の状況をも視野にいれることが可能になるということである。

（2）グローバル・ストーリーとしての「コンフラテルニタス」の新たな位置づけ──「接続された歴史」視点の導入

本書の冒頭にある「コンフラテルニタス」という信徒組織は、まさに、西欧キリスト教世界と戦国日本の民衆を結ぶ、接続の好例の一つである。この研究を始めた当初、移入・変容の問題を比喩的にとらえるため、植物学における「適合」（adaptation）のイメージを考えていた。ヨーロッパ産の苗が、他の地域に移植されたとき、その地の気候風土や触媒的影響を必然的にうけ、次第に適合し、その地独特の変種を形成するのと同じように、「コンフラリヤ」というヨーロッパ産の苗を日本という土壌に植えたとき、日本産「こんふらりや」が生じるという比喩のつもりであった。しかし、この比喩によって説明しきれない要因があるのも事実であり、研究を進めるにつれ、「受容」「変容」というプロセスとともに、「連続」「非連続」という観点の考慮が必要であると感じるようになった。

コンフラテルニタスという概念が、ヨーロッパおよび日本史において、「接続された歴史」としての一面を持つとすれば、その接続の可能性と連続性は、そうしたヨーロッパと日本に共通した心情によって説明可能であると考える。ヨーロッパからもたらされた、全く異種の新種が、日本において「接続」できたのは、こうした共通の心情によって説明されねばならない。ヨーロッパ型宗教共同体と日本型宗教共同体の「接続」を可能にしたのは、救済論的・終末論的な要因であり、それに基づく人々の「不安」「期待」などの共通した心情であった。そして、この考察をより完全にするためには、共通心情の実現を可能にさせた、共通原因を指摘しなければならない。その考察において、世界同時発生としてとらえられる気候変動を原因論として位置づけたいのだが、本書では、その原因もさることながら、同時発生的に生じた二つの「心情」が、コンフラテルニタスの概念によって

「接続された」事実を指摘するにとどまった。コンフラテルニタスという因子が、グローバル・ストーリーという観点から見た場合の「接続された歴史」の一事例として十分機能するものであることを指摘するにとどめ、さらに考察をつづけていきたい。

註

序　章

（1）和辻哲郎『鎖国』上（岩波文庫、一九八二年）三〇一―三〇二頁。
（2）拙著『キリシタン信徒組織の誕生と変容――コンフラリヤからこんふらりやへ』（教文館、二〇〇三年）、一一五―一一九頁を参照。
（3）近著に湯浅治久『戦国仏教―中世社会と日蓮宗』（中公新書、二〇〇九年）がある。これは本書と同時代の宗教運動を「法華宗」の立場から明らかにしたものであり、社会史的現象として、法華宗が同様のプロセスを経ていたことを解説している。また、最新刊として、神田千里『宗教で読む戦国時代』（講談社選書メチエ、二〇一〇年）が重要な考究を加えている。
（4）有元正雄『近世日本の宗教社会史』（吉川弘文館、二〇〇二年）四頁。
（5）有元正雄『近世日本の宗教社会史』、五頁。
（6）澤博勝『近世の宗教組織と地域社会』（吉川弘文館、一九九九年）、および、引野亨輔「近世中後期における地域神職編成」『史学雑誌』一一一―一一（二〇〇二年）などを参照。
（7）二宮宏之「歴史的思考の現在」『岩波講座　社会科学の方法』第九巻（歴史への問い／歴史からの問い）（岩波書店、一九九三年）一一―二二頁。
（8）有元正雄『近世日本の宗教社会史』、一頁。
（9）有元正雄『近世日本の宗教社会史』、九頁。

第一章　キリシタン宗教社会の成立

（1）拙著『キリシタン信徒組織の誕生と変容――コンフラリヤからこんふらりやへ』（教文館、二〇〇三年）。
（2）ヨゼフ・シュッテ「二つの古文書に現はれたる日本初期キリシタン時代に於けるさんたまりやの御組について」『キリシタン研究』第二輯、一〇九―一四九頁。

（3）フーベルト・チースリク『キリシタンの心』（聖母の騎士社、一九九六年）、一五六頁以下に「ミゼリコルヂヤの組」と「キリシタン時代における一般信徒の布教」の項目がもうけられ、日本のコンフラリヤについての概説的説明が得られる。

（4）海老沢有道『切支丹の社会活動及南蛮医学』（冨山房、一九四四年）。豊後府内の病院経営と信徒集団（ミゼリコルヂア）についてはじめて、まとまった解説をなした書。同「キリシタンのコンフラリヤ（兄弟会）——迫害下における抵抗の組織」『アジア文化研究』一一（一九七九年）、三一—四八頁。

（5）「コンフラテルニタス」概念の日本における移入を、その起源から説き起こそうとする試みは、日本史研究者よりも、日本のヨーロッパ中世および近世の研究者の注意を喚起した。その結果、早稲田大学地中海研究所・ヨーロッパ文明研究所共催のシンポジウム「中・近世の地中海世界と日本—Confraternitas（信心会・兄弟会）を鍵言葉として」（二〇〇五年六月一一日、於早稲田大学文学部）が実現した。席上、ヨーロッパ史（根占献一、河原温、米田潔弘、関哲行）と日本史（大橋幸泰、川村信三）の共通のテーマをめぐっての討論が行われた。西洋史・日本史と区分されたわが国の歴史学研究の枠組みからしても、興味深いコラボレーションだったように思う。

（6）『岩波キリスト教辞典』（岩波書店、二〇〇二年）「信徒信心組織」の項（拙稿）を参照。

コンフラテルニタス（キリスト教信心会・兄弟会：confraternitas［羅］、confraternita［伊］、connfrarìa［葡］、cofradia［西］、brotherhood［英］）司祭・聖職者の管轄のもとにおかれない信徒の自主運営組織。一三世紀のイタリア都市コムーネに範をとり、一六世紀までに西ヨーロッパ全域で多様な発展をとげた。特定の会則のもとに共同の宗教的生活を目指して運営され、既存修道会規則をとり入れ誓願を立てる第三会とは異なり、宗教活動を基盤としている点でギルドとも区別される。原則として定員制（数十名）で、リーダーは会員の中から短期交替（長くて数か月）で互選した。共通の信心業を行う団体、慈善事業（病人の看護や死者の埋葬）を専門とするもの、賛歌を共唱して練り歩く団体、鞭打ち苦行を集団で実行するものなど多様である。フィレンツェのミゼリコルディア、ローマのソプラ・ミネルヴァの聖母教会付聖体会などはその代表である。参加者は老若男女、階級を問わず幅広い。特にイタリア各地にさかんとなったが、ポルトガル、スペインに浸透し、両国の海外進出にともなって南米や日本にももたらされた。日本では、豊後や長崎のミゼリコルヂア、一五九〇年代以後九州各地に存在した「組」が同じ類型に属する。

（7）*Il movimento dei disciplinati nel settimo centenario dal suo inizio* (Perugia: Desputazione di Storia Patria per l'Umbria, 1961).

p. 96

（8）Jon Arrizabalaga, John Henderson, Roger French eds. *The Great Pox: The French Disease in Renaissance Europe* (New Haven and London: Yale University Press, 1997), p. 38-55.

（9）『イエズス会会憲』六五一番。「この会、あるいは会の家や学院が他の団体と混ざること、あるいは、主なる神への奉仕のため会の家あるいは学院の目的にふさわしいものでない限り、それらの家や学院で集会を催すことは適当でない。」（中井允訳『聖イグナチオ・ロヨラ　イエズス会会憲』イエズス会日本管区、二〇一頁）。英語版『イエズス会会憲』を注釈したジョージ・ガンスは、ここで訳される「会」という言葉が、当時、隆盛をきわめた様々な「companies」「confraternities」「congregations」のことであり、イグナチオは会員に、そうした団体への入会を禁じたと指摘している。*Saint Ignatius of Loyola, The Constitutions of the Society of Jesus, Translated with an Introduction and a Commentary*, by George E. Ganss, S. J. (St. Louis: The Institute of Jesuit Sources, 1970), p. 284.

（10）清水紘一『織豊政権とキリシタン――日欧交渉の起源と展開』（近世研究叢書五）（岩田書院、二〇〇一年）、一八―一九頁。

（11）横井清、黒田俊雄、大山喬平らが明らかにした「非人」の定義は重要である。拙著『キリシタン信徒組織の誕生と変容』一五二―一六四頁を参照。

（12）以上の史実は、拙著『キリシタン信徒組織の誕生と変容』一八九―二一四頁を参照。

（13）拙著『キリシタン信徒組織の誕生と変容』一九〇―一九三頁。

（14）松田毅一『近世初期日本関係　南蛮史料の研究』（風間書房、一九六七年）元和三年イエズス会士コウロス徴収文書、一〇二二―一一四五頁。

（15）日本イエズス会第一回協議会（一五八〇―八一年）議題二「他修道会が日本の改宗援助のために来ることが適切であるか否か」井手勝美訳『キリシタン研究』第二二輯　二四九―二五一頁。

（16）拙著『キリシタン信徒組織の誕生と変容』三五八―三八三頁。

（17）徳川圀順侯爵家蔵本、「諸聖人御作業書抄及宗門諸抄」『珍書大観』（吉利支丹叢書）（大阪毎日新聞社刊、一九二八年）。

（18）フランシスコ・ガルベス神父は、一六二三年江戸で、デ・アンジェリス神父、原主水らとともに火刑となった殉教者。カトリック教会は日本二〇五福者殉教者の一人としている人物である。

(19) 海老沢有道「キリシタン古写本ぱつぱしすときんとのぶうら――さんふらんしすこのこるどんの組に授けたる」『聖心女子大学論叢』第八集（一九五六年六月）、六五―九二頁。

(20)『大日本史料』第十二編之十二（慶長十八年）、三一六―三二三頁。

(21) テキストは、海老沢有道「吉利支丹古写本ぱつぱしすときんとのぶうら」『聖心女子大学論叢』（一九五六年六月）、八八―九二頁、「附　ゼススのみ名のコフラヂヤのレデメントのこと」。

(22) 海老沢有道、同論文、八八―八九頁。

(23) Peter Burke, "How to Become a Counter-Reformation Saint." David M. Luebke ed. *The Counter Reformation* (Oxford: Blackwell Publishers, 1999), pp. 129-142.

(24) Juan Ruiz-de-Medina, *El Martirologio del Japón 1558-1873* (Roma: Institutum Historicum Societatis Iesu, 1999) は、史料に言及されているほぼすべての殉教者（二〇〇〇件を超える）の目録である（実名がわからず、洗礼名のみで記載されている人物、たとえば「江戸のサビーナ」「江戸のクララ」などの名も多数存在する）。

(25) 日本カトリック司教協議会列聖列福特別委員会編『ペトロ岐部と一八七殉教者』（カトリック中央協議会、二〇〇七年）、四二―四四頁。*Relação da persiguição que Viesuqui Danjō alevantou em Yonezava, e mais terras do seu dominio contra a ley de Christo. Ao Padre André Palmeiro Visitador da Companhia de JESV em Japam, e China.* Jap. Sin. 61, ff. 321-369.

(26) 平雅行『日本中世の社会と仏教』（塙書房、一九九二年）。中世仏教史を「正統派・改革派・異端派」概念で把握しようとした黒田俊雄にならって、より詳細な中世仏教史における真宗その他の位置づけがおこなわれている。

(27) 拙著『キリシタン信徒組織の誕生と変容』二一六―二一九、二三一―二四六頁。

(28) チースリク『秋月のキリシタン』二二六―二二八頁。「二年間に二千人ものキリシタンがうまれたあるところで、一人の老人が不熱心になった。彼が洗礼を受ける前には、その町の組頭たちと隣の人が彼の家に集まって、彼がある御堂に安置していた阿弥陀の画像を拝み、自分のことを委ねてその信奉者であることを誓約しながら、相互に力づけあうことを習慣としていた」。（一六〇七年度イエズス会『日本年報』〈秋月のレジデンスの項〉より）。また、次のような記述もある。「三番目の老婦人は、以前、大坂の坊主を夜、自分の家に泊めたことがあった。夫が二年も前に洗礼をうけたのに、その間どうしても彼女を回心させることができないほど甚だ頑固であったが、とうとうこの年、彼女も降伏して洗礼を受け、現在はすこぶるよく行動している」。

『西念寺文書』によれば、一五八七年（天正一五年）本願寺教如が九州を訪問した際、秋月に滞在し、新右衛門宅に滞在したとあるのは、この老婦人宅のことではないかと推察される。
(29) 松田毅一『近世初期　南蛮史料の研究』（風間書房、一九六七年）、七三五―七三六頁。
(30) 茨木市史編纂委員会編『茨木市史』複刻版（茨木市役所、一九七八年）、一八七頁。
(31) 『茨木市史』二〇七頁。
(32) 村上直次郎訳、渡辺世祐註『耶蘇会士日本通信』下、（雄松堂、改訂復刻版、一九六六年）、三七二―三七四頁。
(33) フロイス『日本史』第二部一〇〇章（フロイス著、松田毅一・川崎桃太訳『日本史』五巻、二〇二―二〇三頁）。
(34) 本節の考察は、拙稿「ザビエル上洛事情から読み解く大内氏・堺商人・本願寺の相関図――天文年間（一五三二―一五五四）「瀬戸内海リンク」の存否をめぐって」『上智史学』五五号（二〇一〇年）、一五―五〇頁において展開したものの要約である。
(35) G. Schurhammer, *Francis Xavier*, IV Japan (Roma: The Jesuit Historical Institute, 1982), pp. 178-180.
(36) フロイス『日本史』（第一部五九章、永禄八年の記述）。
(37) 三浦周行監修『堺市史』第二巻（本編第二）（堺市役所、一九三〇年）、一五八―一五九頁。
(38) 児玉識「周防・長門地域における真宗の発展過程」、浄土真宗教学研究所、本願寺史料研究所編『講座蓮如』第五巻（平凡社、一九九七年）（以下、『講座蓮如』と略記する）、二九〇頁。
(39) 『石山本願寺日記』上巻、一〇六頁および一〇九頁（天文五年一二月二四日、大内氏からの依頼を受けたという書状）、および、一六五頁（天文五年一二月二八日、大内へ返書をだした報告）。「証如上人書札案」（天文六年）、『石山本願寺日記』下巻、二五頁。児玉識、『講座蓮如』第五巻、二九一頁。
(40) 児玉識『近世真宗の展開過程――西日本を中心として』（吉川弘文館、一九七六年）。
(41) 児玉識「周防・長門地域における真宗の発展過程」、『講座蓮如』第五巻（平凡社、一九九七年）、二八六頁。児玉氏はその史料的根拠として、次の重要な箇所を引用している。「天文年中興正寺蓮秀輔佐証宗主、頗有専権之勢、衆亦帰之、与端坊東坊等相謀毎年遊暦西国、巡村勧化聚斂銭財、於中興正寺授光明本為一宗絵讃、又抄録蓮宗主勧章与之、蓮淳患其不利于本山」「大谷本願寺通紀」巻二（『真宗全書』巻六八所収）。
(42) 松田毅一『南蛮史料の研究』七七〇―七七二頁。シュルハンマーも、松田氏の見解を重要とし、堺商人小西家について詳述している。G. Schurhammer, *Francis Xavier*, IV Japan, p. 188.

(43)　三浦周行監修『堺市史』第二巻（本編第二）、二三六頁。

(44)　藤木久志『飢餓と戦争の戦国を行く』（朝日新聞社、朝日選書六八七、二〇〇一年）、九―一六頁。

(45)　峰岸純夫『中世災害・戦乱の社会史』（吉川弘文館、二〇〇一年）。佐々木潤之介『日本中世後期・近世初期における飢饉と戦争の研究・史料所在調査と年表の作成から』（平成九年度科学研究費基盤研究A（1）報告書）を参照。

(46)　藤木久志『飢餓と戦争の戦国を行く』八二―八六頁。

(47)　H. H. Lamb, *Climate History and the Modern World* (London and New York: Methuen, 1982)、一一章と一二章を参照。この点については、桜井邦朋『夏が来なかった時代――歴史を動かした気候変動』（吉川弘文館、二〇〇三年）を参照。

(48)　親鸞『正像末浄土和讃』名畑應順校注（岩波文庫、二〇〇〇年）、一五二頁。

(49)　「くるすまわりの御とも」については詳細がわからない。イエスの受難の物語にしたがって、一四の場面を黙想する「十字架の道行き」がこれに該当するのではないかと思う。

(50)　原文は「直の志ゆひれよ」となっている。これを「(教皇から) 大赦免 (Jubileo) を直接 (与えられた) 日」と解釈した。ただし、その日付についてはいくつかの可能性を残す。フランシスコ会系のコルドンの組に対して、教皇シスト五世が「全免償」を与えたのが、一五八六年五月七日とある。これは「コルドンの組」を参照。あるいは、七月一七日が、「コルドンの組」に全免償が与えられる特別の日であったので、その日であった可能性もある。いずれにせよ、そのような日がフランシスコ会第三会の重要な日であったため、年に五回の聖体拝受の日の一つにされたと解釈した。

(51)　第三章で詳しく見るように、キリシタンたちには、「魂の不滅」が徹底して強調された。身体が滅んでも（死んでも）、魂（アニマ）は永遠に存続するという考えから、体から魂（アニマ）が離れていく瞬間、すなわち「臨終」の瞬間を「色躰はなれ」とし、その特別の祈りをもっていたものと思われる。内容は不詳。

(52)　第四章に見るとおり、罪に対して信者が心にもつべきものは「痛悔」である。それには二種類が存在する。「完全な痛悔」(contritio) と「不完全な痛悔」(attritio) である。前者は、神（デウス）に心から悔い改めの心を起こすことであり、本来の「ゆるし」には決定的に重要であった。しかし、人間は、地獄の罰、永遠の咎めなどの恐れによって、悔い改めを持つ場合もある。むしろ、一般の信徒にとってはそのケースが大半であり、人間的な弱さを斟酌すると、それも「不完全」ではあるが、「悔い改め」を表すことにちがいなく、カトリック教会はそれも認める立場をとった。この点については第四章に詳述する。

(53)「コルドンの祈り」の内容については不詳。

(54)「コフラヂア」(cofradia)は、コンフラリヤ(ポルトガル語)と同義語のイスパニア語発音による日本語訛化。

第二章　日本思想史のなかの「魂論」(「デ・アニマ」)の展開

(1) 西江大学創立五〇周年記念国際学会:東西文化交流(二〇〇八年一〇月八日)。チャン・イン・チャイ(西江大学)「一八―一九世紀における韓国哲学者による『デ・アニマ』論の解釈――精神の哲学についての西欧と朝鮮の対話」。ヴィンセント・シェン(トロント大学)「中国における初期イエズス会宣教師によるアリストテレス・デ・アニマの導入と再解釈」。A・K・チュン(北京大学)「愛と仏の大慈悲――明清キリスト教と中国仏教の『地獄』についての対論から」。

(2) ペドロ・ゴメスの『講義要綱』の研究については、一九三七年、ヨゼフ・シュッテ師によるバチカン図書館所蔵のスウェーデン女王クリスティーナの蔵書の中のラテン語写本(Reg. Lat. 426)が、日本の『講義要綱』であると確認されて以来行われてきた。詳しくは、J. F. Schütte, "Drei Unterrichtsbücher für Japanische Jesuiten Prediger aus dem XVI. Jahrhundert," *Archivum Historicum Societatis Iesu*, 8 (1939), pp. 223–256を参照。その「天球論」の詳細な解説は、尾原悟「ペドロ・ゴメス著『天球論』(試訳)」『キリシタン研究』第一〇輯(一九六五年)、一―七八頁がある。また、「アニマ論」については、尾原悟「キリシタン教育における人間論」『キリシタン文化研究会会報』(一九七一年)第一四巻第一号、一―一五頁に、簡潔な紹介がある。さらに、「神学論」のなかの「聖書について」(De Sacra Scriptura)は、佐久間勤「ペドロ・ゴメス著『神学要綱』の聖書理論――「聖書について(De Sacra Scriptura)」に見出される源泉史料とその使用法」『キリシタン文化研究会会報』一〇七号(一九九六年五月)、一―一五頁、ならびに、同氏の博士論文、Tsutomu Sakuma, *Holy Scripture in Compendium Catholicae Veritatis of Pedro Gómez S. J. (1533–1600). Emended Text of the Tractate On The Holy Scripture with an Introduction* (Excerpta ex dissertation ad Doctoratum in Facultate Theologiae Pontificiae Universitatis Gregorianae, Roma 1995)が、聖書学の立場から綿密な研究を提示している。

(3) ペドロ・ゴメスの伝記的記述は、*Monumenta Historica Japoniae I*. Textus Catalogorum Japoniae: 1549–1654. J. F. Schütte ed., (Monumenta Historica Societatis Iesu vol. 111). Roma: Institutum Historicum Societatis Iesu, 1975などを参照。または、

Diccionario Histórico de la Compañía de Jesús, vol II, "Pedro Gómez" の項を参照。

（4） 一五八〇年、ヴァリニャーノから総長宛て、『日本のセミナリヨ規則』（Archivum Historicum Societatis Iesu [ARSI], Japonica. Sinica [Jap. Sin.] 2, 35-39）の中の、セミナリヨのカリキュラムに関する言及。ARSI Jap. Sin. 2, 36v. "[...] mas ensinem-lhas somente a doutrina verdadeira e solida pera que saibão assi na philosophia como na theologia as verdades commuas e recebidas da igreja não se curando de lhes ler Arist. nem outros autores em que aprendão perplecxidades, e diversidades de opiniões, e erros que tiverão os outros, hora sejão, antigos hora modernos, os quaes sabe-los pera esta gente tão nova ne fee, e tão ignorante não aproveita fazer muito dáno. E por isso ou lhe farão hum livro corrente que tenha em suma a doutrina commua sem outras controversias, ou lhes lerão por algum outro compendio, e suma ya feita, como he a de Vigerio [Marco], ou de Dionisio Cartusiano, ou outro semelhante. E nisto encarrego muito a cosciencia, assi dos superiors como dos mestres que não fação o contrario, ao menos até que a christandade seja em Japão mais dilatada, e mais fundada nas cousas de nossa fee, porque do contorario se poderião causar mui graves e dãonosos inconvenientes, e por isso terão aqui a emprensão com que imprimão os livros que lhe ouverem de ler."

（5） 従来、ラテン語版（一五九三年、バチカン図書館 Biblioteca Vaticana Reg. Lat. 426. Compendium Catholicae Veritatis in gratiam Iapponicorum Fratrum Societatis Iesu）の存在は知られていたが、その日本語訳がオックスフォード大学・モードリンカレジに所蔵（MA 228）されていることが、一九九五年、現在オックスフォードの講師となっているアントニー・ウセレル氏によって確認された。

（6） 神崎繁『魂（アニマ）への態度——古代から現代まで』（岩波書店、二〇〇八年）、一七一頁。神崎氏は『講義要綱』にある「遥の波上を順風に帆をあげて湊をさして」という比喩とハビアンの著した『妙貞問答』の「喩へば、遥かの塩路をへだて、漕れ行く船を見に」の一節は同一人物の筆であることを示唆すると指摘している。

（7） Francisco Toledo, *Commentaria una cum questionibus in tres libros Aristotelis De Anima commentarii. Una cum questionibus, emendatiores nunc facti, & ducentis amplius locis, quibus antea manic extabant, ex Authoris manuscript resistiti* [...] (1576)

（8） 尾原悟編著『イエズス会日本コレジヨの講義要綱』Ⅰ（解説・解題）、四六二頁。

（9）尾原悟「イエズス会日本コレジヨの『講義要綱』」上智大学キリシタン文庫編『Compendium catholicae veritatis 解説』（大空社、一九九七年）、六九頁。同じ解説書に英文解説を寄せているアントニ・ウセレル氏はより一層明確な言葉をもって主題の輪郭をあきらかにしている。「人間の人格は、自己の周囲にある（可視的）状況を超越し、永遠性（不死性）へと至らせる能力を持つ真の霊的存在としてとらえられる。そうした人間についてのヴィジョンは、日本固有の汎神論的な世界観（その中で人間は本質的にも、他の世界や全宇宙と別のものとしてとらえられる）と真っ向から対立したものとして示される。」（"Each person was seen as an authentic spiritual being capable of transcending his/her environment and reaching out for the infinite. Such a vision starkly contrasted with the traditional Japanese pantheistic view of the world in which humankind did not essentially and qualitatively differ from the rest of the world or the all embracing cosmos."）（上智大学キリシタン文庫編『Conpendium catholicae veritatis 解説』、三九頁。ここでも "the traditional Japanese pantheistic view of the world" が強調されているが、具体的な内容にまでは踏み込まれていない。

（10）ヴァリニャーノ『日本諸事要録補遺』。Adiciones del Sumario de Japón. ARSI. Jap. Sin. 49, ff. 408. "Mas lo que aquí desseamos es que Vuestra Paternidad mande hazer por algunos buenos letrados de la Compañia, ahí en Europa, un curso compendioso y breve de Philosophia, más claro y que se pueda bien entender, en que se dé más común y major recebida doctrina, sin meter diversidad de opiniones, espesialmente en las cosas tocantes a nuestra fee, como de la immortalidad del anima, etcétera. Y que de la misma manera se haga una Suma de toda la Theología, hasiendola imprimir ahí para se embiar a Japón, porque esto no se podría hazer ni tan bien, ni con tanta facilidad aquí. [...] 訳文は、北有馬町編『有馬セミナリヨ」関係資料集』（北有馬町役場、二〇〇五年）五二頁を引用。

（11）Concilium de emendanda ecclesia (1537). John C. Olin, *Catholic Reform: From Cardinal Ximenes to the Council of Trent 1495-1563*, (New York: Fordham University Press, 1990), pp. 63-79 の英訳を参照。

（12）パウルス三世、加賀美久夫訳「教会改革建議書（一五三七年）」『宗教改革著作集』第一三巻、三一二頁。

（13）トレント公会議第二三総会（一五六三年）改革教令四―六、一一―一四は、この建議書への解決策を示すものである。「叙階のための最初の剃髪は、基本的な信仰の真理に一致しかつ教えられていない者に与えてはならない。また読み書きのできない者にも与えてはならない。また、かれらが神への忠実な奉仕をなすべく生きようとしている確固たる証拠がある場合にのみ限るように。（後略）」（教令四）。「下級叙品にあげられるべき者は、教区司祭および彼らが教育をうけた学校の長からの適切な証明が必要である（後略）」（教令五）。Norman P. Tanner, S. J., ed. *Decrees of the Ecumenical Councils* (Washington D. C.: Georgetown University Press, 1990), p. 746.

（14） マルティン・ルター著、徳善義和訳「小教理問答」『宗教改革著作集』第一四巻（教文館、一九九四年）七―三〇頁。特に序文。

（15） George E. Ganss, SJ. *Saint Ignatius of Loyola, The Constitutions of the Society of Jesus*, Translated, with an Introduction and a Commentary (St. Louis: The Institute of Jesuit Sources, 1969), p. 350 に引用された Lukacs, "Degraduum diversitate inter sacerdotes in Societate Iesu." *Archivum Historicum Societatis Iesu*, XXXVII (1968), pp. 252–253 から。

（16） イエズス会における教育と学問については、John W. O'Malley, *The First Jesuits* (Cambridge MA: Harvard University Press, 1993), pp. 200–283. Chapter 6: The School および Chapter7: Religious and Theological Culture を参照。

（17） 日本のセミナリヨで実際に用いられたカリキュラムは Schütte, J. F., *Valignano's Mission Principles for Japan. Vol 1. From His Appointment as Visitor until His First Departure from Japan (1573–1582)* (St. Louis: The Institute of Jesuit Sources, 1980), pp. 351–353 を参照。

（18） 『聖フランシスコ・ザビエル書簡集』、河野純徳訳（平凡社、一九八五年）、（一五四九年一一月五日鹿児島発ゴアのイエズス会員宛。書簡九〇）、九六―一二一頁。

（19） ヨーロッパの「討論」の伝統については、Hastings Rashdall, *The Universities of Europe in the Middle Ages*. New Edition by F. M. Powicke & A. B. Emden (Oxford: The Clarendon Press, 1987) vol. I, pp. 439–471. および G. Schurhammer, *Francis Xavier* (Rome: Jesuit Historical Institute, 1973) vol. I, pp. 79–81, 113–114, 256–259 などを参照

（20） Guido Gualtieri, *Relationi della venuta degli ambasciatori giaponesi a Roma sino alla partita di Lisbona: Con le accoglienze fatte loro da tutti i principi christiani per doue sono passati*. Roma: Francesco Zanetti, 1586. pp. 66–67. 木下杢太郎訳『日本遣欧使者記』（岩波書店、一九三三年）、七九頁。"L'altro di poi, per dar'a quei Signori qualche saggio de gli studii d'Europa, parve a Padri di farli veder nel suo Collegio un'atto public di dispute di Theologia, argumentando fra gli altri Don Inigo figliolo del Marchese di Mondexiar con tanta frequenza di persone di qualità, che quella scuola non potea esser piu piena."

(21) 辻善之助『日本佛教史』第一巻（上世篇）（岩波書店、一九六九年）、四二五―四二七頁。
(22) 神田千里「中世の宗論に関する一考察」大隈和雄編『仏法の文化史』所収（吉川弘文館、二〇〇三年）、二二八頁―二四六頁。
(23) フロイス『日本史』第三巻（第二部二九章）、二三二―二三三頁。
(24) 神田、上掲書、二四五頁。
(25) 家永三郎「我が国に於ける仏基両教論争の哲学史的考察」『中世佛教思想研究』（法蔵館、一九六三年、一一一―一八〇頁）には論争を体験した日本人の思索の痕跡が描写されている。
(26) フロイス、一五六五年三月六日書簡。INH, III-2, p. 328.
(27) ARSI, Jap. Sin. 7-I, 159.
(28) 「天球論」の目次は以下のとおりである。
第一部（表題なし）第一章　天体の本性について。第二章　天体の動き。数及び秩序について。第三章　天球の種々の動きを認識するために想定した物体的天球（天球儀）。第四章　日、月、年の周期と多様性。第五章　日蝕、月蝕及び星と天体の大きさについて。第二部　月下界について。第一章　四大とその混合物について。第二章　四大の混合とその原因。第三章　個々の気象現象について。尾原悟編著『イエズス会日本コレジヨの講義要綱』I（教文館、一九九七年）（以下、『講義要綱』Iのように略記する）、二三七―三二二頁。天体運行と暦の計算については正確さを有しているが、多くの自然現象の説明について、今日ではまったく受け入れがたい解説があることも事実である。重要なことは、自然現象の詳細な解説の試みも、その起源は、日本人の発する執拗な質問にある。宣教師は当時の自然科学的知識を最大限に用いて答えなければならなかった。
(29) ラテン語の表題は以下のとおり。(1) De anima communi, et de particulari, de anima vegetative. (2) De anima sentitiva et eius potentiis. (3) De anima intellective vel rationali, eiusque potentiis intellectiva et appetitiva.
(30) 後藤基巳『天主実義』（明徳出版社、一九七一年）、一〇二頁。
(31) 同書、一〇六頁。
(32) 『天学初函』（二）一一二七頁。
(33) 大庭脩『江戸時代における唐船持渡書の研究』（関西大学東西学術研究所編、一九六七年）四三〇―四五〇頁。天学初函大意書一冊（九州大学付属図書館蔵）。『靈言蠡勺』は、四四七頁以下に収録されている。

（34） Georg Schurhammer, *Francis Xavier: His Life, His Times*, vol. IV. Japan (1549–1552). Trans. By Joseph Costelloe (Rome, The Jesuit Historical Insitute, 1982), pp. 115–116, 284. および G. Schurhannmer, *Das kirchliche Sprachproblem in der japanischen Jesuitenmissioin des 16. 17. Jahrhunderts* (Tokyo, 1928), pp. 36–38 を参照。

（35） 『講義要綱』I、一七〇頁。

（36） 『講義要綱』I、一七〇頁。

（37） 『講義要綱』I、一七二頁。

（38） 『講義要綱』I、一七三―一七四頁。

（39） 『講義要綱』I、一七五頁。

（40） 『講義要綱』I、一七二―一七四頁。

（41） 『講義要綱』I、一七三―一七四頁。

（42） 『講義要綱』I、一七四頁。

（43） 『講義要綱』I、一七五頁。

（44） 『講義要綱』I、一七九頁。

（45） 『講義要綱』I、一八〇頁。

（46） 『講義要綱』I、一七四頁。

（47） 『講義要綱』I、一七八頁以下。

（48） トマスのアリストテレス『霊魂論』の理解について、とくに「能動知性」の解説については、三上茂「トマス・アクィナスの『アリストテレス霊魂論注解』第三巻第十講義」『アカデミア』（人文・社会科学編）第六五号（一九九七年）、二五一―六一頁を参照した。三上氏は、「世界の単一知性」の存在を説くアヴィセンナの「能動知性」解釈が、トマスのそれとは異なることを、トマスの『アリストテレス霊魂論注解』の第三章第十講義を中心に実証的に浮き彫りにしている。トマスの霊魂論第三巻第十講義はペドロ・ゴメスの『講義要綱』においてもしばしば言及される重要個所であり、「能動知性」理解のためには、このテキストの正確な把握が欠かせない。本書では三上氏のテキスト訳（アリストテレスの英訳文とトマスのラテン語原文が厳密に比較対照されている）を随所に使用した。

（49）『講義要綱』Ⅰ、一八五頁。原文 42v. この部分のラテン語本は以下のように記述されている。“Cum ergo hominis animus tantopere de cognitione Dei, et de eius curet religione, ita ut tunc se beatiorem existimet, quanto magis de Deo cognoscit, et Deo inservit quae quidem omnia spiritualia sunt et supra omnem sensus cognitionem, et appetitum ellevantur, signum est quod hominis natura altiorem gradum participans Deo similes est eiusque spiritualitatem, et immortalitatem, participat. (82-82v)

（50）トマス注解第三巻十講義、七二九、七三〇。三上茂論文、四二―四五を参照。

（51）トマス・アクィナス認識論　三つの段階：感覚・抽象・認識。トマス『アリストテレス霊魂論注解』第三巻第十講義、七二八。三上茂論文、二八頁。

（52）“Intellectus autem agens facit ipsa intelligibilia esse in actu, quae prius erant in potentia, per hoc quod abstrahit ea a materia; [...]” (730). 三上茂訳、三〇頁。

（53）“Huiusmodi autem virtus activa est quaedam participatio luminis intellectualis a substantiis separatis.” (739) アリストテレス『霊魂論』第三巻五章。トマス・アクィナス『アリストテレス霊魂論注解』第三巻第十講義、七三九。三上茂論文、三六頁。

（54）『講義要綱』Ⅰ、一九〇頁。

（55）『講義要綱』Ⅰ、二〇一頁。

（56）三上茂訳。Et quia in principio huius libri dixit quod si aliqua operatio animae sit propria, contingit animam separari; concludit, quod haec sola pars animae, scilicet intellectiva, est incorruptibilis et perpetua. 743. 三上茂論文、三九頁。

（57）神崎繁『魂（アニマ）への態度――古代から現代まで』（岩波書店、二〇〇八年）、一六二―一六三頁。

（58）神崎繁『魂（アニマ）への態度』一六二頁。

（59）クラウス・リーゼンフーバー『中世における自由と超越――人間論と形而上学の接点を求めて』（創文社、一九八八年）、四七三―四七四頁。

（60）リーゼンフーバー「トマス・アクィナスにおける神の名称と分有」『中世思想研究』二一号（一九七九年）、二〇頁。

（61）アリストテレス霊魂論第三巻五章、第三巻第一〇章、七三九。

（62）『講義要綱』Ⅰ、二二〇―二三四頁。

（63）『講義要綱』Ⅰ、二一七頁。

第三章　キリシタン思想と日本思想の対峙

（1）ルイス・フロイス『日本史』第三巻、七二―七三頁。
（2）鈴木正三についてのまとまった記述として、『中村元選集』別巻七（近世日本の批判的精神）（春秋社、一九九八年）がある。この書の前半で、鈴木正三の生涯と著作が解説されている。また、紀野一義『名僧列伝』（二）（良寛・盤珪・鈴木正三・白隠）（講談社学術文庫、二〇〇一年、第三刷）を参照。正三自身の著作としては、『盲安杖』（一巻　元和五年）。『万民徳用』（一巻　慶安五年）。『麓草分』（一巻　寛永九年以後）。『二人比丘尼』（二巻）。『念仏草紙』（一冊　慶長六年頃）。『破吉利支丹』（一巻　寛文二年の刊本）。『因果物語』（三巻　カタカナ本　寛文元年）などがある。詳しくは『中村元選集』別巻七、一七―二六頁を参照。
（3）鈴木正三「破吉利支丹」、海老沢有道他編『キリシタン書・排耶書』（日本思想大系25）（岩波書店、一九七五年）（以下『キリシタン書・排耶書』と略記）、四五一頁。
（4）雪窗宗催「対治邪執論」『キリシタン書・排耶書』四六三頁。
（5）家永三郎『中世佛教思想研究』（法蔵館、一九六三年）一二三―一三五頁。
（6）『中村元選集』別巻七「近世日本の批判的精神」（春秋社、一九九八年）、一九六―一九八頁。
（7）鈴木正三「破吉利支丹」『キリシタン書・排耶書』四五三頁。
（8）鈴木正三「破吉利支丹」『キリシタン書・排耶書』四五四頁。
（9）鈴木正三「破吉利支丹」『キリシタン書・排耶書』四五〇頁。
（10）鈴木正三「破吉利支丹」『キリシタン書・排耶書』四五五頁。
（11）鈴木正三「破吉利支丹」『キリシタン書・排耶書』四五五頁。
（12）鈴木正三「破吉利支丹」『キリシタン書・排耶書』四五六頁。
（13）田村芳朗「日本思想史における本覚思想」、相良亨、尾藤正英、秋山虔編『講座日本思想』（1・自然）（東京大学出版会、一九八四年）、一二三―一四〇頁。

(14) 鈴木正三「破吉利支丹」、『キリシタン書・排耶書』四五六頁。

(15) ハビアンについては、海老沢有道『南蛮学統の研究』、チースリクの伝記、さらにジョージ・エリソン（George Elison）の著書、*Deus Destroyed: The Image of Christianity in Early Modern Japan.* (Cambridge MA: Harvard University Press, 1988) を参照。

(16) 『キリシタン書・排耶書』四二七頁。「仏神ヲ人間トバカリ見ハ、無学ノ人ノ邪見。尤モ提宇子ニ似合タル見計也。夫諸仏ハ法・報・応ノ三身在ス。応化ノ如来ハ、衆生済度、利益方便ノ為ニハ、八相ヲ成ジ玉フトイヘドモ、法身如来、無始広劫ヨリ本有常住ノ仏ニテ在マセバ、言語道断ニシテ、是トモ非トモ手ノツカザル法性法身ノ本仏ナリ。故ニ経ニモ、「如来常住無有変易」トモ説レタル。人間トノミ思フハ愚癡ノ凡夫也。又神モ人間也と云ハ右ニ同ジキ無学也。カケマクモ忝ヤ。神ニハ本地垂迹ノ謂レ在マス」。

(17) 『キリシタン教理書』一二四—一二五頁。「今、日本ニ於テノ論駁ヲ如何ニト尋ルニ、仏神トモニ其源ノ本体極ラズ。神ハ和光垂迹トテ本地ミナ仏也ト云ヘリ。サテ人間ノ後生ヲ扶ラル、事ハ、仏ノ計イヲ以テト云ヘリ。仏法ノ所談ヲ問ハ、宗々多門ニシテ、答話一准ナラス惑乱シテ、云ヘル処、事毎ニ異説ノミナリ。然レトモ、大略極ムル処ハ、権実ノ二ナリ。或ハ権論ヲ慕イ、或ハ実ト心得テ立ル処ノ本意ニ住スルモアリ。是権教ヲ語ル人ノ一理ヲ聞ハ、本仏本土ヲ立テ、仏教ノ如ク彼ニ行スル者ハ、来世ニ於テ浄土ノ果報ヲ得ト云ヘリ。其本仏ヲ問ハ、或ハ釈迦、或ハ弥陀等ナリ。其来歴ヲ尋レハ、何レモ天竺古来ノ比丘ナリ。浄土ハ東西南北ニ仏土一有リ。是即、仏ノ本土ナリト云ヘリ。死シテ後、彼コニ生レ、仏果ヲ得ト也」。

(18) 『キリシタン書・排耶書』四三〇頁。「提宇子云、此デウスハ現世二世ノ主。賞罰ノ源也。去バ主ハアリテモ、現在ノ善悪ノ業ニヨリ、当来ニテ賞罰ニ預ルベキ者ハ何ゾト云フコトヲ知ズンバアルベカラズ」。

(19) 『キリシタン書・排耶書』四三一頁。「右三品ノアニマヲ挙テ銘銘ニ名付、各各ニ説之。就中人間ノアニマハラシヨナルトテ色身ヨリ出ズ。デウスヨリ各別ニ作ラレ、現世ノ業ニ随テ、後生ニテ苦楽ヲ与ヘラル、ト云フ。嗚呼哀哉。提宇子ノ真実ヲ知ザル事。嗚呼悲哉、吾朝ノ凡夫此異端ニ惑セラル、事。我真理ヲ説テ汝ニ聞セン」。

(20) 『キリシタン書・排耶書』四三一頁。「惣ジテ万物ニ事理ノ二ツアリ。這事アレバ此理ナクテ叶ハズ。此理ヲ賦命ト云。千差万別ノ物アリトイヘドモ、理ハ二ツモナク三ツモナク、唯一ノ理也。用ノ差別ハ事ノ品品ニ随フ。〔中略〕〔賦命とは〕気質ノ清濁厚薄ノ不同ニ依テ、用モ同ジカラズ。何ゾ。ベゼタチイワ、センシチイワ、ラシヨナルナド、、其理ヲ各各ニ分タンヤ。別シテ人間ノ心ハ、アニマーラシヨナルト云テ各別ノ物ナル故ニ、身欲ヲ制スルト云ヲ究竟ノ理トシテ、諸家ニハ不知之思ヘリ。誠ニ管見ノ第一也」。

(21)『キリシタン書・排耶書』四三二頁。「猶又アニマーラシヨナルニハ、今生ノ業ニヨテ、後生ニテデウス苦楽ヲ与ヘラル、ト云フ。カ丶ル無道ヲ行ズルヲデウスト云フヤ。(中略)デウスハ、誰ガ頼ミ誰ガヤトウトモナキニ、無量恒沙ノ人ヲ造リ、地獄ニ堕シ、一日一月ノ間ノミカ、不退永劫ノ苦ニ苦ミヲ受カサネサスルヲ、大慈大悲ノデウスト云ハンヤ。大慈大悲トハ抜苦与楽、是ヲ云フゾ」。

(22)本書では、「本覚論」と「本覚思想」の言葉について厳密な区別を設けていない。ただ、後に見るように、中古天台の中で練り上げられた思想大系が「本覚論」とすれば、それ以後、日本の様々な文化・伝統に浸透した考え方の結果を「本覚思想」と概して区別している。その意味で、「本覚思想」を体系化し、解釈を試みたのは、後にみる島地大等らの思想家であろう。

(23)『天台本覚論』(日本思想大系9)(岩波書店、一九七三年初版。一九七七年第四版)所収、田村芳朗「天台本覚思想概説」四七八頁。

(24)『中村元選集』二一巻(大乗仏教の思想)(春秋社、一九九五年)、八二頁。

(25)笠原一男編『日本宗教史』Ⅰ(山川出版社、一九七七年)、六八―六九頁、八二―八三頁。

(26)応和論争の次第。応和三年八月二一日、『西宮記』『慈慧大僧正殿』『応和宗論記並恩覚奏状』『仏法伝来次第』『続古事談』『元亨釈書』等(『大日本史料』第一編之十一、二七六―二八九頁)。

(27)硲慈弘『日本佛教の開展とその基調(下)――中古日本天台の研究』(名著普及会、一九八八年)、一―二頁。

(28)井上光貞「中古天台と末法燈明記」『日本思想大系月報』三〇(一九七三年)(日本思想大系9巻『天台本覚論』付録)、一頁。

(29)井上光貞、同箇所。

(30)但し、本覚論的思惟が日本に限定的に存在していたかどうかは議論があるようである。日本ほど徹底したかたちではないとしても、東アジアには類似の考え方があるとするものであり、本覚論を日本固有のものとすることに対する危惧が表明されている。しかし、かたちは存在するとはいえ、日本における展開はやはりそれ自体独自のものだったと考えるのが妥当であろう。

(31)『中村元選集』第三巻「日本人の思惟方法」(春秋社、一九八八年)、一三―二一頁、および『中村元選集』第二一巻「大乗仏教の思想」（春秋社、一九九五年）、八一―九〇頁。

(32) 袴谷憲昭『本覚思想批判』（大蔵出版、一九八九年）。袴谷氏は、「仏教は本来『空・縁起』の立場に立つものであるのに対し、本覚の体のいう本覚思想は、有（う）の立場に立つものであるから、仏教ではない、外道である」（津田真一『アーラヤ的世界とその神』大蔵出版、一九九八年、四一一頁）と批判した。この点こそ鈴木正三の批判の要点に触れるところであるが、「本覚」思想の特徴が、仏教思想から大きく逸脱すると考えている仏教研究者が存在するようである。問題は「空」の把握の仕方によるものと思われる。

(33)『天台本覚論』（日本思想大系９）、五〇三頁。

(34)『天台本覚論』（日本思想大系９）、同箇所。

(35)『真如観』の冒頭からの引用。『天台本覚論』（日本思想大系９）（岩波書店、一九七七年）、一二〇頁。

(36)『真如観』。『天台本覚論』一三四頁。

(37)『真如観』からの引用。『天台本覚論』（日本思想大系９）、一二九頁。

(38)『天台本覚論』（日本思想大系９）、四七八頁。

(39) 田村芳朗「日本思想史における本覚思想」『講座日本思想』１（自然）（東京大学出版会、一九八四年）、一二三頁にみられる『生死覚用鈔』からの引用。

(40) 田村芳朗、同書、一二六頁。『枕双紙』（第三十　仏界衆生不増不減事）からの引用。

(41) 島地大等『思想と信仰』（明治書院、一九二八年）、五四〇頁。

(42) 島地大等『思想と信仰』五三九頁。

(43) ハビアンの著した『妙貞問答』（上・中・下巻）には複数の異本原本が存在する。なかでも上巻の異種本が多い。本書では、その中で最も信頼できる底本として吉田文庫本を用いる。海老沢有道氏が『キリシタン教理書』において復刻、解説されている。『妙貞問答』の異本については『キリシタン教理書』の巻末解説を参照のこと。

(44) 海老沢有道他編『キリシタン教理書』（キリシタン文学双書・キリシタン研究第三〇輯）（教文館、一九九三年）（以下『キリシタン教理書』と略記）、三五〇頁。

(45)『キリシタン教理書』三二〇頁。

(46)『キリシタン教理書』三二〇―三二一頁。
(47)『キリシタン教理書』三二二頁。
(48)『華厳経』、『大日経』第一住心品、『楞伽解深密経』第五。
(49)『キリシタン教理書』二二六頁。
(50) 田村芳朗「日本思想史における本覚思想」、相良亨、尾藤正英、他編『講座日本思想一（自然）』（東京大学出版会、一九八四年）一三六―一三七頁。
(51) 島地大等、五四二頁。
(52) 平雅行「鎌倉仏教と顕密体制」、『中世寺院の姿とくらし』（山川出版社、二〇〇四年）、一九六頁。
(53) 平田厚志「霊空光謙の玄旨帰命壇批判」『龍谷大学論集』四三六（一九九〇年）、三四〇―三四一頁に引用された原文の訳。「摩多羅神三道三毒ノ体也。二童子ハ業煩悩、中ノ神ハ苦道也。中ノ神ハ癡煩悩也。二童子ハ貪瞋ノ二也。三道三毒生死輪廻狂乱振舞ヲ表シテ歌ヲ歌ヒ舞ヲ舞フ也。中ノ神ノ打鼓拍、苦道即法身ノ振舞也。（中略）生死煩悩ノ至極ヲ行ズル跡事ヲ舞歌也。所以シリソ、ヲ為々スル其ノ便道為スル婬欲熾盛處也。可秘之。不可口外、秘々中深秘ノ口決也」。
(54)『天台本覚論』（日本思想体系9）、五四一―五四二頁。
(55) 平雅行「鎌倉仏教と顕密体制」、『中世寺院の姿とくらし』（山川出版社、二〇〇四年）、一九六頁。
(56) 任継愈編『定本　中国仏教史』Ⅱ（柏書房、一九九四年）六一三頁以下。
(57) 梶山雄一「慧遠の報応説と神不滅論」。木村英一編『慧遠研究―研究編』（創文社、一九六二年）、九三から一一〇頁。（以下『慧遠研究―研究篇』とし、続巻のテキスト集を『慧遠研究―遺文篇』と略記する。）
(58)『慧遠研究―研究篇』九五頁。
(59)『慧遠研究―遺文篇』三八八―三八九頁。
(60)『慧遠研究―遺文篇』三八九―三九〇頁。
(61)『慧遠研究―遺文篇』七八頁。
(62)『慧遠研究―遺文篇』三四〇―三四一頁。
(63) 家永三郎『上代佛教思想史研究』（法蔵館、一九六六年）、二九一―三一八頁。

（64）末木文美士『仏教――言葉の思想史』（岩波書店、一九九六年）、三五―三六頁。

（65）中村元『往生要集』（岩波書店、一九八五年）、九〇―九一頁。

（66）源信『往生要集』（岩波書店、日本思想大系6、一九七〇年）、二五〇頁。

（67）マテオ・リッチ、柴田篤訳『天主実義』（平凡社、東洋文庫七二八、二〇〇四年）、一五一―一五二頁。後藤基巳『天主実義』（明徳出版社、一九七一年）、一五八―一六〇頁。

（68）Entre estes se fez Christão hum Bonzo que nesta terra era grande pregador & cabeça dos Itcóxos; que he huma seita como a de Lutero que dizem que não he necessario mais pera hum se salvar que nomear o nome de Amida, & que cui dar alguem que se pode salvar por suas obras que he fazer injuria a Amida, senão sò polos merecimétos do mesmo Amida. (Cartas Evora v. 1, 310). 同書簡のイタリア語写本（一五七一年九月二三日付）では、[...] quasi con tutto il restante delle fortezza di questo Signore se stesso et altri et cosi sendo continuando si che molte alter terre et Castelli vennero alla fede insieme con un Bonzo grande lor predicatore et Icoxus che qui e una seta come e in Europa quella di Lutero laquale tiene che non vi sia altro necessario per salvarsi che nominare il nome di Amuda [sic] percio che alcuno si puo salvare per le sue opera e far ingiura ad amuda per li cui meriti solamente dicono sarvarsi [...] (ARSI Jap. Sin. 7-III, 29-30) とある。

（69）Si quis dixerit, liberum hominis arbitrium a Deo motum et excitatum nihil cooperari assentiendo Deo excitanti atque vocanti, quo ad obtinendam iustificationis gratiam se disponat ac praeparet, neque posse dissentire, si velit, sed velut inanime quoddam nihil omnino agere mereque passive se habere: anathema sit. (Denzinger-Schönmetzer, *Enchiridion Symbolorum Definitionum et Declarationum de rebus fidei et morum.* (Herder, 1976), n. 1554. 以下 DS. と略記する。

（70）デンツィンガー・シェーンメッツァー『カトリック教会文書資料集』、A・ジンマーマン監修、浜寛五郎訳（エンデルレ書店、一九八二年）、八九―九〇頁。

（71）オッカム神学とルター神学の根本的な相違についての要約として Steven Ozment, *The Age of Reform 1250–1550: An Intellectual and Religious History of Late Medieval and Reformation Europe* (New Haven and London: Yale University Press, 1980) の解説を利用した。

（72）ルター「スコラ反駁」討論4『ルター著作集』第一集第一巻、四九―五〇頁。

（73）ルター「ラテン語著作集序文」「ガラテア書注解」。
（74）徳善義和訳『ルター著作集』第二集一一巻（ガラテア大講解・上）（聖文舎、一九八五年）、一三頁。
（75）「正像末浄土和讃」冒頭　親鸞著、名畑應順校注『親鸞和讃集』（岩波文庫、二〇〇〇年　第二二刷）、二一一―二一三頁。
（76）解釈は名畑應順氏の注解を引用した。
（77）『天台本覚論』（日本思想体系9）、五四六頁。
（78）『天台本覚論』（日本思想体系9）、五四六頁。
（79）『末燈鈔』二ノ2　『真宗史料集成』第一巻、四二八頁。
（80）『末燈鈔』『真宗史料集成』第一巻、四二八―四二九頁。
（81）『天然問答』第十九問答。ここに『天然問答』を引いたのには理由がある。『天然問答』大分県大分市の専想寺に残された談義本の一つである。九州に真宗道場の嚆矢として建立された森町道場（一五〇六年）で用いられたものであり、周辺住民による道場で実際に利用されていたものである。民衆の思想受容という観点から、蓮如と天然を経由した親鸞の教えの伝承の一例として、実際に民衆が耳にした教えという点で重要と考えたためである。
（82）イグナチオ・デ・ロヨラ著、門脇佳吉訳・解説『霊操』（岩波文庫）、二九三頁。「教会の中で感じ考えること（Sentire in Ecclesia）」、第一四則。
（83）『霊操』同箇所、第一五則。
（84）上智大学中世思想研究所編『中世思想原典集成』二〇（近世のスコラ学）所収、ドミンゴ・バニェス「人間意志を効果的に動かす神の恩寵の援助と被造物的自由意思の真にして正当なる調和に関する論考」（四三一―四九二頁　訳者解説および本文抜粋）、およびルイス・デ・モリナ「恩寵の賜、神の予知、摂理、予定および劫罰と自由裁量との調和」（五三一―六〇一頁。訳者解説および本文抜粋）を参照。
（85）原文は、Jap. Sin. 2. 42-86v。井手勝美訳『キリシタン研究』第二二輯、二六四―二六八頁。
（86）同箇所。
（87）恩寵論の日本における導入を翻訳の観点から考えた好著として、折井善果「キリシタン教義の動向――『ぎやどぺかどる』対訳分析を中心に」『キリスト教史学』五五集（二〇〇一年）、一〇一―一三〇頁がある。

第四章　西洋キリスト教義の土着

本章は、青山学院女子短期大学『総合文化研究所年報』第九号（二〇〇一年）に掲載した論文「『こんちりさんのりやく』の成立背景と意義――キリシタンの精神的支柱と17の特異性」に加筆訂正を加えたものである。

（1）「こんちりさんのりやく」については現在いくつかの解説書が刊行されている。（1）『日本庶民生活史料集成』第一八巻（三一書房、一九七二年）、九七七頁―九八八頁。（2）児玉幸多・佐々木潤之助編『新版　史料による日本の歩み　近世編』（吉川弘文館、一九九六年）、二八一頁―二八三頁（奈倉哲三氏の解説）。（3）『キリシタン書・排耶書』（日本思想大系25）（岩波書店、一九七五年）六二七頁―六三〇頁（片岡弥吉氏の解説）。（4）尾原悟編『イエズス会日本コレジヨの講義要綱』Ⅲ巻（教文館、一九九九年）、三三三頁―三四〇頁。諸解説の共通点は日本のキリシタン文書としての書誌的学的解説に留意されている点である。しかし、ヨーロッパ・キリスト教カトリックの教義・教理および普及との関連での考察は未だなされていない。

（2）本書において、「潜伏キリシタン」の語を用いる場合、秀吉の伴天連追放令（一五八七年）以後、潜伏しながら信仰を守ったキリスト教徒すべてを意味する。一般に「隠れキリシタン」と言われるが、彼らは決して隠れていたわけではなく、キリシタンと公言しなかっただけで、信仰を保ち続けた人々である。ただし、宮崎賢太郎氏が強調するように、幕府禁教令下や、明治の高札撤去後もキリシタン伝来の習俗を保持し続けた人びとを「カクレキリシタン」と区別する場合を併用する。

（3）Steven Ozment, *The Age of Reform 1250-1550* (New Heven: Yale University Press, 1980), p. 199.

（4）拙著「十六世紀における教父思想復興の一事例――キュリロス再版をてがけたカニジウスのケースを考える」『カトリック研究』七三号（二〇〇四年）一〇一頁―一一二頁。

（5）日本イエズス会第一会協議会（一五八〇年―八一年）

（6）*Christiani pueri institutio, adolescentiae que perfugium: autore Ioanne Bonifacio Societatis Iesu. Cum libri unius, & rerum accessione plurimarum. Cum facultate Superiorum apud Sinas, in Portu Macaensi in Domo Societatis Iesu. Anno 1588.*

（7）キリシタン版の歴史およびその中のボニファシオ本の位置づけについては以下を参照。Johannes Laures, *Kirishitan Bunko: A Manual of Books and Documents on the Early Christian Mission in Japan* (Tokyo: Sophia University, 1957), pp. 4-26。および Shinzo Kawamura, "Humanism, Pedagogy, and Language: Alessandro Valignano and the Global Significance of Juan Bonifacio's Work Printed in Macao (1588)." (Cathedora Humanismo Latino Coloquio Internationale de Estudos, O Humanismo Latino As culturas do Extremo Oriente. 2005), pp. 143-155.

（8） Johannes Laures, Kirishitan Bunko, p. 60.　大浦天主堂写本、長崎市外海歴史民俗資料館蔵写本と東北の磐城写本などが現存する。

（9） 上智大学キリシタン文庫蔵マイクロフィルム（Film Box XIV. 5 KBs Ms 501）.

（10） 「こんちりさんのりやく」『キリシタン書・排耶書』（日本思想大系25）（岩波書店、一九七五年）。

（11） 「胡旡血利佐無能畧」（御出世以来一千八百六十九年、明治二己巳二月下旬刻成）（プチジャン版）一オ―一ウ。

（12） この点については、現存する「コンチリサン」の書写を比較すれば明らかである。すくなくとも、外海（出津）のカクレキリシタンに伝承されたもの、五島のカクレキリシタン（若松島〈有福・月の浦〉および福江島）の原文は、接続詞や言葉遣い、仮名文字表記に多少の相違はあるものの、ほぼ完全に一致する。長崎県文化財調査報告書第一五三集『長崎県のカクレキリシタン――長崎県カクレキリシタン習俗調査事業報告書』（長崎県教育委員会、平成一一年〈一九九九年〉三月）、二二八、二四〇、二五一頁を参照。

（13） 『完全なる痛悔　全』基督降生一千九百二年、長崎司教儒利譽阿廈本祖准。

（14） 長崎県教育委員会編『長崎県のカクレキリシタン――長崎県のカクレキリシタン習俗調査事業報告書』（長崎県文化財調査報告書第一五三集）（平成一一年〈一九九九年〉三月）。

（15） 『キリシタン書・排耶書』（日本思想大系25）、三四六頁。

（16） 『キリシタン書・排耶書』（日本思想大系25）、三六五頁。

（17） 『キリシタン書・排耶書』（日本思想大系25）、六〇頁。

（18） トマス・アクィナス『神学大全』第二部の一、八四問、第四項。

（19） 『キリシタン書・排耶書』（日本思想大系25）、六〇頁。

（20） John T. McNeill, Helena M. Gamer, *Medieval Handbooks of Penance: A Translation of the Principal Libri Poenitentiales* (New York: Columbia University Press, 1990), Introduction, pp. 3-22.

（21） John T. McNeill, Helena M. Gamer, ibid., pp. 22-43.

（22） Norman P. Tanner, S. J. ed. *Decrees of the Ecumenical Councils* (Washington D. C.: Georgetown University Press, 1990), p.

245. "Omnis utriusque sexus fidelis, postquam ad annos discretionis pervenerit, omnia sua solus peccata confiteatur fideliter, saltem semel in anno proprio sacerdoti. [...]."

（23） Concilium Basileense-Ferrariense-Florentinum-Romanum 1431–1445. Norman P. Tanner, S. J. *Decrees of the Ecumenical Councils*, p. 548. "Quartum sacramentum est penitentia, cuius quasi materia sunt actus penitentis, qui in tres distinguuntur partes; quarum prima est cordis contritio, ad quam ad quam pertinet, ut doleat de peccato commisso, cum proposito non peccandi de cetero. Secunda est oris confessio, ad quam pertinet, ut peccator omnia peccata, quorum memoriam habet, suo sacerdoti confiteatur integraliter. Tertia est satisfactio pro peccatis secundum arbitrium sacerdotis, que quidem precipue fit per orationem, ieiunium et elemosinam. Forma huius sacramenti sunt verba absolutionis, que sacerdos profert, cum dicit: ego te absolvo. Minister huius sacramenti est sacerdos habens auctoritatem absolvendi vel ordinariam vel ex commissione superioris. Effectus huius sacramenti est absolutio a peccatis."

（24） 『キリシタン書・排耶書』（日本思想大系25）、三七〇頁。

（25） 「免償」の起源については、R. W. Southern, *Western Society and the Church in the Middle Ages* (London: Penguin Books, 1979), pp. 136–143を参照。

（26） Steven Ozment, *The Age of Reform 1250–1550* (New Haven: Yale University Press, 1980), p. 7.

（27） "Tres esse partes paenitentiae: contritionem, confessionem et satisfactionem, non est fundatum in sacra Scriptura nec antiquis sanctis christianis doctoribus." (DS. 1455) 邦訳版　A・ジンマーマン監修、浜寛五郎訳『カトリック教会文書資料集――信経および信仰と道徳に関する定義集』（エンデルレ書店、一九八二年）、二六五頁。この言葉はルターの *Ein Sermon von Ablass und Gnade,*（1517/1518）の命題五と一八に基づく。

（28） Contritio, quae paratur per discussionem, collationem et detestationem peccatorum, qua quis recogitat annos suos in amaritudine animae suae, ponderando peccatorum, gravitatem multitudinem, foeditatem, amissionem aeternae beatitudinis, ac aeternae damnationis acquisitionem, haec contritio facit hypocritam, immo magis peccatorem. (DS. 1456). これは、ルターの著作、*Sermo de poenitentia*（1518）の命題六～九、一一と一二、および一四に基づくものである。

（29） "Contritio, quae primum locum inter dictos poenitentis actus habet, animi dolor ac detestatio est de peccato commisso, cum proposito non pecandi de caetero. Fuit autem quovis tempore ad impetrandam veniam peccatorum hic contritionis motus necessaries, et in homine post baptismum lapso ita demum praeparat ad remissionem peccatorum, si cum fiducia divinae misericordiae et voto praestandi reliqua coniunctus sit, quae ad rite suscipiendum hoc sacramentum requiruntur." Norman P. Tanner, S.J., ed., *Decrees of the Ecumenical Councils* (Washington D. C.: Georgetown University Press, 1990), p. 705.

(30) "Illam vero contritionem imperfectam, quae attritio dicitur, quoniam vel ex turpitudinis peccati consideratione vel ex gehennae et poenarum metu communiter concipitur, si voluntatem peccandi excludat cum spe veniae, declarat non solum non facere himnem hypocritam et magis peccatorem, verum etiam donum Dei esse et Spiritus sancti impulsum, [...] Et quamvis sine sacramento poenitentiae per se ad iustificationem perducere peccatorem nequeat, tamen eum ad Dei gratiam in sacramento poenitentiae impetrandam disponit." (*Decrees of the Ecumenical Councils*, pp. 705.)

(31) "Ex institutione sacramenti poenitentiae iam explicate universa ecclesia semper intellexit, institutam etiam esse a Domino integram peccatorum confessionem, et omnibus post baptismum lapsis iure divino necessariam existere, quia dominus noster Iesus Christus, e terries ascensurus ad coelos, sacerdotes sui ipsius vicarious reliquit tanquam praesides et iudices, ad quos omnia mortalia crimina deferantur, in quae Christi fideles ceciderint, quo pro potestate clavium remissionis aut retentionis peccatorum sententiam pronuncient." (*Decrees of the Ecumenical Councils*, pp. 705-6)

(32) Ex his colligitur, oportere a poenitentibus omnia peccata mortalia, quorum post diligentem sui discussionem conscientiam habent, in confessione recenseri, etiamsi occultissima illa sint et tantum adversus duo ultima decalogi praecepta commissa, quae nonnunquam animum gravius sauciant, et periculosiora sunt iis, quae in manifesto admittuntur." (*Decrees of the Ecumenical Councils*, p. 706).

(33) Catechismus ex decreto Trid. Ad parochos Pii V. iussu editus. 一五六六年ローマにおいてラテン語とイタリア語版が出版され、一五六八年、早くも日本にもたらされている。

(34) 石田瑞磨編、源信著『往生要集』(日本思想大系6　岩波書店、一九七〇年)、一八五頁。

(35) 一五七九年来日したイエズス会巡察師アレッサンドロ・ヴァリニャーノによる各地の洗礼台帳にある数字の総計。J. F. Schütte ed., *Monumenta Historica Japoniae I: Textus Catalogorum Japoniae, Monumenta Historica Societatis Iesu* vol. 111 (Roma:

Institutum Historicum Societatis Iesu, 1975), pp. 326-334.

（36）『キリシタン書・排耶書』（日本思想大系25）、八五頁。

（37）ガブリエル・バスケスについては、ロペス・ガイの研究のなかでラテン語版、カスティーリャ語版テキストが掲載されている。Jesús López Gay, "Un Documento Inédito del P. G. Vázquez (1549-1604) sobre los Problemas Morales del Japón." Monumenta Nipponica, vol. XVI (1961), pp. 118-160. 日本語訳は、中世思想研究所監修、拙訳「日本の倫理上の諸問題について」『中世思想原典集成』二〇、近世スコラ学（平凡社、二〇〇〇年）、九六五頁―九九五頁。

（38）ヴァリニャーノ著、家入敏光訳『日本のカテキズモ』（天理図書館、一九六九年）三〇五―三〇六頁。

（39）ガブリエル・バスケス著、拙訳「日本の倫理上の諸問題について」『中世思想原典集成』二〇　近世スコラ学（平凡社、二〇〇〇年）、九八四頁。

（40）ヴァリニャーノ著、家入敏光訳『日本のカテキズモ』（天理図書館、一九六九年）、三〇六頁。

（41）「病者を扶くる心得」『キリシタン書・排耶書』（日本思想体系25）、九二頁。

（42）「病者を扶くる心得」については海老沢有道氏の解説が以下のようになされているが、この記述における「コンチリサン」の言及にはより詳しい検討が必要であろう。「サクラメント関係の邦文文献として注目されるべきものに、一五九三年天草刊と推定される仮題『病者を扶くる心得』と称される漢字交り平仮名本がある。（中略）本書は司祭が少なく、しかも弾圧下にあって充分な教導ができず、典礼、特に洗礼や終油の秘跡が行えない状況下にあって、各地の信心講（コンフラリヤ）の組頭などに、病者に対して臨終正念に死すよう、授洗の方法と、告解の準備、あるいはコンチリサン（完全な痛悔）をなすように指導する目的で、巡察師ヴァリニャーノの指示により、恐らく準管区長であったゴーメスによって編せられたものと推定される」（海老沢有道『キリシタン南蛮文学入門』（教文館、一九九一年）、一三四―一三五頁）。一五九三年の段階で、ゴーメスが「完全な痛悔」を『こんちりさん』の内容のように、進めていたとすれば、一五九〇年代初期の、ここにあげた司祭たちの悩みはほとんど問題にならなかったであろう。やはり、ここで、ゴメスはまだ「完全な痛悔」については言及を避けていたとみるべきであり、ましてや会員にそれを積極的に勧めていたとも考えにくい。やはり、「完全な痛悔」については一五九〇年代の末にならなければ強調されなかったと筆者は考えている。

（43）ヴァリニャーノ著、家入敏光訳『日本のカテキズモ』（天理図書館、一九六九年）、三〇六頁。

（44） ガブリエル・バスケス著、川村信三訳「日本の倫理上の諸問題について」、『中世思想原典集成』二〇 近世スコラ学（平凡社、二〇〇〇年）、九九三―九九四頁。

（45） ARSI, Jap. Sin. 2f. 113r.

（46） J. Albalez Taladriz, 『ビブリア』39、（1968、July）。原文 MS. Ajuda, 49. VI. 83, f. 14v.）

（47） 『キリシタン書・排耶書』（日本思想大系25）、六一頁。

（48） 海老沢有道他編著『キリシタン教理書』（キリシタン文学双書 キリシタン研究第三〇輯）（教文館、一九九三年）、七一頁。

（49） 『日葡辞書』、「Yagate, やがて」の項を参照。

（50） 海老沢有道他編著『キリシタン教理書』、八一頁―八二頁。

（51） En un lugar de Gentiles apartado de aquel en que moravan los Christianos que avian nenido de Fingo. Vivian tambien algunos cinco, o seis Christianos, uno de los quales enfermando gravemente y llegando a tal termino que desconfiaron todos poder ya naturalmente vivir sus parientes gentiles, [...], mas sixo que no sabia si Dios le perdonaria y que no tenia confessor a quien se poder confessor portanto que dubdava mucho si Dios usaria con el de mia, repondio el Christiano que Dios era mui misericorudioso, y que pues no avia en aquellas tierras Padre con quien se confessa se, si el se arrepentiesse de su peccado y tuviesse verdadera contricion que Dios le perdonaria [...]. (ARSI, Jap. Sin. 54, ff. 223a v.)

（52） Outros como deseo de alguna nomina, o cuenta bendita, o algun libro de la doctrina, o tratado de lo contricion, vienen dos, y tres, y aun sinco leguas, y en Nonzo estando yo para me venir salio un christiano con este rasonam (i) ento. [...] lo sean para esto os pido un libretto dela confission, y en todo caso me le aveis de dar y como yo le respondiesse que no le tenia ay, mas que em Tacata pudria ser que oviesse dxado alguno con grande alegria, se determino a ir comigo a Tacata que son sinco leguas grandes a pei, y pro mas que yo se lo estorvava disendole que de alla se lo embiaria no se aquieto, y asi fue, y tomocon el librito mui content (BM, Mss. Add., 9859, f. 129v).

（53） ARSI, Jap. Sin. 46, 280v. 松田毅一他編『一六・七世紀イエズス会日本報告集』第一巻、2（同朋舎、一九八七年）、一七三頁。

（54） 片岡弥吉『日本キリシタン殉教史』（時事通信社、一九七九年）。

（55）片岡弥吉『日本キリシタン殉教史』五五七―五五八頁。
（56）片岡弥吉『日本キリシタン殉教史』五五九頁。
（57）片岡弥吉『日本キリシタン殉教史』五七〇―五七四頁。
（58）海老沢有道訳『南蛮寺興廃記・邪教大意・妙貞問答・破提宇子』（東洋文庫一四、平凡社、一九九四年）、一一六頁。
（59）『キリシタン書・排耶書』（日本思想大系25）、三六七頁。
（60）『キリシタン書・排耶書』（日本思想大系25）、三七二頁。
（61）『キリシタン書・排耶書』（日本思想大系25）、同頁。
（62）『キリシタン書・排耶書』（日本思想体系25）、三七四頁。
（63）イグナチオ・デ・ロヨラ著、門脇佳吉訳・解説、『霊操』（岩波文庫、一九九五年）、二八六頁。『霊操』三四九番。
（64）『キリシタン書・排耶書』（日本思想大系25）、三七七頁。
（65）『キリシタン書・排耶書』（日本思想大系25）、三七八頁。
（66）『キリシタン書・排耶書』（日本思想大系25）、三七八―三八〇頁。

第五章　戦国民衆宗教社会の主神崇拝的信仰

（1）有元正雄『近世日本の宗教社会史』（吉川弘文館、二〇〇二年）、五頁。
（2）有元正雄、同書、同箇所。
（3）草野顕之『戦国期本願寺教団史の研究』（法蔵館、二〇〇四年）、四六六頁。
（4）峰岸純夫「中世後期の二つの歴史像――飢饉と農業の発展」、『中世の災害・戦乱の社会史』（吉川弘文館、二〇〇一年）。佐々木潤之助「日本中世後期・近世初期における飢饉と戦争の研究――史料所在と年表の作成から」、『平成九年科学研究費　基盤研究Ａ（１）報告書』。藤木久志『飢餓と戦争の戦国を行く』（朝日新聞社、二〇〇一年）。H. H. Lamb, *Climate History and the Modern World* (London and New York: Methuen, 1982)。特に、一一章と一二章を参照。
（5）平雅行「鎌倉仏教と顕密体制」国立歴史民俗博物館編『中世寺院の姿とくらし――密教・禅僧・湯屋』（山川出版社、二〇〇四年）を参照。

（6）存覚の『破邪顕正抄』の一七におよぶ表題を見れば、当時、真宗に対し、どのような批判がなされていたかが理解できる。『真宗史料集成』第一巻、七二九—七四九頁を参照。

（7）教皇グレゴリウス一世（五九〇—六〇四）から司教メリトゥスへの手紙。J. Dupuis, ed., *The Christian Faith in the doctrinal Documents of the Catholic Church*. Seventh Revised and Enlarged Edition (New York: Alba House, 2001), pp. 464-465. Epistola 76, PL 77, 1215-1216.

（8）ベーダは、イングランド北部のノーザンブリアでのキリスト教導入の際、国王オズヴィウの領民集団改宗や神殿破壊を記録する。一六世紀の日本宣教状況と比較すると興味深い。Judith McClure and Roger Collins eds., *Bede, The Ecclesiastical History of the English People: The Greater Chronicle Bede's Letter to Egbert*. (Oxford: Oxford University Press, 1999).

（9）ザビエルが当時のキリスト教宣教師のメンタリティーを共有していた事実は、拙稿、"¿Es possible el diálogo interreligioso?: Francisco Javier y sus sucesores en Japón." *Manresa* 78 (2006), pp. 121-133 を参照。ザビエルも時代の子として、キリスト教の「普遍」を示すことに腐心し、他宗教の「偶像崇拝」を厳しく批判したことが知られている。ただし、そのザビエルは、そのような宣教師メンタリティーを免れなかったものの、実際の行動は常に「魂の救い」を第一義に考える寛容な態度が目立っている。

（10）日本の既存宗教を偶像崇拝とし、神社仏閣を破壊した宣教師のメンタリティーを考察したものとして、Shinzo Kawamura, "¿Es possible el diálogo interreligioso? Francisco Javier y sus sucesores en Japón." *Manresa*, vol. 78 (2006), pp. 121-133 を参照。

（11）DJ2, pp. 201-202; ARSI, Goa 10-II, 472; DJ2, p. 147; ARSI Jap. Sin. 4, 103「五七年にはパードレ・ガスパル・ビレラ十ヵ月間ここ（平戸）に留りたり。同所にはこの地の主要人物三人中一人なるキリシタンあり、その名をドン・アントニオといひ、平戸の港より二、三レグワの地に三、四ヵ所の地および小島を領す。五八年にこの領主はパードレの勧に従ひいまだ教徒とならざる農民および家臣等ならびに自己の家族一同をキリシタンとなせり。教徒の数は総計千五百内外なり。彼はパードレとともに村々に行きて説教し帰依を勧め、寺院より偶像を取出して会堂となし、また所々に死者のため墓地を造り大なる十字架を建てたり。而して全くキリシタンのものたらしめんため大小の偶像を焼き、これに仕へたる者も皆キリシタンとなりたり。」『イエズス会士日本通信』上、一八六頁。

（12）Frois, Wicki ed. *Historia de Japam*, 2a parte C. 20, p. 149 etc.

（13）『イエズス会士日本通信』下、三六六—三六七頁。

（14）『イエズス会士日本通信』下、四二五頁。「豊後の老王がその子とともに日向国に侵入せしことにつきては、日向国に入るや多数の城を攻落し、極めて短き期間に同国の半分以上を領するにいたれり。而して占領と同時に日本の神仏の社殿および堂宇を破壊し、同伴のパードレに対してはしばしば日向にキリシタンの教えを植つけ、その香がローマに達し、この国はキリシタンならびにポルトガル人の法律に従ひて治めんことを希望すると言へり。」

（15）ARSI Jap. Sin. 8-I, 237v; ARSI Jap. Sin. 8-I, 244v.

（16）『イエズス会日本年報』上、一八九頁。

（17）ARSI. Jap. Sin. 9-I, 158v.「カテキズモの説教を聴き終わらぬうちに、これまで一生崇拝して来た偶像及び守袋を自分の手で破壊し、また焼いた。洗礼が終って、彼等は異教徒であった時に祈祷に用ひたロザリヨを悉く持参し、これを焼き、その代りに我等のロザリヨと十字架、影像その他キリシタンの印として家に置くべきものを与へんと請うた。日本人は元来宗教心の深い者であるからである。」『イエズス会士日本年報』上、一九六頁。

（18）ARSI. Jap. Sin. 45-I, 67v.「王は今、臼杵より三レグワのアクミ（津久見）と称する町に居る。この頃同所に甚だよき家数棟を建て、その中にミサを行ふべき立派なる祈祷所（oratorio または capelia）を設けた。彼は老後の休息所として世子よりその滞在して居る地方を貰受くることを希望したが、世子が昨年これを与へたので、ここに移った翌日イルマン二人を招いて、同地方に在る寺院三カ所の仏像を悉く破壊し、一つも残らず焼くことを命じたのでこれを実行した。」『イエズス会日本年報』上、二五六頁。

Elle esta agazalhado (como ja la temos escripto) em hum lugar que se chama Ccuqumi, tres legoas do Usuqui, aonde agora de novo fez humas boas casas pera ssi, e nellyas hum formoso oratorio, ou capella pera ouvir a missa, & desejando pera descanso de sua veliçe, elle lhas consedeo o anno passado, e logo ao dia seguinte como tomou a posse dellas, mandou chamar dous Irmãos que fossem destruir todos os pagodes que avia em 3 moesteiros que naquelas terras estarão emcomendando aos Irmãos, que não ficasse nenhum sem ser queimodo, he assi foy feito, servindo como ordinariamente he nosso custume [...]."

（19）ARSI Jap. Sin. 45-I, 72v. "Todos os templos de Camis, e fotoques que avia em sua terras, os innutiles forão que ymados, e destruidos, e dos que pera isso se acharem convenientes se fizerão igrejas a[n]tre os quais foy hum temple muy afomado no reino de Ccunoqui por nome Nijōji, que agora he huma das milhores igrejas que ha nequelas partes. Foy grande a destruição e se fez nos idolos que por aquelas terras avia, dos quais grande multidão avia muito tempo que os bonzos tinhão escondidos, todos erão logo desfeitos, e em pena de veneração com que primeiro forão adorados, e não logo condenados pera lhenha das cozinhas, e pera outros ministerios desta calidade."

「去る八三年に一パードレはイルマン・ビセンテと共にジュスト（高山右近）の臣下である山のキリシタンを訪問し、約一か月滞在したが、デウスのことについては更によくすることのできぬ程教へられて居り、イルマンの説教により十分に悟り、一層教を喜ぶに至った。この訪問の際、二百三十余人が新に洗礼を受けた。（中略）その領内に在る神仏の殿堂は不要のものは焼きまた破壊し、適当なものは聖堂とした。その中に津の国に「忍頂寺」といふ甚だ有名な寺院があったが、今は当地方に在る最もよき聖堂の一つである。同地方にあった偶像を破壊したことは甚だ多く、その多数派坊主等が長く隠していたもので、これまで尊崇されていたものが台所の薪となり、また同種類の他の用に供せられた」。「高山右近は王政を違え、五箇私納の貢税を押領し、之に加わる兵忍頂の境を侵し、仏像を敗毀し、堂社を焼亡し、僧侶を駆逐す」（『賀峰山忍頂寺縁起』）寿命院文書（元禄五年、一六九二年）。「天正年中、高山氏の悪逆ニ依テ、如斯ノ堂塔房舎一時ニ悉破壊反滅シテ、末代ノ人マデモカク哀シマシム。則是レ今ノ寿命院、百分〇一ツ其跡方トテ残レルコソ、又ナク哀シカレ」「吉岡先祖伝聞記」（吉岡文書）（正徳四年　一七一四年）「当国ハ織田方高山右近在城シ、此辺ノ神社仏閣ヲ破却スル事多シ」『摂津名所図会』（寛政年間）。「元亀年中高山右近が兵火に諸堂ことごとく灰燼となる」（物持寺文書）、『茨木市史』二一三頁。宣教師報告と仏教側史料が同じく指摘しているため、忍頂寺での破壊行為は歴史的事実と確認できる。ただし、高山右近領における「破壊」がどれほどの規模であったかという問題には疑問が生じる。仏教側史料によれば、右近は、徹底した「破壊」を遂行した悪逆非道の暴君のように描かれ、地域の神社仏閣の破壊伝説は多いが、「天正期以前の文書が各寺院にかなりのこっていることや、『寿命院文書』にみられる寺院保護の政策などからも、その伝説は吟味の余地があろう」との指摘がなされている。高槻領についての出典はすべて『茨木市史』を参照。ここでいう『寿命院文書』とは、高山右近書状のことで、茨木北部の五箇庄百姓宛の「忍頂寺領の諸年貢は、以前のごとく寺に納めよ」との高山右近の命令のことである。五箇庄とは千堤寺地域をさし、文明一〇年（一四七八年）の寺領とほぼ一致した地域である。

仏教側文書で破壊されたことになっている寺に、高山右近が年貢を納めよと命じていることは、悉く破壊したという記述に矛盾するとされている。

(20) フロイス『日本史』八巻、一四六頁。「豊後において、戦のために、期待されたほど布教の便宜は得られなかった。だが村落とか府内（の市）の境界付近では二千五百五十名が洗礼を受けた。これらのうちの五百名は一向宗徒で、その宗派に熱烈に帰依し（ており）、高田付近に住んでいた。我らの主なるデウスは、彼らの改宗を通じて、彼らの大半とその仏僧たちとの（かねてからの）仲違いを（今や好い機会として）とらえ給うた。その結果（彼ら一向宗徒）は二派に分裂することになった。仏僧たちに反対の者は数名のキリシタンに説得され、またデウスに心動かされて説教を聞き洗礼を受け、それに対抗していた（別）派のひとたちも徐々に（前者と）友誼を結ぶようになり、（そのうちの）幾人かは（キリシタンに）改宗した」。また、大分市、専想寺所蔵、『専想寺由縁起』を参照。

(21) 清水紘一『織豊政権とキリシタン——日欧交渉の起源と展開』（岩田書院、二〇〇一年）、一八九頁。

(22) 『中世思想原典集成』5（後期ラテン教父）上智大学中世思想研究所翻訳・監修「ブラガのマルティヌス『田舎者たちへの訓戒』」（平凡社、一九九三年）、四二五—四三一頁。

(23) イエズス会宣教師の「神道」理解については、シュルハンマーの著書に詳しく描かれている。ゲオルグ・シュルハンマー著、安田一郎訳『イエズス会宣教師が見た日本の神々』（青土社、二〇〇七年）。原文は、Georg Schurhammer, *Shinto. Der Weg der Götter in Japan* (Bonn & Leipzig: Kurt Schroeder, 1923).

(24) DJI. No. 124. pp. 655-667. BNR *Fondo Ges.* 1482 n. 33 134-137v, 3a via. Sumário dos erros en que os gentios do Japão vivem e de algumas seitas gentílicas en que principalmente confiã.（日本の異教徒たちがもっている「誤謬」と、信奉されているいくつかの異教宗派についての要約）。

(25) 浅見雅一「キリシタン時代における偶像崇拝について」『史学』七〇（二〇〇〇年）、一—三三頁。浅見雅一『キリシタン時代の偶像崇拝』（東京大学出版会、二〇〇九年）九〇—一〇〇頁。

(26) 浅見雅一、同書、九四—九五頁。

(27) 浅見雅一、同書、九四頁。

(28) 上智大学中世思想研究所編『中世思想原典集成』20、（平凡社、二〇〇〇年）、九九二頁。

(29) 悪魔礼拝や祟りなどを批判した言及は多数にのぼるが、例えば、Juan Ruiz-de-Medina ed. *Documentos de Japon 1547-1557,* (Roma: Institutum Historicum Societatis Iesu, 1990) p. 561 を参照。

(30)『イエズス会士日本通信』上、九八頁。ガーゴ、一五五五年、九月二三日。
(31)柳田國男『柳田國男全集』第十三巻（ちくま文庫、一九九〇年）、六四四―六九九頁。
(32)『桜井徳太郎全集』第四巻（民間信仰の研究　下　呪術と信仰）（吉川弘文館、一九九〇年）、二七八頁。
(33)同箇所。
(34)以下、民間信仰の類型的説明として、桜井徳太郎氏が四国南西部（愛媛県宇和郡）の調査に基づいた民俗信仰調査の結果を利用した。詳しくは、『桜井徳太郎全集』第四巻（吉川弘文館、一九九〇年）、五―五七頁を参照。
(35)中国地方の荒神、北九州、ことに国東半島の先祖祀りの対象となる先祖神などが、宇和地帯の荒神と共通のものと桜井氏は把握している。三浦秀宥「美作地方の荒神信仰調査」『岡山民俗資料』五、および、和歌森太郎編『くにさき』（吉川弘文館、一九六〇年）などを参照。
(36)『耶蘇会士日本通信』上、（雄松堂、改訂復刻版、一九六六年）、九一頁。
(37)一五五五年九月二十日、ダ・シルバ書簡。『イエズス会士日本通信』上、八八頁。
(38)一五七六年九月九日、カブラル書簡（口之津発）。『イエズス会士日本通信』下、三一六頁。
(39)御文（文明五年二月一日）『蓮如文集』（岩波文庫版）三三―三四頁。
(40)田代俊孝『真宗入門　御文に学ぶ』（法蔵館、二〇〇二年）、一八頁。
(41)御文　天文五年九月日、『真宗史料集成』第二巻、一六〇―一六一頁。
(42)石田充之・千葉乗隆編『真宗史料集成』第一巻、六九九頁。
(43)『真宗史料集成』第一巻、七〇二頁。
(44)「第二ニ実社ノ邪神ヲアカシテ承事ノオモヒヲヤヘキムネヲス、ムトイフハ、生霊・死霊等ノ神ナリコレハ如来ノ垂迹ニモアラス、モシハ人類ニテモアレ、モシハ畜類ニテモアレ、タ、リヲナシナヤマスコトアレハ、コレヲナタメンカタメニ神トアカメタルタクヒアリ。」『真宗史料集成』第一巻、七〇二頁。
(45)「世間ニモカクノコトキノ邪神ヲタウトムハ正義ニアラストキコヘタリ。世ニアカムルカミノナカニ、コノタクヒマタオホシ。タトヒヒトニタタリヲナスコトナケレトモ、ワカオヤオホチ等ノ先祖オハミナカミトハヒテ、ソノハカヲヤシロトサタムルコトマタコレアリ、コレラノタクヒハミナ実社ノ神ナリ。モトヨリマヨヒノ凡夫ナレハ内心ニ貪欲フカキユヘニ、少分ノモノオモタムケネハタ、リヲナス、コレヲ信スレハトモニ生死ニメクリ、コレニ帰スレハ未来永劫マテ悪道ニシツム、コレニツカヘテナニノ用カアラン。」『真宗史料集成』第一巻、七〇二頁。

(46) 「実社ノカミニツカエテ一分モソノ悪アルヘカラス、ヒトヘニ弥陀一仏ニ帰シタテマツリテ浄土ヲネカハヽ、モロ〳〵ノ神明ハ昼夜ニツキソヒテマモリタマフヘキカユヘニ、モロ〳〵ノ災禍モノソコリ一々ノネカヒモミツヘキナリ。権社ノカミハヨロコヒテ擁護シタマフヘシ。本地ノ悲願ニカナフカユヘナリ。実社ノカミハオソレテナヤマサス、モロ〳〵ノ悪鬼神ヲシテタヨリヲエシメサルカユヘナリ。」『真宗史料集成』第一巻、七〇三頁。

(47) 田代俊孝『真宗入門　御文に学ぶ』三二頁の引用。

(48) 「一向ニ念仏ヲ修シテ菩提ヲモトメハ、アユミヲハコヒヌサヲタムケストモ神明エミヲフクミヨロコヒヲナシタマフヘシ。（中略）念仏ヲ信スルハスナハチ慈悲ノコ、ロナリ、ワカ往生ヲウルノミニアラス、カヘリテ一切衆生ヲミチヒキテ、苦ヲヌキ楽ヲアタフヘキカユヘナリ。サレハ仏道ニイリテ念仏ヲ修センヒト、モハラ神慮ニカナフヘシ。神慮ニカナフナラハ、エントイノラストモ現世ノ冥加モアリ、トリワキツカヘストモソノ利生ニハアツカルヘシ。オホヨソ神明ハ信心アリテ浄土ヲネカフヒトヲヨロコヒ、道念アリテ後世ヲモトムルモノヲマモリタマフナリ。」『真宗史料集成』第一巻、七〇四―七〇五頁。

(49) 田代俊孝、前掲書、同箇所。

(50) 愚禿悲歎述懐。田代俊孝、前掲書、二一頁に引用された言葉。

(51) 『真宗史料集成』第一巻、三九六頁。

(52) 御文、天文六年正月十一日、『真宗史料集成』第二巻、一八四頁。

(53) 朝尾直弘「将軍権力の創出」、『朝尾直弘著作集』第三巻（岩波書店、二〇〇四年）を参照。

補論　「キリシタン」考察の諸問題と新たなアプローチ

(1) エヴァンズ・プリチャード著、向井元子訳『アザンデ人の世界』（みすず書房、二〇〇一年）。佐々木宏幹・大森元吉訳『宗教人類学の基礎理論』（世界書院、一九六七年）。吉田禎吾訳『人類学入門』（弘文堂、一九七〇年）などを参照。

(2) エヴァンズ・プリチャード著、佐々木宏幹・大森元吉訳『宗教人類学の基礎理論』（世界書院、一九六七年）、九頁。

(3) 同書、四頁。

（4）ピーター・ブラウン著、足立広明訳『古代末期の形成』（慶応義塾大学出版会、二〇〇六年）、一三頁。二〇〇六年の足立氏による翻訳には、ブラウン書き下ろしの前文がつけられている。『古代末期の形成』の初版以来三〇年を経て、ブラウンがいかに「社会史」研究に意義を見いだしたかの自叙伝的回顧が示されており、過去数十年の歴史学の変動と一社会史研究者の思索の変遷を知るうえで貴重なものである。

（5）藤木久志『戦国史をみる目』（校倉書房、一九九五年）。

（6）中村哲「教科書の国際比較」『日本史研究』三五七号（一九九二年）。ヨーロッパ史は自国史と世界史を分けず、一本化する「西ヨーロッパ型」は、古代・中世・近代（三区分）によって歴史を説明する。こうしたヨーロッパの史観を全面的に導入しようとした日本・韓国などは、自国史と世界史の二本立てによって、古代・中世・近世・近代・現代（五区分）を採用する（東北アジア型）。新興独立国であるメキシコ、インドネシアやアフリカ諸国は、植民地経営者としての宗主国と民族の関係を基軸に、伝統社会・植民地時代・独立運動とその後（三区分）を採用する。また、イスラム諸国は、自国史と世界史を分けず一本化として考えてはいるが、古代は、彼らにとってイスラム以前、中世はイスラム時代（アラブ史）、そして近現代史は各国史（例えば、エジプト史）などとなる。

（7）また、日本を「列島史」として、四島のみではなく、琉球、蝦夷地、および東アジア一帯をも考察視野にふくめる試みが、村井章介教授（東京大学）によって提唱されていることも注目すべきであろう。村井章介『海から見た戦国日本——列島史から世界史へ』（筑摩書房、一九九七年）などを参照。

（8）セルジュ・グルジャンスキ、竹下和亮訳「カトリック王国——接続された歴史と世界」『思想』（二〇〇二年）五号、七一—一二二頁。サンジャイ・スブラフマニヤム、中村玲生訳「テージョ河からガンジス河まで——一六世紀ユーラシアにおける千年王国信仰の交錯」『思想』（二〇〇二年）五号、三一—七〇頁。Sanjay Subrahmanyam, *Explorations in Connected History: From the Tagus to the Ganges* (Oxford: Oxford University Press, 2005). 翻訳者は「グルジンスキ」「スブラフマニヤム」と表記しているが、発音としては、「グルジャンスキ」「スブラ（ー）マニヤム」のほうが近いのではないかと考え、本書はそのように表記した。

（9）Joseph F. Fletcher, "Integrative History: Parallels and Interconnections in the Early Modern Period, 1500–1800." この論文の収録先は、*Studies on Chinese and Islamic Inner Asia.* Ed. By Beatrice Forbes Manz (Aldershot and Burlington: Ashgate

Publishing Limited, 1995), Section X, pp. 1-35.

（10） Shinzo Kawamura, *Making Christian Lay Organizations during the "Christian Century" in Japan* (1999 Ph. D. Dissertation of Georgetown University). 拙著『キリシタン信徒組織の誕生と変容——コンフラリヤからこんふらりやへ』（教文館、二〇〇三年）。

参考文献

（引用文献を主とする。著者・編者・訳者のアルファベット順）

Arrizabalaga, Jon, John Henderson, Roger French eds. *The Great Pox: The French Disease in Renaissance Europe* (New Haven and London: Yale University Press, 1997).

安藤精一他編『日本庶民生活史料集成』第一八巻（民間宗教）、三一書房、一九七二年。

浅見雅一「キリシタン時代における偶像崇拝について」『史学』七〇、二〇〇〇年、一―三三頁。

――『キリシタン時代の偶像崇拝』東京大学出版会、二〇〇九年。

有元正雄『近世日本の宗教社会史』吉川弘文館、二〇〇二年。

浅井圓（円）道編『本覚思想の源流と展開』平楽寺書店、一九九一年。

朝尾直弘『朝尾直弘著作集』第三巻（将軍権力の創出）、岩波書店、二〇〇四年。

――「惣村から町へ」『日本の社会史』六（社会集団）岩波書店、一九八八年。

ブラウン、ピーター著、足立広明訳『古代末期の形成』慶應義塾大学出版会、二〇〇六年。

チースリク、フーベルト著『キリシタンの心』聖母の騎士社、一九九六年。

海老沢有道『切支丹の社会活動及南蛮医学』冨山房、一九四四年。

――「キリシタン古写本　ぱつぱしすときんとのぶうら―さんふらんしすこのこるどんの組に授けたる」『聖心女子大学論叢』第八集、一九五六年六月、六五―九二頁。

――・H．チースリク・土井忠生・大塚光信編『キリシタン書・排耶書』（日本思想大系25）岩波書店、一九七五年。

――「キリシタンのコンフラリヤ（兄弟会）――迫害下における抵抗の組織」『アジア文化研究』一一、一九七九年、三一―四八頁。

――他編『キリシタン教理書』（キリシタン研究、第三〇輯）教文館、一九九三年。

――訳『南蛮寺興廃記・邪教大意・妙貞問答・破提宇子』平凡社、東洋文庫一四、一九九四年。

Denzinger-Schönmetzer, *Enchiridion Symbolorum Definitionum et Declarationum de rebus fidei et morum* (Herder, 1976). 邦訳版 A．ジンマーマン監修、浜寛五郎訳『カトリック教会文書資料集――信経および信仰と道徳に関する定義集』エンデルレ書店、

一九八二年。

Fletcher, Joseph F. "Integrative History: Parallels and Interconnections in the Early Modern Period, 1500–1800." *Studies on Chinese and Islamic Inner Asia* (Aldershot and Burlington: Ashgate Publishing Limited, 1995), pp. 1–35.

藤木久志『飢饉と戦争の戦国を行く』朝日新聞社、二〇〇一年。

――『戦国史をみる目』校倉書房、一九九七年。

Ganss, George E. *Saint Ignatius of Loyola, The Constitutions of the Society of Jesus, Translated, with an Introduction and a Commentary* (St. Louis: The Institute of Jesuit Sources, 1969).

源信著、石田瑞麿訳『往生要集』一・二、平凡社　東洋文庫八、二一、一九六三、六四年。

後藤基巳『天主実義』明徳出版社、一九七一年。

グルジンスキ、セルジュ著、竹下和亮訳「カトリック王国――接続された歴史と世界」『思想』（二〇〇二年）五号、七一―一二一頁。

Gualtieri, Guido. *Relationi della venuta degli ambasciatori giaponese a Roma sino alla partita di Lisbona: Con le accoglienze fatte loro da tutti i principi christiani per doue sono passati* (Roma: Francesco Zanetti, 1586). 木下杢太郎訳『日本遣欧使者記』岩波書店、一九三三年。

袴谷憲昭『本覚思想批判』大蔵出版、一九八九年。

長谷川成一・千田嘉博『日本海域歴史大系』第四巻（近世篇Ⅰ）清文堂、二〇〇五年。

硲慈弘『日本佛教の開展とその基調（下）中古日本天台の研究』名著普及会、一九八八年。

平田厚志「霊空光謙の玄旨帰命壇批判」『龍谷大学論集』四三六、一九九〇年、三三六―三五一頁。

家永三郎『上代佛教思想史研究』法蔵館、一九六六年。

――『中世佛教思想史研究』法蔵館、一九六三年。

イグナチオ・デ・ロヨラ著、門脇佳吉訳・解説、『霊操』岩波文庫、一九九五年。

井上鋭夫「一向一揆――真宗と民衆」『蓮如・一向一揆』（続・日本仏教の思想四）、日本思想体系新装版、岩波書店、一九九五年。

――『一向一揆』吉川弘文館、一九七五年。

井上光貞「中古天台と末法燈明記」『日本思想大系月報』三〇、一九七三年（日本思想大系9『天台本覚論』付録）。

――『新訂　日本浄土教成立史の研究』山川出版社、一九七八年　新訂三版。

柏原祐泉・石田充之・千葉乗隆編、『真宗史料集成』第一巻、同朋舎メディアプラン、二〇〇三年。

石田瑞麿編『源信』（日本思想大系6）岩波書店、一九七〇年。

上智大学キリシタン文庫監修・編集、復刻版『イエズス会日本コレジヨの講義要綱』大空社、一九九七年。

梶山雄一「慧遠の報応説と神不滅論」、木村英一編『慧遠研究―研究編』所収、創文社、一九六二年、八九―一二〇頁。

神田千里「中世の宗論に関する一考察」大隅和雄編『仏法の文化史』吉川弘文館、二〇〇三年、二二八―二四六頁。

――『宗教で読む戦国時代』講談社（選書メチエ）、二〇一〇年。

神崎繁『魂（アニマ）への態度―古代から現代まで』岩波書店、二〇〇八年。

笠原一男『一向一揆の研究』山川出版社、一九六二年。

笠原一男編『日本宗教史』Ⅰ 山川出版社、一九七七年。

――校注『蓮如文集』岩波文庫、一九九五年 第八刷。

片岡弥吉『日本キリシタン殉教史』時事通信社、一九七九年。

川村信三「十六世紀における教父思想復興の一事例――キュリロス再版をてがけたカニジウスケースを考える」『カトリック研究』七三号、二〇〇四年、八九―一四五頁。

――『キリシタン信徒組織の誕生と変容――コンフラリヤからこんふらりやへ』教文館、二〇〇三年。

――編『超領域交流史の試み――ザビエルに続くパイオニア達』SUP上智大学出版、二〇〇九年。

Kawamura, Shinzo, Cyril Veliath eds. *Beyond Borders: A Global Perspective of Jesuit Mission History* (Sophia University Press, 2009).

Kirishitan Bunko Library, Sophia University ed., Facsimile version, *Compendium catholicae veritatis in gratiam Iapponiorum Fratrum Societatis Iesu confectum per Reverendum Patrem Gomezium vice-Provincialem societatis Iesu in Provincia Iapponica* [Oxford University Magdalen College MS 228] (Ozorasha, 1997).

北有馬町編『有馬セミナリヨ関係資料集』北有馬町役場、二〇〇五年。

木村英一編『慧遠研究――遺文篇』創文社、一九六〇年。

児玉幸多・佐々木潤之助編『新版 史料による日本の歩み 近世編』吉川弘文館、一九九六年。

小原仁『源信』ミネルヴァ書房、二〇〇六年。

河野純徳訳『フランシスコ・ザビエル全書簡』平凡社、一九八五年。

栗田勇『最澄と天台本覚思想――日本精神史序説』作品社、一九九四年。

黒住真「キリシタン禁制と近世日本―秀吉天正一五年六月付覚をめぐって」、溝口雄三他編『社会と国家―アジアから考える』四、所収、東京大学出版会、一六七―二一二頁。

草野顕之『戦国期本願寺教団史の研究』法藏館、二〇〇四年。

黒田俊雄『黒田俊雄著作集』第二巻（顕密体制論）法藏館、一九九四年。

――『黒田俊雄著作集』第三巻（顕密仏教と寺社勢力）法藏館、一九九五年。

――『日本中世の社会と宗教』岩波書店、一九九〇年。

Lamb, H. H. *Climate History and the Modern World* (London and New York: Methuen, 1982).

Laures, Johannes. *Kirishitan Bunko: A Manual of Books and Documents on the Early Christian Mission in Japan* (Tokyo: Sophia University, 1957).

Leff, Gordon, *Paris and Oxford Universities in the Thirteenth and Fourteenth Centuries* (New York, London, Sydney: John Wiley & Sons, Inc., 1968).

ルター著、徳善義和訳『ルター著作集』第二集一一巻、聖文舎、一九八五年。

McNeill, John T., Helena M. Gamer. *Medieval Handbooks of Penance: A Translation of the Principal Libri Poenitentiales* (New York: Columbia University Press, 1990).

マテオ・リッチ著、柴田篤訳『天主実義』平凡社、東洋文庫七二八、二〇〇四年。

松田毅一『近世初期　南蛮史料の研究』風間書房、一九六七年。

松田毅一他編『一六・七世紀イエズス会日本報告集』第一巻、2、同朋舎、一九八七年。

――・川崎桃太他訳『フロイス日本史』全十二巻、中央公論社、一九八〇年。

Medina, J. Ruis-de, ed. *Documentos del Japón 1547-1557* (Monumenta Historica Societatis Iesu vol. 137) (Roma: Institutum Historicum Societatis Iesu, 1990).

――, ed *Documentos del Japón 1558-1562* (Monumenta Historica Societatis Iesu vol. 148) (Roma: Institutum Historicum Societatis Iesu, 1995).

三上茂「トマス・アクィナスの『アリストテレス霊魂論注解』第三巻第十講義」『アカデミア』（人文・社会科学編）第六五号、一九九七年、二五一―六一頁。

峰岸純夫『中世の災害・戦乱の社会史』吉川弘文館、二〇〇一年。

———・脇田修監修『寺内町の研究—戦国社会と寺内町』全三巻、法蔵館、一九九八年。

村井章介『海から見た戦国日本——列島史から世界史へ』筑摩書房、一九九七年。

村上直次郎訳、渡辺世祐註『耶蘇会士日本通信』上・下、雄松堂、改訂復刻版、一九六六年。

長崎県教育委員会編『長崎県のカクレキリシタン——長崎県のカクレキリシタン習俗調査事業報告書』（長崎県文化財調査報告書第一五三集）平成一一年、一九九九年、三月。

中村哲「教科書の国際比較」『日本史研究』三五七号、一九九二年、四六—五七頁。

中村元『中村元選集』三巻（日本人の思惟方法）春秋社、一九九五年。

———『中村元選集』二一巻（大乗仏教の思想）春秋社、一九九五年。

———『中村元選集』別巻七（近世日本の批判的精神　日本の思想Ⅲ）春秋社、一九九八年。

———・早島鏡正・紀野一義訳註『浄土三部経（上）無量寿経』岩波文庫、一九九五年、第三四刷。

———『往生要集』岩波書店、一九八三年。

中野玄三『六道絵の研究』淡交社、一九八九年。

任継愈『定本中国仏教史』Ⅱ、柏書房、一九九四年。

二宮宏之「歴史的思考の現在」『岩波講座　社会科学の方法』第九巻（歴史への問い／歴史からの問い）岩波書店、一九九三年、一—二七頁。

尾原悟編著『イエズス会日本コレジヨの講義要綱』全三巻、教文館、一九九九年。

O'Malley, John W. *The First Jesuits* (Cambridge MA: Harvard University Press, 1993).

大庭脩『江戸時代における唐船持渡書の研究』関西大学東西学術研究所編、一九六七年。

折井善果「キリシタン教義の動向——『ぎやどぺかどる』対訳分析を中心に」『キリスト教史学』五五集、二〇〇一年、一〇一—一三〇頁。

———『キリシタン文学における日欧文化比較——ルイス・デ・グラナダと日本』教文館、二〇一〇年。

Ozment, Steven. *The Age of Reform 1250–1550: An Intellectual and Religious History of Late Medieval and Reformation Europe* (New Haven: Yale University Press, 1980).

プリチャード、エヴァンズ著、向井元子訳『アザンデ人の世界』みすず書房、二〇〇一年。

———著、佐々木宏幹・大森元吉訳『宗教人類学の基礎理論』世界書院、一九七三年。

———著、吉田禎吾訳『人類学入門』弘文堂、一九七〇年。

Rashdall, H, Powicke, F. M., Emden A.B. ed., *The Universities of Europe in the Middle Ages*, 3 vols. (Oxford: Clarendon Press, First Published 1936, Re-issued 1987).

蓮如著、笠原一男校注『蓮如文集』岩波文庫、一九八五年第一刷、一九九五年第八刷。

リーゼンフーバー、クラウス『中世における自由と超越——人間論と形而上学の接点を求めて』創文社、一九八八年。

———「トマス・アクィナスにおける神の名称と分有」『中世思想研究』第二一号、一九七九年、一九—四〇頁。

澤博勝『近世の宗教組織と地域社会——教団信仰と民間信仰』吉川弘文館、一九九九年。

Sakuma, Tsutomu, *Holy Scripture in Compendium Catholicae Veritatis of Pedro Gómez S. J. (1533-1600). Emended Text of the Tractate on The Holy Scripture with an Introduction* (Excerpta ex dissertation ad Doctoratum in Facultate Theologiae Pontificiae Universitatis Gregorianae, Roma, 1995).

島地大等『思想と信仰』明治書院、一九二八年。

St. Thomas Acquinas Commentary on Aristotle's De Anima. Trans. by Kenelm Foster, O. P. and Silvester Humphries, O. P, (Notre Dame, Indiana: Dumb Ox Books, 1994).

St. Thomas Acquinas, Commentary on Aristotle's Physics. Trans. by R. J. Blackwell, R. J. Spath, and W. E. Thirlkel, (Notre Dame, Indiana: Dumb Ox Books, 1999).

桜井邦朋『夏が来なかった時代——歴史を動かした気候変動』吉川弘文館、二〇〇三年。

桜井徳太郎『桜井徳太郎全集』第四巻（民間信仰の研究　下　呪術と信仰）吉川弘文館、一九九〇年。

シュッテ、ヨゼフ「二つの古文書に現はれたる日本初期キリシタン時代に於けるさんたまりやの御組について」『キリシタン研究』第二輯、一〇九—一四九頁。

Schurhammer G. *Francis Xavier*, Vol . 1 (Roma: Institutum Historicum Societatis Iesu, 1973).

シュルハンマー、ゲオルグ著、安田一郎訳『イエズス会宣教師が見た日本の神々』青土社、二〇〇七年。

Schütte, J. F. "Drei Unterrichtsbücher für japanische Jesuiten prediger aus dem XVI. Jahrhundert", *Archivum Historicum Societatis Iesu,* 8 (1939), pp. 223-256.

———, ed. *Monumenta Historica Japoniae* I. Textus Catalogorum Japoniae: 1549-1654. (Monumenta Historica Societatis Ies vol. III). (Roma: Institutum Historicum Societatis Iesu, 1975).

――――. *Valignano's Mission Principles for Japan*. Vol. 1 & 2 (St. Louis, The Institute of Jesuit Sources, 1980).

清水紘一『織豊政権とキリシタン―日欧交渉の起源と展開』（近世研究叢書五）岩田書院、二〇〇一年。

親鸞著、名畑應順校注『正像末浄土和讃』岩波文庫、二〇〇〇年。

Simmons Alison, 'Jesuit Aristotelian Education: The De anima Commentaries.' John W. O'Malley, S.J. et. al. ed. *The Jesuit Cultures, Sciences, and the Arts 1540-1773* (Toronto, Buffalo, London: University of Toronto Press, 1999), pp. 522-537.

Southern, R. W. *Western Society and the Church in the Middle Ages* (London: Penguin Books, 1979).

スブラフマニヤム、サンジャイ著、中村玲生訳「テージョ河からガンジス河まで――一六世紀ユーラシアにおける千年王国信仰の交錯」『思想』（二〇〇二年）五号、三一―七〇頁。

Subrahmanyam, Sanjay. *Explorations in Connected History: From the Tagus to the Ganges* (Oxford: Oxford University Press, 2005). 邦訳　三田昌彦訳『接続された歴史――インドとヨーロッパ』名古屋大学出版会、二〇〇九年。

末木文美士「天台本覚思想の諸問題」、平川彰編『仏教研究の諸問題――仏教学創刊十周年記念特輯』所収、山喜房佛書林、一九八七年、一四七―一七四頁。

――――『仏教――言葉の思想史』岩波書店、一九九六年。

――――『日本宗教史』岩波新書、二〇〇六年。

平雅行『日本中世の社会と仏教』塙書房、一九九二年。

――――「鎌倉仏教と顕密体制」、国立歴史民俗学博物館編『中世寺院の姿とくらし――密教・禅僧・湯屋』山川出版社、二〇〇四年、一八五―二〇四頁。

田代俊孝『真宗入門　御文に学ぶ』法蔵館、二〇〇二年。

多田厚隆・大久保良順・田村芳朗・浅井円道編『天台本覚論』（日本思想大系9）岩波書店、一九七三年初版、一九七七年第四版。

田村芳朗編『天台本覚論』（日本思想大系9）岩波書店、一九七三年初版、一九七七年第四版。

田村芳朗「日本思想史における本覚思想」相良亨・尾藤正英・秋山虔編『講座日本思想』（一・自然）東京大学出版会、一九八四年、一二三―一四一頁。

Tanner, Norman P. ed. *Decrees of the Ecumenical Councils* (Washington D. C.: Georgetown University Press, 1990).

徳川圀順侯爵家蔵本「諸聖人御作業書抄及宗門諸抄」『珍書大観』（吉利支丹叢書）所収、大阪毎日新聞社、一九二八年。

辻善之助『日本佛教史』第一巻（上世篇）岩波書店、一九六九年。

津田真一『アーラヤ的世界とその神』大蔵出版、一九九八年。

Ucerler, M. Antoni, "Jesuit Humanist Education in Sixteenth-Century Japan: The Latin and Japanese MSS of Pedro Gomez's 'Compendia' on Astronomy, Philosophy, and Theology (1593-95)" 上智大学キリシタン文庫編、*Compendium catholicae veritatis* 解説、大空社、一九九七年、一一―六〇頁。

ヴァリニャーノ著、家入敏光訳『日本のカテキズモ』天理図書館、一九六九年。

――著、矢沢利彦・筒井砂訳『日本イエズス会士礼法指針』キリシタン文化研究会（キリシタン文化研究シリーズ）、一九八七年。

バスケス、ガブリエル著、川村信三訳「日本の倫理上の諸問題について」『中世思想原典集成』（二〇　近世スコラ学）、平凡社、二〇〇一年、九六五―九九五頁。

和辻哲郎『鎖国』上・下、岩波文庫、一九八二年。

湯浅治久『戦国仏教―中世社会と日蓮宗』中公新書、二〇〇九年。

柳田國男『柳田國男全集』第一三巻、ちくま文庫、一九九〇年。

柳谷武夫編、村上直次郎訳『イエズス会士日本通信』上・下、雄松堂、一九六八―六九年。

柳谷武夫編、村上直次郎訳『イエズス会日本年報』上・下、雄松堂、一九六九年。

あとがき

博士論文作成期間を含めて十数年以上、戦国期のキリシタン信徒の共同体組織を考え続けた。その調べを続けるうちに益々強く抱いたのは、信仰共同体としての組織とシステムの解明こそ戦国宗教の実態把握にとっての最重要課題だという確信である。八百万の神、様々な民間信仰、そして神道・仏教など伝統ある宗教が混在していたわが国の宗教史において、戦国期は従来、「停滞」ないしは「衰退」期と考えられがちであった。しかし、キリシタンを通して民衆の信仰心を見るかぎり、戦国期は「停滞」や「衰退」という言葉とは全く無縁の時代であったことが判明する。キリシタンは、従来の日本の宗教環境とは断絶しており、新参者的立場であったにもかかわらず、秀吉ならびに江戸幕府などの為政者から禁令を被るまでの決して無視することのできない集団へと成長を遂げた。なぜ、一六世紀、しかも戦国末期にキリシタンの信仰が民心をかくも堅固に捉えることができたかを問うことは重要な課題となろう。さらに、キリシタンばかりではなく、一六世紀は本願寺中興の祖として教団を大躍進へと導いた蓮如の後継者たちの「全盛期」にもあたる。各地にはりめぐらされたネットワークの上に、大坂の法主をして戦国大名相当とされるほどの実力を手にさせるだけのエネルギーを本願寺教団は培っていた。いずれにしても急成長を遂げた二つの宗派が存在したことは事実である。そして両者に共通する特徴は「信仰共同体」を組織し、十分機能させていたということにある。大名から一般庶民にいたるまで身分の上下にかかわらず、信仰者全体を包み込むネットワークを形成することに成功した事実は、戦国末期の全国的混乱期にあって決して小さいことではない。

前著『キリシタンの信徒組織』では、イエズス会関連の信徒組織「コンフラリア」を中心にそのヨーロッパの起源と日本的展開を見たが、本書ではその基盤を再確認するとともに、対象を諸修道会（フランシスコ会・ドミニコ会）の組織に広げようと試みた。その際一貫してキリシタンの関わった日本の土壌に注目した。さらにキリシタンのみでは十分に解明できない戦国末期の日本のユニークな宗教土壌を鮮明にするため、戦国宗教社会のテーマの下、「本願寺派」の組織ネットワークの考察を若干ではあるが加えた。ともに信徒ないし門徒を急激に抱え込むことができたのは、それぞれの宗派のもつ独自性の魅力もさることながら、やはり、当時宗教社会の緊急の要請を受け止め実現できたからである。本願寺組織を考察に入れることで、キリシタン自体の性格と、その集団の戦国および近世初期の日本史に与えた意義が浮き彫りにできたのではないかと考える。そして、二つの宗派の「主神崇拝」的信仰の性格が戦国の民衆に求められ受容された理由を明らかにしようとした。信仰（礼拝）対象をデウスなり阿弥陀なりひとつのポイントに限定することから生じる様々な信仰形態は、個人のものであれ集団のものであれ、より強固な一致団結の心をもたらすという点で、この時期の「下から」の要求に応え、その結果、特徴的な性格を現出させた。江戸幕府の宗教政策は「家」と「村」の枠内で宗教と社会の統制に収斂していくが、それらはすべて戦国期の本願寺やキリシタンの、領国支配を超越した横の連帯を形成する組織の在り方へのアンチテーゼによって成立したといっても過言ではないと思う。

本書の構成は、一見統一のないテーマが混在しているようにみえるが、前半の宗教社会の考察と後半の思想史の部分は、根の部分で、「集団」行動に映し出された「個人」の心の表現という点で共通基盤を有している。それは宗教社会と思想の分かちがたい連関を問う課題を与えた。「こんちりさんのりやく」というこれまで、日本史学の分野ではもちろんのこと、キリシタン史研究者たちによってもほとんど無視されてきた第一次史料を、キリシタン宗団の社会史的あり方と共に論じることで、単独で取り上げた時とは比較にならぬほど重要な意義が見えてきたように思う。そして、その集団の個々人の心に関わる問題としては、「魂の不滅」の問題が、自由意志と来世の賞罰の問題とともに、この世をいかに生き抜くかという倫理・道徳上の実践行動問題となって現れ、戦国キリシタン民衆の思いのかたちを表現している。

本書の作成にあたって、お世話になった方々のお名前を記すならば、紙幅の大半を費やすほどの膨大なリストになるだろう。様々な研究会や学会での質問や助言から、具体的な指導にいたるまで、お世話になった方々、感謝すべき方々が大勢おられる。その中でもあえて記すならば、キリシタン文化研究会の関係者の方々、ならびに上智大学史学会の方々に御礼申し上げたい。また、本書の刊行をひきうけてくださり、学術的・技術的な助言の数々を与えくださった知泉書館の小山光夫社長にこの場をかりて感謝申し上げる。

二〇一一年五月三十一日

川村信三

川村 信三（かわむら・しんぞう）
上智大学文学部史学科教授。
1958年神戸に生まれる。1999年米国ジョージタウン大学博士号取得。1999年上智大学神学部専任講師。2004年上智大学文学部史学科助教授，准教授を経て現職。博士（Ph. D. 歴史学）。
〔主要業績〕『キリシタン信徒組織の誕生と変容――コンフラリヤからこんふらりやへ』教文館，2003年。「戦国社会におけるキリシタンの愛徳と敬虔」『キリシタン文化研究会会報』115号，1999年。「グローバル・ストーリーとしてみた南欧民間宗教組織の戦国日本への移入――接続された歴史の一事例」『早稲田大学地中海研究所紀要』4号，2006年。"Witnessing to the Faith with One's Life: Thoughts on the Beatification of Petro (Pedro) Kibe and the Other 187 Martyrs." *Japan Mission Journal* 61/2 (2007)。「戦国および近世初期日本におけるキリスト教と民衆」『歴史評論』690号，2007年10月。「ザビエル上洛事情から読み解く大内氏・堺商人・本願寺の相関図――天文年間(1532-1554)「瀬戸内海リンク」の存否をめぐって」『上智史学』55号，2010年。

〔戦国宗教社会＝思想史〕　ISBN978-4-86285-112-3

2011年 6 月15日　第 1 刷印刷
2011年 6 月20日　第 1 刷発行

著　者　川　村　信　三
発行者　小　山　光　夫
印刷者　藤　原　愛　子

発行所　〒113-0033 東京都文京区本郷1-13-2
電話03(3814)6161 振替00120-6-117170
http://www.chisen.co.jp
株式会社 知泉書館

Printed in Japan　印刷・製本／藤原印刷

人名索引

(nは注ページ)

事項索引

ア　行

カ　行

サ　行

タ　行

ナ　行

ハ　行

マ　行

ヤ　行

ラ・ワ 行